DIE MACHT DER
CÄSAREN

DAVID POTTER

DIE MACHT DER CÄSAREN

AUFSTIEG UND FALL
DER HERRSCHER ROMS

NATIONAL GEOGRAPHIC

Inhalt

Republikanischer Denar (Rückseite) des Lucius Antestius Gragulus (um 136 v.Chr.)

Mark Aurel (121–180 n.Chr.)

TEIL III
DIE NEUEN CÄSAREN

Denar des Antoninus Pius (reg. 138 – 161 n. Chr.)

Trajan (53 – 117 n. Chr.)

TEIL IV
DER UNTERGANG DER CÄSAREN

Cäsar – Imperator – Kaiser

Der eine brachte seine eigene Mutter um. Ein anderer trat als Gladiator auf. Zwei waren Philosophen, wieder ein anderer wird von der orthodoxen Kirche als Heiliger verehrt. Was all diese unterschiedlichen Persönlichkeiten verbindet, ist die Tatsache, dass sie römische Kaiser waren. Angesichts des extremen Verhaltens, das viele Inhaber dieses Amtes an den Tag legten, verwundert es kaum, dass sich die meisten politischen Kommentare, die uns aus dem alten Rom erhalten sind, auf einzelne Persönlichkeiten konzentrieren. In einem polemischen Tonfall, der uns heute nur zu vertraut erscheint, haben die Römer ihre Führer bald als Irre, Mörder oder Schwachsinnige geschmäht, bald als Helden oder Genies gefeiert.

Reiterstandbild des Kaisers Mark Aurel (Rom: Kapitolinische Museen). Mark Aurel war einer der wichtigsten Exponenten der Kollegialherrschaft. Statt halbgöttliche Wesen, deren ätherische Angelegenheiten jenseits des Horizonts gewöhnlicher Sterblicher lagen, waren die römischen Kaiser „Führer“ (principes), *von denen eine vernünftige Zusammenarbeit mit ihren Kollegen erwartet wurde.*

Der politische Diskurs der alten Römer ähnelte insofern dem unseren, als sie bei der Beurteilung ihrer Führungspersönlichkeiten und deren Leistungen einen idealen Maßstab anlegten. Fragen wir uns einen Moment, welche Qualifikationen ein Bewerber um den Posten eines Kaisers eigentlich hätte mitbringen müssen. Der Praxis von Personalchefs folgend, müssten wir beim Abfassen einer Stellenbeschreibung zu folgendem Anforderungsprofil gelangen:

GESUCHT:
Dynamischer und ambitionierter Mann vom Typ Senkrechtstarter. Alter: Ende 30.
ERFORDERLICHE QUALIFIKATIONEN:
Menschenkenntnis; scharfer juristischer Verstand; Bewältigung enormer Mengen an Informationen; politische Entscheidungsfähigkeit; Unerbittlichkeit gegen fremde Völker.
ERFAHRUNG:
Ausreichende militärische Ausbildung, um als Oberbefehlshaber der mächtigsten Streitmacht der Welt zu handeln und die Zivilisation auf ihrem jetzigen Stand zu halten.
AUFGABENBEREICH:
Beherrschung der bekannten Welt.
BERUFSBEZEICHNUNG:
KAISER VON ROM.

Diese Gedankenspielereien mögen unterhaltsam sein, doch jeder Versuch, die Rolle eines römischen Kaisers zu gewichten, wird durch zwei grundlegende Probleme erschwert. Zuerst sind die oben umrissenen Anforderungen so im Grunde nicht erfüllbar, und zweitens führt die Literatur, die wir für die Abfassung unserer Stellenausschreibung verwendet haben, in die Irre. Wenn die Kommentatoren der Antike über den „perfekten" Kaiser schrieben, ging es ihnen im Grunde nur um das Regierungssystem im Allgemeinen. Die Kaiser waren Repräsentanten der gesamten Regierung, und die individuelle Stellenbeschreibung könnte für jeden Einzelnen erheblich von unserer Norm abweichen. Selbst die Vorstellung, dass ein Kaiser bei Amtsantritt ein ideales Alter haben sollte, ist nicht begründet, denn tatsächlich gab es, grob gesprochen, drei Alterskategorien: Die eine begann um die 60, die zweite um die 40 und die dritte im frühen Teenageralter – je nach den Erfordernissen der jeweiligen Epoche.

Büste des Kaisers Konstantin. Dieser Herrscher des frühen 4. Jahrhunderts, der erste christliche Kaiser Roms, war relativ lange im Amt. Seine Regierungszeit gehört zu den stabilsten. Die römischen Kaiser kontrollierten einen Staat, der sich vom Atlantik bis zu den Grenzen des Irak, von den Flüssen Rhein und Donau bis zur Sahara und den Wüsten Arabiens erstreckte. Während ihrer Herrschaft über dieses Riesengebiet, in der Zeit vom 1. Jahrhundert v. Chr. bis zum 5. Jahrhundert n. Chr., vollzogen sich grundlegende Veränderungen in Gesellschaft und Kultur.

Geteilte Macht

Bemerkenswert war, dass die Römer sich überhaupt einmal von einem Kaiser regieren lassen wollten. Ihr Staat war sehr gut ohne einen Einzelherrscher zurechtgekommen, und sie standen generell allem, was auch nur entfernt an ein Königtum erinnerte, feindselig gegenüber. Das hatte historische Gründe. Doch nach mehreren Jahrhunderten der Demokratie kamen die Römer zu dem Schluss, dass ihre Staatsform mit dem Tempo des Wandels und den besonderen Anforderungen, die die Entwicklung zur Supermacht mit sich brachte, nicht mehr Schritt halten konnte.

Die wichtigste dieser neuen Gegebenheiten war, dass die Regierung auf die Bedürfnisse der Mehrheit eingehen musste und sich nicht von einzelnen Interessengruppen vereinnahmen lassen durfte. In diesem Punkt versagte die Regierung der Römischen Republik, denn sie fiel Menschen zum Opfer, die ihre Schwächen ausnutzten, um ihre eigenen Ambitionen durchzusetzen. Allerdings gelang es den Männern, die die Macht auf diese Weise usurpierten, nicht, jene Traditionen kollektiver Regierung völlig aus der Welt zu schaffen, die unter der Republik jahrhundertelang fortbestanden hatten. So blieben auch die römischen Kaiser letztlich immer Teil einer herrschenden Gruppe. Noch ungewöhnlicher ist jedoch das, was das Römerreich von den vielen moderneren Staatsgebilden unterscheidet: die Tatsache, dass die Kaiserwürde nicht Menschen römischer Herkunft vorbehalten war. Im Laufe der Zeit wurden Männer aus vielen verschiedenen Teilen des Reiches Kaiser. Einige sprachen Latein nur als Zweitsprache; einer war sogar der Sohn eines freigelassenen Sklaven.

Diesen augenfälligen Besonderheiten von Roms kaiserlichem System liegen gewisse, den Römern ganz eigene Einstellungen zugrunde. Beachtlich waren auch der Nachdruck, den sie allgemein auf die Beziehungen des Individuums zur Gemeinschaft legten, sowie ihre Neigung, ihr persönliches Glück daran zu messen, wie andere Mitglieder der Gesellschaft sie einschätzten. Diese Faktoren wirkten sich entscheidend darauf aus, wie die Römer die Bedeutung eines Kaisers bewerteten.

Ein wichtiger Teil der domus, *des Hauses jedes prominenten Römers, waren seine Sklaven. Wenn Sklaven in die Freiheit entlassen wurden, ehrten sie ihren Herrn üblicherweise dadurch, dass sie seinen Namen annahmen und auf ihrem Grabstein sein Bild neben ihrem eigenen anbrachten. Auf diesem Grabmalrelief (um 30 v. Chr.) sind die ehemalige Sklavin Gessia Fausta und der Freigelassene Gessius Primus links und rechts von ihrem früheren Herrn, Publius Gessius, zu sehen.*

Die Fixierung auf gemeinschaftliche Teilhabe findet sich sogar in der offiziellen Bezeichnung des römischen Staates als einer *res publica populi Romani* („öffentliche Angelegenheit des römischen Volkes"). Einer aus dem Volk – ein Bürger – zu sein, bedeutete Teilhabe an einer außergewöhnlichen Einheit. Das heißt jedoch nicht, dass alle gemeinsamen Besitzer dieses Staates gleich geschaffen waren; der Status einer Person spiegelte sich vielmehr in der Qualität des Dienstes wider, den sie dem Staat leistete. Ein wohlhabender Römer zu sein, bedeutete, in der Regierung eine aktive Rolle zu spielen, ein öffentliches Amt zu bekleiden und, zusammen mit Ranggleichen, Kommandostellen in der Armee zu besetzen. Römer aus der Mittelschicht leisteten ebenfalls Militärdienst. Die ihnen zugewiesene politische Rolle sah jedoch vor, dass sie die Position derjenigen sanktionierten, die sozial besser gestellt waren als sie: Sie wählten diese in ihr Amt und hießen die Vorschläge gut, die die Amtsinhaber den gesetzgebenden Organen des Staates vorlegten. Das Prinzip, dem Staat zu dienen, bezog auch die Armen ein. Von ihnen wurde erwartet, dass sie Kinder großzogen und den Status quo durch Teilnahme an den Ritualen des Staates bestätigten. Für den Römer gab es nichts Abscheulicheres als einen Mann, der versuchte, sich um die mit seinem Platz im Leben verbundenen Pflichten herumzudrücken.

VIRTUS und DOMUS

Eine der wichtigsten Eigenschaften, die von einem römischen Bürger verlangt wurde, war die *virtus*. Für die Römer bedeutete dieser vom lateinischen *vir*, „Mann", abgeleitete Begriff, ausgeprägt männliche Qualitäten in den Dienst des Staates zu stellen. Wie tief eingewurzelt die Vorstellung war, dass die *virtus* für die Gemeinschaft insgesamt von grundlegender Bedeutung sei, beweist die Tatsache, dass man auch von Frauen eine eigene, besondere Form von *virtus* erwartete: Sie mussten innerhalb des Hauses, der *domus* des Mannes, ihre männlichen Angehörigen tatkräftig unterstützen

und die Ordnung aufrechterhalten. Die *domus* beherbergte die Familie, die unter der Kontrolle und dem Schutz eines *paterfamilias* lebte. Dessen Rolle wiederum war es, die Hausgemeinschaft in der Öffentlichkeit zu repräsentieren und sicherzustellen, dass sich ihre Mitglieder in angemessener Weise verhielten. Zu diesem Zwecke wurde dem *paterfamilias* die *patria potestas* übertragen – die Macht über Leben und Tod jedes einzelnen Mitglieds seiner Familie. Mit dieser Befehlsgewalt ausgestattet, war der römische Mann nicht einmal im Kreise seiner Familie ein Privatmensch, sondern vielmehr ein Repräsentant der häuslichen Gemeinschaft, der das Tun und Treiben von Frauen, Kindern und Sklaven kontrollierte und dafür sorgte, dass ihr Verhalten den Normen der römischen Gesellschaft entsprach. Die Tatsache, dass in der *domus* verschiedene Individuen lebten, die der männlichen Welt des öffentlichen Lebens untergeordnet und zugleich von ihr ausgeschlossen waren, bedeutete, dass von ihr auch eine potenzielle Gefahr für die Gesellschaftsordnung ausging. Für die Römer waren die Hinterzimmer der *domus*

Dieses schöne Wandgemälde eines Ehepaares wurde während der Ausgrabungsarbeiten in einem Haus mit angeschlossener Bäckerei in der zerstörten Stadt Pompeji entdeckt. Der Mann trägt eine Toga, das traditionell römischen Bürgern vorbehaltene Gewand.

Orte, in denen es zu unrömischen Umtrieben kommen konnte. Innerhalb der *domus* frönte ein Mann vielleicht unakzeptablen Leidenschaften, begab sich unter die Knute von Frauen und Sklaven oder ließ sich mit Untergebenen auf exzessiven Sex ein, trieb Völlerei oder verschleuderte die Ressourcen, die im Bedarfsfall dem Staat zur Verfügung stehen sollten. Für den armen Römer, der sich keine *domus* leisten konnte und sich in einer heruntergekommenen Mietskaserne mit Frau und Kindern ein Zimmer teilte oder in einer Hütte auf dem Land hauste, bewies ein prominenter Bürger seinen wahren Wert durch die Art und Weise, wie er sich in seiner häuslichen Umgebung verhielt. Wurde er seinem öffentlichen Image gerecht, oder verhielt er sich, wenn er sich unbeobachtet glaubte, schändlich? Sei nett zu deinen Sklaven, wenn du für ein Amt kandidieren möchtest, empfahl ein Politiker dem anderen, denn sie sind diejenigen, mit denen die Leute, die sich auf dem Forum tummeln, reden. Tatsächlich glaubten die Römer, ihre *res publica* sei als Reaktion auf Verbrechen, die innerhalb der *domus* begangen wurden, entstanden.

Die römischen Könige

Der römischen Überlieferung zufolge wurde die Stadt von sieben Königen regiert:

Romulus
Numa
Tullius Hostilius
Ancus Martius
Tarquinius
Servius Tullus
Tarquinius Superbus

Mythologie und Geschichte sind in dieser Liste nicht voneinander zu trennen, aber einiges deutet darauf hin, dass es sich bei Servius Tullus und Tarquinius dem Hochmütigen um historische Gestalten handelt.

Von der Monarchie zur Republik

Als die Römer im 3. Jahrhundert v. Chr. begannen, ihre eigene Geschichte zu schreiben, gingen sie allgemein davon aus, dass sie zwischen der Gründung ihrer Stadt und dem Ende des 6. Jahrhunderts von Königen regiert worden seien. Einer Legende zufolge vergewaltigte 509 v. Chr. der Sohn eines grauenhaften Königs namens Tarquinius Superbus, der 535–510 v. Chr. herrschte, eine Frau namens Lucretia. Bevor diese Selbstmord beging, verriet sie ihrem Bruder Brutus das Verbrechen. Diese Schandtat löste einen Volksaufstand aus; denn Brutus versammelte das römische Volk auf dem Forum und forderte es auf, die Königsfamilie abzusetzen und den König und sämtliche Mitglieder seiner *domus* für vogelfrei zu erklären. An ihrer Stelle setzte er eine Regierung ein, die auf jährlich gewählten Richterkollegien beruhte. Das Arbeitsprinzip dieses Systems war die Dezentralisierung des *imperium*, der Befehlsgewalt, die das Volk einst auf den König übertragen hatte. Die neue Regierungsform, in der das *imperium* nicht nur geteilt, sondern auch durch vom Volk erlassene Gesetze kontrolliert wurde, galt als diametraler Gegensatz zur Einmannherrschaft und Autokratie, die unter dem Begriff *regnum* oder „königliche Macht" bekannt geworden war.

Das Regierungssystem der Römischen Republik erwies sich als erstaunlich erfolgreich. Im Laufe des 4. Jahrhunderts v. Chr. eroberten die Römer fast ganz Italien südlich des Po. Mit dem Sieg über die Karthager im Jahr 146 v. Chr. war Rom die größte Macht in der Geschichte der Region geworden. Warum also zogen die Römer angesichts des bemerkenswerten Erfolges ihrer republikanischen Staatsform und ihres Abscheus vor jeglicher Autokratie die Möglichkeit einer imperialen Herrschaft in Betracht?

Römische Ämter

Wahlämter des römischen Staates („Magistrate") waren:

- *Zensoren* (zwei, alle fünf Jahre für eine 18-monatige Amtszeit gewählt)
- *Konsuln* (zwei)
- *Prätoren*
- *Ädilen*
- *Quästoren*
- *Volkstribunen*

Der Aufstieg in der Ämterhierarchie (eine Laufbahn, die *cursus honorum* genannt wurde) vollzog sich vom Quästor über den Prätor zum Konsul. Zwischen dem Ende einer Amtszeit und dem Antritt eines neuen Amtes mussten mehrere Jahre liegen. Als Ädil zu dienen, also ein Amt für öffentliche Bauprojekte zu bekleiden, war gleichrangig mit dem Amt eines Quästors und kein gesetzlich vorgeschriebener Teil des *cursus*.

Die Zensoren, Konsuln, Prätoren, Ädilen und Quästoren waren alle mit Befehlsgewalt oder *imperium* ausgestattet. Das Amt eines Volkstribuns wurde zur Kontrolle über das *imperium* der anderen Magistrate eingerichtet, wobei die Tribunen die Macht besaßen, jede Handlung jedes anderen Magistrats (einschließlich der eines anderen Tribunen) mit Veto zu belegen. Alle Männer, die in ein Volkstribunen- und Quästorenamt gewählt wurden, kamen für eine Mitgliedschaft im Senat infrage, der Maßnahmen billigte, über die das Volk abstimmen sollte.

Die Zensoren waren für die Aufstellung der Bürgerlisten verantwortlich, überprüften die Qualifikationen amtierender Senatoren und vergaben öffentliche Aufträge an Vertreter des Ritterstands.

Konsuln auf dem Bogen des Trajan in Benevent. Konsuln waren die beiden höchsten römischen Magistrate, die für ihre Amtszeit mit gleicher Autorität ausgestattet wurden.

Wer war der erste Cäsar?

Der Hauptunterschied zwischen jenen Römern, die im Altertum über das Reich schrieben, und modernen Autoren, die die Cäsaren zum Gegenstand ihrer Forschungen machen, ist, dass die neueren Kommentatoren dazu neigen, in Augustus den ersten Kaiser zu sehen (er herrschte von 31 v.Chr. bis 14 n.Chr.). Doch der einzige bekannte römische Schriftsteller der Antike, der den Beginn des imperialen Systems explizit auf das Jahr 31 v.Chr. datierte, war Cassius Dio (um 155–229 n.Chr.), der fast 300 Jahre später schrieb. Zu den vielen Vorläufern und Zeitgenossen, die anderer Meinung waren als Cassius, gehört der Biograf Marius Maximus, der ebenfalls im frühen

„Tarquinius Superbus gründet den Jupitertempel auf dem Kapitol", ein Werk des italienischen Renaissancemalers Perino del Vaga (um 1525). Tarquinius' despotische Herrschaft veranlasste die Römer, die Monarchie abzuschaffen und ein republikanisches Regierungssystem einzuführen. Noch in der Kaiserzeit war den Römern der Gedanke an ein Königtum und den damit verbundenen Absolutismus ein Gräuel.

3. Jahrhundert wirkte. Maximus' Buch über die „nächsten" zwölf Cäsaren (von Nerva bis Elagabalus) beginnt implizit mit den berühmten „Leben der zwölf Cäsaren" des Geschichtsschreibers Sueton (um 69–130 n.Chr.), die mit dem Tod des Domitian enden. Und Suetons erster Cäsar war Julius Cäsar.

Suetons Bericht über die Cäsaren wiederum löste auch unter seinen Zeitgenossen Widerspruch aus, wie etwa den des griechischen Biografen Plutarch. In dessen Werk über die herausragenden Griechen und Römer, die vor dem Anfang des Kaiserreichs lebten, ist Julius Cäsar eingeschlossen. Ein anderer Historiker des 1. Jahrhunderts, Cornelius Tacitus (um 56–117 n.Chr.), begann seinen Bericht über die Geschichte des imperialen Systems sogar erst mit dem Tod des Augustus.

Die Uneinigkeit unter diesen Geschichtsschreibern spiegelt sich in den Texten wider, die den Kaisern selbst gewidmet sind. Ein Gesetz, durch das im Jahr 70 n.Chr. die Befehlsgewalt an Vespasian übertragen wurde, datierte dessen Amtsantritt auf das Jahr 69 n.Chr., auf seine Rebellion gegen den herrschenden Kaiser zurück. Es nannte nur drei frühere Kaiser, die vergleichbare Befugnisse besaßen, nämlich Augustus, Tiberius (14–37 n.Chr.)

und Claudius, den Großneffen des Augustus (41–54 n.Chr.). Die offiziellen Staatsakten strichen also praktisch fünf Männer aus der Geschichte, die zuvor dasselbe Amt bekleidet hatten, das jetzt Vespasian innehatte – und die als solche von Sueton genannt wurden –, während Julius Cäsar in diesem Zusammenhang nicht einmal erwähnt wurde.

Eine grundlegende Spannung

Warum aber wurden diese fünf Herrscher offiziell totgeschwiegen? Die Antwort liegt in der Einstellung der Römer zur Macht und zu dem, was sie als angemessenes Verhalten eines Individuums ansahen. Von den Mitgliedern der herrschenden römischen Klassen wurde erwartet, dass sie aufgrund ihrer *virtus* Vorbilder für ihre Mitbürger waren. Gaben sie den zügellosen Leidenschaften der *domus* nach, waren sie kein Beispiel für andere. Daher konnten diese Männer von der Liste der „gutgeheißenen" Kaiser gestrichen werden. Der Kaiser herrschte nicht durch göttliches Recht, sondern kraft eines rechtlichen Prozesses, der ihn befugte, Macht über andere Angehörige der herrschenden Klasse auszuüben. Trotz seines ganzen kaiserlichen Pomps blieb er stets ein Repräsentant dieser Klasse – sozusagen ein Erster unter Gleichen. Dieser Umstand spiegelt sich auch in seinem Titel *princeps* oder „führender Mann" wider.

«Alle Macht ging vom Volke und vom Senat an Augustus über, und von da an gab es eigentlich eine Monarchie.»

CASSIUS DIO, „Geschichte Roms", 53.17.1

Tacitus brachte dies gut auf den Punkt, als er die Aufgabe des Geschichtsschreibers im republikanischen Rom mit seiner eigenen Rolle in der Kaiserzeit verglich: Während die früheren Historiker über all die verschiedenen Aspekte des öffentlichen Lebens gut Bescheid wissen mussten, waren «jetzt, nachdem die öffentlichen Angelegenheiten so umgestaltet wurden, dass es für den Staat keine Rettung gibt, es sei denn, ein einzelner Mann herrscht», ihr einziger Forschungsgegenstand dieser einzelne Herrscher und sein Verhalten gegenüber seinem Umfeld. Diese große Veränderung in der Regierungsform war eine Folge jener politischen Krisen, die den römischen Staat in dem Jahrhundert vor Augustus in seinen Grundfesten erschüttert hatten. Der Beginn der Einmannherrschaft muss im Zusammenhang eines weiteren Wandlungsprozesses gesehen werden.

Die grundlegende Spannung zwischen dem einzelnen Herrscher und dem System, auf die Tacitus aufmerksam machte, sollte für die Geschichte Roms seit dem 1. Jahrhundert v.Chr. bis zu jenem Punkt am Ende des 5. Jahrhunderts n.Chr., an dem das System die Bedürfnisse der Gesellschaft nicht mehr befriedigen konnte, von entscheidender Bedeutung bleiben. Deshalb muss die übliche Sichtweise auf die Cäsaren als einer Aufeinanderfolge mehr oder weniger schillernder Autokraten revidiert werden: Sie waren Repräsentanten der sich ändernden Bedürfnisse des römischen Volkes.

DER GEIST DES GROSSEN CÄSAR

Im alten Rom war das Forum das Zentrum des kommerziellen, juristischen und politischen Lebens. Im Laufe der Zeit verschönerten viele Kaiser diesen Ort durch den Bau neuer Tempel, Triumphbögen und Basiliken.

Eine Reihe starker Männer: Rom von Gaius Marius bis Cäsar (107–44 v.Chr.)

Roms Übergang von einer Republik zu einem Reich fand in jener Periode sozialer Unruhen statt, die auf die Ermordung Julius Cäsars durch seine früheren politischen Verbündeten folgte. Doch obwohl alle Geschichtsschreiber des Altertums Cäsar bei dieser Umwandlung eine entscheidende Rolle zuweisen, sind sie sich über dessen genaue historische Position nicht einig. Manche halten ihn für den Letzten des Triumvirats starker Männer, die die politische Landschaft der Römischen Republik in der ersten Hälfte des 1. Jahrhunderts v.Chr. prägten. Andere sehen in ihm den Ahnherrn einer Dynastie von Kaisern, die bis 68 n.Chr. überlebte und zu der die berühmtesten und berüchtigtsten Inhaber dieses Amtes gehörten.

Büste Julius Cäsars. Als herausragender militärischer Befehlshaber seiner Zeit begann Cäsar seine politische Laufbahn mit dem Image eines tugendhaften Saubermanns. Doch sein zunehmend autokratisches Gebaren machte ihm innerhalb der herrschenden Klassen Roms Feinde, die sich zusammenschlossen, um ihn aus dem Weg zu räumen. Er wurde an den Iden des März des Jahres 44 v.Chr. ermordet.

Die Meinungen der alten Geschichtsschreiber über Cäsars Ermordung sind weitgehend von ihrer Einstellung zum imperialen System geprägt. Sueton (um 69–130 n.Chr.), der hoffte, dass seine Kaiserbiographien künftigen Herrschern als Vorbilder dienen würden, zweifelte nicht daran, dass der Mord voll berechtigt war: Cäsar hatte Sueton zufolge seine Autorität als Führer dadurch untergraben, dass er weder den anderen Angehörigen der römischen Elite noch den Institutionen der Republik den gebotenen Respekt zollte. Im Gegensatz dazu beschrieb der griechische Historiker Plutarch (um 46–120 n.Chr.) in seinen vergleichenden Biographien „Bioi paralleloi" den Tod des Julius Cäsar als eine Katastrophe, die die natürliche Ordnung der Welt auf den Kopf stellte. Was Cäsar selbst anbelangt, so soll er mit dem für ihn typischen Scharfblick vorhergesagt haben, dass seine Ermordung ein Chaos auslösen würde. Aber woher stammte Cäsar, wie war sein eigenes Leben und wie die Geschichte Roms bis zu seinem vorzeitigen Tod im Jahr 44 v.Chr. verlaufen?

Die Julii Caesares

Gaius Julius Cäsar wurde im Jahr 100 v.Chr. in die Klasse der Patrizier – den Erbadel, die herrschende Elite von Rom – hineingeboren. Seine Familie

Das Bild von Giuseppe Cesari (16. Jahrhundert) zeigt die Gründer der Stadt Rom – Romulus und Remus –, die von einer Wölfin gesäugt werden. Der Schäfer Faustulus und seine Frau Acca Laurentia (Mitte) fanden die Knaben und zogen sie auf. Die Römer waren sehr stolz auf die Ursprünge ihrer Stadt, und es galt als Ehre, wenn man seine Abstammung auf die legendären Zwillinge zurückführen konnte.

reklamierte berühmte Vorfahren für sich: die legendären Gründer der Stadt Rom – Äneas und Romulus. Über diese sterblichen Ahnen stand sie außerdem mit zwei Göttern in Verbindung: Äneas soll der Sohn der Göttin Venus und eines Mannes namens Anchises gewesen sein. Romulus war der Sohn einer Dame nobler Abkunft, Rhea Silvia, die nach ihrer Vergewaltigung durch den Gott Mars ihn und seinen Zwillingsbruder Remus zur Welt gebracht hatte. Die Legende berichtet ferner, dass die Zwillinge im Tiber ausgesetzt, aber durch göttliche Intervention gerettet wurden und schließlich die Stadt Rom gründeten.

Mit ihren zwei Göttern im Stammbaum verspürten die meisten der frühen Julii Caesares keinen Drang, den irdischen Status ihrer Familie aufzubessern. Den größten Teil ihrer Geschichte pflegten sie einen müßigen aristokratischen Lebensstil und hinterließen in den römischen Annalen praktisch keine Spuren. Erst als Julius Cäsars Onkel zum Konsul gewählt wurde und sein Vater später ins Prätorenamt aufstieg, erlangte die Familie eine gewisse Prominenz. Am bedeutendsten von allen unmittelbaren Vorfahren Cäsars war kein Mann, sondern seine Tante Julia (um 130–69 v.Chr.). Sie vermehrte um 110 v.Chr. das Ansehen ihrer Familie schlagartig durch ihre Heirat mit Gaius Marius, dem berühmtesten Römer jener Zeit.

Die Karriere des Gaius Marius (157–86 v.Chr.) verlief ebenso ruhmreich wie unvorhergesehen. Er war kein Patrizier von Geburt und konnte sich somit auch auf keine lange Reihe berühmter Ahnen berufen, um seine poli-

ZEITLEISTE

107 v.Chr. Marius wird zum ersten Mal zum Konsul gewählt

104 Marius führt Heeresreformen durch

91 Probleme mit der Landreform und dem römischen Bürgerrecht lösen den Bundesgenossenkrieg aus (bis 88 v.Chr.)

89 König Mithridates von Pontus fällt in römische Gebiete ein. Erster Mithridatischer Krieg (bis 85 v.Chr.)

82 Sulla etabliert sich als Diktator von Rom

73 Ausbruch des von Spartakus angeführten Sklavenaufstands in Italien

67 Pompeius wird beauftragt, das Mittelmeer von Piraten zu befreien

66 Pompeius erhält Befehlsgewalt im Krieg gegen Mithridates

60 Wahl Cäsars zum Konsul; informelles Bündnis mit Pompeius und Crassus (1. Triumvirat)

58 Cäsar kämpft in den gallischen Kriegen (bis 51 v.Chr.)

53 Im Kampf gegen die Parther fällt Crassus in der Schlacht von Carrhae

49 Cäsar überschreitet den Rubikon

44 Cäsar wird an den Iden des März ermordet

tische Karriere zu befördern. Ein weiteres Hindernis war, dass er nicht aus Rom stammte, sondern aus der etwa 100 Kilometer entfernten Stadt Arpinum. Marius' Aufstieg zur Macht beruhte vielmehr auf seiner persönlichen Tüchtigkeit und seinem Geschick, alle, die ihm im Weg standen, rücksichtslos auszuschalten. In den 20 Jahren vor Cäsars Geburt schuf sich Marius eine Nische als Militärexperte. Dies war eine Zeit, in der die herrschende Elite unter einem Mangel an talentierten Militärtaktikern und Befehlshabern litt. Marius machte sich die politischen Skandale zunutze, die durch eine Reihe militärischer Niederlagen, einschließlich eines katastrophalen Krieges in Nordafrika und mehrerer stümperhaft durchgeführter Feldzüge in Südfrankreich, ausgelöst worden waren. Es gelang ihm, sich trotz der Opposition des patrizischen Establishments zum Konsul wählen zu lassen. In seiner neuen Rolle brachte er den Krieg in Nordafrika rasch zu einem erfolgreichen Ende. Wie zur Bestätigung von Marius' Talent und der Unfähigkeit seiner Gegner mussten genau in dem Augenblick, da er seinen Feldzug beendete, zwei römische Generäle in Südfrankreich zusehen, wie ihre Heere am gleichen Tag von angreifenden germanischen Stämmen ausgelöscht wurden. Ausgelöst hatte diese Katastrophe ihre hartnäckige Weigerung, zusammenzuarbeiten.

Bei Plutarch liest man, dass Gaius Marius 88 v.Chr. nach Nordafrika floh. Er schickte einen Boten zum römischen Statthalter, der diesem berichtete, er habe «den verbannten Gaius Marius inmitten der Ruinen von Karthago» sitzen sehen; auf diese Weise soll er sein eigenes Schicksal mit dem der zerstörten Stadt assoziiert haben. Dieses wehmütige, romantische Bild entwickelte sich zu einem Lieblingsmotiv späterer Künstler, wie hier auf einem phantasievollen Druck aus dem 19. Jahrhundert.

Marius wurde 105 v.Chr. ein zweites Mal zum Konsul gewählt. Von da an sollte er bis 100 v.Chr. jährlich wiedergewählt werden und mit seinen sieben Amtszeiten in der römischen Geschichte einen Rekord aufstellen. Im Jahr 105 übernahm er den Oberbefehl über die demoralisierten Heere in Südfrankreich und Norditalien. Er wurde so zum ersten *princeps*, dem ersten Führer, der seine militärische Macht als Sprungbrett für eine politische Karriere benutzte.

Patrizier und Plebejer

In der frühesten Phase der römischen Geschichte war das römische Volk aufgeteilt zwischen einem alten Erbadel, dessen Angehörige Patrizier genannt wurden, und der breiten Masse gewöhnlicher Leute, die als Plebejer oder kurz „die Plebs" bekannt waren. Der Unterschied zwischen diesen beiden Klassen beruhte auf Abstammung und nicht auf Besitz. In der Frühzeit der Republik durften ausschließlich Patrizier in öffentliche Ämter gewählt werden. Doch 368–367 v.Chr. konnten sich nach einer Verfassungsänderung auch Plebejer wählen lassen. Jeder zum Konsul gewählte Plebejer rückte automatisch in den Adelsstand auf und galt als „neuer Mann" *(homo novus)*.

Marius hatte sich nach dem Sieg über die germanischen Invasoren im Jahr 100 v.Chr. aus Altersgründen aus dem öffentlichen Leben verabschiedet. Doch die Situation in Rom verschlechterte sich weiter – ein Umstand, für den zum Teil wohl Marius selbst verantwortlich war. Die bedeutenden Reformen, die er im Heer durchgeführt hatte, waren zwischen ihm und seinen Leuten ein Band geworden, das sie stärker zusammenhielt als die Loyalität, die sie gegenüber der Regierung der Republik empfanden. Der Hauptgrund für ihre Unzufriedenheit war ein finanzieller. Die durchschnittliche Dienstzeit eines römischen Soldaten war im Laufe der Zeit beträchtlich ausgeweitet worden; zudem leisteten viele Männer ihren Militärdienst in Provinzgarnisonen ab, und drittens war ihr Ruhestand finanziell nicht abgesichert. Ob Soldaten am Ende ihres jahrelangen Dienstes irgendeine Kompensation erhielten, hing ganz davon ab, wie gut die Beziehungen waren, die ihre befehlshabenden Offiziere zu den politischen Kreisen unterhielten. Ein einflussreicher General konnte seinen Männern nach ihrem Ausscheiden aus der Armee besondere Privilegien – in der Regel Landbesitz – garantieren. Marius war ein solcher Heerführer gewesen. Seine Großzügigkeit war sogar so weit gegangen, dass er Nicht-Römern in Anerkennung ihrer treuen Dienste das Bürgerrecht verschaffte.

GAIUS MARIUS

GEBOREN
157 v.Chr. in Arpinum

ÄMTER
Quästor 123 v.Chr.
Volkstribun 119 v.Chr.
Prätor 115 v.Chr.
Statthalter von Lusitania 114 v.Chr.
Konsul der Römischen Republik (siebenmal) 107–86 v.Chr.

GESTORBEN
13. Januar 86 v.Chr.

Land und Bürgerrecht

Die Frage, wer ein römischer Bürger sein durfte, entwickelte sich rasch zu einem brennenden Problem. Im Jahr 100 v.Chr. waren die meisten Bewohner Italiens keine Bürger von Rom. Die Städte, in denen sie lebten, waren durch Verträge, die ihnen im Zuge der siegreichen Expansionskriege im 4. und 3. Jahrhundert v.Chr. aufgezwungen worden waren, nominell mit Rom verbündet. Sie hatten nur widerwillig die Rolle römischer Vasallen übernommen. Aber im Jahr 133 v.Chr. war dieser angespannte Frieden durch die Agitation des Volkstribuns Tiberius Gracchus (163–133 v.Chr.) erschüttert worden.

Besorgt über den Niedergang der römischen *virtus* meinte Gracchus, diese Entwicklung sei damit zu erklären, dass viele Römer das traditionelle Leben auf dem Hof ihrer Familie aufgegeben hatten. Um dieser Entwicklung entgegenzuwirken, schlug er ein Gesetz zur Umverteilung jenes Landes vor, das Rom ursprünglich von den Städten Italiens erobert hatte, das aber seither weitgehend unter deren Kontrolle geblieben war. Gracchus' Gesetzesvorschlag erzürnte nicht nur die Bewohner der Vasallenstädte, sondern auch viele römische Senatoren, die das, was sie für seinen vorsätzlichen Bruch des Status quo hielten, ablehnten. Obwohl das umstrittene Gesetz angenommen wurde, fiel sein wichtigster Initiator prompt seinen politischen Feinden zum Opfer.

Zehn Jahre später führte Gracchus' jüngerer Bruder Gaius (154–121 v.Chr.) eine Reihe von Gesetzen ein, die den Staat weiter umorganisieren sollten.

Fußbodenmosaik aus einer römischen Villa mit einer ländlichen Szene: Sie zeigt Feldarbeiter beim Dreschen, wie sie Pferde und Rinder über einen Weizenhaufen treiben. Im 2. und 1. Jahrhundert v. Chr. kam es zu erbitterten Kontroversen darüber, wer das Recht hatte, auf italienischem Boden zu siedeln und zu arbeiten.

Eine der von ihm initiierten Reformen hatte zum Ziel, aus allen Italienern römische Bürger zu machen. Konservative Senatoren *(optimates)*, die sich schon gegen Tiberius gestellt hatten, empörten sich nun auch über Gaius' Vorschläge. Als es diesem nicht gelang, sich in eine dritte Amtszeit wählen zu lassen, entsandten sie Truppen nach Rom, die ihn und seine Anhänger ermordeten.

Im Laufe der beiden nächsten Jahrzehnte stellten sich die Probleme von Landverteilung und römischem Bürgerrecht immer wieder aufs Neue, ohne je gelöst zu werden. Von grundlegender Bedeutung war, dass zwar viele arme Römer von der Aussicht gelockt wurden, vom römischen Staat gratis Land zu erhalten, aber nicht bereit waren, im Gegenzug die Vorteile des römischen Bürgerrechts mit anderen Städten Italiens zu teilen. Umgekehrt konnten sich die Italiener nicht für die massive Umverteilung von Land erwärmen, solange sie von der Regierung des Landes ausgeschlossen waren. Marius wurde im Jahr 100 v.Chr. direkt in diese lange währende Kontroverse hineingezogen. Er setzte seine Soldaten zur Niederschlagung der Anhänger eines anderen Tribunen ein, der sich seinerseits für radikale Agrarreformen stark gemacht hatte.

Diktatoren

Die Verfassung der Römischen Republik sah vor, eine Person zu ernennen, die besondere Staatskrisen bewältigen sollte. Dieses Amt war als Diktatur bekannt. Der Diktator wurde vom Konsul ernannt und durfte in Notzeiten für die Dauer von sechs Monaten alle anderen Magistrate überstimmen.

Als erster Diktator bekleidete Sulla dieses Amt auf unbestimmte Zeit. Auch Cäsar konsolidierte seine Macht dadurch, dass ihm das Diktatorenamt auf Lebenszeit übertragen wurde.

Sullas Aufstieg

Die Frage nach Landverteilung und Bürgerrecht wurde im Jahr 91 v.Chr. erneut brisant. Als der Tribun, der den neuen Reformgesetzentwurf unterstützte, unerwartet starb, rebellierten die Italiener, verbittert von der jahrelangen Verzögerung und den fehlgeschlagenen Versuchen, neue Gesetze einzuführen. Da tauchte Gaius Marius aus dem Ruhestand auf, um eine der Armeen zu befehligen, die Rom gegen sie ins Feld schickte. An der Spitze einer anderen Armee stand Lucius Cornelius Sulla (um 138–78 v.Chr.), Marius' früherer Stellvertreter, jetzt aber Gegner seines früheren Befehlshabers. Im Laufe dieses sogenannten Bundesgenossenkriegs erwies sich Sulla rasch als überragender Heerführer.

Zwei folgenschwere Ereignisse markierten das Jahr 89 v.Chr. Erstens spaltete der römische Staat den italienischen Widerstand dadurch, dass er ein Gesetz erließ, das den Bewohnern jeder Stadt, die die Waffen niederlegte, das Bürgerrecht anbot. Viele nahmen dieses Angebot an, und das Kriegsglück wandte sich eindeutig gegen jene, die weiterkämpfen wollten. Gleichzeitig unternahm König Mithridates VI. (132–63 v.Chr.) von Pontus (einem in der heutigen Türkei gelegenen Staat am Schwarzen Meer) einen Angriff auf römische Gebiete im östlichen Mittelmeerraum. Der Senat stimmte dafür, das Kommando in diesem Krieg einem der Konsuln für das folgende Jahr zu übertragen. Er versprach, ein viel einträglicheres und ruhmreicheres Unternehmen zu werden, als die laufenden Säuberungsaktionen in Italien. Erwartungsgemäß wurde Sulla gewählt und mit dem Feldzug gegen Mithridates beauftragt.

Mithridates VI. von Pontus auf einer zeitgenössischen Münze. Nach einem Einfall in das westliche Anatolien soll Mithridates im Jahr 88 v.Chr. den Tod aller dort siedelnden Römer angeordnet haben. Dieses Gemetzel kostete 80 000 Menschen das Leben. Mithridates wurde erst 65 v.Chr. endgültig von den Römern niedergerungen.

Sullas Freude währte nicht lange. Ein Tribun sprach sich für eine Reihe von Gesetzen aus, die den Italienern nicht nur das römische Bürgerrecht zu viel günstigeren Bedingungen als zuvor anboten, sondern auch das Kommando im Krieg gegen Mithridates dem Marius übertrugen. Sulla, empört über das, was er für ein ungesetzliches Vorgehen des Tribuns hielt, bat sein Heer um Unterstützung. Es war ein Leichtes für ihn, den Zorn der Soldaten auszunutzen. Sie sahen sich der Chance beraubt, an der Beute teilzuhaben, die die Rückeroberung der

SULLA

GEBOREN
138 v.Chr. in Rom

EHEN
(1) Cornelia Sulla
(geb. um 109 v.Chr.)
(2) Aelia
(3) Caecilia Metella Dalmatica
(gest. um 80 v.Chr.)
(4) Valeria Messala

KINDER
(von 1) Faustus (I.) Cornelius Sulla
(78–47 v.Chr.)
(von 4) Postima Cornelia Sulla

ÄMTER
Quästor 107 v.Chr.
Prätor 94 v.Chr.
Statthalter von Kilikien
93 v.Chr.
Konsul der Römischen Republik
88 v.Chr., 80 v.Chr.
Diktator der Römischen Republik
82–79 v.Chr.

GESTORBEN
78 v.Chr. in Puteoli bei Neapel

östlichen Provinzen mit sich gebracht hätte. So marschierte Sulla mit seinen Truppen gegen Rom, um den Senat zum Widerruf seines Beschlusses zu zwingen. Er stieß kaum auf Widerstand, besetzte die Stadt und verurteilte seine politischen Gegner zum Tode, ehe er wieder gen Osten marschierte. Unterdessen flüchtete Marius, der mit knapper Not seine Haut gerettet hatte, nach Nordafrika.

Bevor Sulla erneut das Kommando im Feldzug gegen Mithridates übernahm, hatte er versucht, seine Stellung in Rom dadurch zu sichern, dass er seine Anhänger in die beiden Konsulämter für das Jahr 87 v.Chr. hievte. Doch sein Plan scheiterte, und er musste zusehen, wie sein eingeschworener Feind Lucius Cornelius Cinna (gest. 84 v.Chr.) in eines der Ämter gewählt wurde. Sulla hätte die militärische Macht besessen, Cinna die Konsulwürde zu entziehen, aber er ließ ihn unter der Bedingung im Amt, dass er sich an die von Sulla eingeführten Gesetze hielt. Kurz nach Antritt seines Konsulats jedoch brach Cinna seinen Eid und führte seine eigene Armee gegen Rom. Marius kehrte aus Nordafrika zurück, um sich den Truppen anzuschließen, die sich nunmehr zur Stadt vorkämpften. Sie metzelten alle Anhänger Sullas nieder, die nicht flohen oder sich versteckten. Am Ende des Jahres wurde Marius zum siebten Mal zum Konsul gewählt, er starb aber bald nach Amtsantritt.

Im Laufe der folgenden Jahre gelang es Sulla, Mithridates zu besiegen. Die Beute war gewaltig: Er plünderte nicht nur immense Schätze aus den östlichen Provinzen, seine Schatullen füllten sich auch mit Geld von Mithridates, dem er gegen enorme Reparationszahlungen gestattet hatte, König von Pontus zu bleiben. Diese Gelder versetzten Sulla in die Lage, wieder in Italien einzudringen. Bis zum Ende des Jahres 82 v.Chr. hatte er seine wichtigsten Feinde besiegt und sich selbst als Diktator auf unbestimmte Zeit etabliert. Sullas despotische Herrschaft diente späteren Führern Roms als Beispiel.

Sullas blutige Herrschaft

Sulla richtete sofort ein Terrorregime ein. Schon während seines Vormarschs auf Rom hatte er eine Reihe von Gräueltaten verübt, etwa ein Massaker unter Gefangenen, die Hinrichtung widerspenstiger Generäle und die Zerstörung von ganzen Bezirken, die sich ihm entgegengestellt hatten. Sobald er in Rom fest im Sattel saß, verschickte er Listen mit den Namen von Männern, die „geächtet", also zum Tode verurteilt waren. Obwohl die ersten Zielscheiben von Sullas Ächtung seine politischen Gegner waren, stand bald jeder auf der Liste, der über Besitz oder Reichtum verfügte. Sulla überwachte dieses Blutbad persönlich und ermunterte Beutejäger, ihm die abgeschnittenen Köpfe „geächteter" Männer gegen Belohnung zu überbringen. Die Anwesen der Opfer wurden vom Staat konfisziert und zum größten Teil an Sullas Anhänger verscherbelt. In jenen Bezirken Italiens, die Sullas Feinde unterstützt hatten, wurden Ländereien im großen Maßstab beschlagnahmt, in überschaubare Einheiten aufgeteilt und an Sullas Veteranen vergeben. Da der Diktator nicht darauf hoffen konnte, seine Feinde mit dem so „gesäuberten" Staat auszusöhnen, war es in seinem brutalen Kalkül nur logisch, sie umzubringen und ihre ehemaligen Machtbasen zu zerstören. Doch seltsamerweise bewirkte die Grausamkeit von Sullas Feldzug tatsächlich eine Stärkung der Opposition gegen ihn. Obwohl der Bürgerkrieg an der wichtigsten italienischen Front im Jahr 81 v.Chr. endete, kämpften verzweifelte Männer noch fast ein Jahrzehnt in fernen römischen Außenposten, wie Nordafrika, Südfrankreich und vor allem Spanien, weiter. Auch in Italien selbst kam es zu sporadischen Erhebungen. Die letzte und berühmteste davon war der große Aufstand unter der Führung des Gladiators Spartakus (um 100–70 v.Chr.). Zwar waren viele Rebellen, die daran teilnahmen, Sklaven, doch Spartakus gelang es auch, viele unzufriedene Veteranen auf seine Seite zu ziehen.

Sulla lebte bis 78 v.Chr. Er gab seine Diktatur ein paar Monate vor seinem Tod auf, der wahrscheinlich durch seine Trunksucht beschleunigt wurde. In einem zynischen Kommentar über die absolute Macht behauptete Julius Cäsar später, Sullas Entschluss zum Rückzug beweise einfach nur, dass er nicht gewusst habe, was er tat. Cäsar hatte großes Glück, dass er Sullas Terrorherrschaft überlebte. Einer Geschichte zufolge, die Cäsar später selbst in Umlauf brachte, stand er auf der Liste jener, die Sulla hatte ermorden wollen. Er wurde nur durch die Intervention von Freunden und der Vestalinnen gerettet. Als Sulla ihn begnadigte, soll er bemerkt haben, dass in dem jungen Mann «viele Mariusse» steckten. Fest steht, dass Cäsar es klug fand, seine höhere Bildung so lange in Griechenland zu vervollständigen, bis sich die Lage in Rom beruhigt hatte.

Eine Vestalin verbrachte zehn Jahre als Lernende, weitere zehn Jahre als Hüterin des heiligen Feuers und die letzten zehn Jahre als Lehrerin. Diese antike Statue einer Vestalischen Jungfrau auf dem Forum Romanum zeigt die zeremoniellen Kleider der Amtsinhaberinnen – einen einfachen Überwurf, die palla, *und die lange Kopfbinde, bekannt als* infula.

Die Vestalischen Jungfrauen

Vesta war die Schutzgöttin des Herdes, des Zentrums des römischen Hauses, und wurde von römischen Bürgern in ihrem Heim an besonderen Kultstätten verehrt. Außerdem brannte auf dem Forum Romanum eine ewige Flamme im Vesta-Tempel, dessen Ruinen noch heute zu sehen sind. Das Feuer wurde von sechs Vestalinnen bewacht, die als Siebenjährige aus dem Kreise der Adelsfamilien ausgewählt wurden und der Göttin 30 Jahre dienten. Vestalin zu werden, war eine große Ehre. Verstieß sie gegen die Vorschriften, drohten ihr schwere Strafen. Eine Vestalin, die die Flamme ausgehen ließ – ein Vorkommnis, das in den Augen der abergläubischen Römer der Stadt Unglück verhieß –, wurde ausgepeitscht. Ein noch schlimmeres Los traf eine Vestalin, die ihre Jungfräulichkeit verloren hatte: Sie wurde bei lebendigem Leib begraben.

POMPEIUS

GEBOREN
29. September 106 v.Chr. in Rom

VATER
Gnaeus Pompeius Strabo

EHEN
(1) Antistia
(2) Aemilia Scaura 100 – 82 v.Chr.
(3) Mucia Tertia
(4) Julia Caesaris 82–54 v.Chr.
(5) Cornelia Metella

KINDER
(von 3) Gnaeus Pompeius
(75 – 45 v.Chr.),
Pompeia,
Sextus Pompeius (gest. 35 v.Chr.)

ÄMTER
Konsul der Römischen Republik
70 v.Chr., 55 v.Chr., 52 v.Chr.

GESTORBEN
29. September 48 v.Chr. in Ägypten
(ermordet von Gesandten
Ptolemäus' XIII.)

Der unaufhaltsame Aufstieg des Julius Cäsar

Cäsars dominierender Charakterzug war sein brennender Ehrgeiz. Bekanntheit erlangte er schon als junger Offizier im östlichen Mittelmeerraum. Dort hatte Mithridates seinen Wunsch, Roms östliche Besitzungen zu erobern, immer noch nicht aufgegeben und ging 76 v.Chr. erneut zum Angriff über. Nachdem Cäsar seine *virtus* im Krieg unter Beweis gestellt hatte, kehrte er nach Rom zurück und begann, unter den Gegnern des politischen Establishments Anhänger zu gewinnen, indem er einen persönlichen Stil pflegte, der ihn als Radikalen auszeichnete. Er trug Kleider, die weithin als zu modisch galten, und erwarb sich den Ruf eines Lieblings der Frauen. Er stürzte sich auch in Schulden und musste sich von einem der früheren Generäle Sullas, Marcus Licinius Crassus (um 115–53 v.Chr.), der für die Niederschlagung der Spartakus-Revolte verantwortlich gewesen war, Geld borgen. Crassus seinerseits hatte mit Sklavenhandel, Bergwerksbeteiligungen und Immobilienspekulation ein riesiges persönliches Vermögen angehäuft. Doch mit seiner persönlichen Zügellosigkeit hatte er sich viele Feinde gemacht und sich sogar mit seinem früheren Verbündeten Sulla überworfen. Vor allem war Crassus pathologisch eifersüchtig auf Gnaeus Pompeius Magnus, besser bekannt als Pompeius (106–48 v.Chr.). Obwohl Pompeius noch blutjung war, hatte er in Sullas Diensten großes militärisches Geschick bewiesen und sich den Spitznamen *adulescentulus carnifex* („jugendlicher Schlächter“) eingehandelt. So stilisierte er sich als Roms kommender Mann, obwohl er niemals ein politisches Amt innegehabt hatte.

Unbeeindruckt vom Neid des Crassus, mit dem er sich 70 v.Chr. das Konsulat geteilt hatte, verbrachte Pompeius den größten Teil der 60er-Jahre damit, römische Heere im Ausland zu befehligen. Als Seeräuber die italienische Küste unsicher machten und zwei römische Magistrate entführten, wurde Pompeius mit der Aufgabe betraut, die Piraten aus dem Mittelmeer zu vertreiben. Binnen eines Jahres reklamierte er den Sieg für sich und hatte bereits seine Ernennung zum Oberbefehlshaber im Krieg gegen Mithridates durchgesetzt. Drei Jahre später brachte Pompeius auch diesen Konflikt zu einem erfolgreichen Ende.

«Schon bald verwandelten Gaius Marius, der aus der untersten Schicht stammte, und Lucius Sulla, der brutalste der Patrizier, die freie, mit Waffengewalt niedergezwungene Regierung in eine Tyrannei. Als Nächster kam Gnaeus Pompeius, der zwar weniger auffiel, aber keinen Deut besser war, und nun wurde nichts anderes angestrebt, als die Beherrschung des Staates.»

TACITUS, „Geschichtsbücher“, 3.38

Als glänzender Heerführer erlebte Pompeius einen kometenhaften Aufstieg. Doch im Laufe der Zeit wurden seine Leistungen von denen Cäsars in den Schatten gestellt, ein Konflikt zwischen den beiden war unvermeidlich. Im Bürgerkrieg von 48–47 v.Chr. tat Cäsar die Fähigkeiten seines Rivalen verächtlich ab: «Der Feind hätte gewonnen, hätte er einen Sieger zum Befehlshaber gehabt.»

Cäsar arbeitete unterdessen weiter an seiner politischen Karriere. 65 v.Chr. wurde er zum Ädil gewählt und brachte dann die Trophäen von Marius' Siegen über die Germanen – die Sulla zerstört hatte – wieder an ihren Ehrenplatz. Im gleichen Jahr organisierte er eine aufwendige Trauerfeier für seine Tante, die Witwe des Marius, und erhob selbst Anspruch auf Marius' politische Stellung. Zu seinen Lebzeiten war Marius alles andere als ein Radikaler gewesen, aber jetzt, in der Zeit nach Sulla, wurde er zur Symbolfigur für die Feinde des Regimes. Cäsar sorgte dafür, dass er nun selbst mit dem Mythos um seinen Onkel verbunden war. Er wurde im Jahr 60 zum Prätor gewählt, drei Jahre später bereitete er sich auf die Kandidatur zum Konsul vor und zum *pontifex maximus,* dem höchsten Priester von Rom. Dieses Amt war eher politisch als religiös geprägt. Die römische Staatsreligion unterstand der Kontrolle mehrerer Priestergruppen; die einflussreichste von diesen bildeten die *pontifeces,* deren Oberhaupt Cäsar nun wurde. Ihre Hauptaufgabe bestand darin, andere Gruppen von Priestern zu überwachen. Das Amt des *pontifex maximus* brachte mehrere Vorteile mit sich, darunter das Wohnrecht in der Regia, einem Palast in der Mitte des Forum Romanum. Mit dieser Residenz befand sich Cäsar nun buchstäblich im Zentrum des politischen Lebens der Stadt. Doch mit den beiden Wahlkampagnen hatte er gewaltige Schulden gemacht.

Machtspiele

Bis zum Ende des Jahres 62 v.Chr. waren Cäsars finanzielle Probleme so schwerwiegend, dass er – Sueton zufolge – gezwungen war, sich nachts aus der Stadt zu schleichen, um nicht von seinen Gläubigern festgesetzt zu werden. Wie viele Römer seiner Zeit sah Cäsar in der Chance, eine Provinz zu regieren – ein Privileg, das den Prätoren entweder während oder nach ihrem Amtsjahr eingeräumt wurde –, einen Ausweg, um die enormen Summen wieder hereinzuholen, die er im Verlauf seiner Kandidaturen ausgegeben hatte. Wahlkämpfe waren schon damals überaus kostspielige Unternehmungen, und Cäsar hatte sich dabei noch den Ruf eines Verschwenders erworben. So hatte er im Jahr 65 für die Veranstaltungen, die er aufgrund seiner Stellung als Ädil durchführen musste, so viele Gladiatoren eingekauft, dass seine Feinde im Senat ein Gesetz verabschiedeten, mit dem die Zahl der Stars, die ein Einzelner engagieren durfte, beschränkt wurde. Cäsars erfolgreiche Bewer-

Römische Namen

Römische Namen bezeichneten die biologischen und rechtlichen Verhältnisse ihrer Träger. Der Name jeder Person bestand aus drei Teilen: einem Vornamen *(praenomen),* dem Familiennamen *(nomen)* und einem Hinweis auf ihre „Filiation" *(agnomen).* Aus diesem dritten Namen ging sowohl die Beziehung der Person zum Familienoberhaupt, dem mit Befehlsgewalt ausgestatteten *paterfamilias,* hervor als auch die zu ihrem „Stamm". Jeder römische Bürger gehörte einem von 35 Geschlechtern an. Freigelassene Sklaven übernahmen *praenomen* und *nomen* ihres Herrn, doch anstelle der Filiation machte der dritte Teil ihres Namens einfach deutlich, dass sie Freigelassene waren. Zu den Namen wohlhabender Römer gehörte üblicherweise ein viertes Element oder *cognomen.* So zum Beispiel: Marcus *(praenomen)* Porcius *(nomen)* Cato *(agnomen)* Censorinus *(cognomen).*

JULIUS CÄSAR

GEBOREN
13. Juli 100 v.Chr.

VATER
Gaius Julius Cäsar der Ältere

MUTTER
Aurelia Cotta

EHEN
(1) Cornelia Cinna minor
(94–69 v.Chr.)
(2) Pompeia Sulla
(3) Calpurnia Pisonis

KINDER
(von 1) Julia Caesaris
(82–54 v.Chr.)
Caesarion (47–30 v.Chr.; von seiner Geliebten, Königin Kleopatra VII. von Ägypten)

ADOPTIERT
Gaius Julius Caesar Octavianus

DYNASTIE
Julier-Claudier

GESTORBEN
15. März 44 v.Chr.

NACHFOLGER
Oktavian/Augustus
(als erster römischer Kaiser)

bung bei beiden Wahlen im Jahr 60 wird ihn noch mehr gekostet haben. Gemäß dem römischen Gesetz durfte ein Mann, der sich um ein Amt bewarb, jedem Mitglied seines Stammes Bargeld schenken. In den Augen der Römer war das keine Bestechung. Das Verfahren galt vielmehr als „großzügige Geste" und brachte einem Mann in Rom Anerkennung und Popularität. Zuwider war den Römern dagegen übertriebener privater Luxus, und so war Cäsar bestrebt, deutlich zu machen, dass die gewaltigen Summen, die er sich borgte, dem römischen Volk und nicht seinem persönlichen Vergnügen dienten.

Abgesehen von Cäsars Vorliebe für modische Kleidung und seiner Eitelkeit (in dieser Zeit versuchte er, seine beginnende Glatze zu kaschieren), verhielt er sich in seinem Privatleben auffallend bescheiden. Einer seiner Feinde bemerkte einmal sogar, er sei der einzige nüchterne Mann gewesen, der jemals versucht habe, die Republik zu ruinieren.

Cäsars erzwungene Genügsamkeit stand in deutlichem Gegensatz zu der Verschwendungssucht des alten Regimes. Viele von Sullas Freunden waren ebenso genusssüchtig geworden wie ihr ehemaliger General. Sie bauten sich prächtige Villen und veranstalteten üppige Festmähler. Cäsar dagegen scheint auch seine Sklaven menschlich behandelt zu haben. Er erfreute sich bei den Gladiatoren besonderer Beliebtheit, vielleicht aufgrund seiner Abneigung, sie bis zum Tode kämpfen zu lassen. Anlass zur Kritik bot sein Sexleben, und auf diesen Schwachpunkt zielten seine Feinde. Sie erklärten seine öffentliche Zurschaustellung von *virtus* durch Großzügigkeit für ein Täuschungsmanöver und machten auf sein anstößiges Gebaren im Zentrum der *domus* aufmerksam.

Persönliche Indiskretionen

Bei einer Gelegenheit richtete es Cäsar so ein, dass ihm während einer Senatssitzung ostentativ ein Liebesbrief von der Schwester eines seiner schlimmsten Gegner, Marcus Portius Cato des Jüngeren (95–45 v.Chr.), überreicht wurde. Cato, der glaubte, Cäsar habe soeben eine Geheimbotschaft erhalten, die ihn in eine Verschwörung gegen den Staat verwickelt sah, forderte ihn auf, den Brief laut vorzulesen, und wurde durch die öffentliche Bekanntmachung seines Inhalts düpiert.

Cäsars Feinde behaupteten, Beweise dafür zu haben, dass er im Jahre 80 v.Chr., während seiner Zeit als Gesandter am Hof von Nikomedes IV. von Bithynien (einem Königreich, das an die früheren Besitzungen von Mithridates in der nördlichen Türkei angrenzte), mit dem König sexuelle Beziehungen gehabt habe. Sie nahmen weniger Anstoß daran, dass Cäsar Geschlechtsverkehr mit einem anderen Mann hatte, als an der Vorstellung, dass er sich dabei passiv verhalten habe. Er sei also kein „richtiger Mann", sondern ein *cinadeus*, der beim Geschlechtsverkehr den Part der Frau spiele. Ein Feind spöttelte sogar,

Gäste eines römischen Banketts. Seit der Spätzeit der Republik wuchs der Wohlstand der Oberschicht, und solche Gelage wurden zum Inbegriff der Völlerei. In einem Bericht über ein besonders üppiges Mahl heißt es: «Ein Hase, herausgeputzt mit Flügeln, dass er aussah wie Pegasus, eine Wildsau, deren Bauch mit lebenden Drosseln gefüllt war, Quitten, gespickt mit Dornen, so dass sie Seepferdchen ähnelten, und Schweinebraten in der Form eines Fisches, eines Singvogels und einer Gans.» Doch Cäsar erkannte früh, dass jeder, der sich in Rom um ein öffentliches Amt bewarb, gut daran tat, genügsam zu leben.

er sei «der Mann jeder Frau und die Frau jeden Mannes». Cäsar war wütend, hielt sich aber bis zum Ende seiner Tage zu diesem Thema äußerst bedeckt. Allerdings konnte er nicht verhindern, dass sich das Gerücht verbreitete. Selbst seine Soldaten, die ihn bewunderten, besangen in unflätigen Balladen Cäsar später als «Königin von Bithynien» – was in erheiterndem Gegensatz zu seinem sorgfältig gepflegten Image als Tugendbold und Saubermann stand.

Cäsar gelang es, seine finanziellen Probleme wie auch die Verleumdungen durch seine Gegner auszusitzen. Seine einjährige Amtszeit als Statthalter von Spanien brachte ihm so viel Geld ein, dass er seine Schulden begleichen und im Jahr 59 v.Chr. für das Konsulat kandidieren konnte. Nach spielend gewonnener Wahl begann er, seine Position zu konsolidieren. Dabei kam ihm die Unfähigkeit seiner Feinde entgegen, die es sich gleichzeitig mit Crassus und Pompeius verscherzt hatten. Crassus hatte versucht, sich in Rom dadurch eine Machtbasis aufzubauen, dass er die Interessen des Ritterstandes vertrat. Doch diese Gruppe wurde bald in einen Finanzskandal verwickelt, der mit den Steuereinnahmen in der Provinz Asia (der heutigen Westtürkei) zu tun hatte. Der Senat weigerte sich, das Geld, das diese Leute dem Staat schuldeten, zu überweisen, und drohte ihnen den Bankrott an. Pompeius hatte seinerseits Probleme mit dem Senat bekommen, als dieser sich weigerte, Pensionszahlungen für seine Soldaten zu genehmigen, und außerdem seine Verwaltungsreformen in den östlichen Provinzen blockierte. Cäsar witterte eine Gelegenheit für eine vorteilhafte Allianz und verheiratete zunächst sein einziges Kind, Julia, mit Pompeius. Daraufhin machte er sowohl Pompeius als auch Crassus politische Avancen. Unter Ausnutzung seiner Position als Konsul versprach er, Gesetze einzuführen, die den beiden Männern helfen würden, ihre gegenwärtigen Schwierigkeiten zu überwinden. Dafür sollten sie ihrerseits eine Gesetzesvorlage unterstützten, die Cäsar für fünf Jahre die Befehlsgewalt in der Provinz seiner Wahl gab.

Dieses offene politische Geschacher löste im Senat Proteststürme aus, in deren Verlauf Cäsars Konsulatskollege und Anführer der gegnerischen Fraktion mit dem Inhalt eines Nachttopfs übergossen wurde. Wahrscheinlich hatte Cäsar selbst diesen Wirbel als Ablenkungstaktik inszeniert, denn er war als Politiker inzwischen mit allen Wassern gewaschen. Jedenfalls erreichte er sein Ziel: Pompeius und Crassus bekamen, was sie wollten, und Cäsar sicherte sich nicht nur eine, sondern drei Provinzen. Anfang 58 v.Chr. verließ er Rom, um die Provinzen Gallia Transalpina (Südfrankreich), Gallia Cisalpina (Norditalien, auch bekannt als Gallia Togata oder „Toga tragendes Gallien“) und Illyricum (das heutige Kroatien) zu regieren.

Cäsar als Heerführer

In dieser Zeit – von 58 bis 50 v.Chr. – festigte sich Cäsars Ruf als bedeutendster Heerführer der römischen Geschichte. Seine Feinde hatten gehofft, seine Unerfahrenheit als militärischer Befehlshaber würde ihn endgültig ruinieren und er würde im Ödland jenseits der Grenzen Roms einem der vielen feindlichen Stämme zum Opfer fallen. Doch Cäsar verblüffte sie schon bald, denn er konnte das Geschick, das ihm politischen Erfolg beschert hatte, auch auf dem Schlachtfeld beweisen. In den oft täuschend dürren Be-

Der Ritterstand

Die Bezeichnung *eques* (Plural *equites*) galt ursprünglich für jene wohlhabenden Mitglieder der römischen Gesellschaft, die es sich leisten konnten, in der Kavallerie zu dienen. Diese Gruppe gewann mit wachsender wirtschaftlicher Macht an Einfluss. Ritter, die kein öffentliches Amt bekleiden wollten, durften Korporationen bilden und sich in den Dienst des römischen Staates stellen. Sie beteiligten sich an Ausschreibungen, indem sie die Kosten für gewisse Dienstleistungen abschätzten, und boten den Zensoren die entsprechenden Summen an. Wenn die Einnahmen, die sie während ihres Engagements erzielten, die Schätzung übertrafen, durften sie den Gewinn behalten. Doch hatten sie sich verschätzt, waren sie persönlich haftbar und mussten dem Staat gegenüber für jeden Fehlbetrag geradestehen.

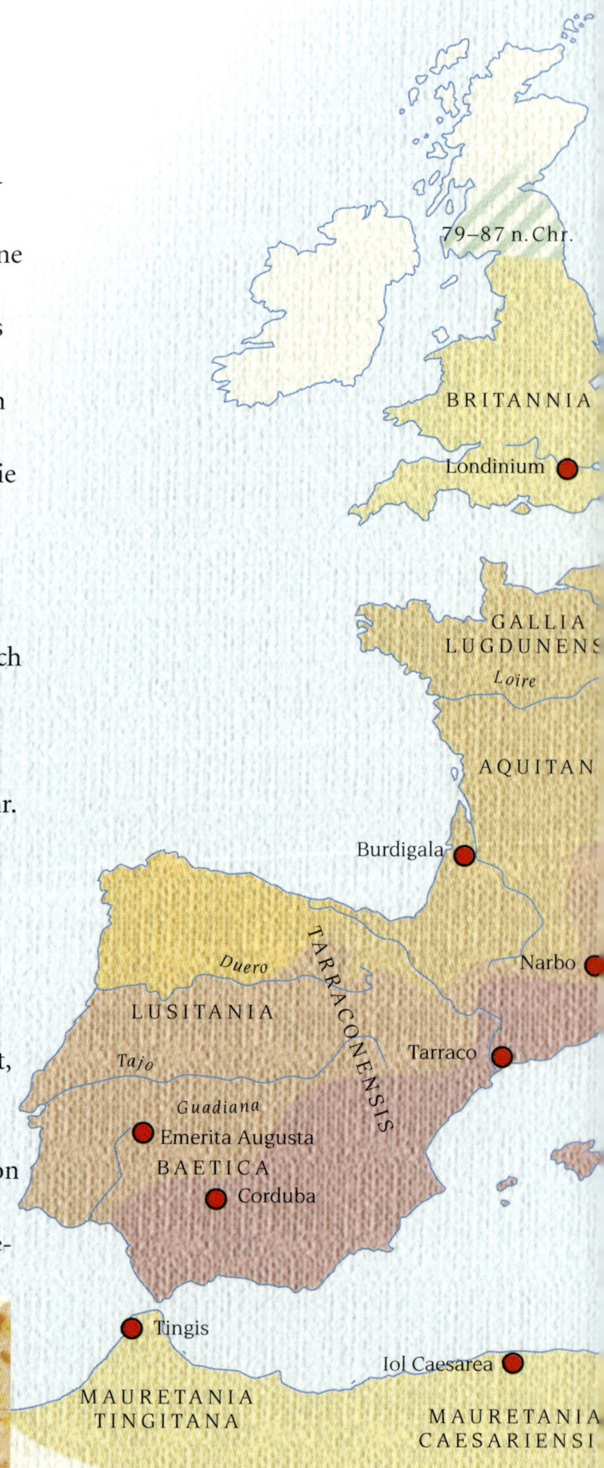

Die Ausdehnung Roms von der Spätphase der Republik bis zum Ende der Herrschaft Kaiser Hadrians im Jahr 117 n.Chr., mit Benennung der meisten Provinzen des expandierenden Staats. Für Rom hatten sich Interventionen in Gegenden, die sich nicht zur Übernahme römischer Institutionen eigneten, als kostspielige Fehlschläge erwiesen. Hadrian begnügte sich damit, die bestehenden Grenzen zu befestigen.

> «Es kommt häufig vor, dass die Gallier, angestachelt von Gerüchten, Entscheidungen über die wichtigsten Dinge treffen, über die sie oft sehr rasch die Meinung ändern, denn sie sind Sklaven des Gerüchts, und viele Leute erfinden Geschichten, um ihnen etwas zu sagen, was sie hören wollen.»
>
> Cäsar, „Die Eroberung Galliens", 4.5

richten, die er über seine Feldzüge verfasste – und in seinem Werk „Der gallische Krieg" („De bello Gallico") sammelte –, offenbaren sich eine Begabung für vorausschauende Planung und für die Einschätzung der Psychologie seiner Gegner sowie eine beeindruckende Flexibilität angesichts neu auftretender Probleme und ein unerschütterliches Selbstvertrauen.

In Cäsars Texten wird immer wieder durch eine beiläufige Bemerkung deutlich, dass Vorräte angelegt, detaillierte Informationen gesammelt und strategische Pläne blitzschnell abgeändert wurden, um auf unvorhergesehene Herausforderungen zu reagieren. Vor allem wusste Cäsar, dass man keinen Informanten trauen durfte, die aus ihren Mitteilungen Kapital schlagen wollten, dass Kriege nicht so sehr auf dem Schlachtfeld als am Konferenztisch gewonnen werden und dass der Feind jede seiner Bewegungen beobachtete und auf sie reagierte. Aus diesem Grund wandte er in einer Schlacht auch niemals dieselbe Taktik zweimal an. Außerdem verbrachte er vor und nach den Feldzügen viel Zeit damit, jene Gallier für sich zu gewinnen, die erkannten, dass es ihr Vorteil war, ihn zu unterstützen.

Diese Münze mit der Abbildung eines mit den Symbolen Schild und Kriegsbeil ausgestatteten Kriegers wurde um 48–44 v.Chr. zum Gedenken an die militärischen Eroberungen Julius Cäsars geprägt. In dieser Zeit überhäufte der Senat Cäsar mit Ehren, unter anderem benannte er seinen Geburtsmonat in „Juli" um.

Während er sich auf seinen Feldzügen in Gallien befand, hatten mehrere Ereignisse die politische Landschaft in Rom dramatisch verändert. Zunächst war einer aus dem „Triumvirat der starken Männer" in einem entlegenen Land gestorben. Crassus, der auf Cäsar wie auf Pompeius eifersüchtig war, hatte sich in ein militärisches Abenteuer gestürzt und auf eigene Faust einen Überfall auf Parthien unternommen. Dieses Reich, das die heutigen Staaten Irak und Iran umfasste, war die einzige an den Grenzen des Römerreichs verbliebene Großmacht. Crassus tat Feinde, gegen die Rom niemals gekämpft hatte, verächtlich ab und machte sich nicht die Mühe, ihre Taktik zu analysieren. Erwartungsgemäß endete sein unbesonnener Feldzug mit einer vernichtenden Niederlage. Sein riesiges Heer wurde im Jahr 53 v.Chr. vor den Toren der Stadt Carrhae, dem heutigen türkischen Harran, besiegt. Crassus selbst kam bei diesem blutigen Fiasko zu Tode.

Mit dem Tod des Crassus waren Cäsar und Pompeius zwar einen ebenso ehrgeizigen Rivalen losgeworden, aber es gab jetzt auch keine Figur von vergleichbarer Statur mehr, die als Vermittler zwischen den beiden hätte wirken können. Jedenfalls hatte auch schon zu Crassus' Lebzeiten die Beziehung zwischen Cäsar und Pompeius mit dem Tod der Julia, Cäsars Tochter und Pompeius' Gattin, im Jahr 54 v.Chr. einen schweren Schlag erlitten.

Zunehmend beunruhigt über Cäsars unaufhaltsamen Aufstieg, brach Pompeius 52 v.Chr. alle Verbindungen zu ihm ab und bereitete sich auf die Möglichkeit eines Krieges vor.

Das Überschreiten des Rubikon

Im Sommer des Jahres 50 v.Chr. hatte Cäsar das gesamte Gebiet, das heute als Frankreich bekannt ist, zusammen mit Teilen des heutigen Deutschlands und Belgiens unter seiner Herrschaft vereinigt. Stolz auf diese Leistungen hatte der ruhmreiche Feldherr das Gefühl, nunmehr die Bedingungen diktieren zu können, unter denen er in die politische Arena Roms zurückkehren würde. Insbesondere Cäsars Forderung, für das Amt eines Konsuls zu kandidieren, während er in Gallien blieb, brachte ihn auf Kollisionskurs mit dem Senat. Dies war eine entscheidende Streitfrage: Um eine Neuauflage jener Art von Diktatur zu vermeiden, die Sulla aufgerichtet hatte, verlangte das römische Gesetz seit Langem von den Heerführern, dass sie vor Betreten der Stadt das Kommando über ihre Legionen niederlegten – eine Voraussetzung für die Kandidatur um ein römisches Amt. Aber Cäsar war sich bewusst, dass seine Feinde ihn, sobald er sich seiner militärischen Macht entledigte, unverzüglich des Machtmissbrauchs während seines ersten Konsulats anklagen würden. Auch wenn er sich als heimkehrender Held ganz sicher war, dass er eine Wahl gewinnen würde – ein Gerichtsprozess würde seine Kandidatur sofort hinfällig machen.

Cäsar löste dieses Dilemma, indem er seinen Feinden in Rom direkt die Stirn bot und in Italien einfiel. Am 11. Januar 49 v.Chr. überschritt er den Fluss Rubikon, der die südliche Grenze zwischen seiner Provinz Gallia Cisalpina und Roms italienischen Provinzen bildete. Diesen Schritt kommentierte er mit den berühmten Worten «*Iacta alea est*» («Der Würfel ist gefallen»). Während Cäsar auf Rom vorrückte, inszenierte Pompeius einen taktischen Rückzug in den Hafen von Brundisium (dem heutigen Brindisi). Er beabsichtigte, von dort die Armee von über 20 000 Mann, die er rekru-

Am heftigsten widersetzte sich Vercingetorix, der Häuptling des Stammes der Arverner, der Eroberung Galliens durch Cäsar. Während der Belagerung von Gergovia errang er einen beachtlichen Sieg über die Römer, wurde aber 52 v.Chr. in der Schlacht von Alesia besiegt und anschließend hingerichtet.

tiert hatte, nach Griechenland überzusetzen, um sich mit anderen Heeren aus den östlichen Provinzen zusammenzutun. Doch Pompeius' Autorität war bereits am Bröckeln. Einer seiner Untergebenen ignorierte dringende Botschaften seines Befehlshabers. Er wurde abgeschnitten und bei Corfinium in Mittelitalien gezwungen, sich mit 10 000 Mann zu ergeben.

Dieses Ereignis war kriegsentscheidend. Als die Garnison in Corfinium – zu der viele Führer der politischen Opposition zählten – kapitulierte, nahm Cäsar die Soldaten in seinen Dienst und ließ den Rest frei. Mit diesem Akt der Milde, wie er aus früheren Bürgerkriegen unbekannt war, landete Cäsar einen Propagandacoup, der viele Leute in sein Lager trieb. Der Krieg dauerte bis Ende August 48 v.Chr., als die Armee des Pompeius in der Schlacht von Pharsalos in Nordgriechenland besiegt wurde. In den Jahren 49–48 v.Chr. konsolidierte Cäsar seine politische Stellung, indem er sich Ende 49 v.Chr. kurzzeitig zum Diktator ausrufen ließ und dann ein zweites Mal nach der Schlacht von Pharsalos.

Pompeius' und Cäsars Tod

Unterdessen floh Pompeius nach Ägypten, wo ihn Agenten von König Ptolemäus XIII. ermordeten, die wussten, dass Cäsar ihm auf den Fersen war. Als Cäsar dann in Ägypten eintraf, wurde er schon bald in einen innerdynastischen Machtkampf zwischen Ptolemäus XIII. und seiner Schwester und Gemahlin, Kleopatra, hineingezogen. Cäsar stellte sich auf die Seite Kleopa-

> «... in dieser Haltung wurde er [Cäsar] mit 23 Stichen tot niedergestreckt, wobei er nur beim ersten Stoß einen Seufzer, aber kein Wort vernehmen ließ, obschon einige berichten, er habe dem auf ihn einstürzenden Brutus (auf Griechisch) zugerufen: ‹Auch du, mein Sohn?›»
>
> SUETON, „Kaiserbiographien. Die Ermordung Cäsars", 82

Cäsar hatte immer eine Schwäche für attraktive Frauen an den Tag gelegt, aber keine war verführerischer als Kleopatra VII. von Ägypten. Der Legende zufolge soll sie sich ihm in einer Teppichrolle präsentiert haben. Im Jahr 47 v.Chr. gebar sie ihm einen Sohn – Caesarion –, aber Cäsar, stets auf die öffentliche Meinung in Rom bedacht, weigerte sich, die Vaterschaft anzuerkennen.

Die Schlacht von Pharsalos

Der Entscheidungskampf zwischen Julius Cäsar und Pompeius im Sommer 48 v.Chr. endete rasch und brutal. Beide Befehlshaber zweifelten nicht daran, dass Cäsars aus Veteranen bestehende Infanterie zwar zahlenmäßig unterlegen war, aber wenig Probleme haben würde, Pompeius' unerfahrene Fußsoldaten zu überwältigen. Doch Pompeius glaubte, die Schlacht dadurch gewinnen zu können, dass er seine zahlenmäßig stärkere Kavallerie auf seiner linken Flanke einsetzte. Sein Plan war es, damit Cäsars Kavallerie schnell aufzureiben und den Rest seines Heers von hinten angreifen zu können. Aber Cäsar ahnte, welches Spiel sein Gegner vorhatte. Er gab die übliche dreireihige Formation seiner Infanterie zugunsten einer vierten Reihe auf, mit der er direkt über Pompeius' Kavallerie herfiel, sobald dieser, wie erwartet, seine eigene Reiterei zurückgedrängt hatte. Als Pompeius sah, dass seine Kavallerie dezimiert war, gab er die Schlacht verloren. Er floh, während Cäsars Soldaten die Niederlage seiner Truppen komplett machten. Pompeius ließ 6000 seiner Männer tot zurück; weitere 24 000 gerieten in Gefangenschaft.

tras (die er zu seiner Geliebten machte), besiegte Ptolemäus und setzte seine Geliebte und ihren Bruder als Ptolemäus XIV. auf den Thron. Diese Affäre löste in Rom Entsetzen aus, da sie Cäsars Interesse an königlicher Macht offenbarte. Doch im Mai des Jahres 47 v.Chr. war er schon wieder auf dem Weg, dieses Mal in Richtung Asia Minor, wo er in Pontus einen Aufstand, angeführt von Pharnakes, einem Sohn des Mithridates, niederschlug. Bei dieser Gelegenheit prahlte Cäsar mit den berühmten Worten «*Veni, vidi, vici*» («Ich kam, sah und siegte»).

Der Bürgerkrieg zog sich nach Pompeius' Tod noch länger hin; denn seine Anhänger stellten in Nordafrika eine Armee auf, die erst 46 v.Chr. besiegt wurde. Im selben Jahr kam es zu weiteren Unruhen, als der einzige überlebende Sohn des Pompeius, Sextus, in Spanien um Unterstützung warb. Doch obwohl Cäsars militärisches Geschick kaum nachließ, begann ihn jetzt sein politischer Scharfsinn zu verlassen. Während eines kurzen Aufenthalts in Rom 46 v.Chr. hatte er das Amt eines Diktators auf die Dauer von zehn Jahren akzeptiert; er bekam es zwei Jahre später auf Lebenszeit übertragen. Ab 46 v.Chr. wurde er auch fortgesetzt zum Konsul gewählt. Doch sein autokratischer Umgang mit der Macht stieß auch bei anderen Mitgliedern der herrschenden Klasse zunehmend auf Ablehnung.

Nachdem Cäsar alle größeren Aufstände niedergeschlagen hatte, kehrte er schließlich im August 45 v.Chr. nach Rom zurück. Der Senat stimmte dafür, ihn mit göttlichen Ehren auszustatten, und sein Geburtsmonat wurde in „Juli" umbenannt. Den Titel eines *rex* („König") lehnte er bewusst ab, verhielt sich aber sonst in jeder Hinsicht so, als wäre er der König von Rom.

Cäsar beabsichtigte, Rom am 18. März 44 v.Chr. erneut zu verlassen, um einen Feldzug gegen die Parther anzuführen. Doch vor den Iden des März, dem 15. Tag des Monats, hatte ihn eine Wahrsagerin gewarnt. Ihren Rat missachtend, nahm er an einer Versammlung des Senats teil, wo eine Gruppe von Männern an ihn herantrat, die ihm anscheinend eine Bittschrift überreichen wollten. Während sie ihn umringten, zückten sie ihre Dolche und erstachen ihn. In die Verschwörung gegen Cäsar waren mehr als 60 Senatoren verwickelt – darunter Männer, die er seinerseits geschont hatte, sowie einige seiner Offiziere. Wie Sueton schreibt, beharrten diese Männer darauf, dass Cäsar im Grunde sein eigenes Todesurteil unterzeichnet hatte, als er sich über die hochgeschätzten Traditionen des Staates hinwegsetzte. Jetzt blieb abzuwarten, wie viele Menschen im Römischen Reich diese Meinung teilten.

Eine Münze mit dem Abbild eines Partherkönigs (1. Jahrhundert n.Chr.). Nach dem katastrophal ausgegangenen Feldzug des Crassus im Jahr 53 v.Chr. blieben die Parther ein Stachel im Fleisch Roms, bis Trajan und Septimius Severus ihnen im 2. Jahrhundert n.Chr. eine vernichtende Niederlage beibrachten.

Eine Zeit des Aufruhrs: Oktavian, Mark Anton (44–30 v. Chr.)

13 Jahre liegen zwischen Cäsars Ermordung und der Schlacht bei Aktium, jenem Seegefecht vor der griechischen Küste, das der Republik den Todesstoß versetzen und die Machtergreifung des ersten Kaisers zur Folge haben sollte. Viele spätere römische Autoren erkannten die überragende Bedeutung dieser Schlacht. So setzte etwa der Historiker Cassius Dio (um 155 – 229 n. Chr.) dieses Ereignis mit dem Beginn der römischen Monarchie gleich.

JENE JAHRE WURDEN VON ZWEI MÄNNERN beherrscht, deren Geschicke sich nach dem 15. März 44 v. Chr. dramatisch änderten. Der erste war Marcus Antonius (um 83 – 30 v. Chr.), der Spross einer vornehmen Familie, die viele Mitglieder in öffentliche Ämter entsandt hatte. So hatte etwa Mark Antons Vater vor Cäsars Tod 19 Jahre lang das Amt eines Konsuls bekleidet. Der zweite war als Gaius Octavius zur Welt gekommen (63 v. Chr.–14 n. Chr.). Sein Vater, ein Ritter, war als erstes Mitglied seiner Familie Senator geworden. Doch viel mehr Gewicht hatte, dass Oktavians Mutter eine Nichte Julius Cäsars war.

In dem Machtvakuum, das durch den Mord an Julius Cäsar entstanden war, trat vor allem Mark Anton hervor. Sein Bündnis mit Oktavian (und Lepidus) im zweiten Triumvirat war fragil, und die Entfremdung zwischen den beiden Männern wurde irreparabel, als Antonius Oktavians Schwester Octavia zugunsten von Kleopatra verließ.

Bewerber um die Macht

Antonius war lange ein Protegé Cäsars gewesen. Er trat 44 v. Chr. in die Fußstapfen seines eigenen Vaters, als er während Cäsars fünftem Konsulat zu dessen Kollege gewählt wurde. Im gleichen Jahr wartete der 19-jährige Octavius in Griechenland auf die Ankunft seines Onkels, dem er sich auf seinem Feldzug gegen die Parther anschließen wollte. Nach Cäsars Ermordung wurde Antonius für die Dauer seines Konsulatsjahres automatisch Oberhaupt des römischen Staates, während Octavius, wie vom Diktator testamentarisch verfügt, durch Adoption zu Cäsars Sohn und Erben erklärt wurde. Mit diesem Akt nahm er den Namen Gaius Julius Cäsar an. Er hätte sich auch, der römischen Tradition folgend, mit Bezug auf seine biologische Familie das *cognomen* Oktavian zulegen können. Seine politischen Feinde nannten ihn auch sein Leben lang so, um seine bescheidene Herkunft her-

Auf diesem Druck ist Mark Anton zu sehen, wie er bei der Trauerfeier für Julius Cäsar den Diktator preist. Er zog die Toga von Cäsars Leichnam und zeigte zur Bekräftigung seiner Mordanklage der Menge die Spuren der Dolchstiche.

vorzuheben, während er selbst sich weigerte, diesen Namen zu verwenden. Das Verhältnis zwischen Mark Anton und Oktavian zerfällt grob gesprochen in drei Abschnitte. Die erste Phase, in der Antonius der dominierende Partner war, dauerte vom Mord an Cäsar bis etwa 37 v.Chr. In der zweiten Phase, in den drei darauf folgenden Jahren, verfügten die beiden über etwa gleich viel Macht, während in den Jahren vor Aktium Oktavians Stern immer höher stieg. In vielerlei Hinsicht waren die Männer grundverschieden, und ihre diametral entgegengesetzten Charaktere spielten beim Verlauf ihrer Karrieren eine wichtige Rolle. Antonius konnte auf dem Schlachtfeld eine große *virtus* an den Tag legen, doch sein Ansehen wurde durch sein skandalöses Privatleben untergraben. Oktavian war dagegen im Kampf kleinmütig (wenn Gefahr drohte, pflegte er schwer zu erkranken), erwies sich aber in der politischen Arena als äußerst geschickt, vor allem im Hinblick auf seine Imagepflege. Was beide gemein hatten, war ihre absolute Rücksichtslosigkeit.

In den sieben Jahren nach Cäsars Tod tobte der mörderische Streit, den Cäsar mit seinem Bürgerkrieg gegen Pompeius vom Zaun gebrochen hatte, weiter. Es ging nicht um die Wiederherstellung der Republik – auch Cäsars Mörder scheinen bald erkannt zu haben, dass sich dieser Traum nicht verwirklichen ließ –, sondern vielmehr um die Frage, welche Partei Cäsar nachfolgen und welche Form genau diese Nachfolge haben sollte. Rasch gaben die beiden Seiten die Vorstellung von einem Einmannregime zugunsten einer begrenzt kollektiven Form der Herrschaft auf, die sich eher mit der römischen Tradition vereinbaren ließ.

ZEITLEISTE

44 v.Chr. Konsul Marcus Antonius (Mark Anton) vertreibt die Cäsarmörder aus Rom und löst damit einen Bürgerkrieg aus

43 Oktavian wird zum ersten Mal Konsul und bildet mit Lepidus und Marcus Antonius das 2. Triumvirat; Ermordung Ciceros

42 Cäsars Mörder werden in der Schlacht von Philippi besiegt

41 Antonius begegnet zum ersten Mal Kleopatra VII. von Ägypten (in Tarsus) und wird ihr Liebhaber

40 Die römische Welt wird unter dem 2. Triumvirat aufgeteilt

37 Das 2. Triumvirat wird für weitere fünf Jahre bestätigt

37 Herodes (I.) der Große wird Roms Vasallenkönig in Judäa; Antonius und Kleopatra heiraten

36 Lepidus wird aus dem Triumvirat gedrängt, bleibt aber *pontifex maximus*

32 Ausbruch des Krieges zwischen Oktavian und Mark Anton

31 Antonius und Kleopatra werden von Oktavian in der Schlacht von Aktium besiegt

30 Oktavian erobert Alexandria; Antonius und Kleopatra begehen Selbstmord

MARK ANTON

GEBOREN
83 v.Chr. in Rom

VATER
Marcus Antonius Creticus

MUTTER
Julia Antonia

EHEN
(1) Fadia
(2) Antona Hybrida
(3) Fulvia
(4) Octavia Minor
(5) Kleopatra VII.

KINDER
(von 3) Marcus Antonius Antyllus, Iullus Antonius
(von 4) Antonia Major, Antonia Minor
(von 5) Alexander Helios, Kleopatra Selene, Ptolemäus Philadelphus

ÄMTER
Volkstribun 49 v.Chr.
Magister equitum („Reiteroberst") 48–47 v.Chr.
Konsul (mit Cäsar) 44 v.Chr.
Triumvir (mit Oktavian und Lepidus) 43 v.Chr.

GESTORBEN
im August 30 v.Chr., in Alexandria, Ägypten

Als Marcus Antonius in seiner berühmten Trauerrede auf Cäsar dessen Tod offen als Werk mörderischer Verschwörer bezeichnete, wandte sich die öffentliche Meinung gegen die Partei der Verschwörer, und ihre Anführer, Brutus und Cassius, wurden ins Exil getrieben. Nach anfänglichen Machtkämpfen unter den führenden Mitgliedern der Cäsar-Fraktion legten diese ihre Streitigkeiten bei und übernahmen durch Bildung eines Triumvirats die Kontrolle über den Staat (zur Unterscheidung von dem ersten, das aus Cäsar, Pompeius und Crassus bestanden hatte, wurde dieses das „zweite Triumvirat" genannt).

Es setzte sich zusammen aus Oktavian, Mark Anton und Marcus Aemilius Lepidus (gest. 13 v.Chr.), dem früheren Stellvertreter Cäsars während der Diktatur von 44 v.Chr. Wie zuvor Crassus scheint auch Lepidus als Gegengewicht zu den rivalisierenden Ambitionen seiner Kollegen gedient zu haben. Ende 43 v.Chr. machten sie ihre Position rechtlich unangreifbar, indem sie ein Gesetz verkündeten, das sie zu *triumviri rei publicae constituendae* („Dreimännerherrschaft zur Ordnung der Republik") erklärte – ein Beispiel zeitloser politischer Dreistigkeit. Während sie vorgaben, im Interesse der Republik zu handeln, läuteten sie in Wirklichkeit deren Sterbeglöckchen; denn mit diesem Gesetz hatten sich die drei Männer praktisch zu Diktatoren ernannt.

Das Triumvirat zieht die Zügel an

Schon bald erlebte das Triumvirat seine erste Krise. Jeder der drei Männer befehligte seine eigene Armee, zusammen hatten sie über 100 000 Männer unter Waffen. Diese Zahl war ungefähr halb so groß wie die Kräfte, die später Roms erster Kaiser zur Kontrolle seines gesamten Reiches einsetzte, aber es gab einfach nicht genug Geld, um diese Soldaten zu bezahlen. Die Lösung der Triumvirn bestand nur darin, nach dem Vorbild Sullas durch die Wiedereinführung der gefürchteten „Ächtungen" ein Klima der Angst zu verbreiten. Die später von dem siegreichen Oktavian manipulierte Geschichte lastet dieses erneute Blutbad allein Mark Anton an. Dieser war damals nicht nur das älteste Mitglied des Triumvirats, sondern richtete auch sein Privatleben an dem Vorbild Sullas aus. Wie dieser war Antonius trunksüchtig und umgab sich gern mit liederlichen Schauspielern. Auch im Hinblick auf die östlichen Teile der römischen Welt ahmte er seinen diktatorischen Vorgänger nach und hielt diese für seine natürliche Machtbasis.

Die Ächtungen des zweiten Triumvirats leiteten eine der grausamsten Perioden der ganzen römischen Geschichte ein. Über 3000 Angehörige der Oberschicht wurden ohne viel Federlesens hingerichtet, darunter auch einer der bedeutendsten Römer aller Zeiten, Marcus Tullius Cicero (106–43 v.Chr.). Cicero war der wichtigste Rhetor seines Zeitalters gewesen, ein relativ prinzipientreuer und konservativer Politiker und in den chaotischen Monaten

Leben und Sterben des Marcus Tullius Cicero

Cicero galt als berühmtester Redner seiner Zeit, und sein Name steht seither für engagierte juristische Beredsamkeit.

Marcus Tullius Cicero wurde 106 v.Chr. in der Provinzstadt Arpinum geboren; er entstammte dem Ritterstand. Zum ersten Mal tat er sich um 80–70 v.Chr. als Anwalt hervor und trat in einer Reihe viel beachteter Prozesse als Staatsanwalt wie als Verteidiger auf. 63 v.Chr. wurde er zum Konsul gewählt und war für die Vereitelung der Verschwörung des Catalina gegen die Republik verantwortlich. Doch die Tatsache, dass Cicero Catalina und seine Mitangeklagten ohne Prozess hatte hinrichten lassen, sollte zu seiner späteren Verbannung aus Rom führen. Nach seiner Rückkehr betrat er wieder die öffentliche Bühne. Als die Kluft zwischen Cäsar und Pompeius wuchs, favorisierte Cicero Pompeius.

Nach Cäsars Ermordung wurde Cicero wegen seiner Attacken gegen Korruption und Gesetzlosigkeit populär. Mit seiner scharfen Kritik machte er sich Mark Anton zum Feind, und als das 2. Triumvirat seine Schreckensherrschaft begann, fand sich Cicero auf der Liste der Geächteten wieder. Er wurde von Beutejägern aufgespürt, die ihn am 7. Dezember 43 v.Chr. gefangen nahmen und enthaupteten. Sein Leichnam wurde verstümmelt und diente dem schaurigen Vergnügen von Mark Anton und seiner politisch ehrgeizigen dritten Frau Fulvia: Sie soll die Zunge des toten Rhetors mit Nadeln gespickt haben, um ihn dafür zu bestrafen, dass er ihren Mann „verleumdet" habe.

Der Historiker Appian (2. Jahrhundert n.Chr.) schilderte Ciceros grausiges Ende:

«Cicero wurde zusammen mit seinem Sohn, seinem Bruder, dem Sohn seines Bruders und seinem gesamten Haushalt und Freunden geächtet … Der Zenturion zog seinen Kopf aus dem Leichengewirr heraus und hieb ihn ab; er schlug Cicero auch die Hand ab, mit der er seine Reden gegen Antonius als einem Tyrannen geschrieben hatte … Antonius war über die Maßen entzückt … Ciceros Kopf und Hand wurden an der Rostra … auf dem Forum aufgehängt, von der aus er früher seine öffentlichen Reden gehalten hatte. Es heißt, dass Antonius während seiner Mahlzeiten Ciceros Kopf so lange vor Augen hatte, bis er vom grauenhaften Anblick gesättigt war.»

nach Cäsars Tod der erbittertste Gegner Mark Antons. Ciceros gewaltsamer Tod und die grausige Folgezeit bezeugen die Brutalität dieser Terrorherrschaft.

Unterdessen warben Brutus und Cassius im Osten um Unterstützung – manchmal auch unter Anwendung von Gewalt –, mit dem Ziel, die Herrschaft des Triumvirats zu bekämpfen. Den Kern des von ihnen aufgestellten Heers bildeten Legionen, die einst Pompeius für den Krieg gegen Cäsar gewonnen und die Cäsar dann im Osten zurückgelassen hatte – in der Hoffnung, sie für seinen bevorstehenden Feldzug gegen die Parther an sich zu binden. Doch die Erinnerung an Pompeius war bei diesen Soldaten noch lebendig und machte sie zu willigen Anhängern der Mörderpartei.

Im Spätsommer 42 v.Chr. besiegten Oktavian und Mark Anton die Truppen der Cäsarmörder in zwei Schlachten bei Philippi in Nordgriechenland. Während dieser Gefechte bedeckte sich Antonius mit Ruhm, während Oktavian sich gleich nach der ersten Kampfhandlung mit einer „Krankheit" in sein Zelt zurückzog und erst wieder in Erscheinung trat, als Brutus' Soldaten das Lager überrannten. Nach seinem Sieg integrierte Antonius die Armee der Cäsarmörder in die seine und schickte sich an, im Osten ein eigenes Antoninisches Reich zu gründen. Indessen tauchten im Westen andere Pompeianer auf. Pompeius' einziger überlebender Sohn, Sextus, vereinigte mehrere Flotten, die im Laufe der Zeit gegen die Anhänger Cäsars zusammengestellt worden waren. Er brach vor der Küste Italiens einen Krieg vom Zaun, der sich bis zum Sommer des Jahres 36 v.Chr. hinziehen sollte.

Zu den Schlüsselereignissen der Zeit von 42 bis 36 v.Chr. gehörten ein Bürgerkrieg in Italien, zwei Zusammenkünfte der Triumvirn in den Jahren 40 und 37 v.Chr. zur Bestätigung ihrer Autorität sowie das fortgesetzte Geplänkel mit Sextus Pompeius. Für Oktavian war die größte dieser Herausforderungen der Bürgerkrieg von 41 v.Chr. Er brach aus, als er versuchte, Veteranen des Feldzugs von Philippi auf Land anzusiedeln, das man den italienischen Städten weggenommen und verstaatlicht hatte. Anführer der Rebellion waren Antonius' jüngerer Bruder Lucius, der in jenem Jahr Konsul war, und Fulvia, die Ehefrau Mark Antons. Oktavian errang den Sieg erst, als die vom älteren Antonius angeführten Truppen seinem Bruder den Beistand verweigerten. Der Konflikt endete mit der Belagerung der Stadt Perusia (Perugia), die durch Aushungerung zur Kapitulation gezwungen wurde. Lucius wurde nach Spanien und Fulvia nach Griechenland verbannt, wo sie starb.

> «Die Triumvirn erstellten gemeinsam eine Liste mit den Namen derer, die ermordet werden sollten – derjenigen, die sie verdächtigten wegen ihrer Macht, als ihre persönlichen Feinde, und sie tauschten ihre eigenen Verwandten und Freunde gegenseitig aus, um sie zum Tod zu verurteilen.»
>
> APPIAN (um 95–165 n.Chr.), „Römische Geschichte", Buch 4.2

Ein unsicherer Frieden

Als Mark Anton im September 40 v.Chr. zurückkehrte, legten die beiden Männer ihren Streit bei. Antonius besiegelte die Aussöhnung mit Oktavian dadurch, dass er vor seiner Rückkehr in den Osten dessen Schwester Octavia heiratete. Im Jahr 37 v.Chr., nach einigen militärischen Rückschlägen für beide (Oktavian im Kampf gegen Sextus Pompeius und Antonius gegen die Parther), erneuerten sie das Triumvirat ein weiteres Mal. Als es Oktavian im folgenden Jahr schließlich gelang, Sextus zu besiegen, entzog er dem schwankenden Lepidus kurzerhand und ohne Antonius zu fragen seine Autorität als Triumvir. Lepidus wurde in ein bescheidenes Pensionärsdasein in Italien gezwungen.

Jetzt konnte sich der Kampf um die Macht zwischen den beiden Hauptakteuren ungehindert entfalten. Mark Antons Probleme nahmen nach 36 v.Chr. zu. Obwohl er und Octavia zwei Töchter hatten, war ihr Verhältnis angespannt. Schon vor seiner Heirat mit Octavia hatte er sich in Königin Kleopatra von Ägypten verliebt. Kleopatra heizte seine Vernarrtheit so sehr an, dass sich in den folgenden Jahren Antonius' Leidenschaft für sie und für das Leben in ihrer Hauptstadt Alexandria ebenso zum Skandal auswuchs wie seinerzeit im Fall von Julius Cäsar. Antonius kleidete und gebärdete sich wie

ein Grieche, obwohl das kriegerische, maskulin geprägte Rom Griechenland immer als Brutstätte von Unzucht und Unmännlichkeit ansah. Doch nicht einmal die grellste Propaganda, die Oktavian über Antonius' Gebaren in Umlauf setzte, konnte mit dem tatsächlichen Stand der Dinge mithalten. Eine zeitgenössische Widmung eines lokalen Weintrinkervereins «Für Antonius den Großen», die Archäologen in Alexandria in einen Stein geritzt fanden, liefert ein beredtes Zeugnis von seinen Ausschweifungen. Seine Genusssucht war längst berüchtigt: Zu einer der denkwürdigsten Attacken Ciceros gegen Antonius – Mark Anton – gehört eine Beschreibung, wie der verkaterte Antonius sich auf dem Forum in aller Öffentlichkeit erbrach.

Noch schlimmer war, dass seine Gegner ihn jetzt beschuldigten, andere Römer mit seinen Lastern anzustecken. Es kursierten Gerüchte über wilde Partys; dabei soll sich einmal ein höherer Offizier nackt ausgezogen, blau angemalt und dann, in Nachahmung einer Meeresgottheit, mit einem übergezogenen Fischschwanz auf dem Boden gewälzt haben. Antonius versuchte sogar, sich in einem leider verschollenen Aufsatz zu rechtfertigen. Doch sein Verhalten schürte das Misstrauen der Römer gegenüber dem ausschweifenden Orient weiter. Es machte das von Oktavian in Umlauf gebrachte Bild von einem Despoten, der, wenn er könnte, Rom wie ein fremder Potentat beherrschen würde, noch glaubhafter.

Der ausschweifende Lebensstil von Antonius und Kleopatra in der Fantasie des im 19. Jahrhundert wirkenden belgischen Malers Alexis van Hamm. Im Machtkampf mit Oktavian verlor Mark Anton aufgrund seines Auftretens als zügelloser orientalischer Potentat einen großen Teil der Sympathien, die er in der römischen Welt genossen hatte.

Die Cloaca maxima

Eines der ältesten bekannten Beispiele für ein Entwässerungssystem ist die *Cloaca maxima* („größter Abwasserkanal"). Sie soll schon etwa 600 v. Chr. gebaut worden sein, um die Sümpfe in Tibernähe zu entwässern und den Abfall aus der wachsenden Stadt Rom über einen Abwasserkanal in den Tiber zu leiten. Rohre aus Badehäusern, öffentlichen Toiletten und Amtsgebäuden waren an den Abwasserkanal angeschlossen; die meisten Privathäuser hatten, mit Ausnahme der Villen der Superreichen, keinen Anschluss, sondern benutzten zur Entsorgung ihrer Abfälle Senkgruben. Im Jahr 33 v. Chr. wurde die *Cloaca maxima* von Marcus Agrippa repariert, zu dessen Bauprogramm auch die Errichtung von Aquädukten gehörte, die Süßwasser in die Stadt leiteten und öffentliche Bäder und Gärten versorgten. Die Römer versahen alle Plätze mit ihren besonderen Schutzgottheiten, und die *Cloaca maxima* war keine Ausnahme: Cloacina, die Göttin des Abwasserkanals, wachte darüber, dass dieses wichtige Entsorgungssystem funktionierte.

Oktavian gelang es indessen, in die Regierung von Italien so etwas wie Ordnung zu bringen. Er gab die Praxis auf, Veteranen auf konfisziertem Land anzusiedeln, und sorgte dafür, dass die Leute genug zu essen hatten. Als besonderes Zeichen eines Dienstes am Gemeinwohl wurde gewertet, dass Marcus Agrippa (um 64–12 v. Chr.), Oktavians Hauptstellvertreter und Architekt des Sieges über Sextus, einen Karriereknick akzeptierte, als er, der bereits Konsul gewesen war, das Ädilenamt übernahm. Während seiner Amtszeit überholte Agrippa die Wasser- und Abwassersysteme der Stadt und besserte auch die *Cloaca maxima* aus. Oktavian war nunmehr bestrebt, sich als jemand darzustellen, der im Einklang mit den traditionellen römischen Idealen lebte: bescheiden und eigenständig. Obwohl kaum jemand seinen Beteuerungen geglaubt haben dürfte, er habe seit seinem 20. Lebensjahr im Interesse seiner Gesundheit auf Sex verzichtet, hatte er dennoch mit einer Frau untadeliger aristokratischer Abkunft namens Livia den Ehebund geschlossen. Sie galten als Musterpaar, und die Römer verglichen ihr Leben schlichter Häuslichkeit mit den Ausschweifungen von Antonius und Kleopatra.

Oktavians Vormarsch

Die Amtszeit der Triumvirn sollte am 31. Dezember 33 v. Chr. enden. Als mehrere italienische Städte ihn ihrer Bündnistreue versicherten und 32 v. Chr. aufforderten, einen Feldzug gegen Antonius und Kleopatra zu führen, tat Oktavian den entscheidenden Schritt zur Machtübernahme. Im Februar 32 v. Chr. zog er an der Spitze einer bewaffneten Wache in Rom ein, marschierte in das Haus des Senats, setzte sich zwischen die Konsuln und verkündete seine Autorität als Staatsoberhaupt. Dann zog er das hervor, was er als Kopie von Antonius' Testament deklarierte, in dem dieser seine Absicht darlegte, die Hauptstadt nach Alexandria zu verlegen. Als die Konsuln daraufhin nach Ägypten flohen, machte sich Oktavian die selbst herbeigeführte Krise zunutze und ließ sich ein weiteres Mal die höchste Befehlsgewalt in dem Krieg erteilen, den er jetzt Mark Anton erklärte.

> «Ganz Italien schwor unaufgefordert, meinen Befehlen zu gehorchen, und bat mich, in dem Krieg, den ich bei Aktium gewann, sein Führer zu sein.»
>
> Oktavian/Augustus, „Meine Taten", 25

Dieser ahnte, was Oktavian vorhatte, und stellte im Spätsommer des Jahres 31 v. Chr. eine große Armee auf, in der Absicht, in Italien einzufallen. Kleopatra schloss sich seinem Feldzug an. Jetzt legte Oktavian außerordentliche Geschicklichkeit an den Tag: Seine Befehlshaber schnitten Antonius die Versor-

Archäologische Funde

Die historischen Berichte über die Schlacht bei Aktium sind lückenhaft. Einige enthalten unklare Hinweise darauf, dass der Ausgang von vornherein feststand, während andere von einem heftigen Kampf sprechen. Doch es gibt einen überzeugenden Beweis, dass dort tatsächlich ein Seegefecht im großen Maßstab stattgefunden hat. Kurz nach seinem Triumph gründete Oktavian die Siedlung Nicopolis (wörtlich: „Sieg-Stadt") auf einer ins Ionische Meer hineinragenden Halbinsel (im heutigen Griechenland). Hier entdeckten Archäologen ein Siegesdenkmal, das mit Bugen von Schiffen dekoriert war, die im Lauf der Schlacht geentert worden waren; dies macht deutlich, dass Antonius schwere Verluste erlitt. Es hat den Anschein, als habe er versucht, durch die Mitte seiner Gegner zu brechen, und als habe Kleopatras Schwadron in diesem Moment die Segel gehisst und das Weite gesucht. Antonius folgte zuerst in seinem massiven Flaggschiff, das er später gegen ein schnelleres Gefährt austauschte. Der Rest seiner Flotte ergab sich in der Bucht von Aktium.

So stellte sich ein Künstler die Schlacht von Aktium vor: Kleopatras Schiffe flüchten vom Kampfplatz.

gungswege ab und blockierten seine Verbände an der Ostküste Griechenlands. Oktavians Armee gewann ein anfängliches Scharmützel, während seine Flotte die Seewege kontrollierte. Als die Nahrungsmittelvorräte zu Ende gingen und Krankheiten ausbrachen, unternahm Antonius am 2. September 31 v.Chr. einen verzweifelten Ausfallversuch. Doch seine und Kleopatras Schwadrone gaben den ungleichen Kampf bald auf und flüchteten. Oktavian war jetzt der unumstrittene Beherrscher der römischen Welt. Sein Sieg wurde ein Jahr später besiegelt, als seine Soldaten in Alexandria einzogen. Antonius beging Selbstmord, er starb der Legende nach in Kleopatras Armen. Die Königin nahm sich später auch das Leben, indem sie sich eine Giftschlange an die Brust gepresst haben soll.

Fundamente des Reiches: Die Familie des Augustus (29 v. Chr.–14 n. Chr.)

Oktavian war im Jahr 28 v. Chr. wieder in Rom. Dort befürchteten viele, dass er nun eine Konsolidierung seiner Position als Diktator einleiten würde, zumal er eine gewaltige Privatarmee hinter sich wusste. Doch an den Iden des Januar 27 v. Chr. berief er eine Versammlung des Senats ein, bei der er auf die Vollmachten eines Diktators verzichtete, die ihm für die Befehligung der römischen Truppen im Krieg gegen Antonius übertragen worden waren. Doch aus Angst, dass er seine kluge, schützende Hand nicht länger über den Staat halten wollte, drängte ihn der Senat in derselben Sitzung, zumindest sein Konsulat fortzusetzen. Als zusätzliche Ehre für seine Rom geleisteten Dienste verliehen ihm die Senatoren den Namen „Augustus" oder „der Erhabene".

Augustus war ein kluger Herrscher, der geschickt die Balance zwischen der Bildung von Mythen um seine Person und pragmatischen Maßnahmen hielt. Unter den vielen Titeln, die ihm verliehen wurden, schätzte er besonders die Würde des Prokonsuls. Sie suggerierte, dass ihm seine Macht vom Volk übertragen worden sei. Der Titel Augustus blieb über 1400 Jahre Bestandteil der Namen der römischen und byzantinischen Kaiser.

Mit dieser Umbenennung brachte der Senat einen mehrjährigen Transformationsprozess zu Ende: Im Jahr 42 v. Chr., als Julius Cäsar zum Gott erklärt wurde, hatte sein Adoptivsohn Oktavian die Namen „Gaius Julius, Sohn des göttlichen Cäsar" angenommen. Sechs Jahre später hatte er zur Feier seines Sieges über Sextus Pompeius seinen ersten Namen *(praenomen)* von Gaius in *imperator* oder „siegreicher Feldherr" geändert. Jetzt tat sein neuer Name, Caesar Augustus, der nicht nur eine Anerkennung einer Dankesschuld gegenüber dem älteren Cäsar war, auch aller Welt kund, dass Oktavian ein neuer Mann war, dessen *virtus* die jedes anderen Sterblichen überstrahlte. Im Gegensatz zu seinem Adoptivvater war er jedoch kein Gott. Er blieb vielmehr fest in der Sphäre der Sterblichen verankert, obwohl es nun in der ganzen römischen Welt Menschen gab, die ihm aus Dankbarkeit für seinen Sieg über Mark Anton Opfer darbrachten. Er besuchte mit seinen Freunden Abendgesellschaften, ließ sich gewissenhaft von den Senatoren beraten und war für den Durchschnittsrömer zugäng-

> «Während meines sechsten und siebenten Konsulats gab ich, nach der Beendigung der Bürgerkriege, aufgrund der Übereinkunft aller Menschen und des ganzen Reiches den Staat aus meiner Hand und legte ihn in die Hände des Senats und des Volkes von Rom.»
>
> AUGUSTUS, „Meine Taten", 34

lich. Sein inoffizieller Titel eines *princeps* („erster Bürger") war auch prominenten Bürgern vor ihm verliehen worden, etwa dem Pompeius, und er stellte klar, dass er auf keine weiteren Auszeichnungen erpicht war. Bescheiden verwies er auf die Pflichten, die der Senat ihm übertragen hatte, und auf seine *statio,* seinen Platz im Leben, die ihm bestätigt wurde.

Der Aufstieg des Augustus

Augustus' Leistungen in den Jahren nach Aktium waren in jeder Hinsicht beeindruckend. Dazu gehörte, dass er den langen Bürgerkrieg beendete. Dieser bemerkenswerte Erfolg mag damit zu erklären sein, dass Augustus nicht dem Muster von Sulla und Cäsar folgte. Diese hatten ihren Einfluss in Rom erst geltend gemacht, nachdem sie sich eine Machtbasis in den Provinzen aufgebaut hatten. Sie waren deshalb niemals richtig imstande gewesen, ihren Willen im gesamten Reich durchzusetzen. Augustus dagegen hatte Rom von Anfang an zu seiner Hochburg gemacht. Die Tatsache, dass er Antonius als legitimes Oberhaupt einer funktionierenden Regierung besiegt hatte, ermöglichte es ihm, die ehemaligen Anhänger seines Rivalen in den Staat zu integrieren.

Zur gleichen Zeit hatte er während seiner schwierigen Anfangsjahre etwas über das heikle Problem gelernt, wie sich ein großer Verband bewaffneter Männer auflösen und wieder in die Gesellschaft eingliedern lässt. Zuerst wollte er sicherstellen, dass diejenigen Veteranen, die noch Beziehungen zu ihrer italienischen Heimat unterhielten, auf seine eigenen Kosten wieder angesiedelt wurden und nicht dadurch, dass man italienischen Städten Land wegnahm. Da viele der Ex-Soldaten, insbesondere jene, die unter Antonius gedient hatten, in Italien keine wirklichen Wurzeln mehr hatten, stieß ihre von Augustus betriebene Ansiedlung in abgelegenen Militärkolonien auf wenig Widerstand. So wurden Hunderttausende von Männern entlassen; die Armee wurde um mehr als die Hälfte ihres Umfangs auf eine permanente Stärke von 28 Legionen – ungefähr 150 000 Mann – verkleinert. Der Rest der römischen Streitkräfte bestand aus „Hilfs"-Truppen, die in den Provinzen rekrutiert wurden und deren Anzahl etwa der der Legionärseinheiten entsprach.

Als der Senat Augustus in seine neue Position einführte, stattete er ihn zugleich mit einer Reihe unterschiedlicher Befugnisse aus. Die beiden wichtigsten waren das *imperium maius,* die Vollmacht, über die Köpfe sämtlicher anderer Provinzstatthalter hinweg zu intervenieren, und die *tribunicia potestas,* die

ZEITLEISTE

27 v.Chr. Oktavian wird zum *Imperator Caesar Augustus* erklärt

24 Der Versuch der Römer, Südarabien zu erobern, scheitert

23 Augustus wird mit Befugnissen eines Tribuns ausgestattet, verzichtet aber auf das Konsulat

20 Friedensschluss zwischen Rom und dem Partherreich

19 Augustus erhält weitere Vollmachten

12 Lepidus stirbt; Augustus wird *pontifex maximus*

9 Der von Augustus zum Erben bestimmte Drusus stirbt auf einem Feldzug in Germanien

8 Maecenas, der Patron der Künste, stirbt

2 n.Chr. Augustus erhält den Titel *pater patriae* („Vater des Vaterlands")

6 Wahrscheinliches Geburtsjahr Jesu Christi

9 Drei römische Legionen unter Varus werden in der Schlacht im Teutoburger Wald von dem germanischen Feldherrn Arminius vernichtet

14 Augustus stirbt, der Monat seines Todes wird nach ihm benannt. Nachfolger wird sein Adoptivsohn Tiberius

Idealisierte Statue des Augustus, gefunden in seiner Villa in Prima Porta in Rom. Sie zeigt ihn in seinem Kriegergewand; auf seinem Brustpanzer sieht man Szenen der Rückkehr der Feldzeichen, die Crassus bei Carrhae verloren hatte. Es finden sich auch Hinweise auf Augustus' göttliche Natur: So ist etwa der kleine Cupido zu seinen Füßen eine Anspielung auf den Anspruch der Julier, von der Göttin Venus abzustammen.

Amtsgewalt eines Volkstribuns. Dazu gehörte das Recht, Volksversammlungen einzuberufen, um über Gesetze abstimmen zu lassen, sowie das Fürspracherecht und das Recht, gegen jede Handlung eines anderen Magistrats ein Veto einzulegen. Sie erklärten ihn auch für sakrosankt, sodass jeder, der wagte, die Hand gegen ihn zu erheben, automatisch ein Verbrechen gegen die Götter beging (angesichts der Tatsache, dass seit Tiberius Gracchus mehr als nur ein paar Tribunen ermordet worden waren, war dieser Schutz jedoch eher symbolisch als real). Schließlich machte der Senat ihn zum nominellen Statthalter mehrerer Provinzen, darunter Spanien, Gallien, Syrien und Ägypten. Da diese Provinzen auch diejenigen waren, die über Garnisonen verfügten, befehligte Augustus nunmehr 26 Legionen, also das Gros der römischen Streitkräfte.

Augustus konsolidiert seine Herrschaft

Die Vollmachten, die Augustus im Jahr 27 v.Chr. übertragen wurden, machten ihn praktisch zum Staatsoberhaupt, doch das Reich allein zu regieren, wagte er nicht, denn während der Bürgerkriege war er zu sehr auf die Hilfe zweier Freunde, Agrippa und Maecenas (70–8 v.Chr.), angewiesen gewesen. Diese beiden Männer waren grundverschieden. Maecenas, der niemals ein öffentliches Amt bekleidet hatte, war ein wohlhabender Förderer der Künste und eine Art Salonlöwe. Agrippa, der umsichtige Soldat, war im Jahr 37 v.Chr. Konsul gewesen. Er hatte sich während der Regierungsreform der Jahre 28 und 27 v.Chr. das Konsulat mit Augustus geteilt. Alle Welt wusste, dass Agrippa und Maecenas sich nicht mochten, aber dass das aufstrebende Regime des Augustus zwei so gegensätzliche Persönlichkeiten unter sich vereinigen konnte, zeugt vom kollektiven Charakter seiner Herrschaft und half Befürchtungen zerstreuen, Augustus wolle eine monarchische Herrschaft aufrichten.

Außer Maecenas und Agrippa gab es eine Reihe anderer Männer, die im Senat mächtige Positionen innehatten. Zu ihnen zählten Asinius Pollio (76 v.Chr.–5 n.Chr.), der Augustus' Freundschaft gewonnen hatte, weil er dem jüngeren Antonius im Jahr 41 seine Unterstützung versagte; Messalla Corvinus (64 v.Chr.–um 8 n.Chr.), der sowohl Cassius als auch Antonius gedient hatte, ehe er in den frühen 30er-Jahren Augustus seine Loyalität zusicherte; Statilius Taurus (um 60 v.Chr.–um 10 n.Chr.), der in der Schlacht bei Aktium die Landstreitkräfte befehligt hatte, und Lucius Munatius Plancus (87–15 v.Chr.), der Mann, der einst für Antonius den Fischtanz aufgeführt, aber kurz vor Aktium die Seiten gewechselt hatte. Dass Augustus Männern wie Munatius Plancus verzieh, erinnerte an die Milde Cäsars, doch anders als Cäsar sorgte er dafür, dass diejenigen, die er verschonte, ihm auch ergeben blieben, indem er ihnen prestigereiche und nützliche Aufgaben zuwies.

Die römische Armee und ihre Taktik

Ausschnitt aus der Trajanssäule in Rom. Man sieht römische Hilfssoldaten, Bogenschützen mit Lederwams und konischen Helmen. Unterschiedlich spezialisierte Soldaten wurden in verschiedenen Teilen des Reiches rekrutiert, aber die Bogenschützen stammten zumeist aus Asia Minor und Syrien.

Eine wichtige Unterscheidung im römischen Heer war die zwischen der professionell ausgebildeten schweren Infanterie, den Legionären, und den Hilfstruppen oder „Auxilien".

Eine römische Legion bestand in der Frühzeit des Reiches aus etwa 5500 Mann, wurde aber im Laufe der Zeit auf etwa 1000 bis 2000 Mann reduziert. Die Legionäre wurden ausschließlich unter römischen Bürgern rekrutiert. Sie waren schwer bewaffnete Infanteristen, deren Aufgabe darin bestand, die Hauptkampflinie eines Feindes in einen Kampf Mann gegen Mann zu verwickeln und sie so zu vernichten. Eine ihrer berühmtesten Taktiken war die *testudo*- oder „Schildkröten"-Formation: Die Legionäre schlossen ihre Reihen und hielten ihre Schilde so, dass sie rund um die Soldaten und über ihren Köpfen einen Schutzpanzer bildeten. Damit schützten sie sich auch gegen eine Attacke mit Pfeilen und Speeren von oben. Doch diese Formation machte sie im Nahkampf schwerfällig, sie wurde deshalb hauptsächlich als Belagerungstaktik angewandt. Geriet ein Heer in Schwierigkeiten, griff es vorzugsweise zur „Viereck"-Taktik. Hilfssoldaten wurden in den verschiedenen Provinzen des Reiches oder sogar in Vasallen-Königreichen angeworben. Diese Gebiete lieferten oft Soldaten, die auf bestimmte Kampftechniken spezialisiert waren. So stellten die Gallier aus Frankreich und die Batavier (ein Germanenstamm, der auf dem Gebiet der heutigen Niederlande siedelte) Kavalleristen, während die Königreiche Syrien und Skythien (am Schwarzen Meer gelegen) Männer entsandten, die Meister im Bogenschießen waren. Von den Balearen kamen ausgezeichnete Steinschleuderer. Anfänglich verfügten die Hilfstruppen über eigene Führer und Ausrüstung, doch später wurden sie besser in das römische Heer integriert.

Zu den Hilfstruppen gehörten auch Infanteristen, die leichter bewaffnet waren als die Legionäre. Im Kampf bestand ihre Aufgabe darin, einen feindlichen Verband festzuhalten, damit die Legionen ihn schlagen konnten. Diese Kampfmethode, die sich im Lauf des 2. Jahrhundert v. Chr. herausgebildet hatte und von Pompeius und Cäsar perfektioniert wurde, sollte über zwei Jahrhunderte lang die Grundlage der römischen Taktik bilden.

Dieses allegorische Gemälde des italienischen Malers Tiepolo (18. Jahrhundert) zeigt, wie Maecenas dem Augustus die personifizierten Künste präsentiert. Der schwerreiche Maecenas protegierte auch viele Dichter des augusteischen Zeitalters. Der Name „Mäzen“ wird noch heute als Synonym für einen Förderer der Künste verwendet.

Augustus war auch darauf bedacht, einen anderen Fehler Cäsars nicht zu wiederholen und nicht wie dieser seine Stellvertreter in Rom, denen er vertraute, bis ins Einzelne zu kontrollieren und gegeneinander auszuspielen. So beschloss er, sich aus militärischen Gründen für eine Weile von Rom fernzuhalten. Stets auf der Hut, wollte er eine Konfrontation mit einem wirklich ernsthaften Feind (wie Roms Schreckgespenst, den gefürchteten Parthern) vermeiden. Andererseits wollte er einen angemessenen Gegner finden, um den logistischen Aufwand im Zusammenhang mit der Aufstellung einer Armee zu rechtfertigen. Deshalb richtete er seinen Blick nach Spanien. Von Spanien aus hatte Hannibal Ende des 3. Jahrhunderts seinen Überfall auf Italien gestartet. Nachdem die Römer die Karthager endgültig geschlagen hatten, richteten sie in Spanien zwei Provinzen ein, waren aber immer noch auf Widerstand gestoßen. Insbesondere seit Pompeius dort in den 70er-Jahren gekämpft hatte, war es zu einer Brutstätte von Pompeius-Sympathisanten geworden. Die unabhängigen Stämme Spaniens mit ihrer langen Geschichte von Aufmüpfigkeit und ihrer Illoyalität gegenüber Cäsar bildeten also eine verlockende Zielscheibe für Augustus. Nachdem er ihnen im Jahr 27 v.Chr. mit großem Getöse den Krieg erklärt hatte, erwiesen sie sich als eine härtere Nuss, als er gedacht hatte. Bis 25 v.Chr. hatten Augustus' Heerführer aber so viel an Boden gewonnen, dass er behaupten konnte, ein über anderthalb Jahrhunderte altes Problem gelöst zu haben. Es dauerte allerdings noch 15 Jahre und erforderte den Einsatz so überragender Generäle wie Agrippa, bis Augustus Spanien fest unter seiner Kontrolle hatte und in sein Provinzialsystem integrieren konnte.

Grundlegende Reformen

Schon 23 v.Chr. war sich Augustus darüber im Klaren, dass er an der Form seiner Regierung etwas ändern musste, zumal die Kritik daran, dass er seit 31 v.Chr. alljährlich als Konsul bestätigt wurde, lauter wurde. Er hatte vorgeschlagen, dass die Konsuln während ihres Amtsjahres ausgetauscht werden sollten, das aber befriedigte den Ehrgeiz der Aristokraten nicht, für die das Konsulat und das damit verbundene Prestige immer noch höchst erstrebenswert waren. Augustus' Dauerbesetzung dieses Amtes ließ auch Zweifel an seiner Behauptung aufkommen, er habe im Jahr 28 v.Chr. die republikanische Ordnung wiederhergestellt.

Nach einer schweren Krankheit gab Augustus dann mitten im Amtsjahr sein Konsulat ab, was aber keineswegs bedeutete, dass er auf seine tatsächliche Macht verzichtete. Per Abstimmung verlieh ihm der Senat neue Ehren, darunter die Erneuerung seines *imperium maius* und die Bestätigung seiner lebenslangen *tribunicia potestas.* Wie er das Wechselspiel zwischen diesen beiden Rollen beherrschte, zeugt von Augustus' politischer Fingerfertigkeit und seinem Respekt vor der öffentlichen Meinung in Rom. Während ihm sein Recht als Prokonsul auf das *imperium maius* die effektive Kontrolle über die Provinzen gab, stattete ihn die *tribunicia potestas* mit der legalen Autorität aus, die er brauchte, um Rom selbst zu verwalten. Da Augustus das *imperium maius* nicht in Rom oder Italien anwenden konnte, wurde die *tribunicia potestas* zum Symbol seiner zivilen Autorität. Tatsächlich wurde der Beginn der Herrschaft des Augustus später auf jenen Zeitpunkt datiert, zu dem ihm diese besondere Amtsgewalt verliehen wurde. Hier zeigt sich, wie außergewöhnlich die Position war, die Augustus sich selbst auf den Leib geschneidert hatte: Aus einem Amt, das ursprünglich eingerichtet worden war, um das Volk von Rom vor Willkürakten eines Amtsinhabers zu schützen, war das Machtkriterium eines Imperators, eines Kaisers, geworden.

Was die Öffentlichkeitsarbeit anbelangt, so klang der Titel *tribunicia potestas* in römischen Ohren wesentlich sympathischer als der eines Diktators, den sich Sulla und Cäsar zugelegt hatten. Darüber hinaus lehnte Augustus Ende 23 v.Chr. das Diktatorenamt ab, das der Senat ihm mit dem Auftrag, eine drohende Getreideknappheit abzuwenden, angeboten hatte. Er war darauf

AUGUSTUS

GEBOREN
23. September 63 v.Chr.

VATER
Gaius Octavius

MUTTER
Atia Balba Caesonia

EHEN
(1) Clodia Pulchra
(2) Scribonia (68 v.Chr. – 16 n.Chr.)
(3) Livia Drusilla
(58 v.Chr. – 29 n.Chr.)

KINDER
(von 2) Julia die Ältere
(39 v.Chr. – 14 n.Chr.)

ADOPTIERT
Tiberius (sein Stiefsohn, Sohn der Livia)

ANTRITT DER NACHFOLGE
16. Januar 27 v.Chr.

DYNASTIE
Julisch-Claudisches Haus

GESTORBEN
19. August 14 n.Chr.

NACHFOLGER
Tiberius

> «Die Herren der römischen Welt umgaben ihren Thron mit Zwielicht, verbargen ihre unwiderstehliche Kraft und nannten sich bescheiden verantwortliche Diener des Senats, dessen Dekrete sie zwar diktierten, wobei sie aber so taten, als würden sie sie nur erfüllen.»
>
> EDWARD GIBBON, „Verfall und Untergang des Römischen Reiches", Kapitel 5.

bedacht, die Illusion aufrechtzuerhalten, dass seine Autorität vom Willen des Volkes abhing. Dies mag alles politisches Theater gewesen sein, aber sein Auftritt war sehr überzeugend.

Sicherung der Nachfolge

Ein politisches Theater ganz anderer Art fand im Jahr darauf statt, als eine Gruppe von Senatoren ein Attentat auf Augustus plante. Die Tatsache, dass unter den Verschwörern auch prominente Bürger waren (darunter sogar der Schwager des Maecenas), erschütterte das Establishment. Augustus war zu diesem Zeitpunkt bereits 41 Jahre alt, Agrippa wahrscheinlich ein Jahr älter, und die Lebenserwartung der meisten Römer lag kaum über 50 Jahren. Und auch wenn sich herausstellte, dass die Verschwörung stümperhaft eingefädelt war, erinnerte sie Augustus doch rechtzeitig daran, dass er seine Herrschaft nicht auf lange Sicht gesichert und keine Maßnahmen bezüglich seiner Nachfolge getroffen hatte. Jetzt war ihm klar, dass er dringend nach Jüngeren Ausschau halten musste, die sein Vermächtnis fortführen konnten.

Dieses Relief zeigt Legionäre, die ihr Feldzeichen oder aquila *(„Adler" nach dem silbernen oder bronzenen Vogel auf der Spitze der Standarte) dem Kaiser präsentieren. Ein solches Zeichen markierte den Sammelpunkt auf dem Schlachtfeld und durfte dem Feind nicht in die Hände fallen.*

Das Nachfolgesystem, das in den nächsten Jahren entstand, beruhte auf dem römischen Kollegialitätsprinzip. Augustus' ältester Neffe Marcellus (geb. 42 v.Chr.), der kurz zuvor Julia, die einzige Tochter des Augustus, geheiratet hatte, war im Jahr 23 v.Chr. plötzlich gestorben. Während seiner eigenen lebensbedrohlichen Krankheit im gleichen Jahr hatte Augustus angedeutet, dass Agrippa ihm nachfolgen sollte. Er sorgte nunmehr dafür, dass dieser Julia heiratete, während er auch die Karrieren der beiden Söhne seiner Frau Livia aus deren erster Ehe beförderte. Livias älterer Sohn, Tiberius (42 v.Chr. – 37 n.Chr.), war für herausragende militärische Aufgaben in dem Feldzug ausersehen, den Augustus im Osten plante.

Roms Erzfeind Parthien war inzwischen durch einen dynastischen Machtkampf geschwächt. Im Verlauf dieser Umwälzungen hatte sich der Thronanwärter mit zwei Söhnen des herrschenden Amtsinhabers als Geiseln auf römisches Territorium abgesetzt. Dies bot Rom eine einzigartige Chance, Parthien unter Druck zu setzen. Augustus und Agrippa begaben sich in den Orient, und nach kurzem diplomatischem Hin und Her war der Partherkönig bereit, gegen die Freilassung seiner Söhne einige wichtige Zugeständnisse zu machen. Dazu gehörten die offizielle Anerkennung des Euphrat (im heutigen Syrien und Irak) als Grenze zwischen den beiden Reichen, die Bevollmächtigung Roms, den König von Armenien zu bestimmen – dessen

Gebiete sich über weite Teile der modernen Türkei erstreckten –, sowie die Rückgabe von Feldzeichen, die Crassus und Antonius abgenommen worden waren. Letzteres war für die Römer von höchster Symbolkraft, weil sie deren Verlust immer noch als Quelle großer nationaler Schande betrachteten. Augustus verkündete den Friedensschluss mit den Parthern als großen Sieg – da er damit jede Möglichkeit eines weiteren Feldzugs gegen Roms alten Feind ausgeschlossen hatte. Keine römische Armee hätte den Irak oder Iran oder auch nur einen größeren Teil dieser Gebiete besetzen können, ohne sich in endlose Kämpfe verwickeln zu lassen.

Tatsächlich vermied Augustus es, solchen Grenzgebieten des Reiches eine direkte römische Herrschaft aufzuzwingen, denn ihnen waren die Traditionen der griechisch-römischen, auf Stadtstaaten beruhenden Staatsführung völlig fremd, und sie hätten nur Widerstand ausgelöst. Während Augustus meinte, Palästina käme mit Roms Vasallenkönig Herodes (I.) dem Großen (74–5 v.Chr.) besser zurecht, war klar, dass er nicht im Traum daran dachte, römische Statthalter in den Irak zu entsenden.

Augustus' Gemahlin Livia Drusilla, die mächtigste Frau in der Frühzeit des Kaiserreichs, und ihr Sohn, der spätere Kaiser Tiberius. Livia war der Inbegriff einer vornehmen römischen Matrone; sie hatte den königlichen Haushalt fest im Griff und war ein Muster an Bescheidenheit und ehelicher Treue. Zeitgenössische Münzen zeigen sie sogar als Verkörperung der „Pietas", der Göttin der Pflichten gegenüber Staat und Familie.

Vergil und Horaz

Zu den Schriftstellern des augusteischen Zeitalters, die von Oktavians wohlhabendem Berater Maecenas gefördert wurden, gehörten zwei der bedeutendsten römischen Dichter – Vergil und Horaz.

Vergil (Publius Vergilius Maro, 70–19 v. Chr.) stammte von einem Landgut in der Nähe von Mantua und war Spross einer vornehmen Familie. Sein erstes größeres Werk, „Eclogae“ (42–37 v. Chr.), besteht aus zehn Gedichten, die in einer mythischen Hirtenidylle angesiedelt sind. Obwohl sie auf einer bekannten griechischen Poesieform beruhten, hauchte Vergil diesen Gedichten dadurch neues Leben ein, dass er die von ihm gezeichnete Welt mit den Leiden der Gegenwart kontrastierte und Hoffnungen auf die Zukunft entwarf. Sein zweites Werk, „Georgica“ (36–29 v. Chr.), war ein Loblied auf das Landleben, wobei Vergil diese Lebensweise implizit positiver beurteilte als die korrupte städtische Gesellschaft von Rom. Sein drittes und bedeutendstes Gedicht war die „Äneis“, in der man sofort das Werk eines großen Genies erkannte. Die zwölf Bücher der „Äneis“ erzählen die Geschichte der mythischen Gründung Roms durch den Trojaner Äneas. Während seiner Irrfahrten sucht der Held lange und mühsam nach dem richtigen Weg in die Zukunft und kämpft mit seinem Gewissen, ob er seinem menschlichen Gefühl folgen oder blindlings nach Ruhm streben soll. Äneas und die Männer, die ihm nach der Zerstörung von Troja durch die Griechen nachfolgen, sind bei ihrer Ankunft in Italien gezwungen, einen Krieg gegen die Einheimischen zu führen. Das Epos endet mit der Tötung des Anführers der Latiner durch Äneas und einem kurzen Ausblick auf die künftige Einheit der beiden Völker. Die „Äneis“ war eine Allegorie auf den schmerzlichen und blutigen Weg, den die römische Geschichte bis dahin genommen hatte. Doch mit der Vision von einer helleren Zukunft sollten eindeutig die Größe Roms gefeiert und die Tugenden der Julier-Dynastie, insbesondere die des Augustus, gerühmt werden. Dieser nahm für sich in Anspruch, über Julius Cäsar direkt von Äneas abzustammen.

Auf diesem aus Nordafrika stammenden Mosaik (3. Jahrhundert n. Chr.) sieht man Vergil bei der Abfassung seines berühmten Epos Äneis, *das von der mythischen Gründung der Stadt Rom erzählt. Rechts von ihm steht Melpomene, die Muse der Tragödie, und links Clio, die der Geschichte.*

Als Sohn eines Freigelassenen kam Horaz (Quintus Horatius Flaccus, 65–8 v. Chr.) aus viel bescheideneren Verhältnissen als Vergil. Horaz stand während des Bürgerkriegs auf Seiten der Cäsarmörder, wurde aber von Augustus mit Nachsicht behandelt. Diese Gunst erwiderte er in seinen Gedichten mit gelegentlichen Schmeicheleien. Horaz erwarb seine Bildung in Griechenland. Seine Werke sind kunstvoll gefertigte lyrische Gedichte (Oden), in denen die Freude am Leben und die Liebe zur Natur besungen werden. Im Jahr 17 v. Chr. wurde Horaz eine öffentliche Ehrung zuteil, als Augustus ihn beauftragte, zur 800-Jahr-Feier Roms ein *Carmen saeculare* zu schreiben, das den Anbruch eines neuen Zeitalters feiern sollte.

Ein römisches Paar im Bett (Ausschnitt aus einem Basrelief auf einer Marmortafel). Augustus' rigoroses Vorgehen gegen sexuelle Verfehlungen und die Bestrafung von Ehebrechern sollten die Ehe fördern und das moralische Rückgrat des römischen Staates stärken. Der Kaiser verhielt sich in dieser Hinsicht jedoch selbst nicht immer untadelig.

Rückbesinnung auf das Wesentliche

Als Augustus im Jahr 19 v.Chr. nach Rom zurückkehrte, begann ein neuer Abschnitt seiner Herrschaft. Dennoch sollte er den größten Teil des folgenden Jahrzehnts wieder fern der Hauptstadt verbringen. Statt weiteren militärischen Ruhm für seine Person anzustreben, war er jetzt entschlossen, seine ganzen Bemühungen auf die moralische Regeneration des römischen Staates zu richten und die Bräuche und Traditionen der Vergangenheit wiederzubeleben. Gleichzeitig konsolidierte er sein Erbe. Er gab seinen Stiefsöhnen freie Hand, ihre *virtus* im Krieg zu beweisen, was von entscheidender Bedeutung war, wenn sie sich als würdige Nachfolger qualifizieren wollten. Im Laufe des nächsten Jahrzehnts besetzten Heere unter dem Kommando von Tiberius und Drusus (38–9 v.Chr.), dem jüngeren seiner Stiefsöhne, die heutige Schweiz und Süddeutschland.

In Rom begann Augustus unterdessen mit dem Großreinemachen im öffentlichen wie im privaten Leben. In den Jahren 19 und 18 v.Chr. führte er Gesetze ein, um „unwürdige" Männer aus dem Senat auszuschließen und das Ehe- und Fortpflanzungsverhalten der römischen Oberschicht zu regeln. Es traten neue Ehegesetze in Kraft, die Zahl sexueller Übergriffe sollte durch drakonische Maßnahmen eingedämmt werden. Gesetzliche Regelungen sollten die Elite ermuntern, mehr Kinder zu zeugen; Männer, deren Frauen drei oder mehr Kinder zur Welt brachten, wurden bei der Vergabe öffentlicher Ämter bevorzugt. Im Gegensatz dazu wurden diejenigen, die sich weigerten, zu heiraten, bestraft, etwa durch Ausschluss von ihrem Erbe. Ein anderes Gesetz erklärte Ehebruch für beide Geschlechter zum Verbrechen. Die verhängten Strafen waren streng. So konnte jeder Mann, der sich weigerte, sich von einer Frau scheiden zu lassen, die eine Affäre mit einem anderen hatte, der Zuhälterei angeklagt werden. Viele Römer lehnten solche Eingriffe des Staates in den Bereich der *domus* ab, doch beweisen diese Maßnahmen, wie ernst es dem Kaiser mit der Schaffung einer gesitteteren Gesellschaft war. Sie halfen tatsächlich auch, das neue Regime zu festigen.

In dieser Zeit, im Jahr 17 v.Chr., feierte Rom sein 800-jähriges Bestehen. Der Dichter Horaz – einer von mehreren Schriftstellern, die in einer Zeit außerordentlicher literarischer Fruchtbarkeit wirkten, dem Goldenen Zeitalter des Lateinischen, das in der Spätzeit der Republik begann und mit Augustus' Tod endete – schrieb aus diesem Anlass ein Preisgedicht. Dieses Fest war der Kulminationspunkt der vielen Jahre, in denen Tempel und andere öffentliche Gebäude restauriert worden waren. Die Jahre des Bürgerkriegs wurden jetzt als eine Periode gebrandmarkt, in der die Götterverehrung vernachlässigt worden war und privater Luxus den Gedanken an das Gemeinwohl verdrängt

Ein Beispiel für die architektonische Bereicherung Roms unter Augustus ist die prächtige Ara Pacis Augustae *(„Altar des augusteischen Friedens"). Sie wurde vom Senat zur Feier der vom Kaiser erlangten* Pax Romana *in Auftrag gegeben und auf dem Campus Martius aufgestellt. Der Altar, der mit Szenen traditioneller römischer Frömmigkeit geschmückt ist, wurde im Jahr 13 v.Chr. eingeweiht.*

hatte. Augustus veranstaltete für das Volk von Rom auch eine Reihe grandioser Spektakel und förderte den Bau neuer Schauplätze für solche Aufführungen. So wurde zum Beispiel ein großes neues Theater gebaut, das nach seinem verstorbenen Neffen Marcellus benannt wurde. Der Circus maximus, in dem die populären Wagenrennen stattfanden, wurde erweitert, und Statilius Taurus errichtete das erste ständige Amphitheater für Gladiatorenkämpfe. Taurus' Freigebigkeit war Ausdruck einer Politik, die prominente Bürger zur Finanzierung öffentlicher Bauten ermunterte. Im Jahr 39 v.Chr. hatte Asinius Pollio die erste öffentliche Bibliothek in Rom eingerichtet, während Agrippa später einen schönen Portikus baute, in dem Angehörige der römischen Elite ihre Kunstsammlungen ausstellen sollten. Augustus achtete darauf, dass sein Name nicht mit neuen Bauten in Verbindung gebracht wurde, denn er wollte klarstellen, dass diese Investitionen zugunsten des Volkes von Rom gemeinschaftliche Unternehmen waren. Ähnlich sorgte er bei der Finanzierung der Restaurierung von Tempeln dafür, dass die Erinnerung an die ursprünglichen Erbauer nicht ausgelöscht wurde – ein weiterer Beleg für seine Hochachtung vor der römischen Vergangenheit.

> «Dein sei, Römer, das Amt, als Herrscher die Völker zu zügeln
> Dies ist die Kunst, die dir ziemt, die Gesetze des Friedens zu schreiben,
> Dem, der gehorcht, zu verzeihn, Hoffärtige niederzukämpfen!»
>
> VERGIL, „Äneis 6", 851–853 (Übersetzung: W. Hertzberg)

Im Jahr 12 v.Chr. übernahm Augustus die Würde des *pontifex maximus*. Er feierte diese neue Ehrung mit der Errichtung eines mächtigen Friedensaltars am Ufer des Tiber, nahe der Stelle, an der er bereits sein eigenes Mausoleum hatte erbauen lassen. Rom hatte sein Gesicht verändert und bestätigte Augustus' stolze Behauptung, dass er eine Stadt aus Ziegeln vorgefunden und diese in eine Stadt aus Marmor verwandelt habe. Zugleich waren die römischen Besitzungen im Ausland durch Eroberungen im Alpenraum und in Germanien erweitert worden. Doch dieser neue bürgerliche und kaiserliche Stolz hatte seinen Preis: Augustus stand an der Spitze eines Staates, in dem Nonkonformismus auf wachsendes Misstrauen stieß.

Der widerstrebende Erbe

Nicht nur Rom veränderte sich, sondern auch das Regime. Mit Agrippas Tod im März 12 v.Chr. wurde die neue Generation zu Erben. Agrippas Witwe Julia wurde mit Tiberius verheiratet, der zur Scheidung von Agrippas Tochter gezwungen wurde, der er anscheinend aufrichtig zugetan war. Die neue Ehe war kein Erfolg; denn der ernste Tiberius passte nicht zu einer jüngeren Frau, die für ihre sexuellen Ausschweifungen bekannt war. Im Jahr 9 v.Chr. starb Drusus, der während eines Feldzugs vom Pferd gefallen war, und Augustus richtete seine Hoffnungen nun auf zwei Söhne (Gaius und Lucius), die Julia während ihrer Ehe mit Agrippa geboren hatte. Tiberius, dem jetzt in den neuen Feldzügen auf dem Balkan das militärische Kommando zufiel, wurde immer nervöser. In seiner Frustration gab er 7 v.Chr. bekannt, dass er sich aus dem öffentlichen Leben verabschieden und nach Rhodos zurückziehen werde. Es begann ein schwieriges Jahrzehnt.

Je älter er wurde, desto komplizierter wurde der Umgang mit Augustus. Wenn er und seine Frau Livia sich gleichzeitig in Rom aufhielten, kommunizierte er nur brieflich mit ihr. Trotz seines ostentativ einfachen Geschmacks liebte er das Würfelspiel, das der zurückhaltende und wissenschaftlich interessierte Tiberius verachtete. Er betrieb auch schamlose Vetternwirtschaft, verwöhnte seine Enkel, verschmähte aber Drusus' Sohn Claudius (10 v.Chr. – 54 n.Chr.), der stotterte und einen Klumpfuß hatte und den Augustus aus der Öffentlichkeit verbannte. Er beharrte auch darauf, dass Frauen ins Haus und hinter das Spinnrad gehörten. Versuche, seinen bescheidenen

Das Gemetzel im Teutoburger Wald

Der lange Zeit unbekannte Schauplatz der Schlacht, in der die Legionen des Varus – die 17., die 18. und die 19. Legion – im Jahr 9 n.Chr. niedergemetzelt wurden, wurde Anfang der 1990er-Jahre nördlich von Osnabrück entdeckt. Damit konnten die Historiker einen genaueren Einblick in den Ablauf der Geschehnisse gewinnen und zwischen den verschiedenen lückenhaften römischen Berichten über die Schlacht einen Zusammenhang herstellen. Spuren landwirtschaftlicher Nutzung durch Germanen sind auf dem Kalkrieser Berg identifiziert worden, wo die Römer in einen Hinterhalt gelockt wurden. Arminius und seine Stämme griffen die Römer im Laufe einer drei Tage dauernden Schlacht wiederholt von diesem günstigen Punkt aus an. Die römische Infanterie wurde behindert, weil sie gezwungen war, auf sumpfigem, dicht bewaldetem Terrain zu kämpfen, für das ihre Taktik kaum geeignet war: Die kämpfenden Einheiten der Römer konnten nicht erfolgreich manövrieren, wurden auseinandergetrieben und von den Germanen abgeschlachtet.

Lebensstil den Leuten in seiner Umgebung aufzuzwingen, führten zu einem ernsthaften Zerwürfnis mit seiner Tochter Julia. Im Jahr 2 v.Chr., kurz nachdem Julias Söhne auf einen Feldzug geschickt worden waren, stellte sich heraus, dass sie sich mit mehreren Angehörigen der Aristokratie auf zweifelhafte Aktivitäten eingelassen hatte. Zu ihren Verfehlungen gehörte die Teilnahme an einer Orgie auf dem Forum. Es bestand auch der Verdacht, dass sie in eine Verschwörung verwickelt war, die die Ermordung ihres Vaters zum Ziel hatte. Sie wurde auf eine Insel verbannt.

Weitere Krisen erschütterten den Staat, als die beiden Söhne Julias, die bevorzugten Erben des Augustus, bei Feldzügen in den Jahren 2 und 4 n.Chr. ums Leben kamen. Nun wurde der widerstrebende Tiberius nach Rom zurückbeordert und auf dem Palatin einquartiert. Zwei Jahre später betrat er wieder als der künftige Erbe die Bühne, wurde zu Kämpfen nach Germanien geschickt und erhielt dann das Kommando über eine große militärische Operation auf dem Balkan (Illyricum), wo unlängst unterworfene Stämme rebellierten. Im Jahr 8 n.Chr. wurde eine erneute Verschwörung aufgedeckt, in die dieses Mal die Tochter von Julia und Agrippa verwickelt war, die ebenfalls Julia hieß, sowie ihr Bruder, der als Agrippa Postumus bekannt war, weil er nach dem Tod seines Vater zur Welt gekommen war. Agrippa Postumus wurde auf eine Insel verfrachtet. Als sich herausstellte, dass Julia schwanger war, aber nicht von ihrem Mann, sorgte Augustus dafür, dass das Kind getötet und sie verbannt wurde.

Zur gleichen Zeit wetterte Augustus gegen Roms vortrefflichsten lebenden Dichter, Ovid (Publius Ovidius Naso, 43 v.Chr. – 17 n.Chr.), der mit seiner „Ars amandi" ein Gedicht über die Liebeskunst verfasst hatte, das schon sieben Jahre im Umlauf gewesen war, als Augustus es plötzlich als anstößig attackierte. Gewiss, Ovids Gedicht verherrlichte die außereheliche Liebe und enthielt geistreiche Parodien auf die augusteische Propaganda, aber den Kaiser erzürnte angeblich ein Fehler im Werk. Ovid beendete seine Tage in seinem Verbannungsort Tomis am Schwarzen Meer, im heutigen Rumänien.

Eine militärische Katastrophe

Im Jahr 6 n.Chr. führte Augustus seine letzte, aber wohl eine seiner wichtigsten Reformen durch. Er richtete ein neues Schatzamt ein, das Soldaten, die 20 Jahre gedient hatten, Altersruhegelder garantierte. Anfänglich finanziert durch eine große Schenkung aus Augustus' persönlichem Vermögen und danach durch Steuern, war diese Maßnahme der letzte Schritt auf dem Weg zu einer professionellen Laufbahn für Angehörige einer Privatarmee, und sie sicherte dem Kaiserhaus die Loyalität der Armee. In Tiberius besaß das Militär jetzt auch einen fähigen Befehlshaber, der von einem Kader kompetenter Offiziere unterstützt wurde, die ihre Stellung

allesamt dem Regime verdankten. Dennoch ist dieser Zeitabschnitt für eine der schrecklichsten Niederlagen in der römischen Militärgeschichte bekannt, eine Katastrophe, die mit der strategischen Inkompetenz und Naivität des Befehlshabers erklärt wird. Im Jahr 7 n.Chr. wurde der mit Augustus verschwägerte Quinctilius Varus nach Germanien entsandt, um jene Gegend zwischen Rhein und Elbe zu beherrschen, die Drusus soeben mühsam unterworfen hatte. Varus wurde im Jahr 9 n.Chr. von einem angeblich loyalen germanischen Stammesführer namens Arminius, der eine berittene Hilfstruppe anführte, durch eine falsche Mitteilung getäuscht. Er wurde aus seinem Lager gelockt und zog seine drei Legionen an den Rhein zurück, um zu vermeiden, dass sie im Winter durch einen Stammesaufstand abgeschnitten würden. Dann ließ Arminius seine Falle zuschnappen und vernichtete die ganze römische Streitmacht im Teutoburger Wald.

Ein germanischer Stammeskrieger erklärt seine Kapitulation (Münze aus der Zeit des Augustus). Obwohl die römischen Soldaten bei dem Versuch, solche Stämme zu befrieden, gewisse Erfolge verzeichneten, wurde nach der Katastrophe im Teutoburger Wald die Expansion nicht fortgesetzt. Das Reich gab sich fortan damit zufrieden, dass seine Grenze am Rhein entlang verlief.

Die Katastrophe in Germanien war ein schwerer Schlag für das Regime. Augustus soll durch den Palast gewandert sein und immer wieder ausgerufen haben: «Quinctilius Varus, gib mir meine Legionen wieder!» Nach diesem Fiasko ließ er sich nur noch selten in der Öffentlichkeit blicken, sein Gesundheitszustand verschlechterte sich zusehends. Tiberius rettete die Situation dadurch ein wenig, dass er die Grenze am Rhein befestigte, bevor er das Kommando an seinen Neffen Germanicus übergab. Dieser wurde beauftragt, die Feldzeichen, die unter Varus dem Feind in die Hände gefallen waren, zurückzuholen. Doch die drei Legionen wurden nie mehr ersetzt. Augustus und Tiberius schienen übereingekommen zu sein, dass die Zeit der Expansion vorbei war und das Reich seine nunmehrigen Grenzen beibehalten sollte, die in Europa von Rhein und Donau, im Osten vom Euphrat und in Nordafrika von der Sahara gebildet wurden.

Fünf Jahre später verließ Augustus Rom, um nach Neapel zu reisen. Er erkrankte schwer und starb am 19. August 14 n.Chr. Sein Nachfolger war Tiberius, der seit dem Jahr zuvor die Macht im ganzen Reich mit Ausnahme von Rom schon mit Augustus geteilt hatte.

Fragile Stabilität: Die Kaiser von Tiberius bis Nero (14–68 n. Chr.)

Eine Münze aus der Anfangszeit der Tiberius-Herrschaft. Aus einem Füllhorn taucht der Kopf des Kaisers und aus einem zweiten der seines Neffen Germanicus auf. Tiberius' Eifersucht auf den jüngeren Mann wuchs im gleichen Maße wie dessen Popularität bei der Armee und der Bevölkerung von Rom.

Augustus hatte das imperiale System auf ein so solides Fundament gestellt, dass nicht einmal die Extravaganzen seiner vier Nachfolger es umstürzen konnten. Das neue Regime beruhte auf der Loyalität des Militärs gegenüber dem PRINCEPS, dessen Sorge um das Wohl des Volkes von Rom und seiner Protektion der loyalen Mitglieder der herrschenden Klasse. Das allumfassende ideologische Prinzip, das der Politik dieses Systems zugrunde lag, war die VIRTUS innerhalb der häuslichen Sphäre. Die Römer hatten nicht vergessen, dass die Jahre vor Aktium von Gewalt und Unsicherheit geprägt waren. Deshalb wurden die Ideale der Republik nun automatisch mit Bürgerkrieg in Verbindung gebracht.

Der Erfolg des Augustus bei der Durchsetzung seiner Regierungsform als dem einzigen wirksamen Mittel gegen die Anarchie hatte zur Folge, dass viele befürchteten, sofort nach seinem Tod würde ein Bürgerkrieg ausbrechen. Auch die Tatsache, dass Tiberius die Macht bereits fest in Händen hielt, konnte diese Ängste nicht zerstreuen. Es kursierten weiterhin Gerüchte über einen unmittelbar bevorstehenden Aufruhr. Einige fragten sich, ob Agrippa Postumus sein Insel-Exil hinter sich lassen und das neue Regime herausfordern würde (dieses Gerede wollte auch dann nicht verstummen, als Postumus von seinen Leibwächtern ermordet wurde – ein Akt überflüssiger Brutalität, für den Tiberius jede Verantwortung von sich wies). Andere spekulierten, ob Tiberius' beliebter Neffe Germanicus (15 v.Chr. – 19 n.Chr.), der jetzt die mächtige Armee am Rhein befehligte, nicht die Gelegenheit nutzen und sofort nach der Macht greifen würde.

Tiberius und Germanicus

Jedenfalls spitzte sich die Lage zu, als vier römische Legionen, die am Rhein stationiert waren, und drei, die an der Donau (in der Provinz Pannonien) lagen, bei der Nachricht vom Tod des Augustus meuterten. Der unmittelbare Auslöser der Revolten war ihre Wut über die harten Bedingungen ihres Dienstes: Die Männer wurden gezwungen, über ihr eigentliches Pensionsalter hinaus zu dienen, sie litten unter der Grausamkeit ihrer Offiziere, der Zenturionen, und erhielten zu alledem nur einen mickrigen Sold. Was die Unzufriedenheit der Soldaten jedoch überkochen und in eine offene Revolte münden ließ, war die Ungewissheit über ihre Zukunft. Die Meuterei an der Donau wurde von Tiberius' Sohn Drusus (13 v.Chr. – 23 n. Chr.) und Aelius Sejanus, dem neu ernannten Präfekten der Prätorianergarde, im September, um die Zeit von Augustus' Bestattung, rasch und entschlossen niedergeschlagen. Doch die Meuterei in Germanien war eine viel ernstere Sache: Nachdem Germanicus' Leute einige der sadistischen Zenturionen umgebracht hatten, wurde in den Mannschaften geraunt, dass Germanicus den Thron besteigen solle. Dieser weigerte sich zwar, ihren Forderungen nachzugeben, aber sein hysterischer Auftritt bei der Niederschlagung der Unruhen ließ Zweifel an seiner Urteilskraft und Führungsqualität aufkommen. So zückte er einmal sein Schwert und drohte, Selbstmord zu begehen, sollten sich seine Männer nicht wieder loyal zeigen; ein Soldat war von diesem Spektakel so wenig beeindruckt, dass er ihm sein eigenes Schwert mit der Bemerkung anbot, es sei weniger stumpf. Schließlich gelang es Germanicus aber, die Situation nach ein paar überzeugenden Worten und einigen Zugeständnissen in puncto Sold und Arbeitsbedingungen zu beruhigen.

> «Das erste Verbrechen des neuen Regimes war die Ermordung des Agrippa Postumus, der, nicht ahnend, was vor sich ging, und unbewaffnet, aber mit starkem Herzen, von einem Zenturion nur mit Mühe bezwungen wurde. Tiberius sagte dem Senat nichts über die Angelegenheit.»
>
> TACITUS, „Annalen 1.6."

Trotz der Schwächen, die er als Befehlshaber an den Tag legte, sollte Germanicus in der dynastischen Nachfolge der Julier-Claudier doch noch eine wichtige Rolle spielen. Seine Frau, Julia Agrippina, schenkte neun Kindern das Leben, von denen sechs das Säuglingsalter überlebten. Sie garantierten die Kontinuität der Dynastie – aus einem Sohn sollte Kaiser Caligula, aus einer Tochter die Mutter des Nero werden. Germanicus selbst trat im Oktober 19 n.Chr. von der historischen Bühne ab, als er im syrischen Antiochia plötzlich erkrankte und starb.

ZEITLEISTE

19 N.CHR. Germanicus, der beliebte Heerführer und potenzielle Nachfolger des Tiberius, stirbt unter mysteriösen Umständen

23 Tiberius errichtet in Rom eine permanente Bleibe für die Prätorianergarde, die *Castra Praetoria*

36 In Jerusalem wird Jesus Christus auf Geheiß des römischen Statthalters Pontius Pilatus hingerichtet

37 Tod des Tiberius: Caligula wird Kaiser

41 Eine Verschwörung befreit Rom von dem Despoten Caligula; die Prätorianer rufen Claudius zum Kaiser aus

43 Ein römisches Heer unter Aulus Plautius erobert Britannien

44 Thrakien und Judäa werden römische Provinzen

54 Claudius wird vergiftet, und Nero wird Kaiser

64 Der große Brand von Rom: Nero macht die in der Stadt wohnenden Christen und Juden dafür verantwortlich

66 Beginn des großen jüdischen Aufstands gegen die Herrschaft der Römer

68 Nero wird vom Senat abgesetzt und begeht Selbstmord

Die Prätorianergarde

Die Prätorianergarde wurde im Jahr 27 v.Chr. von Augustus als eine etwa 4500 Mann umfassende Eliteeinheit gegründet. Sie war für den Schutz des Kaisers zuständig. Ihr Name leitet sich von dem Begriff für das Zelt ab, das der römische Befehlshaber *(praetor)* im Feld benutzte, das *praetorium*. Viele Heerführer setzten zur Bewachung dieses Zelts nur handverlesene Soldaten ein. Die Soldaten der Prätorianergarde trugen eigene Uniformen, wurden besser bezahlt und dienten kürzere Zeit als die Soldaten der regulären Armee.

Nach dem Tod des Augustus wuchs der Einfluss der Prätorianergarde ins Unermessliche, vor allem auf Betreiben des Aelius Sejanus. Dieser ließ ihre Angehörigen, die über Kasernen in verschiedenen italienischen Provinzstädten verteilt waren, nach Rom ziehen und stellte so sicher, dass sie jegliche Unruhe, die in der Hauptstadt ausbrach, sofort ersticken konnten. Im Jahr 23 n.Chr. billigte Tiberius den Bau einer Kaserne für die Garde, die *Castra Praetoria*, am Rand der Stadt. Im Laufe der Zeit spielte diese Einheit eine politisch entscheidende Rolle bei der Nachfolge der Kaiser, denn sie nutzte ihre Macht, um die von ihr selbst bevorzugten Kandidaten durchzusetzen. Am berühmtesten ist der Fall des Claudius, den die Prätorianer nach der Ermordung des Caligula im Jahr 41 n. Chr. an die Macht brachten. Doch ab 284 n.Chr. schwand unter Diokletian der Einfluss der Garde, die von Kaiser Konstantin im Jahr 312 n.Chr. endgültig aufgelöst wurde.

Ein Prätorianer, Detail aus dem Trajansbogen in Rom. Obwohl die Hauptaufgabe dieses Korps aus handverlesenen Leibwächtern darin bestand, den Kaiser zu beschützen, tat es sich auch in vielen Feldzügen hervor, zum Beispiel in den Dakerkriegen Trajans.

Die Römer machten sich unterdessen zunehmend Sorgen über die Wende zur Tyrannei, die die Herrschaft des Tiberius nahm. Vor allem griff Tiberius immer öfter zur *lex maiestatis* – dem Gesetz, das Handlungen regelte, die «die Majestät des römischen Volkes beeinträchtigen» konnten (es ging also um Hochverrat) –, um seine Feinde zum Schweigen zu bringen. Es öffnete dem Missbrauch insofern Tür und Tor, als jeder, der eine später schuldig gesprochene Person wegen Hochverrats anzeigte, einen Teil ihres Vermögens erhielt. Dass Tiberius so exzessiv zu diesem drastischen Mittel griff, war nur ein weiterer Ausdruck seiner Abkapselung und seiner Verachtung für die subtileren Aspekte der politischen Überzeugungskunst.

Was sein öffentliches Image anbelangt, fehlte Tiberius die Geschmeidigkeit, die sein Vorgänger Augustus in der Ausübung seiner Autorität gezeigt hatte, sowie dessen Begabung, Freunde zu gewinnen und andere Menschen zu beeinflussen. Eine Folge war, dass er mit dem Senat auf Kriegsfuß stand, dessen Mitglieder er, dem späteren römischen Geschichtsschreiber Tacitus zufolge, als Leute «mit einer Sklavennatur» bezeichnete.

Die Nachricht vom Tod des Mannes, den das Volk am liebsten auf dem Kaiserthron gesehen hätte, erschütterte das ganze Reich. Tiberius wurde Übles nachgesagt, und sein jetzt wahrscheinlichster Nachfolger Drusus war viel weniger populär als Germanicus. Ein Verdacht im Zusammenhang mit Germanicus' Tod fiel auf den Statthalter von Syrien, Gnaeus Calpurnius Piso (um 44 v.Chr. – 20 n.Chr.). Die beiden waren seit Langem verfeindet gewesen, und Germanicus hatte kurz vor Beginn seiner tödlichen Krankheit Piso aus seinem Amt gejagt. Indizien wiesen darauf hin, dass Piso seinen Rivalen sogar auf geheime Anweisung des Tiberius vergiftet hatte. Niemand wagte, dies offen auszusprechen. Das Misstrauen wuchs aber, als der Ex-Statthalter nach Rom zurückkehrte, um sich gegen eine Anklage wegen *maiestas* zu verteidigen, die auf seinen Bemühungen gründete, die Provinz den Offizieren des Germanicus mit Waffengewalt zu entreißen. Piso verteidigte sich damit, dass er Tiberius' Mann vor Ort war. Seine übertriebenen Beteuerungen unerschütterlicher Loyalität zielten wohl darauf ab, dem Kaiser zu signalisieren, dass er belastende Enthüllungen machen werde. Da kam es gelegen, dass Piso nach einem Besuch des Sejanus tot aufgefunden wurde; er soll durch Aufschlitzen der eigenen Kehle „Selbstmord" begangen haben.

„Agrippina landet mit der Asche ihres Gemahls Germanicus im Hafen von Brundisium" (dem heutigen Brindisi). Die meisten Römer verdächtigten Tiberius, hinter dem mysteriösen Tod des Germanicus in Antiochia zu stehen, aber sein angeblicher Mittelsmann wurde umgebracht, bevor er eine Aussage machen konnte. Das Bild stammt von dem amerikanischen Maler Benjamin West (1738–1820).

TIBERIUS

GEBOREN
6. November 42 v.Chr.

VATER
Tiberius Nero

MUTTER
Livia Drusilla

EHEN
(1) Vipsania Agrippina, 20–12 v.Chr.
(2) Julia die Ältere, vermutl. 11–2 v.Chr.

KINDER
(von 1) Julius Cäsar Drusus (13 v.Chr. – 23 n.Chr.)

ADOPTIERT
Germanicus (auf Geheiß des Augustus)

VORGÄNGER
Augustus

ANTRITT DER NACHFOLGE
August 14 n.Chr.

AMTSEINFÜHRUNG DURCH DEN SENAT
18. September 14 n.Chr.

DYNASTIE
Julier-Claudier

GESTORBEN
16. März 37 n.Chr. in Misenum, Süditalien

NACHFOLGER
Caligula (sein adoptierter Enkel)

Aufstieg und Fall des Sejanus

Drusus überlebte Germanicus nicht lange, er starb im Jahr 23 n.Chr. Sein plötzlicher Tod erfolgte höchstwahrscheinlich im Zusammenhang mit einem Komplott, aber anders als im Fall des Germanicus kursierten dieses Mal keine Gerüchte. Doch nachdem Sejanus in Ungnade gefallen war und acht Jahre später ermordet wurde, kamen eindeutige Beweise für eine Verschwörung zutage. Sejanus hatte schon seit 19 n.Chr. eine Affäre mit Livilla, der Frau des Drusus. Mit seinen wachsenden politischen Ambitionen hoffte er, dass Tiberius ihn, wenn er sich ihm unentbehrlich machte, in demselben Licht sehen könnte wie Augustus einst den Agrippa und ihn zu seinem Nachfolger bestimmen würde. Sejanus begriff, dass es ein großer Vorteil für ihn wäre, wenn Drusus stürbe und er dessen Witwe heiratete. Tatsächlich fiel Drusus einer mysteriösen Krankheit zum Opfer, aber der zweite Teil seines Plans wurde dadurch vereitelt, dass Tiberius ihm die Erlaubnis, Livilla zu heiraten, verweigerte. Dennoch scheint Tiberius von diesem Zeitpunkt an noch größeres Vertrauen in die Führungsqualitäten seiner rechten Hand gesetzt zu haben; er ließ in ganz Rom Statuen des Sejanus aufstellen. Die einzigen verbliebenen Anwärter auf den Thron waren jetzt die beiden blutjungen Söhne des Germanicus, Nero und Drusus. Doch sie und ihre Mutter Agrippina brachten Tiberius gegen sich auf, weil sie ihn nach wie vor für den Tod des Germanicus verantwortlich machten. Tiberius, der die Regierungsgeschäfte gründlich satt hatte, zog sich im Jahr 28 n.Chr. in seine Villa auf der Insel Capri zurück und ließ die Tagespolitik in der Hand des Sejanus. Im folgenden Jahr war seine Geduld mit Agrippina und ihren Söhnen erschöpft, und er verbannte die drei auf dieselbe Insel, auf die Augustus einst seine Tochter Julia geschickt hatte.

Nunmehr sah es so aus, als würde die Nachfolge Agrippinas drittem Sohn, Caius Caligula, oder dem minderjährigen Sohn des Drusus, Tiberius Gemellus (19–38 n.Chr.), zufallen. Sie lebten beide bei Tiberius auf Capri und wurden von ihm favorisiert. Sejanus, der sich mit diesen neuen Hindernissen konfrontiert sah, wollte sich die Macht dadurch sichern, dass er ein Komplott mit dem Ziel schmiedete, Tiberius und die überlebenden männlichen Mitglieder der Kaiserfamilie aus dem Weg zu räumen. Die Verschwörung wurde von der Mutter des Germanicus aufgedeckt, die eine junge Sklavin namens Caenis zum Kaiser schickte, um ihn zu warnen. Tiberius reagierte schnell und brutal: Sejanus wurde vom Senat verurteilt und erdrosselt; dann wurde sein Leichnam dem römischen Mob vorgeworfen, der ihn immer gehasst und gefürchtet hatte und der sich nun an der Verstümmelung seiner Leiche ergötzte.

Tiberius verbrachte die letzten Jahre seiner Herrschaft als verbitterter Einsiedler. Seine Neigung zu grüblerischer Selbstbespiegelung – ein Zeitgenosse

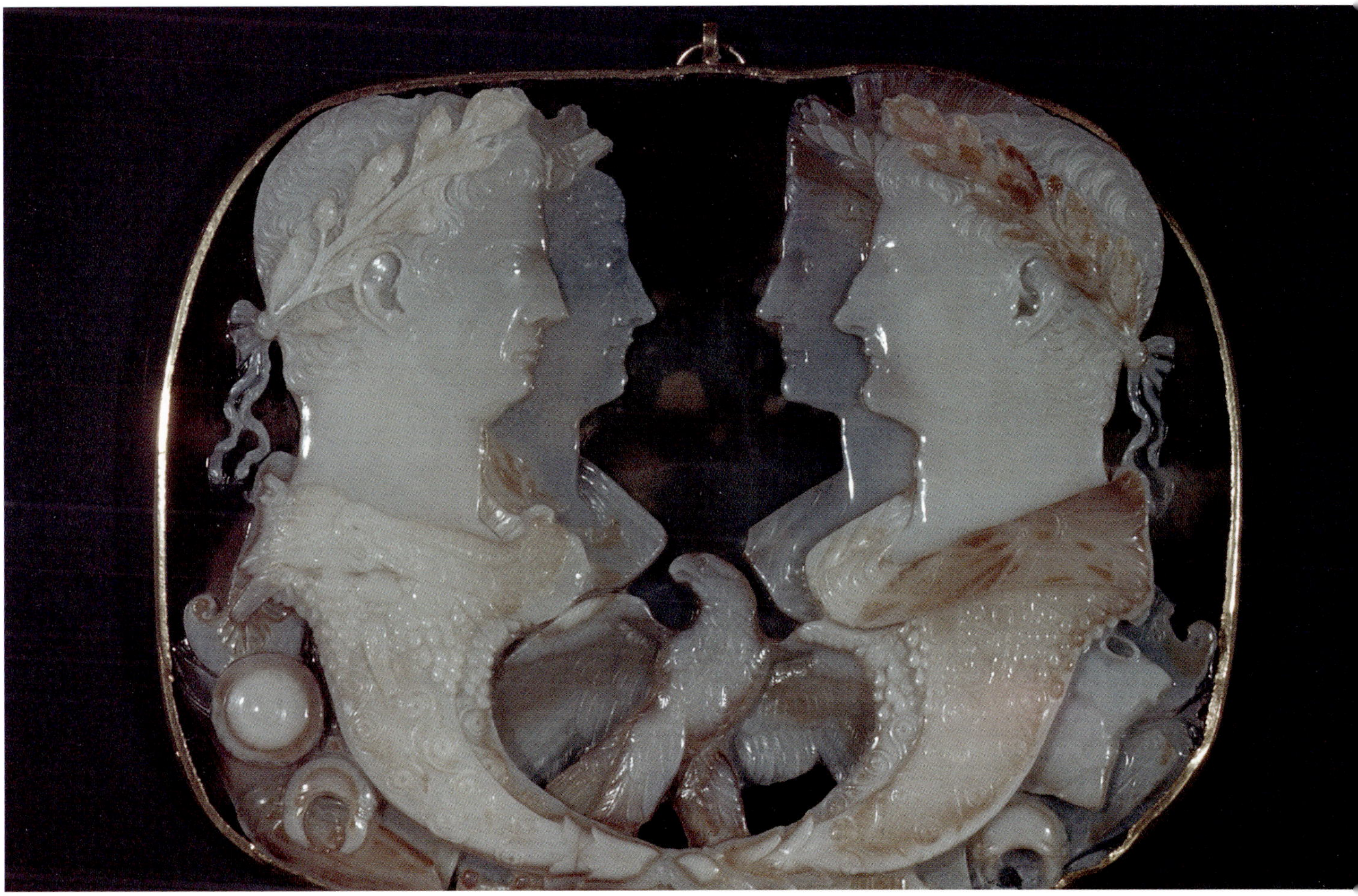

charakterisierte ihn einmal als *«tristissimus hominum»* («den traurigsten aller Menschen») – nahm jetzt paranoide Züge an. Mitglieder des Senats lebten in der ständigen Angst, plötzlich des Verrats bezichtigt zu werden, einige altgediente Provinzstatthalter versanken in Tatenlosigkeit. Einer dieser Männer war Pontius Pilatus, der Statthalter von Judäa, der schließlich im Jahr 36 n.Chr. entlassen wurde, ein paar Monate nachdem er auf Betreiben der religiösen Autoritäten in Jerusalem einen Prediger aus Galiläa hatte hinrichten lassen. Dies war eine der wenigen Gelegenheiten gewesen, bei denen er bereit war, ihnen ihren Willen zu lassen. Jesus von Nazareth war der Typ eines eigenständigen religiösen Führers, der ihm während seiner Amtsjahre mehrmals Ärger bereitet hatte. Seine brutale Reaktion auf die Handlungen eines anderen heiligen Mannes im gleichen Jahr sollte den Statthalter von Syrien endgültig davon überzeugen, dass Pilatus seinen Stuhl räumen musste.

Vier Büsten auf einer Kamee aus dem 1. Jahrhundert n.Chr. Man sieht die Brüder Germanicus und Claudius zusammen mit ihren Gemahlinnen Agrippina und Agrippina der Jüngeren. Obwohl Germanicus von Kindesbeinen an auf eine Führungsrolle vorbereitet worden war und zur Übernahme der Macht bereit zu sein schien, sollte sein vom Schicksal benachteiligter älterer Bruder Claudius Kaiser werden.

Der Kaiser selbst umgab sich auf Capri mit einem Kreis von Gelehrten und Astrologen. Er entzog sich der Lösung aller praktischen Probleme, so der Frage seiner Nachfolge, obwohl er allmählich begann, an der Amtstauglichkeit seines Neffen Gaius Caligula ernsthaft zu zweifeln. Doch er widmete sich lieber dem Studium der Sterne, das seine Neigung zur Resignation nur bestätigte, denn die Sterne überzeugten ihn davon, dass die Thronbesteigung durch Caligula unvermeidlich war. Im März 37 n.Chr. erkrankte Tiberius

und starb im Alter von 79 Jahren eines natürlichen Todes, obwohl Gerüchte kursierten, dass er vom Nachfolger des Sejanus, dem Chef der Prätorianergarde, einem Mann namens Macro (21 v.Chr. – 38 n.Chr.), erdrosselt worden sei.

Caligula, das Monster

Der Tod des Tiberius wurde vom Senat wie vom römischen Volk gleichermaßen gefeiert. Dennoch stand fest, dass er bei seinem Machtantritt für die Augustus-Nachfolge bestens qualifiziert gewesen war: Niemand hatte mehr Armeen befehligt und mehr Provinzen regiert als Tiberius, kein Kaiser war vor Amtsantritt ebenso oft Konsul gewesen wie er. Hinzu kam, dass er trotz seiner Unpopularität das Reich in einer gestärkten Position zurückließ. Er hatte sich in keine militärischen Abenteuer gestürzt, sondern die bestehenden Grenzen befestigt und dafür gesorgt, dass die Staatskasse zum Zeitpunkt seines Todes gut gefüllt war. Deshalb war er, trotz seiner zunehmenden Exzentrik, immer ein Symbol der Stabilität gewesen, was man von seinem Nachfolger nicht behaupten konnte. Caligula hatte, als Tiberius starb, nur einmal ein – unbedeutendes – Amt bekleidet und niemals eine offizielle Position innegehabt. Während Tiberius die Rolle des *princeps* einfach von Augustus geerbt hatte, war es nunmehr Sache des Senats und des Volks von Rom, die rechtliche Stellung des Kaisers zu definieren und in ein Gesetz zu gießen. Der junge Caligula, der Sohn eines populären Vaters, erschien jenen, die ihn nicht kannten, wie das perfekte Gegenbild zu seinem Großonkel. Als er zu Beginn seiner Herrschaft die Hochverratsprozesse aussetzte, erntete er großen Beifall.

Nach der freudlosen Herrschaft des Tiberius schien der neue Kaiser Caligula etwas frischen Wind in die Politik zu bringen. Die Menge feierte begeistert seinen Machtantritt, und er belohnte sie für ihre Schmeicheleien mit Wagenrennen, Spielen und Gladiatorenkämpfen. Doch schon bald begriffen die Römer, dass Caligula ein Tyrann war.

Doch rasch stellte sich heraus, dass Roms euphorische Verherrlichung des neuen Kaisers völlig fehl am Platze war. Caligula hatte seine *virtus* niemals in einem Kollektiv beweisen müssen. Die prägenden Jahre seines Lebens hatte er in Tiberius' Villa auf Capri verbracht. Dort waren seine wichtigsten Gefährten die Söhne der Vasallenkönige aus dem Orient gewesen, deren Einstellung zur Macht sich grundlegend von der eines Durchschnittsrömers unterschied. Caligula hatte sich von ihrem herrischen Gebaren anstecken lassen. Seine intimsten Freunde waren seine Schwestern. Man munkelte, dass er zumindest mit einer von ihnen, vielleicht aber auch mit allen drei, inzestuöse Beziehungen gepflegt habe. Als Reaktion auf dieses Gerede versuchte nun die Propagandamaschinerie des Caligula, die öffentliche Aufmerksamkeit dadurch von ihm abzulenken, dass sie über die letzten Jahre des Tiberius üble Geschichten in Umlauf brachte. So wurde in der Vorstellung der Öffentlichkeit das Bild des sauertöpfischen, wissenschaftlich interessierten Ex-Generals von dem eines 70-jährigen Pädophilen verdrängt. Dieser Schmutzkampagne gelang es jedoch nicht, die Wahrheit ganz zu überdecken. Caligula wusste aufgrund seiner Unerfahrenheit nicht, wie eine kollektive Entscheidungsfindung zustande kam. Er erwies sich als völlig ungeeignet, absolute Macht auszuüben.

Rom erlebte jetzt eine ganze Serie alarmierender Ereignisse. Macro wurde binnen eines Jahres nach Caligulas Machtübernahme wegen Hochverrats hingerichtet. Zwar mögen sich einige über das Verschwinden des übermächtigen Chefs der Prätorianergarde gefreut haben, aber jetzt gab es niemanden mehr, der den Kaiser in die Schranken hätte verweisen können. Caligula tat seiner Umgebung kund, dass er ein Gott sei, und überließ sich seinen Launen (darunter sexuelle Attacken auf weibliche Gäste seiner Feiern). Es dauerte kein Jahr, bis die erste Verschwörung gegen ihn aufgedeckt wurde. In der Folgezeit wurde deutlich, dass der neue Herrscher es genoss, bei Folterungen zuzusehen. Kurz darauf verließ Caligula Rom, um im Norden Krieg zu führen. Doch diese Eskapade sollte sich als Fiasko erweisen: Eine geplante Invasion in Britannien wurde vereitelt. Caligulas Soldaten erhielten den Befehl, Muscheln zu sammeln, die in Rom als Beweis für den ruhmreichen Sieg des Kaisers über den Meeresgott Neptun dienen sollten. Caligula verkündete seine Absicht, sein Lieblingspferd Incitatus zum Senator zu machen. Die Empörung wuchs, und einige Mitglieder des Senats und des Militärs verschworen sich, um den Kaiser zu ermorden.

> «Bis hierher habe ich geschrieben, als handle es sich um einen *princeps,* alles Weitere, was ich schreibe, handelt von einem Monster.»
>
> SUETON, „Das Leben des Caligula“, 22

Im Januar 41 n.Chr. wurde Caligula, der gerade einem Gladiatorenkampf zusah, von einem Tribun der kaiserlichen Leibgarde erstochen. Nie zuvor hatten sich diese loyalen Männer bereit gezeigt, den Kaiser zu verraten, aber Caligula hatte es sich auch mit ihnen verscherzt, weil er sich mit einer exotischen Entourage germanischer Soldaten umgeben hatte. Aus dem Komplott gegen Caligula zogen spätere Verschwörer eine wichtige Lehre: Vergewissere dich zuerst der Komplizenschaft der Prätorianergarde!

Ein unwahrscheinlicher Nachfolger

Kurz nach dem Mord trat der Senat zusammen. Bei dieser Sitzung schlugen mehrere Senatoren vor, zum republikanischen System zurückzukehren. Für

CALIGULA

GEBOREN
31. August 12 n.Chr.

VATER
Germanicus

MUTTER
Agrippina die Ältere

EHEN
(1) und (2) unbekannt
(3) Lollia Paulina
(4) Caesonia

KINDER
(von 4) Julia Drusilla

ADOPTIERT
Tiberius Gemellus

VORGÄNGER
Tiberius

ANTRITT DER NACHFOLGE
März 37 n.Chr.

DYNASTIE
Julier-Claudier

GESTORBEN
24. Januar 41 n.Chr., ermordet von Offizieren der Prätorianergarde

NACHFOLGER
Claudius (sein Onkel)

CLAUDIUS

GEBOREN
1. August 10 v. Chr.

VATER
Nero Claudius Drusus

MUTTER
Antonia Minor

EHEN
(1) Plautia Urgulanilla (geschieden wegen Ehebruchs)
(2) Aelia Paetina (geschieden)
(3) Valeria Messalina (geschieden und wegen Verrats hingerichtet)
(4) Agrippina die Jüngere

KINDER
Claudius Drusus (gestorben als Jugendlicher),
Claudia,
Antonia,
Octavia,
Britannicus (vergiftet als Jugendlicher)

ADOPTIERT
Nero (sein Stiefsohn, Sohn von Agrippina der Jüngeren)

VORGÄNGER
Caligula

ANTRITT DER NACHFOLGE
24. Januar 41 n. Chr.

DYNASTIE
Julier-Claudier

GESTORBEN
13. Oktober 54 n. Chr., nach dem Genuss giftiger Pilze, die ihm wahrscheinlich seine Frau Agrippina serviert hatte

NACHFOLGER
Nero

die Prätorianergarde, die ihre Privilegien dem kaiserlichen Regime verdankte, war dies natürlich inakzeptabel. Und obwohl das römische Volk in seinen Hoffnungen, die es auf Caligula gesetzt hatte, enttäuscht worden war und schon unter Tiberius lange schmerzliche Erfahrungen gemacht hatte, verspürte es offensichtlich auch keinen Wunsch, die Republik wiederhergestellt zu sehen. Es versammelte sich auf dem Forum und bekundete lautstark, dass es keine Rückkehr zur Senatsherrschaft wünschte.

Im Volk erzählte man sich, die Prätorianergarde habe Caligulas Onkel Claudius hinter einem Vorhang entdeckt und ihn aus einer Laune heraus zum neuen Kaiser erklärt. Die Wahrheit war wohl prosaischer: Die Offiziere der Garde wussten, dass sie eine Alternative zu Caligula brauchten, und die Entscheidung für Claudius lag nahe. Tatsächlich kann er, sobald er von Caligulas Tod erfahren hatte, die Prätorianer in ihrem Lager aufgesucht und so getan haben, als hätte er von der Verschwörung gewusst. Nach einem Tag intensiver Verhandlungen zwischen den verschiedenen Parteien billigte der Senat jedenfalls die Ernennung des Claudius zum neuen Kaiser.

Claudius war eine faszinierende Persönlichkeit – und ist weiten Kreisen bekannt durch Robert Graves' Roman „Ich, Claudius, Kaiser und Gott“ (1934). Mit einem Klumpfuß geboren und wohl auch unter Kinderlähmung leidend, war er während der Herrschaft des Tiberius unter Verschluss gehalten worden. Caligula hatte sich dazu herabgelassen, im Jahr 37 n. Chr. das Konsulat mit ihm zu teilen, aber dann kaum eine Gelegenheit ausgelassen, ihn zu demütigen. Die beiden Männer waren grundverschieden. Claudius hatte seine prägenden Jahre im Palast verbracht und viel gelesen und geschrieben. Besonders interessierte er sich für Geschichte und das römische Altertum. Doch wie Caligula verfügte er über keine politische Erfahrung, der Umgang mit den Senatoren fiel ihm schwer. Da er im Senat keine Machtbasis besaß, ließ er sich von freigelassenen Sklaven beraten. Sie verwalteten die zunehmend komplexen Angelegenheiten der kaiserlichen *domus*, der inzwischen riesige Territorien im ganzen Reich unterstanden. Aus heutiger Sicht war Claudius ein Technokrat, der die Gesellschaft effizient arbeitender Leute schätzte. Umgekehrt machte ihn seine politische Naivität blind für die Tatsache, dass viele von denen, die ihm dienten, dies nicht im Interesse des Gemeinwohls, sondern in Verfolgung ihrer eigenen Ziele taten.

Erfolge und Fehlschläge

Claudius war auch darauf bedacht, gute Beziehungen zur römischen Armee zu pflegen. Zwei Jahre nach seinem Amtsantritt unternahm er einen erfolgreichen Angriff auf Britannien und gewann an Ansehen, weil er etwas eroberte, das sogar Julius Cäsar entgangen war. Obwohl die militärische Operation dadurch beeinträchtigt wurde, dass er über keine Rückzugsstrategie

verfügte, erreichte sie ihr kurzfristiges politisches Ziel. Claudius eilte nach Norden, um mit seinen Soldaten den Ruhm zu teilen, als sie den endgültigen Sieg errangen, und gab zur Erinnerung an den Triumph seinem Sohn den Ehrennamen Britannicus (eine Ehre, die er selbst abgelehnt hatte). Die hochqualifizierten Freigelassenen, die er zu Ministern berief, sorgten dafür, dass die Verwaltung der Stadt Rom und des Reichs reibungslos funktionierte. Eines der imposantesten Projekte seiner Zeit war die Gründung des neuen Handelshafens Portus nördlich von Ostia an der Mündung des Tiber. Mit dem Tiber durch einen Kanal verbunden, konnte Portus die Hauptstadt ganzjährig mit dem Getreide beliefern, das für die Herstellung von Brot, dem Hauptnahrungsmittel der Römer, benötigt wurde.

Nachdem Claudius entdeckt hatte, dass er von seiner jungen dritten Frau Valeria Messalina auf die übelste Weise betrogen wurde, ließ er sie 48 n.Chr. hinrichten. Dieses Gemälde des österreichischen Künstlers Hans Makart aus dem Jahr 1875 – das eine bekannte zeitgenössische Tragödin in der Rolle der Messalina zeigt – sollte die Hoffart und die Dekadenz vermitteln, für die Claudius' Kaiserin berüchtigt war.

Erst Ende der 40er-Jahre begann Claudius' turbulentes Privatleben die Leistungen seiner Administration ernsthaft zu gefährden. Er entfremdete sich zusehends von seiner dritten und viel jüngeren Frau Messalina und nahm sich Sklavinnen ins Bett, während sie ihre eigenen Liebhaber hatte. Messalinas Ausschweifungen wuchsen sich in Rom zum Skandal aus; man munkelte sogar, sie habe eine Nacht in einem Bordell verbracht, um zu sehen, ob sie sich mehr Männern hingeben könnte als eine erfahrene Prostituierte. Während Claudius 48 n.Chr. einmal nicht in der Stadt weilte, ging sie sogar mit einem ihrer Partner, Gaius Silius, eine Scheinehe ein. Möglicherweise plante das Paar, den Kaiserthron zu usurpieren, oder es wollte einfach nur gegen die Konventionen verstoßen. Jedenfalls ließ dieser Vorfall Claudius zu drastischen Maßnahmen greifen. Messalina wurde ohne viel Federlesens zusammen mit einigen ihrer Liebhaber hingerichtet.

> «Ich versöhnte Rom mit der Monarchie, indem ich der Tyrannei die Schärfe nahm.»
>
> Claudius in Robert Graves' *„Ich, Claudius Kaiser und Gott"*, 1934

Die Invasion Britanniens durch Claudius

Zwei Jahre nach seinem Machtantritt, 43 n.Chr., unternahm Claudius einen Angriff auf Britannien. Seiner Entscheidung lagen mehrere Faktoren zugrunde. Britannien war damals ein wichtiger Handelspartner Roms, der das Reich mit wertvollen Metallen und Erzen, wie Eisen, Silber, Zinn und Bleiglanz, belieferte. Die Invasion sollte außerdem dem skeptischen Senat und den Römern vor Augen führen, dass Claudius ein starker und entschlossener Führer war.

Die Operation wurde sorgfältig geplant und durchgeführt. Vier Legionen und mehrere Hilfstruppen, darunter auch Batavier-Einheiten, waren an ihr beteiligt, insgesamt 40 000 Mann. Ihrem Befehlshaber Aulus Plautius gelang es rasch, auf der Insel einen Brückenkopf einzurichten. Die Entscheidungsschlacht fand am Medway in Südostengland statt. Nach zwei Tagen waren die Briten besiegt. Die Römer fassten auf der Insel Fuß und begannen den langwierigen Prozess ihrer Befriedung.

Doch obwohl Claudius seine ursprünglichen Ziele erreicht hatte, stellte sich heraus, dass die Besetzung – wie immer im Fall militärischer Operationen, die von kurzfristigen politischen Ambitionen motiviert sind – eine kostspielige und langwierige Sache ohne durchdachtes Ende war.

Es dauerte fast 50 weitere Jahre, bis in Britannien eine effizient arbeitende Verwaltung etabliert war.

Claudius folgte dem Rat seiner Freigelassenen, sich sofort wieder zu verheiraten, und seine Wahl fiel auf seine Nichte Agrippina. Die Beziehung war eindeutig inzestuös, aber Claudius ließ das Gesetz kurzerhand seinen Wünschen anpassen. Agrippina zog in den Palast, zusammen mit ihrem Sohn Nero (37 – 68 n.Chr.), der drei Jahre älter war als Claudius' Sohn Britannicus. Agrippina, eine überaus ehrgeizige Frau aus bestem Hause (ihr Großvater war durch Adoption Augustus, ihr Vater war Germanicus gewesen), sorgte dafür, dass Nero in das öffentliche Leben eingeführt wurde. Sie selbst verfügte in Claudius' *domus* schon bald über große Macht. Agrippina wusste, dass Britannicus dem Gesetz nach noch nicht Claudius' Nachfolger werden konnte, weil er erst im Februar 55 n.Chr. (mit 14 Jahren) die Volljährigkeit erreichen würde. Deshalb richtete sie es Ende 54 so ein, dass Claudius bei einem Bankett Giftpilze serviert bekam. So wurde Nero im zarten Alter von 16 Jahren zum Kaiser proklamiert, Britannicus ein paar Monate später vergiftet. Die Menschen, vor allem aber die Senatoren, von denen viele nicht in die Clique der Freigelassenen, der Vertrauten des Claudius, hatten eindringen können, begrüßten die Nachricht von Neros Machtübernahme.

Der letzte der Julier-Claudier

Es dauerte eine Weile, bis allen klar war, dass Neros Ernennung zum Kaiser katastrophale Folgen hatte. Am Anfang zeigte er wenig Interesse am Regieren und überließ die tatsächliche Kontrolle über den Staat kompetenten Leuten, die seine Mutter für diese Aufgabe sorgfältig ausgewählt hatte. So konnte er, der sich für einen Dichter und Schauspieler hielt, seinen Neigungen nachgehen. Die Zügel der Macht lagen zu jener Zeit in den Händen des berühmten spanisch-römischen Philosophen und Literaten Seneca des Jüngeren (4 v. Chr. – 65 n.Chr.), Neros früherem Lehrer, und des Prätorianerpräfekten Sextus Afranius Burrus (gest. 62 n.Chr.). Ein Beweis für deren praktische Kompetenz war die Tatsache, dass sie einen erfahrenen und begabten Soldaten, Domitius Corbulo (7–67 n.Chr.), beauftragten, sich um einen neuen Konflikt mit den Parthern zu kümmern, der um Armenien ausgebrochen war. Corbulo machte seine Sache gut.

Nero wehrte unterdessen jeden Versuch ab, sich in sein Privatleben hineinreden zu lassen. Im Rahmen der Nachfolgepläne seiner Mutter war er zu einer Ehe mit Claudius' Tochter Octavia gezwungen worden. Als Kaiser nahm er sich Konkubinen und sah sich auch unter den Frauen der Senatoren um. Agrippina, die genau wusste, dass ihr Bruder Caligula es sich auf diese Weise mit dem Volk von Rom verscherzt hatte, signalisierte ihren Unmut. Nero war der Einmischung seiner Mutter bald überdrüssig, und der Kontakt zwischen den beiden riss fast völlig ab. Da lernte Nero Poppaea Sabina, die Tochter eines der Generäle des Tiberius, kennen, eine Frau mit einer starken Persönlichkeit. Er wollte sich nun von Octavia scheiden lassen und Poppaea heiraten. Agrippina und seine Berater wollten ihm das ausreden, weil Octavia ein wertvolles Symbol für Stabilität und Kontinuität war. Daraufhin suchte Nero sich andere Ratgeber und plante die Ermordung seiner Mutter.

> «An [Claudius'] Ermordung war er [Nero] wenn nicht als Anstifter, so doch als Mitwisser beteiligt. Daraus machte er auch gar kein Hehl: Die Pilze, mit denen Claudius das Gift aufgenommen hatte, pries er später bei jeder Gelegenheit als Götterspeise, wie das griechische Sprichwort sagt.»
>
> SUETON, „Das Leben des Nero", 33
> (Übers. v. Marion Giebel)

Im Jahr 59 n.Chr. richtete es Nero so ein, dass Agrippina die Bucht von Neapel in einem Schiff überquerte, das so präpariert worden war, dass das Heck dort, wo sie sitzen würde, während der Überfahrt abbrechen und sinken würde. Doch Nero hatte vergessen, dass seine Mutter eine gute Schwimmerin war. Nachdem die Kaiserin sicher am Ufer gelandet war, wurde sie von der Menge, die am Strand zusammengeströmt war, bedauert. Doch ihr Sohn ließ keine Gnade walten. Als er von ihrer Flucht erfuhr, hielt er ihrem Freigelassenen einen Dolch an die Brust und behauptete, sie habe geplant, ihn zu ermorden. Er beauftragte eine Abteilung Wachsoldaten, Agrippina festzunehmen und zu töten.

BOUDICCAS AUFSTAND

Das meiste, was wir über den Aufstand Boudiccas in Britannien gegen die Herrschaft der Römer in den Jahren 60–61 n.Chr. wissen, stammt von Tacitus, der ihn mit der Arroganz und Brutalität erklärt, die die römische Bürokratie dieser Provinz an den Tag legte.

Als der Ikener-König Prasutagus in East Anglia starb, entbrannte ein Streit darüber, ob Rom berechtigt sei, sein Königreich zu annektieren, denn der König hatte in seinem Testament neben seinen beiden Töchtern auch Kaiser Nero bedacht. Das römische Recht erkannte keine Vererbung über die weibliche Linie an, und der kaiserliche Prokurator Catus Decianus unternahm plumpe Versuche, den Willen Roms durchzusetzen. Prasutagus' Witwe Boudicca wurde misshandelt, ihre Töchter vergewaltigt. Unterdessen leitete der Statthalter Suetonius Paulinus militärische Operationen in Wales.

Nachdem der Groll der Briten über die römische Besatzung schon lange gebrodelt hatte, brachte die Art, wie Boudicca behandelt wurde, das Fass zum Überlaufen.

Nach dem Vorbild von Arminius, dem Helden der Schlacht im Teutoburger Wald, griffen Boudiccas Soldaten Camulodunum, Verulamium (St. Albans) und Londinium (London) an. Das durch archäologische Funde belegte Ausmaß der Vernichtung an diesen Orten zeugt von dem Wunsch der Briten, sämtliche Spuren der römischen Herrschaft auszulöschen. In der Anfangsphase des Aufstands besiegten Boudiccas Truppen auch ein römisches Heer, das aus Lincoln zur Befreiung von Colchester entsandt worden war. Das Glück verließ Boudicca, als sie in den Midlands auf die Hauptstreitkraft des Suetonius Paulinus stieß. Ihr Heer wurde vernichtend geschlagen, und Tacitus berichtet, dass sie kurz darauf Selbstmord beging.

Sueton zufolge unterhielt der größenwahnsinnige Kaiser Nero seine römischen Mitbürger mit endlosen Gesangsvorträgen und Gedichtrezitationen, die bei Androhung der Todesstrafe niemand vorzeitig verlassen durfte.

NERO

GEBOREN
15. Dezember 37 n.Chr.

VATER
Gnaeus Domitius Ahenobarbus

MUTTER
Agrippina die Jüngere

EHEN
(1) Claudia Octavia (geschieden)
(2) Poppaea Sabina (in einem Wutanfall von Nero getötet)

KINDER
(von 2) Claudia, geb. 63 n.Chr.

VORGÄNGER
Claudius

ANTRITT DER NACHFOLGE
13. Oktober 54 n.Chr.

DYNASTIE
Julier-Claudier

GESTORBEN
9. Juni 68 n.Chr., beging nach seiner Absetzung durch den Senat Selbstmord

NACHFOLGER
Galba

Mit dem Mord an Agrippina änderte sich alles. Senecas und Burrus' Einfluss schwand, während Neros Größenwahn immer deutlicher zutage trat. Seneca wurde 60 n.Chr. entlassen, während Burrus ein Jahr später starb. Octavia wurde fälschlicherweise des Ehebruchs bezichtigt, und Nero ließ sich von ihr scheiden. Ihre Hinrichtung fand ungefähr um dieselbe Zeit statt wie Senecas Entlassung. Poppaea wurde Kaiserin, und mit ihr trat ein Mann namens Tigellinus (gest. 69 n.Chr.), der den Zirkus mit Rennpferden beliefert hatte, in Neros engeren Kreis. Tigellinus sollte sich dadurch als loyaler Bundesgenosse erweisen, dass er Neros übelste Laster förderte. Er wurde dafür 62 n.Chr. belohnt und zum Präfekten der Prätorianergarde ernannt.

Unterdessen begannen die Fundamente des Reiches zu wanken. Im Jahr 60 n.Chr. brach in Britannien unter der Führung von Boudicca (gest. 60/61 n.Chr.), der Königin des Stammes der Ikener, eine Revolte aus. Vier Jahre später kam es in Rom selbst zur Katastrophe, als ein Feuer einen Großteil der Stadt zerstörte. Die Römer hatten der Katastrophe nicht viel entgegenzusetzen. Die Rettungsversuche wurden von Nero auch nicht koordiniert, der auf die Nachricht sehr merkwürdig reagiert haben soll: Es heißt, er habe ein Gedicht über den Fall von Troja rezitiert. Nero fand einen bequemen Sündenbock in Gestalt einer kleinen religiösen Sekte, den Christen. Anhänger dieses Glaubens wurden schrecklichen Foltern unterzogen.

Neros Regime taumelte von einer Krise in die andere. Ein Jahr nach dem Brand trat Nero in einem Wutanfall seiner schwangeren Gattin Poppaea in den Bauch und verursachte so ihren Tod. Im gleichen Jahr wurde eine Verschwörung unter den Mitgliedern des Senats und der Garde aufgedeckt, deren Ziel es gewesen war, den Kaiser zu ermorden und einen neuen Herrscher zu etablieren. Eine ganze Reihe von Hinrichtungen folgte, und Tigellinus und seine Genossen nutzen die Gelegenheit, um alte Rechnungen zu begleichen. Seneca wurde zum Selbstmord gezwungen, binnen Jahresfrist wurden weitere Feinde aus dem Weg geräumt. In diesem Blutrausch machten Neros Ratgeber den Fehler, Corbulo, den Helden des Partherkrieges, des Verrates anzuklagen und hinzurichten. Doch Corbulo hatte in Rom viele einflussreiche Freunde und Bewunderer. Und im Jahr 67, als Nero nach Griechenland reiste, um bei den Olympischen Spielen sein Geschick als Wagenlenker unter Beweis zu stellen, wurde eine ernsthafte Verschwörung von mehreren Generälen und Statthaltern angezettelt.

Neros Griechenlandreise war ein großer Erfolg: Er wurde zum Sieger in allen Wettbewerben erklärt, an denen er teilnahm. Doch rief ihn ein Brief seiner Freigelassenen, die von der Verschwörung Wind bekommen hatten, sofort nach Rom zurück. Nero traf zu spät ein, um den Lauf der Dinge noch ändern zu können. Im März 68 erklärte der Statthalter einer der gallischen Provinzen ausdrücklich nicht Nero, sondern der römischen Regierung seine Loyalität. Der Statthalter von Judäa, der ein mächtiges Heer befehligte, das zusammengezogen wurde, um die Revolte niederzuschlagen, die dort im Jahr 66 ausgebrochen war, stellte plötzlich die militärischen Operationen ein, und Galba, der Statthalter einer spanischen Provinz, ließ sich zum Kaiser ausrufen. Der Befehlshaber eines der großen Heere in Germanien wechselte die Seiten und sprach sich für Galba aus. In Rom selbst war eine fünfte Kolonne am Werk, die von der Prätorianergarde unterstützt wurde. Als sich die Garde am 9. Juni 68 n.Chr. auf Galbas Seite stellte, setzte der Senat Nero ab und erklärte ihn zum Staatsfeind. Nero floh aus dem Palast in das Haus eines Freigelassenen namens Phaon, ohne zu wissen, dass Phaon ihn bereits verraten hatte. Als er hörte, wie seine Feinde sich näherten, erstach sich Nero. Eitel und bis zuletzt dem Wahn verfallen, sollen die letzten Worte des Kaisers gelautet haben: «Welch großer Künstler stirbt mit mir!»

Eine Kopie eines jener Fresken, die in den Ruinen des „Goldenen Hauses“ gefunden wurden. Sie vermittelt einen Eindruck von dem üppigen Schmuck, mit dem der neue Kaiserpalast versehen werden sollte, dessen Bau Nero nach dem großen Brand von 64 n.Chr. geplant hatte. Sobald das riesige Gebäude fertiggestellt war, dominierte es das Herz von Rom und muss ein ernsthaftes Verkehrshindernis dargestellt haben.

CÄSAREN UND IHRE BÜRGER

Das Kolosseum ist das berühmteste Symbol des antiken Rom. Der Bau des riesigen Amphitheaters, das 45 000 bis 55 000 Zuschauer fassen konnte, wurde unter Vespasian begonnen und von seinem Sohn Titus vollendet.

Neue Dynastien: Von den Flaviern zu den Antoninen (68–180 n.Chr.)

Mit Galbas Thronbesteigung ging fast ein Jahrhundert Herrschaft der Dynastie der Julier-Claudier zu Ende. Doch kaum drei Monate später stürzte Galba, der wegen seines Mangels an politischem Scharfblick seine potenziellen Verbündeten vor den Kopf stieß.

Zwischen dem Tod des Nero (68 n.Chr.) und dem des Mark Aurel (180 n.Chr.) liegt ein gutes Jahrhundert der Stabilität. Stabilität herrschte auch in den vielen unterschiedlichen Regionen, die zum Römerreich gehörten, und das war wirklich eine erstaunliche Leistung. Zwar gab es nicht überall Frieden und Wohlstand, doch die meisten Krisen waren, gemessen an denen früherer und späterer Epochen, von relativ kurzer Dauer. Eine wichtige Ausnahme von der PAX ROMANA bildete die Provinz Judäa, die ungefähr das Territorium des modernen Staates Israel sowie Teile des heutigen Jordanien und Syrien umfasste. Dort hatten zwei große Aufstände (66–73 und 132–135 n.Chr.) schreckliche Verwüstungen und Verluste an Menschenleben zur Folge.

Drei Herrscher in kurzer Zeit

Wohl niemand in Rom hätte in den Jahren 68–69 n.Chr. ein Jahrhundert der Stabilität vorhergesagt. Nach Neros Selbstmord klaffte im Herzen des Reichs ein Machtvakuum. Was folgte, waren ein Bürgerkrieg – der erste seit dem blutigen Kampf zwischen Oktavian und Mark Anton (32–30 v.Chr.) – und eine Abfolge militärischer Amtsinhaber, deren Herrschaft jeweils nur wenige Monate dauerte. Ja, sie waren so kurz an der Macht, dass das Jahr 69 n.Chr. als „Vier-Kaiser-Jahr“ in die Geschichte einging.

Servius Sulpicius Galba (3 v.Chr. – 69 n.Chr.), ein ehemaliger Heerführer und Konsul, war im Jahr 68 Statthalter der Provinz Hispania Tarraconensis. Seine Amtsübernahme war nicht das Resultat einer Kampagne oder eines entschlossenen Vorpreschens seinerseits. Im Gegenteil, Galba zögerte, als Julius Vindex, der Anführer des ersten Aufstands gegen Nero im Jahr 68, ihm mitteilte, dass er Nero nachfolgen sollte. Erst nachdem er sich vergewissert hatte, dass auch der Prätorianerpräfekt sich für ihn ausgesprochen hatte, marschierte er nach Rom. Galba verfügte weder über herausragende Führungsqualitäten noch über Einfluss und erwarb sich während seiner kurzen Herrschaft den Ruf eines eiskalten Snobs. Eine mögliche Erklärung dafür, dass er überhaupt Neros Nachfolge antreten konnte, war, dass seine Berufung von ehrgeizigen Männern in der Armee und im Senat als Notlösung unterstützt wurde. Sie glaubten, dass er, 71-jährig und kinderlos, bald dynamischeren Persönlichkeiten Platz machen würde. Tatsächlich starb er noch früher, als irgendjemand vermutet hätte.

Galba hatte schon vor seinem Einzug in Rom, im September 68 n.Chr., seine Selbstdemontage betrieben. Obwohl er auf die Unterstützung des Militärs angewiesen war, hatte er nichts Eiligeres zu tun gehabt, als es sich mit wichtigen Teilen der Armee zu verderben. Nero hatte versucht, Soldaten anzuwerben, um den wachsenden Widerstand gegen seine Herrschaft in den Griff zu bekommen. Dabei hatte er eine Legion aus Marinesoldaten auf die Beine gestellt, die eigentlich einem in der Bucht von Neapel stationierten Flottenverband angehörten. Diesen irregulären Truppen hatte er denselben Sold versprochen wie den regulären Legionären. Doch jetzt weigerte sich Galba, dieses Versprechen seines Vorgängers einzulösen, und ließ jeden, der protestierte, hinrichten. In seinem verbissenen Bemühen, die Staatsfinanzen zu sanieren, verweigerte er sogar die Zahlung von Treueboni, die jenen Prätorianern zustanden, die ihm selbst den Aufstieg zur Macht ermöglicht hatten. Gleichzeitig verlor er durch die Abberufung des beliebten Befehlshabers Verginius Rufus (14–97 n.Chr.) auch die Unterstützung der Armee im südlichen Germanien (Germania superior). Verginius war für die Niederschlagung der Revolte des Vindex gegen Nero verantwortlich gewesen. Deshalb wollte die Armee eigentlich ihn auf den Thron hieven. Doch Vindex hatte abgewinkt und stattdessen Galba seine Dienste angeboten. Auch wenn Galba dieser Entscheidung wahrscheinlich sein Leben verdankte, stimmte sie ihn keineswegs gnädig. Die Soldaten aber werteten die Entlassung des Verginius und seine Ersetzung durch einen Unbekannten als gezielten Affront.

Gefahren ziehen auf

Unterdessen zeichneten sich auch in der Armee, die in der anderen germanischen Provinz (Germania inferior) stationiert war, Veränderungen ab. Unklugerweise hatte Galba Ende 68 den ehrgeizigen Aulus Vitellius

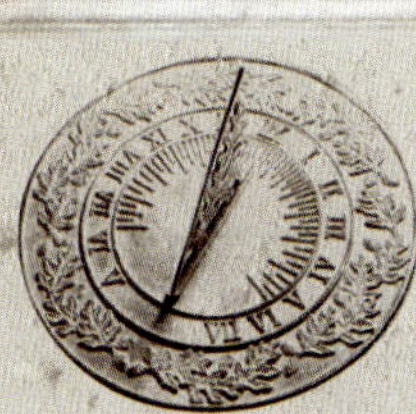

ZEITLEISTE

69 n.Chr. Vespasian wird Kaiser

70 Vespasians Sohn Titus schlägt die jüdische Revolte nieder

79 Ausbruch des Vesuvs

81 Domitian besteigt den Thron

96 Ermordung Domitians; Nerva wird Kaiser

106 Römische Heere unter Trajan erobern Dakien

117 Trajan stirbt, und Hadrian wird Kaiser

122 Im nördlichen Britannien beginnt der Bau des Hadrianswalls

132 Beginn der jüdischen Bar-Kochba-Revolte gegen die Herrschaft der Römer

138 Hadrian stirbt; seine Nachfolge tritt Antoninus Pius an

161 Auf Antoninus Pius folgen Marcus Aurelius und Lucius Verus

166 Die „Antoninische Pest" verbreitet sich im ganzen Reich

170 Mark Aurel führt Krieg gegen die an der Donau siedelnden Stämme (bis 180 n.Chr.)

180 Mark Aurel stirbt; ihm folgt als alleiniger Herrscher Commodus nach

Kaiser Otho (Stich aus der Renaissancezeit). Otho rebellierte gegen seinen früheren Verbündeten Galba und entmachtete ihn, nachdem er einen anderen zu seinem Nachfolger bestimmt hatte. Othos Herrschaft sollte die kürzeste in jener von Unruhen und Gewalt geprägten Zeit sein, die als „Vier-Kaiser-Jahr“ in die Geschichte einging.

(15–69 n.Chr.), dessen Vater der engste Verbündete des Claudius gewesen war, beauftragt, in dieser Streitmacht nach der Ermordung ihres vorherigen Befehlshabers die Disziplin wiederherzustellen. Vitellius wusste um Galbas Schwäche und schmeichelte sich, weil die Armee in Germanien für ihren Bruch mit Nero unzureichend belohnt worden war, beim Generalstab in Colonia Agrippina (Köln) ein. Außerdem hatte er, bevor er Rom verlassen hatte, das einstige Schwert Julius Cäsars aus dem Tempel des Göttlichen Julius entfernt. Die Tatsache, dass er eine so symbolträchtige Trophäe mitnehmen durfte, war ein Beweis dafür, dass er bereits begonnen hatte, in der Hauptstadt eine fünfte Kolonne aufzubauen. Als die Legionen in Mainz Galba am 1. Januar 69 den Treueschwur verweigerten und seine Statuen zertrümmerten, spitzte sich die Lage zu. Am nächsten Tag riefen die Armeen der beiden germanischen Provinzen Vitellius zum neuen Kaiser aus.

Bezeichnenderweise reagierte Galba mit Zaudern und machte sich zudem noch einen ehemaligen Verbündeten, Marcus Salvius Otho (32–69 n.Chr.), zum Feind. Dieser etruskische Edelmann, einer der Weiberhelden aus Neros Clique, hatte sich einst mit Nero auf einen Frauenhandel eingelassen: Er hatte Poppaea Sabina unter der Voraussetzung geheiratet, dass Nero so lange mit ihr schlafen könnte, bis er seine Gattin Octavia losgeworden wäre. Doch dann scheint Otho sich selbst in Poppaea verliebt zu haben, mit der Folge, dass Nero ihn zwang, sich von ihr scheiden zu lassen, und ihn als Statthalter nach Lusitania (das heutige Portugal) schickte. Otho hatte also gute Gründe, während der Revolution Galba zu unterstützen und sich dessen Marsch auf Rom anzuschließen. Diese Loyalität sowie die Prophezeiung eines Astrologen, wonach er der nächste Kaiser werden würde, bestärkten ihn in dem Glauben, dass Galba ihn zu seinem Nachfolger bestimmen werde. Doch Galba adoptierte am 10. Januar den jungen Lucius Calpurnius Piso (gest. 69 n.Chr.) als Erben. Dieser Schritt Galbas war von seinem Snobismus diktiert gewesen; denn Otho war zwar vornehmer Abkunft, aber Piso entstammte einer noch viel nobleren Familie. Der frustrierte Otho schmiedete in aller Eile eine Verschwörung, und am 15. Januar riefen die Prätorianer und andere in Rom stationierte Soldaten ihn zum Kaiser aus. In seiner Panik begab sich Galba zum Forum, um sich den Rebellen entgegenzustellen, wurde aber sofort von Othos Leuten niedergestreckt. Der unglückliche Piso wurde im Vesta-Tempel aufgefunden, in den er sich geflüchtet hatte, und ebenfalls ermordet.

Während dieser dramatischen Ereignisse befanden sich die Legionen des Vitellius auf dem Marsch von Germanien nach Rom, wo sie ihren Mann zum Kaiser proklamieren wollten. Vitellius' Truppen bildeten zweifellos die Elite der römischen Armee. Doch es gelang Otho, aus den Reihen der ehemaligen Soldaten Neros sowie der Gladiatoren und Prätorianer eine Truppe auf die Beine zu stellen, die stark genug war, um eine ernst zu nehmende Verteidigung aufzubauen. Seine weitere Strategie ging dahin, die Vorhuteinheiten des Vitellius so lange aufzuhalten, bis Verstärkung aus der Balkanprovinz Illyricum eintraf. Der Plan scheiterte, als in einer erbitterten Schlacht bei Bedriacum, nahe Cremona, die Streitkräfte des Vitellius Othos Anhänger besiegten. Als Otho von der Niederlage erfuhr, beging er am 16. April Selbstmord, um Rom ein weiteres Chaos zu ersparen. Seine Herrschaft hatte kaum drei Monate gedauert.

> «Er [Galba] hatte als privater Bürger einen bedeutenderen Eindruck gemacht, und alle fanden deshalb, dass er zum Herrschen befähigt wäre ... Hätte er es nur unterlassen!»
>
> TACITUS, „Geschichtsbücher 1", 49

Vitellius erreichte die Hauptstadt Anfang Juni und begann trotz erheblicher Widerstände damit, sein eigenes Regime aufzubauen. Insbesondere Vespasian (Titus Flavius Vespasianus, 9–79 n.Chr.) wandte sich gegen die Berufung des Vitellius. Ein Berufssoldat relativ bescheidener Herkunft, der sich hochgedient hatte, war Vespasian Befehlshaber jener Einheiten geworden, die während des großen jüdischen Aufstands zur Befriedung der Provinz Judäa entsandt worden waren. Er gewann in den östlichen Garnisonen rasch Unterstützung. So wurde Vespasian am 1. Juli 69 von der römischen Besatzungsarmee in Ägypten zum Kaiser ausgerufen. Die in Judäa und Syrien stationierten Militärs folgten ihrem Vorbild. Mit diesem mächtigen militärischen Bündnis im Rücken gewann Vespasians Kampagne an Schwung, je näher seine Einheiten an Rom heranrückten. Auch die Balkanlegionen in den Provinzen Pannonien, Illyricum und Moesien, die Vergeltung fürchteten, weil sie ursprünglich Otho unterstützt hatten, sprachen sich bald für Vespasian aus.

Angesichts des wachsenden Widerstands versuchte Vitellius auf Nummer sicher zu gehen. Er entsandte seine Hauptstreitkraft nach Norditalien, wo sie sich Vespasian in den Weg stellen sollte. Er hielt sich aber gleichzeitig dadurch ein Hintertürchen offen, dass er weder Vespasians Bruder Sabinus noch dessen jüngeren Sohn, den späteren Kaiser Domitian, festnehmen ließ. Trotzdem wurde seine Position zunehmend unhaltbar. Vespasians

GALBA

GEBOREN
24. Dezember 3 v.Chr. in Tarracina

VATER
Servius Sulpicius Galba

MUTTER
Mummia Achaica

VORGÄNGER
Nero

OFFIZIELLER AMTSANTRITT
8. Oktober 68 n.Chr.

DYNASTIE
Keine

GESTORBEN
15. Januar 69 n.Chr.

NACHFOLGER
Otho

OTHO

GEBOREN
25. April 32 n.Chr. in Ferentium (Etrurien)

VATER
Lucius Otho

MUTTER
Terentia Albia

EHE
Poppaea Sabina

VORGÄNGER
Galba

OFFIZIELLER AMTSANTRITT
15. Januar 69 n.Chr.

DYNASTIE
Keine

GESTORBEN
16. April 69 n.Chr.

NACHFOLGER
Vitellius

Der letzte von Neros nur kurz amtierenden Nachfolgern war Vitellius. Mit seiner Ermordung im Dezember 69 n.Chr. durch Soldaten, die dem Vespasian ergeben waren, endete eine mehr als einjährige Phase der Anarchie.

Armee besiegte Vitellius' Legionen an fast derselben Stelle, wo dieser zuvor Othos Soldaten geschlagen hatte, und rückte weiter auf Rom vor. Während der erbitterten Schlacht um die Hauptstadt flüchteten Domitian und Sabinus in den Tempel des Kapitolinischen Jupiter, Roms heiligstes Monument. Domitian gelang die Flucht, aber Sabinus wurde von den Soldaten des Vitellius gefangen genommen und trotz der Bemühungen ihres Anführers, sein Leben zu schonen, getötet. Als Vespasians Anhänger schließlich die Kontrolle über Rom gewonnen hatten, ließen sie auch keine Gnade walten. Sie erdolchten Vitellius und warfen seinen Leichnam in den Tiber. Vespasian wurde zum Kaiser ausgerufen, während er selbst noch in Caesarea, Judäa, weilte. In welchem Ausmaß die römischen Kaiser inzwischen von der Armee abhängig waren, beweist die Tatsache, dass Vespasian den Beginn seiner Herrschaft nicht auf den Tag datierte, an dem das Volk von Rom ihn im Amt bestätigte, sondern auf den 1. Juli 69, den Tag, an dem seine Soldaten ihn per Akklamation wählten.

VITELLIUS

GEBOREN
24. September 15 n.Chr.

VATER
Lucius Vitellius

MUTTER
Sextilia

VORGÄNGER
Otho

REGIERUNGSANTRITT
17. April 69 n.Chr.

DYNASTIE
Keine

GESTORBEN
22. Dezember 69 n.Chr.

NACHFOLGER
Vespasian

Die Flavier-Dynastie

Auf den ersten Blick stand der Beginn von Vespasians Herrschaft unter keinem guten Stern. Er selbst war bescheidener Herkunft, und weder seine frühere Frau, die Tochter eines unbekannten römischen Ritters, noch seine Mätresse, eine Freigelassene, verfügten über einflussreiche Beziehungen. Diese Frau, Caenis, war übrigens dieselbe, die im Jahr 31 n.Chr. Tiberius vor der Verschwörung des Sejanus gewarnt und, einem Gerücht zufolge, auch Vespasian bei mehreren Gelegenheiten vor Neros Zorn geschützt hatte (so als er einmal während eines Auftritts Neros eingenickt war). Doch der römische Adel sah immer noch auf Caenis herab, weil sie eine ehemalige Sklavin war. Was Vespasians Situation weiter erschwerte, war die Tatsache, dass in den Augen der abergläubischen Römer die Zerstörung des Jupiter-Tempels im Zuge des Angriffs auf Rom den Untergang ihrer Stadt ankündigte.

Auch außerhalb von Rom standen die Dinge für Vespasian schlecht. In Judäa herrschte immer noch Aufruhr, und auch am Rhein war es zum Aufstand gekommen, als sich die germanischen Hilfstruppen gegen jene Legionen auflehnten, die Vitellius dort zurückgelassen hatte. Zur selben Zeit tauchte im Ägäisraum der erste von drei Hochstaplern auf, die versuchten, aus dem Gerede Kapital zu schlagen, dass Nero noch am Leben sei, die Lyra spiele und Anspruch auf den Kaiserthron erhebe. Doch Vespasian war aus härterem Holz geschnitzt als Galba. Er überließ die

Der grosse jüdische Aufstand

Die Soldaten des Titus stehlen im Zuge der Entweihung des Zweiten Jerusalemer Tempels im Jahre 70 n.Chr. eine Menora. Dieses Relief findet sich auf einem Fries des Titusbogens.

Letzten Endes wurde der große jüdische Aufstand durch die lange Geschichte schlechter Verwaltung durch die römischen Statthalter der Provinz Judaä provoziert. Ein besonderer Anlass zur Klage war, dass die Römer keinerlei Macht an die jüdische Elite abgaben. Statt ihre lokale Machtbasis auszubauen, zogen sie es vor, die Region mithilfe von Vasallenkönigen zu beherrschen, die ausschließlich der idumäischen Familie Herodes' des Großen entstammten.

Die Krise begann im Mai 66 n.Chr., als in der Hauptstadt Caesarea Unruhen ausbrachen. Unmittelbarer Auslöser war die Entweihung der Synagoge durch Angehörige der dort ansässigen Griechen, doch zugleich entlud sich auch die angestaute Wut über die brutale Regierung des Porcius Pestus. Die Situation eskalierte, als extremistische Gegner der römischen Herrschaft die Festung Masada eroberten und die jüdischen Priester sich weigerten, weiterhin im Tempel Nero Opfer darzubringen. Die anfängliche Reaktion von Cestius Gallus, dem Statthalter von Syrien, war schwach, und er wurde in der Schlacht von Beth Horon vor den Toren Jerusalems besiegt; seine Legion verlor während ihres Rückzugs sogar ihre Standarte.

Gallus wurde von Vespasian abgelöst; er traf Anfang 67 n.Chr. mit drei Legionen in Judäa ein. Im Verlauf des folgenden Jahres erstickte er den Aufstand in Galiläa und riegelte Jerusalem ab. Die Eroberung der Stadt wurde zwei Jahre hinausgezögert. In dieser Zeit beteiligte sich Vespasian an der Revolte gegen Nero und rang dann dem Vitellius die Macht über das Reich ab. Die Ehre, Jerusalem zu erobern, fiel Vespasians Sohn Titus zu, der die Stadt 70 n.Chr. einnahm; während der langen Belagerung waren viele ihrer Bewohner verhungert. Der größte Teil von Jerusalem wurde geplündert und gebrandschatzt; zum größten Leidwesen der Juden wurde auch der Zweite Tempel ein Raub der Flammen. Der Tag, an dem diese Entweihung stattfand, der 29. August – im jüdischen Kalender als „Tischa Be-Aw“ bekannt –, wird oft als „traurigster Tag in der jüdischen Geschichte“ bezeichnet. Der Fall von Jerusalem markierte das offizielle Ende des Krieges, das 71 n.Chr. mit einem großen Triumphzug in Rom gefeiert wurde. Neun Jahre später ließ Kaiser Domitian zur Erinnerung an seinen verstorbenen älteren Bruder und dessen Eroberung von Jerusalem den berühmten Titusbogen errichten.

Die Niederschlagung des Aufstands hatte zur Folge, dass viele Juden in die Sklaverei verkauft oder in die Gefangenschaft verschleppt wurden. Andere entgingen dadurch der Verfolgung, dass sie Judäa verließen und sich den wachsenden Diasporagemeinden anschlossen.

Niederschlagung der jüdischen Revolte seinem Sohn Titus und reiste von Judäa nach Rom, um dort die Zügel in die Hand zu nehmen. Seinem Neffen erteilte er den Auftrag, den Aufstand am Rhein zu beenden, was diesem auch bald gelang. Vespasian war unterdessen bestrebt, wirklich gute Beziehungen zur Bevölkerung seiner Hauptstadt aufzubauen.

Vespasian – Titus – Domitian

Für einen römischen Kaiser hatte Vespasian ein ungewöhnliches Profil: Er war Vater zweier erwachsener Söhne und ein regelrechter Workaholic; außerdem lebte er in einer stabilen Beziehung mit einer Frau, die er offen-

Der Triumphzug von Titus und Vespasian im Jahr 71 n.Chr. auf einem Bild des italienischen Malers Giulio Romano (16. Jahrhundert). Mit der aufwendigen Prozession wurde die Niederschlagung des jüdischen Aufstands gefeiert. Der Titusbogen wurde später von Kaiser Domitian auf dem Forum Romanum zur Erinnerung an den größten militärischen Triumph seines verstorbenen Bruders errichtet.

sichtlich liebte. Als vorzüglicher Soldat hatte er als Legionsbefehlshaber bei Claudius' Invasion Britanniens im Jahr 43 n.Chr. für seine *virtus* auf dem Schlachtfeld Berühmtheit erlangt und seinen Ruf durch die souveräne Handhabung der bis dahin chaotischen römischen Reaktion auf den jüdischen Aufstand bestätigt.

Der häusliche Lebensstil des neuen Kaisers war, gemessen an dem der Julier-Claudier in der Zeit nach Augustus, geradezu asketisch. Der wohl augenscheinlichste Beweis für Vespasians neuen Ansatz war sein Beschluss, das „Goldene Haus" des Nero abzureißen. An der Stelle eines künstlichen Sees, den Nero innerhalb seines Palastes hatte anlegen lassen, ließ er ein riesiges Amphitheater bauen. Obwohl offiziell „Flavisches Amphitheater" genannt, wurde das neue Bauwerk späteren Generationen unter dem Namen Kolosseum bekannt. Der Monumentalbau sollte an die endgültige Niederwerfung des jüdischen Aufstands erinnern, die erfolgte, als der Statthalter von Judäa, Flavius Silva, im Jahr 74 n.Chr. Masada, die letzte Hochburg der Rebellen, eroberte.

Vespasian war sorgsam darauf bedacht, sich den Römern als ein in der Tradition des Augustus stehender Herrscher zu präsentieren. Insbesondere verzichtete er auf die Herrschaft einer Clique von Günstlingen aus dem Palastpersonal, also jene Herrschaftsform, die seine unmittelbaren Vorgänger bevorzugt hatten. Vielmehr berief er nach dem Vorbild des Augustus seine engsten Berater aus den Reihen der Senatoren und Ritter und förderte auch die Karrieren befähigter Männer niedriger Herkunft. Ein gutes Beispiel für seine egalitäre Haltung war die Beförderung von Ulpius Traianus (um

30 – 100 n. Chr.), einem Spanier römischer Abstammung, der während des jüdischen Aufstands eine Legion befehligt hatte, zum Oberbefehlshaber der östlichen Provinzen.

Vespasian starb 79 n. Chr. nach zehn Jahren tatkräftiger und erfolgreicher Herrschaft kurz vor Fertigstellung des Kolosseums. Titus (39 – 81 n. Chr.), sein ältester Sohn und Nachfolger, sollte das neue Amphitheater im Jahr 80 mit hundert Tage währenden spektakulären Spielen einweihen.

Dies war einer der wichtigen Augenblicke der kurzen Herrschaft des Titus. Das andere Großereignis fand am 24. August 79 statt. Kaum zwei Monate nach seinem Machtantritt brach in der Bucht von Neapel der Vesuv aus. Die Stadt Pompeji versank unter Tonnen Vulkanasche, während die Stadt Herculaneum unter einer Schlammlawine begraben wurde. Titus suchte den Ort der Katastrophe zweimal auf und spendete angeblich große Summen aus seinem persönlichen Vermögen, um den Opfern zu helfen. Diese und ähnliche Bemühungen nach einem größeren Brand in Rom im folgenden Jahr trugen dazu bei, dass Titus von seinen Untertanen geliebt wurde

Masada

Zwischen 37 und 31 v. Chr. errichtete Herodes der Große auf einem Felsplateau am Rand der judäischen Wüste eine Zitadelle, die unter dem Namen Masada bekannt wurde (die romanisierte Form des hebräischen Wortes „Metzada" für Festung). Sie sollte sowohl als Bastion wie auch als Lustschloss dienen. Der Standort war gut gewählt, denn von hier fielen 90 Meter hohe steile Felsen zum Ufer des Toten Meers ab. Während des großen jüdischen Aufstands wurde Masada 65 n. Chr. von einer Gruppe jüdischer Rebellen erobert, die „Zeloten" genannt wurden. Bis 70 n. Chr. hatten sich ihnen viele Sympathisanten und Familien angeschlossen, die kurz vor der Verwüstung der Stadt durch die römischen Truppen aus Jerusalem geflohen waren. Die Festung wurde jetzt zur letzten Zuflucht für 900 Männer, Frauen und Kinder. Eine römische Legion unter dem Statthalter von Judäa, Flavius Silva, belagerte Masada in den Jahren 73/74 und baute mithilfe jüdischer Sklaven einen riesigen Befestigungswall, auf dem die Angreifer einen Belagerungsturm errichten konnten. Als eine Bresche in die Mauern geschlagen war, begingen die Verteidiger Masadas lieber Selbstmord, als den Römern in die Hände zu fallen. Neben den Grundmauern des Römerlagers im Tal können in Masada immer noch die römischen Belagerungswerke besichtigt werden.

Seit der Gründung des Staates Israel 1948 gilt die heldenhafte Verteidigung von Masada als Symbol für die nationale Identität und die absolute Entschlossenheit, jeglichen Angriff abzuwehren. Soldaten der Streitkräfte des Landes leisten auf diesem Plateau ihren Diensteid und schwören, Masada niemals wieder in die Hände des Feindes fallen zu lassen.

VESPASIAN

GEBOREN
17. November 9 n. Chr.

VATER
Titus Flavius Sabinus I.

MUTTER
Vespasia Polla

EHEN
(1) Flavia Domitilla
(2) Caenis (Mätresse und „de-facto"-Ehefrau)

KINDER
(von 1) Titus, Domitian, Domitilla

VORGÄNGER
Vitellius

REGIERUNGSANTRITT
1. Juli 69 n. Chr.

DYNASTIE
Flavier

GESTORBEN
Juni 79 n. Chr.

NACHFOLGER
Titus (ältester Sohn)

TITUS

GEBOREN
30. Dezember 39 n. Chr.

VATER
Vespasian

MUTTER
Flavia Domitilla

EHEN
(1) Arrecina Tertulla
(2) Marcia Furnilla

KINDER
(von 2) Julia Flavia

VORGÄNGER
Vespasian

REGIERUNGSANTRITT
24. Juni 79 n. Chr.

DYNASTIE
Flavier

GESTORBEN
13. September 81 n. Chr.

NACHFOLGER
Domitian (jüngerer Bruder)

DOMITIAN

GEBOREN
14. Oktober 51 n. Chr.

VATER
Vespasian

MUTTER
Flavia Domitilla

EHEN
(1) Domitia Longina
(2) Julia Flavia (Nichte)

KINDER
(von 1) Ein Sohn, eine Tochter
(früh gestorben)

VORGÄNGER
Titus

REGIERUNGSANTRITT
14. September 81 n. Chr.

DYNASTIE
Flavier

GESTORBEN
18. September 96 n. Chr.

NACHFOLGER
Nerva

und sie ihn, als er am 13. September 81 einem Fieber erlag, aufrichtig betrauerten.

Domitian (51–96 n. Chr.), der jüngere Bruder des Titus, unterschied sich radikal von seinem Vater und seinem Bruder. Obwohl er viele von Vespasians Beratern beibehielt, litt seine Beziehung zu Hof und Senat wegen seines übersteigerten Bedürfnisses nach kaiserlichem Pomp, gemischt mit einer übertriebenen Neigung zur Selbstgerechtigkeit. So bestand er zum einen darauf, als „Herr und Gott" angeredet zu werden, zum anderen nahm er im Jahr 84 den Titel eines Zensors auf Lebenszeit an und nutzte diese Position, um im Zusammenhang mit Sexskandalen mehrere Ermittlungen durchzuführen. Eine seiner Hexenjagden endete damit, dass zwei Vestalinnen, die nachweislich ihre Keuschheitsgelübde gebrochen hatten, bei lebendigem Leib begraben wurden. Doch wie im Fall vieler selbst ernannter Sittenwächter war auch Domitians eigener Lebenswandel alles andere als untadelig.

Trotz seiner persönlichen Schwächen konnte sich Domitian die Loyalität des Militärs sowohl in Rom als auch in den Provinzen erhalten, während seine Abhängigkeit von Männern, die unter Vespasian aufgestiegen waren, bestehende Interessen schützte. Bald wurde die Armee an den nördlichen Grenzen des Reichs aktiv, da Domitian neue Gebiete nördlich des Rheins annektierte; außerdem ließ er sich auf eine Reihe von Kriegen gegen das mächtige Daker-Königreich (ungefähr das Gebiet des heutigen Rumänien) ein, die sich fast 20 Jahre lang hinziehen sollten. Doch Ende der 80er-Jahre schlug sich die Unzufriedenheit mit seiner Herrschaft in praktischen Aktionen nieder: Es kam zu einem erfolglosen Mordversuch und einer größeren Revolte des Statthalters von Germania inferior. Dieser Aufstand wurde rasch und grausam niedergeschlagen, aber Domitian wurde immer misstrauischer gegenüber Leuten, die nicht aus seinem

> «Titus hatte eine so gewinnende Art, dass er bald von allen geliebt und bewundert wurde.»
>
> SUETON, „Kaiserbiographien"

Der Ausbruch des Vesuvs

Der Vulkan Vesuv überragt die Bucht von Neapel. Die Fruchtbarkeit seines Umlandes hatte im 1. Jahrhundert n.Chr. viele Siedler angelockt. Größere Städte wie Pompeji (etwa 15 000 Einwohner) und Herculaneum (etwa 5000 Einwohner) hatten sich an den unteren Hängen des Berges ausgebreitet.

Am Nachmittag des 24. August 79 n.Chr. kam es zur Eruption des Vulkans, die sich vier Tage zuvor durch eine Reihe kleinerer Beben angekündigt hatte. 19 Stunden lang gingen Lava, Schutt und Asche über die Gegend nieder, begruben Pompeji und Herculaneum unter sich und töteten eine unbekannte Zahl ihrer Einwohner.

Eines der prominentesten Opfer war der Schriftsteller und Flottenkommandeur Plinius der Ältere. Er war damals im nahe gelegenen Misenum stationiert und wollte die Eruption aus der Nähe beobachten. Er wurde durch das getötet, was Vulkanologen heute den „pyroklastischen Strom“ nennen, eine erstickende überhitzte Gaswolke. Sein Neffe, Plinius der Jüngere, lieferte seinem Briefpartner Tacitus einen ausführlichen Bericht über dessen Tod:

«Auf zwei Sklaven gestützt, erhob er sich und brach gleich tot zusammen, vermutlich weil ihm der dichtere Qualm den Atem nahm. […] Sobald es wieder hell wurde, […] fand man seinen Leichnam unberührt und unverletzt, […] in seiner äußeren Erscheinung eher einem Schlafenden als einem Toten ähnlich.»

Plinius der Jüngere und seine Mutter beobachten den Ausbruch des Vesuvs. Plinius' spätere Schilderung der Ereignisse dieses Tages in einem Brief an den Historiker Tacitus vermittelt einen lebendigen Eindruck von der Katastrophe.

Die durch den Vulkanausbruch zerstörten Städte wurden aufgegeben und nie wieder aufgebaut. Viele der Bewohner fand man, als die Siedlungen in den 1740er-Jahren wiederentdeckt wurden, ebenso unversehrt vor wie seinerzeit Plinius den Älteren. Die Asche, die Pompeji bedeckt hatte, bewahrte Menschen, Häuser und Artefakte in einem bemerkenswert guten Zustand. Die beiden Fundorte lieferten Geologen und Historikern wertvolle Informationen über das Leben der Römer im 1. Jahrhundert n.Chr.

unmittelbaren Umfeld stammten. Die Lage verschlimmerte sich, als im Jahr 92 zwei römische Legionen von den Dakern besiegt wurden – eine vernichtende Niederlage, die die Grenzen der Donau-Provinzen so lange gefährdete, bis ein neu entsandtes Expeditionskorps die Ordnung wiederherstellte.

Während dieser Krise ordnete Domitian die Hinrichtung mehrerer Regierungskritiker an. Sein selbstherrliches Vorgehen erboste viele im Senat, die sich, zusammen mit Palastfunktionären, gegen ihn verschworen. Am 18. September 96 wurde der Kaiser vom Chef des Palastpersonals erdolcht.

Ein Gefühl der Erleichterung

Der Tod des Domitian wurde mit unverhohlener Freude vom Senat begrüßt, der seinen Namen sofort von allen öffentlichen Bauwerken tilgte, die er errichtet hatte. Die Prätorianergarde war jedoch nicht entzückt. Nur der Intervention ihrer Kommandeure und einem vom Senat zugesagten großzügigen *donativum* war es zu verdanken, dass das Militär die Machtübernahme

NERVA

GEBOREN
8. November 30 n.Chr.

VATER
M. Cocceius Nerva

MUTTER
Sergia Plautilla

VORGÄNGER
Domitian

REGIERUNGSANTRITT
19. September 96 n.Chr.

DYNASTIE
Nervo-Trajaner

GESTORBEN
27. Januar 98 n.Chr.

NACHFOLGER
Trajan

durch den nächsten Kaiser, Marcus Cocceius Nerva (30–98 n.Chr.), unterstützte. Nerva, ein älterer und geachteter Senator, war der Kandidat des Senats für dieses Amt. Er hat es wohl, wie Galba vor ihm, hauptsächlich wegen seines Alters und seiner Kinderlosigkeit erlangt. Doch im Gegensatz zu Galba wusste Nerva, dass er sich das Militär gewogen halten musste. Er ging bereitwillig auf die Forderungen der Prätorianer ein, die lauthals die Hinrichtung von Domitians Mördern verlangten.

Nerva war sich auch darüber im Klaren, dass er einen für das Militär akzeptablen Nachfolger auswählen musste. So ernannte er den Befehlshaber der Legionen in Germania superior, den Sohn von Vespasians altem Marschall, Ulpius Traianus, zu seinem Erben. Die Tatsache, dass er den jüngeren Traianus – oder Trajan – adoptierte, brachte während des letzten Jahres von Nervas Herrschaft eine gewisse Stabilität in die politische Szene. Abgesehen von der klugen Wahl seines Nachfolgers machte sich Nerva bei der Oberschicht dadurch beliebt, dass er von Verfolgungen wegen Verrats Abstand nahm, die sich unter Domitian zu einem politischen Spiel entwickelt hatten, und dass er Gegner seines Vorgängers, die in die Verbannung geschickt worden waren, begnadigte. Er starb am 27. Januar 98 an einem Fieber; sein zurückhaltender Umgang mit der Macht handelte ihm die spätere Ehre ein, als der erste der „Fünf guten Kaiser“ zu gelten, die Rom von 96 bis 180 n.Chr. beherrschten.

Trajan erwies sich als geradezu spektakulärer Glücksfall. Wie Vespasian hatte er sich hochgedient: Er hatte mit den belangloseren offiziellen Aufgaben, die den Senatoren bei Beginn ihrer Karriere zugeteilt wurden, angefangen und dann unbedeutende Kommandos in den Legionen übernommen, ehe er höhere Ämter in Rom bekleidete, wo er 91 n.Chr. zum Konsul gewählt wurde. Mit seiner Durchsetzungskraft empfahl sich Trajan für immer anspruchsvollere Aufgaben, und so befehligte er schließlich Legionen und verwaltete Provinzen. Bei seiner Thronbesteigung kannte sich der 44-Jährige im politischen Geschäft bereits bestens aus.

Als Nerva starb, befand sich Trajan gerade in Germania inferior. Die Nachricht, dass er zu seinem Nachfolger bestimmt war, überbrachte ihm der spätere Kaiser Hadrian, dem ausschließlich die Armee in Germanien unterstellt wurde. Doch als Mann des Militärs ließ sich Trajan mit seiner Rückkehr nach Rom Zeit. Tatsächlich traf er erst im Jahr 100 n.Chr. dort ein. Dann machte er sich allerdings sofort daran, das Gesicht der Stadt zu verändern. Auf dem Gelände neben dem Forum Romanum nahm sein neues Forum bald Gestalt an, dem zuletzt eine riesige Bibliothek und das antike Gegenstück zu einem Einkaufszentrum angefügt wurden. Zur gleichen Zeit begann Trajan auch mit dem Wiederaufbau des Circus Maximus, der großen

Zu Lebzeiten angefertigte Büste des Trajan. Eines der typischsten Merkmale der Herrschaft dieses Kaisers waren die guten Beziehungen, die er zum römischen Senat unterhielt. Sie ermöglichten ihm, die meisten seiner ehrgeizigen Pläne durchzuführen, ohne auf Opposition zu stoßen.

Arena für Wagenrennen. Zusammen mit dem früheren Kolosseum umschlossen diese beiden neuen großen Komplexe nun das traditionelle Zentrum Roms mit Gebäuden, die einzig dem Wohle des römischen Volkes dienten – ein Zeichen für die Kontinuität nach Vespasians Herrschaft und das Engagement des Kaisers für das Wohlergehen seiner Untertanen.

Innerhalb seiner *domus* scheint Trajans Verhalten weitgehend dem seines öffentlichen Images entsprochen zu haben. Zwar berichtete der Historiker Dio Cassius im 3. Jahrhundert, Trajan habe unmäßig getrunken und sexuelle Beziehungen mit Knaben gepflegt; er galt aber auch als tatkräftig und vermittelte seinen Mitarbeitern das Gefühl, dass «der Geist seiner Zeit» von seinen Beamten verlangte, weise zu regieren. Diese Floskel taucht in den Briefen, die er mit einem Statthalter in der nordwestlichen Türkei austauschte, wiederholt auf. Auftrag dieser Beamten war es, dafür zu sorgen, dass die Rivalitäten zwischen Lokalpolitikern nicht aus dem Ruder liefen, dass die Gemeinderäte kein Geld verpulverten und dass die Rechtsprechung korrekt war. So berief er den herausragenden Senator und Historiker Tacitus 112–113 n.Chr. zum Prokonsul der Provinz Asia. Trajan scheint auch jenen, denen er am meisten traute, einen weiten Handlungsspielraum gelassen zu haben. Er vergaß nicht, wie Vespasian seinen eigenen Vater behandelt hatte, und war sich stets bewusst, dass sein Vorbild Augustus das Reich wie ein Gemeinschaftsunternehmen geführt hatte.

Innerhalb des Palastes tarierte Trajan die Interessen der höheren Offiziere mit denen seiner Familie aus, die diktiert wurden von Pompeia Plotina, der einflussreichsten Kaiserin seit Livia. Plotina war eine Art graue Eminenz. Sie verstand es, enge Beziehungen zu höheren Beamten zu knüpfen, ohne das Vertrauen ihres Gemahls zu verlieren. Wie viele römische kaiserliche Matriarchinnen vor ihr verfolgte auch sie das Ziel, die Kontinuität der Dynastie durch einen nahen Verwandten zu sichern. So sorgte sie dafür, dass Hadrian, Trajans Neffe und der Ehemann ihrer Nichte Sabina, genug Regierungserfahrung sammelte, um eines Tages Trajan als Kaiser nachzufolgen, falls sie diesem, wie zu erwarten war, keinen Sohn mehr gebären könnte.

TRAJAN

GEBOREN
18. September 53 n.Chr.

VATER
Marcus Ulpius Traianus

MUTTER
Marcia

EHE
Pompeia Plotina

KINDER
Hadrian (adoptiert)

VORGÄNGER
Nerva

REGIERUNGSANTRITT
28. Januar 98 n.Chr.

DYNASTIE
Nervo-Trajaner

GESTORBEN
9. August 117 n.Chr.

NACHFOLGER
Hadrian

Trajansforum und Trajanssäule

Dieser Abschnitt der Trajanssäule lässt die enorme Fülle von Details auf diesem Spiralrelief erkennen. Die Abbildungen des römischen Heeres auf einem Feldzug sind eine unschätzbare Informationsquelle für Militärhistoriker.

Das Trajansforum in der Nähe des Quirinals, in dem sich die von Trajan verkörperten Werte widerspiegelten, nahm in den Jahren 104–113 n. Chr rasch Gestalt an. Der Grundriss des Forums, nach dem Entwurf des griechischen Architekten Apollodor von Damaskus gebaut, soll dem eines Militärlagers nachempfunden sein. Das Forum umfasst fünf Hauptelemente: eine 30 Meter hohe Säule, die an die Eroberung Dakiens erinnert, zwei Bibliotheken (eine griechische, eine lateinische), die mächtige Basilica Ulpia und den Tempel des Göttlichen Trajan. Die Tatsache, dass dieser Tempel nicht im Zentrum des Forums steht, sondern hinter der Basilica Ulpia, legt nahe, dass er nicht Teil des ursprünglichen Entwurfs war, sondern später von Hadrian hinzugefügt wurde. Diese Bauten dienten alle dazu, die militärischen Tugenden Trajans sowie seinen Glauben an die griechisch-römische Kultur als den Gipfel der Zivilisation herauszustreichen.

Mit ihren spiralförmig aufsteigenden Reliefs, die die Geschichte der beiden Dakerkriege des Kaisers (101–102 und 105–106 n. Chr.) erzählen, bietet die Trajanssäule das detaillierteste erhalten gebliebene Bild der römischen Armee im Einsatz und der wichtigen Rolle, die der Kaiser dabei spielte. Trajan ist 59-mal in unterschiedlichen Kontexten zu sehen: wie er Opfer darbringt, im Triumph in Rom einzieht, seiner Armee eine Rede hält, seine Soldaten zur Schlacht aufstellt und sie für ihre Siege auszeichnet. Die Säule verbreitet auch das Bild von der römischen Armee als zivilisierender Kraft: Im Zuge ihrer Befriedung von Dakien bauten die Römer Brücken, Städte und Festungen.

Rund 2500 Personen sind auf den Marmorreliefs der Säule zu sehen. Viele Darstellungen sind erstaunlich detailliert. So tragen etwa alle Legionskommandeure individuelle Gesichtszüge und sollten von den Betrachtern eindeutig wiedererkannt werden. Zu den schockierendsten Bildnissen gehört das des besiegten Dakerkönigs Decebalus, der sich vor der Festnahme durch römische Soldaten die Kehle aufschlitzt.

Nach Trajans Tod im Jahr 117 n. Chr. beschloss der Senat, die Urne mit seiner Asche im Sockel der Säule zu bestatten.

Trajans Dakien-Feldzug

Trajan betrieb anfangs keine expansionistische Politik, sah sich aber in der Pflicht, eine unmittelbare Gefahr für das Reich, die aus dem Gebiet nördlich der Donau drohte, abzuwenden. Nachdem Decebalus, der König der Daker (er herrschte 87–106 n. Chr.), im Jahr 101 römische Gebiete angegriffen hatte, entsandte Trajan sofort eine Strafexpedition. Anfang 103 wurden die Truppen des Dakerkönigs so geschlagen, dass er die Friedensbedingungen akzeptieren musste, die ihn zum Untertanen Roms machten.

Als er 105 den Vertrag brach, hatte dies für ihn und sein Volk entsetzliche Folgen: Binnen zweier Jahre wurde Dakien zur Provinz, und Decebalus beging Selbstmord, um nicht der römischen Kavallerie in die Hände zu fallen. Sein abgetrennter Kopf wurde später auf den Stufen, die zum Kapitol hinaufführten, zur Schau gestellt. Der eindruckvollste Bericht über die Dakerkriege ist keine schriftliche, sondern eine visuelle Darstellung – auf der Trajanssäule, einer 30 Meter hohen Marmorsäule, die im Jahr 113 zur Erinnerung an diesen siegreichen Feldzug des Kaisers errichtet wurde.

Unterdessen starb im Orient der König von Arabien. Trajan beschloss, diesen seit Langem bestehenden römischen Vasallenstaat nunmehr dem Reich einzuverleiben. Die Annektion Arabiens (ungefähr das Gebiet des modernen Jordanien) als eigene Provinz durch Trajan im Jahr 106 beendete einen Prozess, den sein Vater Marcus Ulpius Traianus eingeleitet hatte. Dieser hatte unter Vespasian eine Reihe von Vasallensaaten Roms rund um Syrien in die Provinzstruktur des Reiches eingegliedert. In diesen Gegenden hatte der seit einem Jahrhundert bestehende Kontakt mit der römischen Verwaltung eine zunehmende Urbanisierung bewirkt, die es erleichterte, sie direkt unter römische Herrschaft zu stellen.

Doch während Trajans Dakerkriege von der Sorge diktiert waren, die Sicherheit des Reichs zu wahren, lässt sich seine Invasion des Partherreichs im Jahr 113 nur als militärisches Abenteuer interpretieren. Nach einem Feldzugsplan ähnlich dem, der aus den letzten Tagen der Herrschaft Julius Cäsars bekannt war, zog Trajan nach Armenien und dann südwärts nach Mesopotamien (Irak), wo er 115 n.Chr. die westliche Hauptstadt der Parther, Ktesiphon (nahe dem heutigen Bagdad), eroberte. Es war ein großer, aber kurzlebiger Triumph. Hinter der Nachhut von Trajans Invasionsstreitkräften erhob sich die jüdische Bevölkerung der Cyrenaica (an der nordafrikanischen Küste westlich von Ägypten), Palästinas und anderer Grenzregionen plötzlich gegen ihre römischen Herrscher, offensichtlich angetrieben von messianischen Weltuntergangsvisionen. In Mesopotamien selbst überzeugte Trajan ein Jahr nach der jüdischen Revolte der Ausbruch heftiger Aufstände davon, dass er bestenfalls darauf hoffen konnte, in den früheren Satelli-

Vibia Sabina (um 86–136 n.Chr.) war die Gemahlin Kaiser Hadrians. Es war eine unglückliche Ehe, und weil sie ihm keinen Sohn gebar, ging die Nachfolge an die Dynastie der Antoninen. Die Statue stammt aus der südfranzösischen Stadt Vaison-la-Romaine.

HADRIAN

GEBOREN
24. Januar 76 n.Chr.

VATER
Publius Aelius Hadrianus Afer

MUTTER
Domitia Paulina

EHE
Vibia Sabina

KINDER
Lucius Aelius
Antoninus Pius (beide adoptiert)

VORGÄNGER
Trajan

REGIERUNGSANTRITT
10. August 117 n.Chr.

DYNASTIE
Nervo-Trajaner

GESTORBEN
10. Juli 138 n.Chr.

NACHFOLGER
Antoninus Pius

tenstaaten des Partherreichs Marionettenregierungen zu etablieren. Jedes Regime, das in Ktesiphon nach dem Rückzug der Römer das Machtvakuum füllte, sollte auf diese Weise zu schwach sein, um für Rom eine Bedrohung darzustellen. Daher trat Trajan den Rückzug an, schlug jedoch auf seinem Weg alle Rebellen nieder, die sich ihm in den Weg stellten. Er schickte Einsatztruppen nach Westen, um die jüdischen Revolten niederzuschlagen; sie erfüllten diese Mission mit äußerster Brutalität.

Ein legitimer Nachfolger?

Auf seinem Rückzug Richtung Westen erkrankte Trajan. Er starb am 9. August 117 n.Chr. an der Südküste der Türkei. Sein Nachfolger wurde Hadrian (76–138 n.Chr.), damals Statthalter von Syrien. Hadrian war zwar der einzige mögliche Erbe aus dem kaiserlichen Haushalt, doch soll Trajan mit dem Gedanken gespielt haben, einen anderen zu seinem Nachfolger zu bestimmen. Möglicherweise wurde Hadrian erst als Trajans Sohn adoptiert – und damit sein Anspruch unanfechtbar gemacht –, als Trajan im Sterben lag. Man munkelte, Pompeia Plotina habe einen Diener in Trajans Sterbebett schlüpfen lassen, der vorgab, der Kaiser zu sein, und Hadrian zu seinem Erben ernannte, nachdem der echte Trajan gestorben war, ohne den Namen eines Nachfolgers zu verkünden. Diese Gerüchte legen immerhin nahe, dass es zwischen den höheren Offizieren und dem kaiserlichen Haushalt ernsthafte Spannungen gab, die kurz vor dem Ausbruch standen. Binnen Monaten, ja noch bevor Hadrian nach Rom zurückkehrte, wurden vier von Trajans wichtigsten Generälen, die der Verschwörung gegen Hadrian bezichtigt worden waren, hingerichtet.

Diese Exekutionen erschütterten das politische Establishment, machten aber deutlich, dass der neue Kaiser keine Opposition dulden würde. Hadrian, ein Mann mit scharfem Verstand, sah in Beamten eher Lakaien als Kollegen und reagierte entschlossen auf alles, was er als Widersetzlichkeit empfand. Das Palastpersonal wurde vor seinem herrischen Gehabe gewarnt, als er zwei hohe Beamte feuerte, einen Prätorianerpräfekten und den Biographen Sueton (um 69–130 n.Chr.), der damals sein Chefsekretär für die lateinische Korrespondenz war; ihm wurde übertriebene Vertraulichkeit mit der Kaisergemahlin Vibia Sabina nachgesagt. Da diese Entlassungen im Jahr 122 ausgesprochen wurden, während Hadrian in Britannien weilte, argwöhnte er vielleicht, dass seine Frau versuchte, eine ähnliche Rolle zu übernehmen wie Plotina an Trajans Hof. Sabina selbst wurde gedemütigt, als Hadrian öffentlich erklärte, dass er sich von ihr hätte scheiden lassen, wenn er dieselbe Freiheit besäße wie eine Privatperson.

Ein weiteres Zeichen für Hadrians Ungeduld mit dem politischen Establishment war sein Wunsch, sich so wenig wie möglich in Rom aufzuhalten; er

Die Villa Adriana

Der griechisch inspirierte Bau des zur Villa Adriana gehörenden Teatro Marittimo. *Hadrian benutzte ein kleines Haus auf einer Insel in der Mitte des Sees als Oase der Erholung.*

Die Villa Adriana in Tibur (heute Tivoli), etwa 30 Kilometer außerhalb von Rom, war nicht nur als prachtvoller Landsitz gedacht, wo Hadrian die Natur genießen konnte, sondern auch als Arbeitsresidenz, von der aus er das Reich regieren wollte. Eine Inschrift aus dem griechischen Delphi beweist, dass er hier bereits 125 n.Chr. ausländische Botschafter empfing Der Prachtsaal war eindeutig für offizielle Empfänge bestimmt.

Der Bau der Villa an der Stelle eines früheren Landhauses, das vielleicht Hadrians Vater gehört hatte, begann mit Hadrians Machtübernahme im Jahr 117 n.Chr. Der erste Abschnitt war 125 bereits weitgehend abgeschlossen. Der gesamte Komplex von etwa 100 Hektar Größe umfasste 30 verschiedene Gebäude; dazu gehören der Thronsaal, eine Bibliothek, ein Theater, ein Stadion und mehrere kunstvolle Portiken. In der Architektur spiegelt sich die tiefe Liebe des Kaisers für die griechische Kultur wider. Während des zweiten Bauabschnitts (125–133 n.Chr.) kamen weitere Verschönerungen hinzu, darunter Pavillons und zusätzliche Säulengänge, deren Namen an diverse berühmte Orte im Reich erinnerten – vor allem an Athen –, wie etwa das Lykeion, die Akademie, die Stoa poikile und das Prytaneion, sowie ein Bassin, das nach Kanopus, einer Stadt in der Nähe von Alexandria in Ägypten, benannt wurde.

verbrachte über die Hälfte seiner Herrschaft außerhalb Italiens. Selbst wenn er in Italien war, mied er die Hauptstadt und zog in die riesige Villa, die er sich in Tivoli hatte bauen lassen. Sein Intellektualismus und seine Abneigung gegen das Leben nach Senatorenart erinnern ein wenig an Tiberius, mit dem er auch das Interesse für die Astrologie teilte. Wie dieser war Hadrian außerdem bestrebt, die bestehenden Teile des Reiches zu konsolidieren und weiterzuentwickeln, statt neue Eroberungskriege vom Zaun zu brechen.

Der große Wall, dessen Bau quer durch Britannien Hadrian 122 n.Chr. anordnete, war ebenso ein Signal für sein eigenes Volk, dass die Grenzen dieser Provinz definitiv waren, wie für die kaledonischen Stämme nördlich des Walls (Pikten und Skoten), dass er nicht beabsichtigte, sie mit Gewalt zu unterwerfen. Andere, ähnliche Wälle, aber aus Holz und Erde und nicht

Der Hadrianswall

Der Hadrianswall wurde 122–128 n.Chr. errichtet. Er erstreckt sich über eine Länge von 117 Kilometern von Wallsend-on-Tyne an der Ostküste Großbritanniens bis Bowness-on-Solway im Westen. Viele Abschnitte stehen noch heute. Wahrscheinlich inspizierte Hadrian während seines Besuchs des nördlichen Britanniens im Jahr 122 n.Chr. die Baustelle persönlich. Über eine Entfernung von 67 Kilometern wurde das östliche Ende des 3 Meter dicken und 4,10 Meter hohen Walls aus Stein erbaut. Beim westlichen Teil handelt es sich um einen 3,20 Meter hohen Erdwall, der an der Basis etwa 6 Meter breit war. Nach jeder römischen Meile wurde ein kleines Kastell in den Wall eingebaut (die sogenannten *milecastles*), nach jeder Drittelmeile ein Wachturm.

Am Bau des Walls waren die II., die VI. und die XII. Legion beteiligt, und das Aussehen der *milecastles* variierte mit der Legion, die sie errichtet hatteen. Etwa 5,80 Meter nördlich des Walls befand sich ein *vallum* – ein Graben, der an den meisten Stellen 3 Meter tief und 8 Meter breit war. Eine weitere Serie von zwölf Forts in voller Größe – die Zahl wurde später auf 17 erhöht – wurde südlich des Walls gebaut, ebenso wie ein zweites, etwas schmäleres *vallum.* Die gesamte Garnison des Walls und der Forts umfasste normalerweise etwa 9000 Mann.

Viele der Soldaten, die diese nördlichste Grenze des Reichs bewachten, gehörten zu Hilfstruppen aus Belgien und Germanien; der Rest waren Leute, die vor Ort rekrutiert wurden. Der Wall, der eher als Schutzmaßnahme denn als größere militärische Barriere gedacht war, galt als mächtiges Symbol für Hadrians Beschluss, dass das Zeitalter der römischen Expansion vorbei war.

Ein Abschnitt des Hadrianswalls in der Nähe des Forts bei Housesteads (Vercovicium). Der Wall war eine imposante Leistung und machte sich natürliche Böschungen entlang seinem Verlauf zunutze. Der Bau, an dem drei Legionen mitwirkten, erfolgte von Osten nach Westen.

aus Stein, wurden entlang den Grenzen der germanischen Provinzen errichtet. Unter Hadrians Herrschaft entstand also das Bild vom Reich als einer Festung, die die Zivilisation vor den barbarischen Horden jenseits seiner Grenzen schützte.

Erneuter Aufruhr in Judäa

Während seiner ausgedehnten Reisen durch die Provinzen entwickelte Hadrian die tiefste menschliche Beziehung seines Erwachsenenlebens, und zwar zu einem jungen Bithynier namens Antinoos. Aus historischen Quellen geht nicht eindeutig hervor, wann Hadrian seinen jungen Geliebten kennenlernte, aber man schätzt, dass dieser bei ihrer ersten Begegnung 13 oder 14 Jahre alt war. Die Beziehung endete plötzlich und tragisch, als Antinoos 130 im Nil ertrank. In seiner Trauer scheute Hadrian keine Kosten, um an seinen Geliebten zu erinnern. Er benannte die Stadt, die dem Ort, an dem er gestorben war, am nächsten lag, in Antinopolis um.

Hadrians Beziehung zu den Jungen hätte sich im Fall eines weniger respektierten Herrschers zu einem veritablen Skandal ausgewachsen. Dass seine Autorität nicht einmal angekratzt wurde, beweist, wie fest er die Zügel in der Hand hielt. In die Nachsicht seiner Untertanen mischte sich zweifellos ein gewisses Eigeninteresse; denn Hadrian war bereit, auch Außenseiter, die nicht aus der herrschenden Klasse stammten, zu fördern. Er wollte den Senat von einem überwiegend italienischen und westlichen Gremium in eines verwandeln, in dem die gesamte Bevölkerung des Reiches vertreten war. Dies war vielleicht Hadrians größter persönlicher Beitrag zum fortgesetzten Erfolg des Römischen Reichs.

Während Hadrian sich seinen Untertanen gegenüber im Allgemeinen menschlich und gerecht verhielt, zeigte er sich den Juden gegenüber auffallend unsensibel. Ohne Rücksicht auf ihre Traditionen zu nehmen, hatte er wohl ernsthaft von ihnen erwartet, dass sie sich über die „Ehre" freuen würden, die er Judäa zuteil werden ließ, als er Jerusalem als eine römische Kolonie namens Aelia Capitolina neu gründete. Doch das Gegenteil war der Fall. Inspiriert von Rabbi Akiba und angeführt von Bar Kochba, lehnte sich die ländliche Bevölkerung Judäas mit Waffengewalt gegen die Römer auf. Ihr Hass auf die Besatzungsmacht wuchs noch weiter, als Hadrian in den Jahren 129–130 die östlichen Provinzen bereiste und die Beschneidung verbot. Die Revolte des Bar Kochba dauerte dreieinhalb Jahre, von 132 bis 135, und wurde nur durch die gnadenlose Intervention des Militärs niedergeschlagen.

Anfang 130 stand fest, dass Hadrian keinen Sohn haben würde. Als Nachfolger hätte sich Pedanius Fuscus angeboten, der Sohn von Hadrians Onkel, dem ehrwürdigen Julius Severianus; aber Hadrian, dessen Verhältnis zu Severianus offensichtlich be-

Dieses kunstvoll verzierte Tor wurde in der Stadt Gerasa (Jerash im heutigen Jordanien) zur Erinnerung an den Besuch errichtet, den Hadrian im Jahr 129 n.Chr. dieser Region abstattete. Gerasa war eine der zehn bedeutenden Städte an der östlichen Reichsgrenze, die unter dem Sammelbegriff „Dekapolis" bekannt sind.

ANTONINUS PIUS

GEBOREN
19. September 86 n.Chr.

VATER
Titus Aurelius Fulvius

MUTTER
Tochter des Arriua Antoninus
(Name unbekannt)

EHE
Faustina die Ältere

KINDER
Faustina (außerehelich),
Marcus Aurelius,
Lucius Verus (beide adoptiert)

VORGÄNGER
Hadrian

REGIERUNGSANTRITT
11. Juli 138 n.Chr.

DYNASTIE
Antoninen

GESTORBEN
10. Juli 161 n.Chr.

NACHFOLGER
Marcus Aurelius (Mark Aurel)
und
Lucius Verus

lastet war, wollte davon nichts wissen. Im Jahr 136 zwang er die beiden zum Selbstmord und adoptierte Lucius Ceionius Commodus, der in Lucius Aelius Verus umbenannt wurde.

Aelius war der Stiefsohn eines der Männer, die Hadrian nach Trajans Tod hatte hinrichten lassen. Seine überraschende Adoption mag aus Reue über diese frühere Ungerechtigkeit erfolgt sein. Auf diese Weise stellte Hadrian auch sicher, dass der Thron einer reifen Persönlichkeit mit eigenen Kindern zufallen würde: Aelius hatte einen Sohn, und eine seiner Töchter war mit einem jungen Mann, Marcus Annius Verus, verlobt, den Hadrian ebenfalls begünstigte. Aber dann schlug das Schicksal zu: Aelius starb am 1. Januar 138, wenige Monate nach seiner Adoption, und Hadrian suchte nun nach einem Erben, bei dem er sicher sein konnte, dass er die Interessen von Aelius' Kindern vertreten würde. Im Februar 138 adoptierte er Aurelius Antoninus, den bereits bejahrten Onkel von Annius Verus, unter der Bedingung, dass dieser seinerseits Verus und den Sohn des Aelius adoptierte. Am 10. Juli desselben Jahres starb Hadrian friedlich in einer Villa in Baiae, einem an der Bucht von Neapel gelegenen Badeort.

Der Aufstieg der Antoninen

Aurelius Antoninus, der als Kaiser Antoninus Pius (86–161 n.Chr.) in die Geschichte eingehen sollte, war das absolute Gegenteil seines Vorgängers. Er verdiente sich den Namen „Pius" durch seine strikte Beachtung von Hadrians Wünschen; sein Respekt vor seinem Adoptivvater ging sogar so weit, dass er den widerstrebenden Senat zwang, Hadrian zum Gott zu erklären. Doch im Gegensatz zu dem reiselustigen Hadrian verließ Pius während der ganzen 23 Jahre seiner Herrschaft Italien kein einziges Mal. Er blieb in Rom und gab sich – wie man es von einem Mann erwarten würde, der eine außerordentlich erfolgreiche Karriere als Senator hinter sich hatte – damit

Lucius Verus, Mitkaiser von Mark Aurel, pflegte einen extravaganten Lebensstil. Er liebte das Theater und die Zirkusspiele, vor allem aber Wagenrennen. Doch seine Leistungen als Befehlshaber an der parthischen Front bestätigten, dass er mehr war als nur ein Playboy.

Eine Achatkamee mit den Profilen von Kaiser Mark Aurel und seiner Gemahlin Faustina der Jüngeren (um 125–175 n. Chr.), die ihm im Laufe ihrer 30-jährigen Ehe 13 Kinder gebar. Einige spätere Geschichtsschreiber setzten ehrenrührige Gerüchte über Faustina in Umlauf, denen zufolge Commodus der illegitime Sohn eines Gladiators gewesen sei.

zufrieden, die tagtäglichen Regierungsgeschäfte erfahrenen Administratoren zu überlassen. Er vertraute auch voll darauf, dass die Statthalter jener Provinzen, in denen während seiner Herrschaft Unruhen ausbrachen, diese sofort erstickten, so zum Beispiel in Judäa, Mauretanien (Nordafrika) und Britannien.

Marcus Aurelius (Mark Aurel), wie Marcus Annius Verus nach seiner Adoption genannt wurde, sollte Antoninus Pius später als Musterkaiser bezeichnen: freundlich, fleißig, höflich zu Untergebenen, abgeneigt, eilige Entscheidungen zu treffen, und stets bereit, das Allgemeinwohl über alles andere zu stellen. Abgesehen von den persönlichen Erinnerungen des Mark Aurel ist wenig bekannt über den Mann, der Rom auf dem Höhepunkt seiner Prosperität regierte. Während seiner Herrschaft – der längsten seit der des Augustus – gab es keine größeren Kriege, keine Skandale und keine Hinrichtungen prominenter Persönlichkeiten, mit Ausnahme eines Mannes, der offen, aber vergeblich versucht hatte, in Spanien einen Aufstand anzuzetteln.

Lange bevor Pius starb, war Mark Aurel als der Thronerbe ausgewählt worden, während der Kaiser Lucius Aelius Verus' Sohn Lucius gestattete, als „privater Bürger" im Palast zu wohnen. Doch es war Hadrians ausdrücklicher Wunsch gewesen, dass Lucius und Marcus gemeinsam herrschen sollten, und obwohl Mark Aurel keine große Zuneigung für Hadrian gehegt hatte, empfand er es als Ehrensache, dessen Wünsche zu erfüllen.

LUCIUS VERUS

GEBOREN
15. Dezember 130 n. Chr.

VATER
Lucius Aelius Verus

MUTTER
Avidia

EHE
Lucilla

KINDER
3 (Namen unbekannt)

VORGÄNGER
Antoninus Pius

REGIERUNGSANTRITT
8. März 161 n. Chr.

DYNASTIE
Antoninen

GESTORBEN
169 n. Chr.

NACHFOLGER
Marcus Aurelius (Mark Aurel) (allein)

MARK AUREL

GEBOREN
26. April 121 n.Chr.

VATER
Annius Verus

MUTTER
Domitia Lucilla

EHE
Faustina die Jüngere

KINDER
13, darunter Commodus und Lucilla

VORGÄNGER
Antoninus Pius

REGIERUNGSANTRITT
8. März 161 n.Chr.

DYNASTIE
Antoninen

GESTORBEN
17. März 180 n.Chr.

NACHFOLGER
Commodus (allein)

Als der Senat zusammentrat, um ihm die wenigen Befugnisse eines Kaisers zu übertragen, über die er noch nicht verfügte, weigerte er sich, sie zu akzeptieren, solange der Senat nicht dieselben Befugnisse auch dem Lucius zuteilte. So begann die gemeinsame Herrschaft von Mark Aurel (Marcus Aurelius, 121–180 n.Chr.) und Lucius Verus (130–169 n.Chr.).

Die gleichzeitig erfolgte Wahl zweier Kaiser könnte wie ein radikaler Bruch mit der Vergangenheit anmuten, doch sie war in Wirklichkeit nur die logische Erweiterung einer altehrwürdigen Praxis, die auf die ersten Jahre der Herrschaft des Augustus zurückging. Denn nach Aktium hatte Agrippa fast 20 Jahre lang praktisch mitregiert, und in den letzten Lebensjahren des Augustus traf dies auch auf Tiberius zu. Ebenso hatten bis zu ihrem Tod Germanicus und Drusus eine ähnliche Rolle für Tiberius gespielt, und Titus war der Mitherrscher von Vespasian ebenso wie Trajan in den wenigen Monaten zwischen seiner Adoption durch Nerva und dessen Tod.

Es ist auch bemerkenswert, dass alle Kaiser – mit Ausnahme des Tiberius –, die offen mit einem oder mehreren engen Bundesgenossen die Regierungsgeschäfte führten, als sehr gute Herrscher galten. Umgekehrt hatte Domitian andere gegen sich aufgebracht, weil er auf seine ausschließlichen Privilegien pochte, und Hadrians entschlossener Griff nach der Macht hatte ihn bei seinen Untertanen nicht gerade beliebt gemacht. Während die Elite Roms also gelegentlich gezwungen war, die Launen autokratischer Herrscher zu ertragen, bevorzugte sie doch jene Regierungsformen, die grundsätzlich auf Zusammenarbeit beruhten. Doch das System der gemeinsamen Herrschaft musste sich schon bald einem Härtetest unterziehen.

Vologaeses wirft den Fehdehandschuh hin

Noch bevor Lucius Verus und Marcus Aurelius an die Macht kamen, zeichneten sich am nördlichen und östlichen Rand des Reichs größere Veränderungen ab. Neue, bedrohliche Stammesverbände begannen in jene Gebiete vorzudringen, die an Trajans Provinz Dakien angrenzten. Unterdessen war im Irak Ende der 140er-Jahre ein neues Partherregime an die Macht gelangt, dessen König, Vologaeses IV. (er herrschte von 147 bis 191), entschlossen war, die politischen Resultate von Trajans Siegen rückgängig zu machen. Dank der Tatsache, dass Trajan die römischen Truppen zurückgezogen hatte, bevor sie sich bei der Bekämpfung endloser Aufstände verzettelten, hatte sich Rom in Characene im südlichen Irak, einem ehemaligen Vasallenstaat der Parther, einen erheblichen Einfluss gesichert.

Auf halber Strecke einer bedeutenden Handelsstraße nach Indien und Ostasien gelegen, bildete diese Region eine wichtige Drehscheibe. Im Hafen von Mesene (nahe dem heutigen Basra) abgeladene Waren wurden von einem

Netzwerk von Händlern, die in der formell ins römische Provinzsystem eingegliederten Wüstenstadt Palmyra stationiert waren, den Tigris hinauf und über die Wüste nach Syrien transportiert. Vologaeses eroberte im Jahr 157 Characene und bereitete, als Kaiser Pius im Sterben lag, eine massive Invasion der östlichen Provinzen des Römerreichs vor. Pius' Entscheidung, auf die Invasion der Parther in Characene nicht militärisch zu reagieren, war, im Nachhinein betrachtet, wahrscheinlich richtig: Die Region war den Römern gegenüber nicht mehr so aufgeschlossen wie unter Trajan, während Vologaeses sich mit seinem Überfall auf römisches Territorium letzten Endes mehr schadete als nützte.

Die Stadt Palmyra, in einer Oase in der syrischen Wüste gelegen, kam während der Herrschaft des Tiberius unter römische Oberhoheit. Im 2. Jahrhundert n. Chr. erlebte sie als wichtige Handelsstadt an der Route, die vom Persischen Golf nach Mittelasien führte, eine wirtschaftliche Blüte. Als unabhängiger Vasallenstaat bereitete sie späteren römischen Herrschern einige Probleme.

Doch zu dem Zeitpunkt, da Rom beschloss, der Aggression des Vologaeses nicht sofort Einhalt zu gebieten, galt diese Entscheidung als schwerer Fehler, denn die Soldaten des Partherkönigs strömten unaufhaltsam nach Westen. Im Jahr 161 überrannten seine Heere eine schlecht gerüstete Provinzgarnison in Commagene nördlich von Syrien und rückten in Syrien selbst ein. Mark Aurel sandte daraufhin eine gewaltige Armee und einige kompetente Generäle nach Syrien. Lucius, der Leiter der Militäroperation, blieb in Antiochia, da ihm die Erfahrung des direkten Kommandos fehlte. Seine Funktion bestand wohl hauptsächlich darin, bei Versammlungen mit solchen Leuten vorzusitzen, die genau wussten, was sie taten. Währenddessen drängten die neu

Selbstbetrachtungen Mark Aurels

Als gebildeter, nachdenklicher Mann, der das Kaiseramt niemals angestrebt hatte, war Mark Aurel dennoch von einem tiefen Pflichtgefühl durchdrungen. Um seine kaiserlichen Aufgaben und Verantwortlichkeiten besser wahrnehmen zu können, entwickelte er eine eigene Spielart der stoischen Philosophie. Er schrieb seine Gedanken (in griechischer Sprache) in einem Werk nieder, das später unter dem Titel „Selbstbetrachtungen" bekannt werden sollte. Dieses persönliche, nicht zur Veröffentlichung bestimmte Tagebuch, das er während seines Feldzugs in den „Nördlichen Kriegen" zwischen 170 und 180 n.Chr. verfasste, enthält Reflexionen über den Sinn des Lebens und die vergängliche Natur aller irdischen Dinge, einschließlich der kaiserlichen Macht. Obwohl der Grundton der „Selbstbetrachtungen" oft melancholisch gefärbt ist, verzichtete Mark Aurel niemals auf seinen Glauben an ein ordnendes Prinzip, das das Universum lenkt. Die „Selbstbetrachtungen" wurden von späteren Kommentatoren bewundert und sogar mit Jesu Bergpredigt verglichen.

eingetroffenen römischen Truppen die Parther auf ihr eigenes Territorium zurück.

Im Jahr 163 begannen diese Streitkräfte unter dem Befehl des begabten jungen Heerführers Avidius Cassius (um 130–175 n.Chr.), eine Expedition auf den Spuren Trajans durchzuführen. Sie zerstörten zwei Jahre später die am Tigris gelegene Stadt Seleukia und plünderten die persische Hauptstadt Ktesiphon. Roms Truppen rückten bis Medea (im heutigen Iran) vor. Nun ergriff Vologaeses die Flucht, und die Römer festigten ihren Zugriff auf die Grenzregionen dadurch, dass sie dort neue, loyalere Vasallenherrscher einsetzten. So wurde die Stabilität wiederhergestellt, und nach einem weiteren römischen Feldzug im nördlichen Irak zogen sich die Streitkräfte 166 n.Chr. nach Westen zurück. Lucius Verus wurde mit einem Triumphzug gefeiert, erlag aber drei Jahre später einem Schlaganfall.

Die „Antoninische Pest"

Der Rückzug der Römer fand vor dem Hintergrund einer plötzlich hereinbrechenden Katastrophe statt. Zu der Zeit, als die Römer ihre Säuberungsaktionen in Mesopotamien durchführten, grassierte dort eine Seuche, und auf ihrer Rückkehr zu ihren diversen Stützpunkten verbreiteten die Legionäre die Krankheit nun im ganzen Reich. Die Folgen waren verheerend, denn etwa zehn Prozent der Bevölkerung des Reiches – sechs oder sieben Millionen Menschen – fielen jener Krankheit zum Opfer, die später als „Antoninische Pest" bekannt wurde. Die Medizin des Altertums kannte kein Mittel gegen die Krankheit, deren Symptome der berühmte griechische Arzt Galen (um 129–199 n. Chr.) aufzählte: Durchfall, hohes Fieber und Auftritt von Pusteln am neunten Tag. Spätere Experten vermuteten, dass es sich wohl um die Pocken handelte. Gleichzeitig drohte eine weitere Gefahr: Die Stämme nördlich der Donau standen im Begriff, die Grenzen des Reichs zu überrennen.

Die frühen Jahre der sogenannten Nördlichen Kriege waren für Rom schwierig. Dem Rat seiner Orakel gehorchend, ließ Mark Aurel zwei Löwen in die Donau werfen als Opfer für die Flussgötter, die die Barbaren an einer Überquerung hindern sollten. Doch die Löwen durchschwammen einfach den Fluss, und die Stämme drangen 170 n.Chr. bis ins norditalienische Aquileia vor. Dort wurde Marcus selbst belagert, während auf dem mittleren Balkan mindestens ein römisches Heer vernichtet wurde.

Im Jahr 173 erklärte Marcus seinen einzigen überlebenden Sohn, den 14-jährigen Commodus (161–192 n.Chr.), zu seinem Mitkaiser. Er baute ihn zum Thronerben auf, während er sich im Tagesgeschäft auf erfahrene Generäle verließ. Nicht alle von ihnen hießen die Beförderung des Commodus gut. Sobald die Sache bekannt wurde, rief sich Avidius Cassius, der Held des Partherfeldzugs und Oberbefehlshaber der östlichen Provinzen, selbst zum Kaiser aus. Doch sein überstürztes Handeln stieß auf wenig Sympathie: Cassius wurde vom Senat zum Staatsfeind erklärt und von einem seiner eigenen Leute umgebracht.

Während der letzten Jahre der Herrschaft des Mark Aurel kam es an der nördlichen Grenze zu ständigen Kämpfen. Doch inzwischen hatten die römischen Truppen die Oberhand gewonnen. Einige Verträge, die der Historiker Cassius Dio (um 155–229 n.Chr.) erwähnt, weisen darauf hin, dass Marcus begonnen hatte, nördlich der Grenze wieder ein System von Vasallenstaaten einzurichten.

Dieser Ausschnitt aus einem Fries zeigt Mark Aurel bei einem Gnadenakt gegenüber den von ihm besiegten Barbarenstämmen. Die „Nördlichen Kriege“ hatten sich anfangs ungünstig für Rom entwickelt, doch nach fünf Jahren erbitterter Kämpfe gewannen die Römer ab 175 n. Chr. schließlich die Oberhand.

Doch er erkrankte plötzlich und starb am 17. März 180 in Vindobona (Wien). Commodus bestieg den Thron, der erste Teenager-Kaiser seit Nero. Ihm fehlte es an jeglicher Regierungserfahrung, aber er war umgeben von Beratern, die am Prinzip der kollaborativen Herrschaft festhielten, und so erwartete sich das Volk von ihm fortdauernde Stabilität. Diese Zuversicht sollte bitter enttäuscht werden.

Der Gegensatz zwischen der Herrschaft der sogenannten Fünf guten Kaiser und der des Commodus mag von späteren Generationen übertrieben worden sein. Doch mit dem Machtantritt des Commodus begannen sich die römischen Traditionen effizienter Herrschaft tatsächlich aufzulösen.

«Unsere Geschichte ist jetzt von einem Goldenen Zeitalter in eines aus Rost und Eisen eingetreten, und das gilt auch für das Leben der Römer jener Zeit.»

Cassius Dio, „Römische Geschichte“, 72, 36, 4
(über den Machtantritt des Commodus)

Wie verwaltet man ein Riesenreich? Kaiser und Administratoren (68–180 n.Chr.)

Auch ausgesprochen autokratische Herrscher mussten sich bei der Verwaltung ihres Reiches auf einen riesigen und weitverzweigten Beamtenapparat verlassen. Militärisches Können galt als Pluspunkt in der Karriere eines Beamten, aber ein geschickter Umgang mit Finanzen erwies sich ebenso als von unschätzbarem Wert. Jedenfalls war die Zeit des Übergangs von den turbulenten frühen Jahren des imperialen Roms zu der lange währenden PAX ROMANA im 2. Jahrhundert n.Chr. von einem deutlichen Wandel des Regierungsstils geprägt.

Mark Aurel, umgeben von seinen Beratern. Marcus war als gewissenhafter Administrator bekannt, der hoch qualifizierten Männern, unabhängig von ihrer Herkunft, eine Chance gab. So beförderte er etwa den aus einfachen Verhältnissen stammenden Publius Helvius Pertinax wegen seiner militärischen Verdienste in hohe Ämter.

IN SEINEN „Selbstbetrachtungen" schildert Mark Aurel auch eine Reihe von Personen, die er kannte und regelmäßig traf. Aus seinen Kommentaren erfahren wir viel über die Kreise, in denen sich ein römischer Kaiser bewegte, sowie von den Überlegungen, die seinen Entscheidungen zugrunde lagen. Die von ihm kontaktierten Personen lassen sich, grob gesprochen, zwei Kategorien zuordnen: Zum einen waren es Angehörige der politischen Elite, zum anderen Sklaven, die Teil des kaiserlichen Haushalts waren. Das tägliche Augenmerk des Herrschers konzentrierte sich auf das Leben der Bewohner des Palastes und darauf, wie man am besten mit Untergebenen umging. So bemerkte er zum Beispiel, dass seine Stellung im Leben ihn verpflichtete, sich weder Wut noch Langeweile anmerken zu lassen und stets gerecht zu handeln. Mark Aurels Alltag war ebenso sehr vom Verkehr mit seinen Beamten bestimmt wie von seinem Pflichtgefühl. Zu seinen Aufgaben gehörte es, Bittgesuche seiner Untertanen anzuhören, Berichte seiner Beamten zu lesen, die Staatsfinanzen zu organisieren, die Anordnungen der Armee zu überprüfen und zuverlässige Leute in die Verwaltung seines Reiches zu berufen. Wer aber waren diese Beamten, und welche Voraussetzungen mussten sie mitbringen, um ihre Pflichten erfüllen zu können?

Die Berater des Kaisers

Die Beamten, die einen römischen Kaiser an seinem Hof umgaben, bildeten einen Mikrokosmos der gesamten Regierung. Unter ihnen gab es Mitglieder des Senats, die bereits verschiedene traditionelle Ämter innegehabt hatten, Ritter und Freigelassene. Jede Gruppe hatte ihre eigene Einflusssphäre. Senatoren wurden im Allgemeinen in Bereichen tätig, die etwas mit dem Befehligen von Armeen und der Verwaltung von Provinzen zu tun hatten. Angehörige des Ritterstandes besetzten gewöhnlich Posten, die mit den Finanzen des Staats oder jenen Domänen zusammenhingen, die der direkten Kontrolle des Kaisers unterstanden; dies galt vor allem für den ausgedehnten Grundbesitz in ganz Italien und in den Provinzen, der das *patrimonium* ausmachte und der von einem Kaiser auf den nächsten vererbt wurde.

> «Denn wir sind zur gemeinschaftlichen Wirksamkeit geschaffen, wie die Füße, die Hände, die Augenlider, wie die obere und untere Kinnlade.»
>
> Mark Aurel, „Selbstbetrachtungen", 2.1 (Übers. v. Albert Wittstock)

Ein paar wenige besonders favorisierte Ritter erhielten Positionen im direkten Umfeld des Kaisers. Sie betätigten sich als Sekretäre, Rechtsberater oder Aufseher über die Getreidevorräte Roms. Die Bedeutung dieser Vorräte kann nicht hoch genug eingeschätzt werden: Jährlich wurden etwa 400 000 Tonnen Getreide in die Hauptstadt befördert, weitere 100 000 Tonnen im Jahr verbrauchte die römische Armee. Die Berufung zum Aufseher über die Getreidevorräte war oft eine Voraussetzung für die Erlangung einer der beiden Prätorianerpräfekturen der Stadt. Die Freigelassenen schließlich wurden vorzugsweise mit fiskalischen Problemen des Haushalts und einer Reihe von Aufgaben betraut, die dem Kaiser besonders am Herzen lagen, etwa der Organisation der Lustbarkeiten im Palast selbst oder der öffentlichen Spektakel für das Volk von Rom.

Diese drei Gruppen von Beamten hatten ihre Begabung in puncto Finanzen bereits unter Beweis gestellt. Abgesehen von einer Handvoll höherer Sekretäre, die aufgrund ihrer rhetorischen oder juristischen Fähigkeiten direkt in ihre Positionen gelangten, hatten alle, die die obersten Sprossen der Karriereleiter im Dienst der Kaiser erklommen, schon bewiesen, dass man ihnen Geld anvertrauen konnte. Dies allein schon erklärt, warum die Beamten meist aus der Klasse der Landbesitzer rekrutiert wurden; denn ihre Angehörigen lernten bereits in jungen Jahren von ihren Eltern, wie man Grundbesitz und große Haushalte führt. Doch Männer, die ihre Freiheit ihrer fiskalischen Kompetenz verdankten, konnten ebenfalls in der Hierarchie aufsteigen.

Die Besitzungen des Kaisers

Der Reichtum des Römischen Reiches beruhte fast ausschließlich auf Landbesitz. Natürlich war der Kaiser der größte Grundbesitzer im ganzen Reich. Im Lauf der Zeit wuchsen die Besitzungen der Kaiser immer weiter, entweder infolge von Enteignung des Grundbesitzes ihrer politischen Feinde oder durch Schenkungen von Anhängern, die sich die Gunst des jeweiligen Kaisers erhalten wollten. Bis Ende des 2. Jahrhunderts n.Chr. gab es in fast jeder Provinz kaiserliche Ländereien, die bis zu einem Fünftel der Gesamtfläche ausmachten.

Eine ebenso wichtige Eigenschaft, über die Angehörige aller drei Kategorien verfügen mussten, war die Befähigung, innerhalb einer hierarchischen Struktur zu arbeiten. Fast alle Senatoren und Ritter, die in den Dienst des Kaisers traten, mussten mindestens ein oder zwei Jahre als Offiziere mittleren Ranges bei der Armee verbringen. In dieser Zeit wurden sie rasch von einer Einheit zur anderen versetzt, damit sie möglichst viele Erfahrungen im Umgang mit Untergebenen sammelten.

Freunde gewinnen und Menschen beeinflussen

Gute Menschenkenntnis und ein Händchen für Finanzen waren wichtige Voraussetzungen für einen Aufstieg im Dienst des Kaisers, aber nicht die einzigen Faktoren, die über Erfolg oder Misserfolg entschieden. Tatsächlich erreichte weniger als ein Drittel der Männer, die eine Karriere im Senat anstrebten, je die Spitze – das Konsulat. Und nur ein ähnlicher Anteil von Rittern gelangte in die bestbezahlten Positionen.

Ein Schlüssel zum Erfolg war damals (wie heute) die Fähigkeit, nützliche Beziehungen herzustellen und zu pflegen. Die Chancen auf eine Beförderung wuchsen, wenn man in seiner Familie Leute hatte, die das Vertrauen des Kaisers genossen. Doch dies half nur bis zu einem gewissen Punkt. Um weiterzukommen, musste man unbedingt auch echte Leistungen vorweisen können und selbst gute Kontakte hergestellt haben. Wenn Plinius schreibt, ein Prätor namens Larcius Macedo habe vergessen, dass sein Vater ein Freigelassener war, und seine eigenen Sklaven streng behandelt, will er damit sagen, dass dieser Mann sich nicht zum höheren Beamten eignete. Plinius selbst scheint ein großes Rednertalent besessen zu haben. Er trat oft in Gerichtsverfahren auf, ebenso wie Tacitus, der als einer der besten Rhetoren (Redner) seiner Zeit galt. Grundsätzlich bot jeder Rechtsfall einem Anwalt die Gelegenheit, nicht nur seine rhetorische Überzeugungskraft zu testen, sondern auch sein Urteilsvermögen zu beweisen.

«Ihr seht, wie arbeitsreich und wichtig diese Tage waren, und welch außerordentlich angenehme Nächte folgten. Wir waren fast jeden Abend zum Essen eingeladen, keine großen Diners, wie man sie bei einem Kaiser erwarten würde. Manchmal hörten wir Rezitationen zu, andere Male unterhielten wir uns bloß. Am letzten Abend (so großzügig ist er) erhielten wir Geschenke.»

Plinius der Jüngere
(über die Arbeit mit Trajan), „Brief 6." 31.13–14

Im Senatsgebäude wurde dagegen politischer Scharfsinn demonstriert. Hier konkurrierten aufstrebende Staatsmänner darum, sich unter ihresgleichen Respekt zu verschaffen: Arbeiten zu verzögern, indem man auf Belanglosigkeiten herumhackte, verärgerte die Kollegen nur. Dagegen trug die Äußerung vernünftiger Vorschläge darüber, wie ein Gesetzesentwurf des Kaisers zu verbessern sei, dazu bei, das Ansehen einer Person zu mehren, weil in diesem Kreis Klugheit und selbstständiges Denken hoch geschätzt wurden. Großes Ge-

schick war bei den politischen Intrigen erforderlich: Senatoren konnten nur von anderen Senatoren angeklagt werden, doch wenn ein Einzelner gegen einen Senatskollegen ein Verfahren wegen eines Fehlverhaltens einleitete, in der Hoffnung, auf diese Weise die Gunst des Kaisers zu gewinnen, riskierte er, es sich mit seinen Kollegen zu verderben. Ein kluger Mann wusste, dass er Unabhängigkeit ohne Überheblichkeit an den Tag legen musste, um die Balance zwischen den Interessen seiner eigenen Klasse und denen des Kaisers zu halten.

Ein Senator hält in einem Prozess vor dem römischen Senat sein Plädoyer. Leumundszeugen spielten bei solchen Verfahren eine wichtige Rolle. Letzten Endes boten sensationelle Gerichtsprozesse einem aufstrebenden Anwalt die Gelegenheit, nicht nur die Schuld oder Unschuld des Angeklagten festzustellen, sondern sich als eloquenter Verfechter der Gerechtigkeit zu präsentieren.

In den späteren Phasen seines Aufstiegs wählte ein Mann dann einen Weg, der seinen Fähigkeiten entsprach. Einige bewiesen echte Führungsqualitäten und bewegten sich in verschiedenen Armeen mühelos von einem Kommandoposten zum anderen. Solche Talente waren vor allem während der langwierigen und kräftezehrenden Kämpfe Roms gegen die Donaustämme und die aufständischen Parther unter der Herrschaft des Mark Aurel heiß begehrt. In dieser Zeit hielten Kommandeure, die bereits Erfolge verbucht hatten, ständig Ausschau nach anderen, die sie mit ihren Fähigkeiten unterstützen konnten. So setzte sich Claudius Pompeianus, der Schwager Mark

Aurels, für einen gewissen Publius Helvius Pertinax (126–193 n.Chr.) ein, den Sohn eines Freigelassenen, der im Krieg außergewöhnliche Talente gezeigt hatte. Er verteidigte ihn gegen Kritiker, die in seiner niedrigen Herkunft einen Hinderungsgrund für seinen Aufstieg in die höchsten Ämter sahen. Mark Aurel aber folgte dem Rat des Pompeianus, und Pertinax wurde sowohl Konsul als auch Statthalter einer wichtigen Provinz. Später sollte er sogar Kaiser werden, allerdings nur für drei Monate.

Ein Fries mit römischen Beamten. Seit dem Ende des 1. Jahrhunderts funktionierte das kollaborative Regierungssystem so reibungslos, weil die römischen Herrscher im Rahmen informeller Treffen ihre Berater konsultierten. So berichtet etwa Plinius der Jüngere, dass sein Onkel, ein berühmter Schriftsteller und hoher Beamter aus dem Ritterstand, Vespasian regelmäßig aufsuchte.

Gunst und Gnade

Die Kaiser hatten ihre eigenen Mittel und Wege, um herauszufinden, wem sie ihr Vertrauen schenkten und wem nicht. Eine bewährte Methode bestand darin, einen Kandidaten zum Abendessen einzuladen oder ihn aufzufordern, dem Herrscher ein paar Tage lang bei der Lösung von Rechtsfällen zu helfen. In einem von Sueton aufbewahrten Brief berichtete Augustus dem Tiberius, dass er mit ein paar Generälen diniert und Würfelspiele gespielt habe. Augustus unterhielt auch einen aus Senatoren gebildeten Rat, der sich alle sechs Monate neu formierte, so dass er der Reihe nach die Männer kennenlernen konnte, die in seinem Dienst standen. In den Briefen mehrerer Kaiser finden sich auch Hinweise auf bemerkenswerte Männer aus dem Ritterstand, mit denen zusammen sie über offizielle Angelegenheiten berieten.

Viele spätere Herrscher – insbesondere die „Fünf guten Kaiser" – folgten dem Beispiel des Augustus und luden immer andere Gäste ein, damit sie möglichst viele Angehörige der oberen Schichten kennenlernen konnten. Diese Sitzungen dienten mehreren Zwecken: Sie gaben dem Kaiser Gelegenheit, sich über das Urteilsvermögen einer Person einen eigenen Eindruck zu verschaffen, Kandidaten einen Einblick in die Herangehensweise des Herrschers an verschiedene Bereiche zu ermöglichen und (nicht zuletzt) eine „PR"-Veranstaltung durchzuführen, bei der der Kaiser demonstrieren konnte, dass er gerecht war. Wie sehr etwa Trajan auf diese Treffen als Eignungstests vertraute, geht aus seiner späteren Mitteilung an Plinius hervor. Er erinnert diesen, der damals Statthalter von Bithynien war, an seinen festen Vorsatz, dass niemand seinen Namen aus Furcht oder Angst oder wegen einer Verratsanklage verehren solle. Trajan, der unter dem notorisch pingeligen Domitian selbst viele undankbare Jahre als Provinzgouverneur verbracht hatte, war sehr darauf bedacht, den Statthaltern freie Hand zu lassen. Statt seine Untergebenen mit Vorschriften zu allem und jedem zu bombardieren, erwartete Trajan von ihnen, dass sie in Übereinstimmung mit dem handelten, was sie vernünftigerweise für seine eigenen Wünsche halten konnten.

Jeder Kaiser hatte seinen eigenen Stil

In den Schriften des Historikers Tacitus ist festgehalten, welche Veränderungen im Regierungsstil sich zwischen Augustus und Vespasian vollzogen. In seinen „Jahrbüchern" entlastet er einige Provinzgouverneure von dem Vorwurf, ihr verschwenderischer Lebensstil habe ihre Fähigkeit zu effizienter Arbeit beeinträchtigt. Aber allein schon die Tatsache, dass er es für notwendig hielt, auf ihre Ausschweifungen einzugehen, ist ein beredtes Zeugnis dafür, dass die Dinge sich zu der Zeit, als er dies niederschrieb, bereits geändert hatten.

Plinius der Jüngere

Plinius der Jüngere (63 – um 113 n.Chr.) wurde als Sohn eines Landbesitzers in Comum (heute Como) geboren. Sein Vater starb, als er noch klein war, und er zog nach Rom, um seine Studien zu Ende zu führen. Er lernte Rhetorik und war bei den Prozessen einer Reihe von Provinzgouverneuren zugegen. Rasch fand er Aufnahme in den Kreis der Senatoren und stieg über eine Reihe ziviler und militärischer Ämter auf. Unter Trajan wurde er zum Statthalter der vereinigten Provinzen Bithynien und Pontus (an der südlichen Schwarzmeerküste) berufen, wo er bis zu seinem Tod blieb. Auch wenn er eine hohe Position erreichte, konnte er nicht mit seinem Freund Tacitus mithalten, der später Statthalter von Asia wurde – ein kleiner, aber wichtiger Unterschied in der konkurrenzbewussten Welt eines römischen Senators. Dennoch trug Plinius einen enormen Reichtum zusammen; man schätzte, dass seine Besitzungen etwa 20 Millionen Sesterzen wert waren (der Tageslohn eines Arbeiters betrug vier Sesterzen). Plinius' Leben, das die meisten der wichtigsten öffentlichen Ämter umfasste, die einem römischen Bürger offenstanden, wird oft als Beispiel für eine erfolgreiche Laufbahn im kaiserlichen System zitiert. Seine zwischen 97 und 110 n.Chr. verfassten „Briefe" enthalten einzigartige Informationen über die Administration und das Alltagsleben der Römer im 1. Jahrhundert n.Chr.

Ephesus in der Provinz Asia war eine bedeutende römische Stadt. Asia galt als Juwel in der Krone des Römischen Reiches, und für den Geschichtsschreiber Tacitus war es eine große Ehre, dass Trajan ihn im Jahr 112 n.Chr. zum Statthalter dieser Provinz ernannte.

Ein unbekannter kaiserlicher Haushalt, dargestellt auf einem Mosaik in einer römischen Villa in Sizilien. Wer im 2. Jahrhundert n. Chr. Kaiser war, musste in Übereinstimmung mit verschiedenen Gruppen von Beamten herrschen, klare Grenzen zwischen ihnen ziehen und anerkennen, dass jede Gruppe einen wertvollen Beitrag zur Administration des Reiches liefern konnte. Der Haushalt eines Kaisers war in jeder Hinsicht ein Gemeinschaftsunternehmen.

Für Tacitus standen zwei allgemeine Regeln fest. Erstens: Ein ehrgeiziger Mann muss die Launen des Herrschers interpretieren können. Und zweitens: Die Gewohnheiten jedes Kaisers spiegeln sich im Verhalten seiner Untergebenen wider.

Gewiss scheinen Plinius, Tacitus und andere, die im 2. Jahrhundert n. Chr. selbst Karriere machten, in ihrem persönlichen Auftreten maßvoll gewesen zu sein. Darin folgten sie dem Beispiel der damaligen Kaiser, vor allem Vespasian, Trajan und Marcus Aurelius. Selbst Hadrian, der eine Vorliebe für alles Griechische hegte (was oft gleichbedeutend war mit dekadent), schreckte vor Ausschweifungen zurück.

Die Rolle der Freigelassenen

Das Verhalten der Kaiser von Vespasian bis Mark Aurel war eine Reaktion auf den von der *domus* beherrschten Regierungsstil der Julio-Claudier. Freigelassene aus dem kaiserlichen Haushalt, die unter Claudius und Nero prominente Stellungen besetzten, traten im 2. Jahrhundert n. Chr. nicht mehr so sehr ins Rampenlicht, waren aber nicht gänzlich von der Bühne verschwunden. Schließlich lebte Vespasian selbst mit einer Freigelassenen zusammen, die im Palast aufgewachsen war. Stephanus, der Mann, der Domitian erstach, war ebenfalls ein Freigelassener und hatte als *cubicularius* ungehinderten Zutritt zum Kaiser. Es ist belegt, dass einflussreiche Freigelassene mit Angehörigen des Ritterstandes verkehrten und der *cubicularius* praktisch auf einer Ebene mit den Prätorianerpräfekten stand, die die höchsten Beamten aus der Ritterklasse im ganzen Reich waren.

Woher kamen nun diese ehemaligen Sklaven? Es gibt Hinweise darauf, dass sich Leuten außerhalb der Elite Karrierechancen boten, wenn sie „kaiserliche Freigelassene" waren. In einem Papyrusbrief aus Ägypten wird ein Mann erwähnt, der beschloss, nach Rom zu gehen und ein Freigelassener von Cäsar zu werden, während ein *cubicularius* Kaiser Hadrians namens Aelius Alcibiades von seiner Heimatstadt in der Westtürkei als Wohltäter geehrt wurde. Ende des 2. Jahrhunderts n. Chr. spendete die einflussreiche Freigelassene Marcia, die Mätresse von Mark Aurels Sohn Commodus, ihrem Heimatland ebenfalls riesige Summen. Streng genommen musste man, um ein Freigelassener oder eine Freigelassene zu werden, zuvor Sklave oder Sklavin gewesen sein und konnte deshalb gar keine „Heimat" haben (Sklaven gehörten zum Hab und Gut ihres Herrn). Doch seit der Zeit des Augustus nahm man gemeinhin an, dass manche Freigelassene tatsächlich nur sehr kurze Zeit Sklaven gewesen waren und in

Ein Kommentator mit Erfahrung

Einer der bedeutendsten Geschichtsschreiber des alten Rom – und die Quelle vieler Informationen über das Reich unter den Julio-Claudiern und den Flaviern – war Cornelius Tacitus (um 56–117 n.Chr.). Er begann seine herausragende Karriere als Senator unter Vespasian. Tacitus bekleidete mehrere administrative Ämter in verschiedenen Provinzen. Er konnte seine Laufbahn auch unter Domitian fortsetzen, doch aufgrund dieser Erfahrung hegte er eine ausgeprägte Abscheu vor der Autokratie, die in seinen Schriften auch klar zum Ausdruck kommt. Sein Ruf als Redner wuchs unter Nerva und Trajan, 97 n.Chr. wurde er zum Konsul und 112–113 n.Chr. zum Statthalter von Asia ernannt.

Tacitus' berühmteste historische Abhandlungen (neben seiner Schrift über Germanien) – die „Jahrbücher" („Annalen") und die „Geschichtsbücher" („Historien") – wurden in seinen letzten Lebensjahren verfasst. Das erste dieser Werke behandelt die Herrschaft der julisch-claudischen Dynastie von 14 bis 68 n.Chr. Der Autor zeigt auf, wie sehr die menschliche Würde von den perversen Charakteren der frühen Kaiser Roms mit Füßen getreten wurde. Die „Geschichtsbücher", in denen die Periode 69–96 n. Chr. behandelt wird, beginnen mit Bürgerkrieg, Aufständen und Katastrophen, enden jedoch mit einem Lob für Vespasian. Die Werke sind bemerkenswert wegen ihrer gewissenhaften Nutzung der historischen Quellen, ihrer scharfsinnigen Bemerkungen über die Triebfedern der Macht und ihrer genauen Analyse der menschlichen Motivationen. Der Ton des Autors ist von Misstrauen gegenüber dem kaiserlichen System und seinem Missbrauch getragen. Doch trotz alledem steht hinter Tacitus' Bericht über die grausamen frühen Jahre der römischen Kaisergeschichte sein Bewusstsein, in einer Freiheit zu leben und unter Bedingungen zu schreiben, die viel größere Sicherheit boten als die Zeit, die er beschreibt.

«Es ist das seltene Glück dieser Tage, dass ein Mann denken kann, was er will, und sagen darf, was er denkt.»

Tacitus, „Geschichtsbücher" 1.1

einigen Fällen diesen Status sogar freiwillig auf sich genommen hatten, weil das Palastpersonal gerade Diener mit entsprechender Befähigung einstellte. Auch wenn ihre Eignung sexueller, kultureller oder fiskalischer Art gewesen sein mag – entscheidend war, dass Freigelassene eine große Bandbreite unentbehrlicher Erfahrungen und Fähigkeiten in die römische Regierung einbrachten, die sich grundlegend von denen der Senatoren und Ritter unterschieden.

Selbst Plinius musste zugeben, dass Trajan recht hatte, wenn er einflussreiche Freigelassene um sich sammelte, solange sie nur die wesentlichen Werte der herrschenden Klasse – einen bescheidenen Lebensstil und die Bereitschaft zu harter Arbeit – teilten. Hinter diesem Lob der harten Arbeit versteckte sich jedoch eine deutliche Drohung: Ein Kaiser, der die Werte seiner Untertanen teilte, würde lange und gut leben; derjenige Kaiser hingegen, der das nicht tat, würde unweigerlich früher oder später Leuten aus seiner Umgebung zum Opfer fallen.

«Zu zweierlei musst du stets bereit sein: Erstens, einzig nur das zu tun, was die königliche Gesetzgeberin Vernunft um des Menschenwohles willen dir eingibt, und zweitens, deine Meinung zu ändern, sobald nämlich jemand dich dazu veranlasst dadurch, dass er sie berichtigt.»

Mark Aurel, „Selbstbetrachtungen", 3.12
(Übers. v. Albert Wittstock)

Bürgerstolz: Die Kaiser und ihre Städte (68–180 n. Chr.)

«Wann gab es je so viele Städte auf dem Festland und den Inseln, wann waren sie jemals so schön?», fragte Aelius Aristides (117–181 n. Chr.), ein bekannter griechischer Rhetor aus der westlichen Türkei, in einer Eloge auf das Rom des Kaisers Antoninus Pius. In Aristides' Lob der Städte als Leuchttürme des Wohlstands spiegelt sich nicht nur seine eigene urbane Prägung wider, sondern auch die der römischen Regierung. Ein anderer Grieche, der zu dieser Zeit schrieb, der Historiker Appian von Alexandria (um 95 – 165 n. Chr.), kam indirekt zum gleichen Schluss: Ihm zufolge lehnte der Kaiser Bewerbungen von Barbaren, die unter die Oberhoheit der Römer wollten, in der Regel mit der Begründung ab, dass sie nicht regierungsfähig seien. Barbaren waren für die Römer eben PER DEFINITIONEM Leute, die nicht in Städten lebten.

Wie viele Städte in Nordafrika gelangte auch Sufetula (heute Sheitla in Tunesien) im 2. Jahrhundert n. Chr. zu großem Wohlstand, und zwar dank seiner Olivenproduktion. Ein Zeichen für die herausgehobene Stellung jeder römischen Stadt war der Bau von Tempeln. Diese imposanten Ruinen in Sufetula stammen von Tempeln, die Jupiter, Juno und Minerva geweiht waren.

Auf den ersten Blick könnte diese Bevorzugung von Städten merkwürdig erscheinen in einem Reich, in dem drei von vier Bewohnern auf dem Lande lebten. Doch fast das gesamte Territorium, das von diesen Leuten bebaut wurde, war mit Städten verbunden. Unter administrativem Gesichtspunkt bestand eine römische Provinz aus Gebieten, die Bürgern gehörten und zwischen Ländereien lagen, die kaiserlicher oder öffentlicher Besitz waren.

Städte und Zivilisation

Die Städte in einer Provinz fielen, grob gesprochen, in zwei Kategorien: Die einen waren tributpflichtig, die anderen frei. Freie Städte waren vom römi-

Bürgerrecht und Aussenpolitik

Rom benutzte das Bürgerrecht als Schlüsselinstrument seiner kaiserlichen Politik. Nachdem ein Gebiet erobert worden war oder sich freiwillig mit Rom verbündet hatte, erhielten Gemeinden, die zuverlässige politische Bundesgenossen zu werden versprachen, „niedrigere" Formen des römischen Bürgerrechts verliehen. Es gab verschiedene Abstufungen des Bürgerrechts, und die verbürgten Rechte, die mit ihnen verbunden waren, variierten. So wurde etwa einer Gemeinde, die sich in einer Übergangsphase zwischen Provinzstatus (ohne Bürgerrecht) und dem vollen Bürgerrecht befand, das *ius Latii* oder das „lateinische Recht" zugestanden. Es stellte die Bewohner zum Schutz unter römisches Recht, räumte ihnen aber nicht das Recht ein, für öffentliche Ämter zu kandidieren.

Ein vollwertiger römischer Bürger hatte die folgenden grundlegenden Rechte:

- das Recht, für zivile oder öffentliche Ämter zu kandidieren
- das Recht, gesetzliche Verträge abzuschließen
- das Recht, eine gesetzliche Ehe zu schließen
- das Recht, vor Gericht Klage einzureichen (und selbst angeklagt zu werden)
- das Recht, Entscheidungen von Richtern anzufechten
- das Recht, vor einem ordentlich zusammengesetzten Gericht zu erscheinen und sich selbst zu verteidigen
- das Recht, nicht gefoltert oder ausgepeitscht zu werden
- das Recht auf Immunität von einigen Steuern und anderen Pflichten

Die Gewährung des Bürgerrechts war ein entscheidender Teil des Romanisierungsprozesses. Roms Strategie, möglichst viele Völker in sein Regierungssystem aufzunehmen und nicht wie Vasallen zu behandeln, erklärt letzten Endes den Erfolg des Römischen Reichs.

schen Staat unabhängig, doch die Art dieser Beziehung variierte mit der Geschichte der jeweiligen Region. So hatten sich einige freie Städte während früherer Krisen auf die Seite Roms gestellt und waren mit einem besonderen Vertrag belohnt worden, während andere Orte von römischen Bürgern besiedelt worden waren. Als *coloniae* Roms blieben diese Letzteren von Tributzahlungen ausgenommen. Die meisten dieser Kolonien waren durch die Neuansiedlung von Veteranen der Bürgerkriege des 1. Jahrhunderts v. Chr. entstanden. Sie sollten als Zentren der lateinischen Kultur und im Notfall als Arbeitskräftereservoir dienen, da sich die ehemaligen Soldaten jederzeit reaktivieren ließen.

In Roms westlichen Provinzen gab es darüber hinaus viele städtische Zentren, die als *municipia* bekannt waren; es handelte sich um Orte, denen Rom eigene Verfassungen gewährt hatte und deren Bewohner zwar meistens aus der Provinz stammten, aber nur in den Besitz einiger Teile des römischen Bürgerrechts gelangt waren. Bewohner der Provinz, die in ein offizielles Amt gewählt wurden, erhielten automatisch die vollen Bürgerrechte. Auch wenn die *municipia* rechtlich weniger gut gestellt waren als die *coloniae*, beweist ihre Existenz, dass dem römischen Staat daran gelegen war, jene Provinzbewohner zu belohnen, die ihr „Barbarentum" zugunsten der Ideale der römischen Zivilisation aufgaben. In den östlichen Besitzungen des Reiches waren die Römer bereit zu akzeptieren, dass die Werte der griechischen Zivilisation ihren eigenen ähnelten. Dort gab es keine so planvollen Versuche, die lateinische Kultur zu verpflanzen. Es gehört zu

> «Ihr habt nämlich sämtliche Untertanen eines Reiches in zwei Gruppen eingeteilt […] und überall die Gebildeten, Edlen und Mächtigen zu Bürgern gemacht […], die übrigen Reichsbewohner gelten euch als Untertanen und Beherrschte.»
>
> Aelius Aristides, „Romrede" 59
> (Übers. v. Richard Klein)

den einzigartigen Kennzeichen des römischen kaiserlichen Systems, dass es ihm gelang, die Kultur eines unterworfenen Volkes so gründlich an die des Eroberers zu assimilieren.

Die Aufgabe des Statthalters war es, seine Provinz alljährlich zu bereisen, um Rechtsstreitigkeiten beizulegen und sicherzustellen, dass die Städte korrekt verwaltet wurden. Da er aus praktischen Gründen kaum jede einzelne Stadt besuchen konnte, wurden die Provinzen in Gerichtsbezirke oder *conventi* aufgeteilt; diese hatten einen eigenen Hauptort, in dem der Statthalter jedes Jahr für ein paar Wochen weilte. Die Aufenthalte eines Statthalters waren für die Provinzbewohner von beträchtlichem Nutzen: Von überallher kamen sie zu Audienzen, und in der Folge konkurrierten die Städte untereinander um die Ehre, als Zentrum der Provinz anerkannt zu werden. Im Zuge dieses Wettbewerbs steckte man viel Geld in städtische Freizeiteinrichtungen wie Theater, Marktplätze, Brunnen und – in den westlichen Provinzen – Amphitheater zur Veranstaltung von Gladiatorenkämpfen. Vor der Herrschaft Hadrians wurde – allerdings nur in den östlichen Provinzen – jeweils eine einzige Stadt als Metropole (wörtlich „Mutterstadt") der Provinz anerkannt. Nach Hadrian erhielten dann auch andere Städte diesen Status, was die Konkurrenz zwischen den größeren Städten noch weiter förderte.

«Wenn er [der Statthalter] in irgendeiner berühmten Stadt oder in der Hauptstadt der Provinz ankommt, sollte er es hinnehmen, dass die Stadt sich ihm anpreist, und er sollte nicht gelangweilt dreinblicken, wenn er ihr Eigenlob hört, denn für die Leute in der Provinz ist dies eine Ehrensache.»

ULPIAN, „Digest", 1.7.1

Der Kaiserkult

Mit dem Status einer Metropole waren viele andere Privilegien verbunden. So wurden solche Städte automatisch Sitz der Provinzversammlung, also einem vom Statthalter unabhängigen lokalen Regierungsorgan. In dieser Eigenschaft war die Metropole der Ort, in den sämtliche tributpflichtige Städte der Provinz zur jährlichen Feier des Kaiserfestes Vertreter entsandten. Eine Stadt durch die Ernennung zur Metropole zu ehren, hieß, sie zum regionalen Zentrum des Kaiserkults zu machen.

Im Kaiserkult fand die Loyalität gegenüber dem Kaiser ihren unmittelbaren Ausdruck. In den östlichen Provinzen entwickelte sich dieser Kult aus älteren Traditionen der Huldigung heraus, wie sie bereits um die Zeit des Todes von Alexander dem Großen (323 v.Chr.) verbreitet waren. Zunächst dienten solche Loyalitätsbekundungen lediglich dazu, gegenüber Einzelpersonen – nicht unbedingt nur Herrschern –, die außergewöhnliche Dienste geleistet hatten, Dankbarkeit auszudrücken. Doch im Laufe der Zeit, zwischen dem Tod Alexanders und der Entstehung der römischen Hegemonie in jener Region,

Die Stadt als Wiege der Zivilisation

Für den Römer war Zivilisation gleichbedeutend mit städtischem Leben; jedes eroberte Gebiet, das bestrebt war, die Kultur Roms zu übernehmen, kam auf diesem Weg nur dann voran, wenn es Städte entwickelte. Die typische römische Stadt war nach einem Standardplan gebaut, mit einem Netz von Straßen, einem Forum mit Säulengängen und öffentlichen Bädern; manchmal gab es auch ein Theater. Da die Provinzstädte miteinander konkurrierten, um ihre Freizeiteinrichtungen zu verbessern und ihr Ansehen zu erhöhen, hielten sie sich alle an dieses Muster. Ein weiteres Merkmal einer romanisierten Stadt war ein offiziell anerkannter Tempel zu Ehren des Kaisers. Dass solche Tempel als Zeichen einer erfolgreichen Entwicklung zur römischen Stadt gewertet wurden, zeigt der Tempel, den Claudius in Camulodunum (Colchester), der Hauptstadt des römischen Britannien, für sich selbst errichten ließ. Die Gegend war kaum romanisiert, und der Tempel wurde beim Ausbruch des Boudicca-Aufstands zerstört. Im Nachhinein bedachte Tacitus dieses selbstgefällige Projekt mit kritischen Worten.

«... [in Camulodunum] stach einem der für den vergöttlichten Claudius erbaute Tempel ständig in die Augen, wie die Zitadelle einer ewigen Tyrannei, während die Priester, die für den Dienst dort ausgewählt waren, unter dem Vorwand der Religion verpflichtet waren, ihr Vermögen wie Wasser zu verschwenden ...»

TACITUS, „Annalen" XIV, 3L

Die im 1. Jahrhundert v. Chr. errichtete Maison Carrée in Nîmes, Südfrankreich, gehört zu den am besten erhaltenen Tempeln aus römischer Zeit.

reduzierte sich die göttliche Verehrung auf Könige. Mit der römischen Herrschaft im östlichen Mittelmeer und in Asia Minor jedoch breitete sich die Praxis der göttlichen Verehrung wieder so weit aus, dass sie sich auch auf private Individuen, darunter eine Reihe römischer Statthalter, erstreckte.

Die Römer hatten eine zwiespältige Einstellung zum Herrscherkult. Obwohl sie, wie die Griechen, mit rhetorischen Vergleichen zwischen Sterblichen und Göttern recht lässig umgingen, lehnten sie doch dezidiert die Vorstellung ab, dass ein lebender Römer von seinen Zeitgenossen als Gott verehrt werden könnte. Zwar glaubten die meisten Römer, dass bestimmte Götter einmal

Im obersten Abschnitt dieser erlesenen Onyxkamee – der Gemma Augustea *– sieht man Augustus (links von der Mitte), umgeben von verschiedenen Göttern. Zu seiner Rechten sitzt Roma, die Schutzgöttin der Hauptstadt, während hinter dem Kaiser die ihn mit einem Lorbeerkranz krönende Oikumene steht, die Verkörperung der bewohnten Welt. Augustus selbst wurde erst nach seinem Tod deifiziert.*

Sterbliche waren, sie waren aber davon überzeugt, dass sie erst nach dem Tod göttliche Züge angenommen hatten. Deshalb erregten die göttlichen Ehren, die der Senat Julius Cäsar zu seinen Lebzeiten zuerkannte, so viel Anstoß, während der Bau eines Tempels für den göttlichen Julius nach seinem Tod völlig unumstritten blieb, zumal davor ein Komet am Himmel erschienen war.

Augustus spielte bei der Einrichtung des Kults des göttlichen Julius eine wichtige Rolle. Ihm war aber klar, dass es unabhängig davon, wie viele Tempel in den Provinzen zu seinen Ehren gebaut oder wie viele Feste für ihn eingeführt wurden, in Rom keinen Herrscherkult für ihn geben würde, solange er lebte. Gleichzeitig war ihm bewusst, dass der Herrscherkult bei der Organisation der Provinzen ein nützliches Instrument sein konnte. Deshalb erklärte er sich damit einverstanden, dass die Versammlung der drei Provinzen Galliens zu seinen Ehren Opfer darbringen durfte. Später sollte er den von der griechischen Kultur geprägten Städten in Asia Minor gestatten, für ihn Tempel zu errichten.

Nach dem Tod des Augustus wurde im Rahmen seiner Bestattung der Aufstieg seiner Seele in den Himmel als Schauspiel aufgeführt. Der Beschluss, einen Kult zu seinen Ehren zu begründen, wurde weitgehend als Ausdruck der Lobpreisung betrachtet, als eine volkstümliche Art, seine Herrschaft in ein positives Licht zu rücken. So wurden Kaiserkult und Machtpolitik untrennbar miteinander verknüpft. Als sich etwa Tiberius dagegen wehrte, dass in Spanien ein Kult für ihn eingerichtet wurde, bemerkte Tacitus, dies sei ein Beweis dafür, dass es ihm an Ehrgeiz gemangelt habe. Hadrians Vergöttlichung wurde vom Senat und vom Volk offensichtlich als ein Thema der legitimen politischen Debatte betrachtet, und Antoninus Pius erzwang schließlich den entsprechenden Beschluss. Den Römern zufolge sollte sich der Kaiser bewusst sein, dass sein posthumes Ansehen vom Wohlwollen seiner Untertanen abhing.

In Rom hatte der Kaiserkult einen völlig anderen Stellenwert als in den Provinzen. In der Hauptstadt bezogen sich die Formeln der Deifizierung auf die Vergangenheit, während sie in den Provinzen eher in die Zukunft gerichtet waren. Dort erlangten die Kaiser mit ihrer Thronbesteigung göttliche Ehren. Die Provinzversammlungen schickten alljährlich eine Delegation zum Kaiser, die ihm über die ihm zuteil gewordenen Ehren berichtete.

Doch die Aufgabe dieser Delegationen bestand keineswegs in devoten Respektbezeugungen. Vielmehr lieferte der Kaiserkult den Provinzbewohnern eine vorzügliche Gelegenheit, sich mit der fernen Macht, die ihr Leben kontrollierte, in jeder Hinsicht auseinanderzusetzen. So konnten die Delegierten aus den Provinzen während ihres Aufenthalts in der Hauptstadt nützliche politische Kontakte knüpfen, ihre eigenen Karrieren befördern und sich sogar über ihren Statthalter beschweren.

«Ich glaube, ich werde ein Gott.»

Vespasians letzte Worte, laut SUETON, „Biographien der zwölf Kaiser, Vespasian", 23

Stadt und Land

Der Kaiserkult band die Städte in den einzelnen Provinzen zusammen und die Provinzen enger an den Kaiser. Als greifbare Belege für den positiven Effekt auf die Regierung und die kulturellen Vorteile der Zivilisation, spielten die Städte auch bei der Vermittlung solcher Werte auf die große Masse der Leute, die auf dem Land lebten, eine entscheidende Rolle. Selbst in den

Das Landleben in Phantasie und Wirklichkeit

Die Autoren des lateinischen Goldenen Zeitalters, vor allem Horaz und Vergil, zeichneten ein idyllisches Bild vom Landleben. So schildert etwa Vergil in seinen „Eklogen" (42–37 v.Chr.) eine idealisierte pastorale Landschaft, auch wenn sich seine späteren „Georgica" (36–29 v.Chr.) auf praktischere Aspekte der Landwirtschaft konzentrieren. Etwa um dieselbe Zeit beschwört Horaz ein romantisches Bild des Bauern, der frei ist von den Sorgen des Stadtbewohners:

«Glücklich ist jener, der fernab von den Geschäften, wie das alte Geschlecht der Sterblichen, die väterlichen Länder mit seinen Stieren pflügt, frei von jeder Schuldenlast.»

„Epodes" („Lob des Landlebens") 2 (30 v.Chr.)

In Wahrheit war das Landleben in römischer Zeit sehr hart. Die Bauern hatten mit geringen Niederschlagsmengen und Missernten zu kämpfen, ganz zu schweigen von dem ständigen Zwang, den Grundbesitzern Pacht zahlen zu müssen. Das meiste über die Landwirtschaft wissen wir von dem in Spanien geborenen römischen Schriftsteller Moderatus Columella (4–70 n.Chr.). Er schrieb eine zwölf Bücher umfassende Abhandlung über Landwirtschaft, „De re rustica", sowie ein kleineres Werk über Bäume, „De arboribus". In diesen Werken werden wichtige, aber ganz profane landwirtschaftliche Probleme behandelt und praktische Ratschläge zu allem erteilt: von der Tierzucht über den Weinbau und den besten Dreschboden bis hin zur klugen Auswahl der Landarbeiter:

Ein Mosaik zeigt einen nackten Kuhhirten, der Flöte spielend das Vieh hütet. Das pastorale Idyll, weit entfernt von jeder Wirklichkeit, war ein Lieblingsthema römischer Dichter.

«Die nächste Überlegung ist, welche Sklaven man mit der Leitung dieser oder jener Arbeit betrauen und welche man für die einen, welche für die anderen Verrichtungen bestimmen soll. Ich warne davor, einen Verwalter aus dem Kreise solcher Sklaven einzusetzen, die körperlich ansehnlich sind oder feinere Tätigkeiten, wie sie für die Stadt passen, ausgeübt haben.»

(Übers. v. K. Ahrens)

Auf einem Gemälde des französischen Malers James Tissot (19. Jahrhundert) wäscht sich Pontius Pilatus symbolisch Jesu Blut von den Händen. Der Mob, der Jesu Hinrichtung forderte, berief sich dabei auf den im Volk verbreiteten Mythos, dass der souveräne Kaiser sich persönlich für jeden einzelnen Rechtsfall im Reich interessierte.

ländlichsten Gebieten sammelten sich die Bauern in Dörfern, die sie, so gut sie konnten, mit allen Annehmlichkeiten des städtischen Lebens auszustatten versuchten. Das galt für Bauern, die nicht direkt auf dem kaiserlichen oder aristokratischen Gütern lebten, aber sogar auch für viele, die dort lebten. Sie bauten öffentliche Bäder, Versammlungsgebäude, Brunnen und Marktplätze, in der Hoffnung, eines Tages den Status von Bürgern zu erlangen.

In einer Reihe von Siedlungen kamen einige Bewohner zu einem Wohlstand, der sich von dem der Bauern, die nur für den eigenen Bedarf produzierten, manchmal so weit abhob, dass der Unterschied ihr Leben bedrohte. So tauchten einige reiche Dorfbewohner nur deshalb in den Akten auf, weil sie entführt und als Geiseln gehalten wurden. Ihre Kidnapper waren römische Soldaten, die im Auftrag von kaiserlichen Prokuratoren arbeiteten; diese wollten ihre Schäfchen dadurch ins Trockene bringen, dass sie Leute entführten und erpressten, deren Verschwinden der Kaiser wahrscheinlich niemals bemerken würde. In vielen Fällen kamen sie wohl ungeschoren davon; aber wir wissen, dass es Dorfbewohnern in anderen Fällen gelang, sich zu organisieren, einen Schutzherrn zu finden und den Kaiser davon zu überzeugen, den Missständen abzuhelfen.

Für diese auf dem Land lebenden Untertanen war der Kaiser keine Hassfigur und kein Unterdrücker, den sie für ihre persönliche Miet- oder Steuerlast verantwortlich gemacht hätten, weil er jene Beamten ernannte, die sie quälten, oder jene Armee befehligte, deren Soldaten sie terrorisierten. Im Gegenteil, der Kaiser war ein abstraktes Symbol der Gerechtigkeit, von dem man gewöhnlich annahm, dass er selbst dem einfachsten Kläger Gehör schenkte. Cassius Dio berichtet, Hadrian habe einmal eine alte Frau weggeschickt, die sich bei ihm über eine Ungerechtigkeit beschweren wollte. Auf seine Behauptung, dass er keine Zeit hätte, ihr zuzuhören, habe sie bissig erwidert: «Dann hör doch mit dem Herrschen auf!» Da habe der Kaiser innegehalten und sie aufgefordert, ihre Klage vorzubringen. Diese Geschichte, die im ganzen klassischen Altertum in verschiedenen Versionen kursierte, gehört zu keinem bestimmten Kanon, steht aber im Einklang mit der Behauptung Plutarchs, dass «einem Herrscher nichts besser ansteht, als Gerechtigkeit zu üben».

Andere volkstümliche Erzählungen beweisen, wie weit verbreitet die Vorstellung vom Herrscher als einem Wohltäter war, der jedes Unrecht wiedergutmachen konnte. Zwei römische Schriftsteller erzählen die Geschichte von einem Mann, der von einer Sklavin, mit der er eine Affäre hatte, in einen Esel verwandelt worden war. Als er angespornt und geschlagen wurde, schrie er Cäsar um Hilfe an. Auch wenn die Story eindeutig einen komischen Effekt haben sollte, spiegelt sich in ihr eine allgemeine Haltung gegenüber dem Kaiseramt wider. Eine weitere Geschichte: Ein Jude namens Paulus von Tarsos, der spätere heilige Paulus, wurde in Jerusalem festgenommen, weil er das Christentum gepredigt hatte. Er protestierte und sagte, er würde seinen Fall lieber dem Kaiser persönlich vortragen als seinem Stellvertreter in Judäa. Das fand niemand abwegig, er wurde nach Rom verfrachtet. Die Legende vom heiligen Paulus, wie sie Lukas in der Apostelgeschichte erzählt, bestätigt die Vorstellung, dass nichts so unbedeutend war, dass es nicht vom Kaiser hätte behandelt werden können.

Ein Relief zeigt einen Geldsack, der einem Viator ad Aerarium, *einem Angestellten der Staatskasse, gehörte. Im Lauf der Zeit nahm das Römische Reich eine wachsende Anzahl von Bürokraten in Dienst, die mit dem Einsammeln von Steuern beauftragt waren. Da viele Beamte sich bei der Erfüllung ihrer Pflichten als übereifrig erwiesen, kam es häufig zu Streitigkeiten.*

Die Menge, die sich während des Pessachfestes 36 n.Chr. vor dem Hauptquartier des Prokurators von Judäa in Jerusalem versammelt hatte, vertrat dieselbe Meinung, als sie Pontius Pilatus anstachelte, Jesus von Galiläa wegen Verrats hinzurichten; der Mob rief Pilatus zu, dass er kein „Freund Cäsars" sei, wenn er das Todesurteil nicht vollstrecke. Dem Verfasser des Johannesevangeliums erschien es vollkommen plausibel, dass ein römischer Amtsinhaber von einer solchen Drohung beeinflusst werden konnte.

Das Steuersystem zur Kaiserzeit

Die seltsame Vorstellung, dass der Kaiser sich um alles kümmert, wie unwichtig es auch immer sei, lässt sich vielleicht mit der Allgegenwart einiger Institutionen der kaiserlichen Herrschaft erklären. Die auffälligste davon war das römische Steuersystem, von dem jedermann betroffen war. Alle Bewohner des Reiches, die keine römischen Bürger waren, waren einer Kopf- und einer Grundsteuer unterworfen, die als Tribut bekannt war. Andererseits mussten Bewohner des Reiches, die das Bürgerrecht besaßen, bestimmte Steuern zahlen, von denen Nicht-Bürger ausgenommen waren, wie die Erbschaftssteuer, die Augustus im Jahr 6 v.Chr. einführte, um die Ansiedlung demobilisierter Legionäre zu finanzieren.

Das kaiserliche Steuersystem war das offenkundigste Symbol römischer Herrschaft. Das Instrument, das die mit der Steuereinnahme beauftragten Beamten anwandten, um die Höhe der Steuerlast festzulegen, war der Zensus. Bei einer solchen Volkszählung musste jedermann erklären, wie viele Personen, einschließlich der Sklaven, in seinem Haushalt lebten und welche Reichtümer er besaß. Der berühmteste Zensus in der römischen Geschichte war der, den der römische Statthalter von Syrien und Judäa, Publius Sulpius Quirinus, im Jahr 6 v.Chr. durchführte. Das Lukasevangelium assoziiert ihn mit der Geburt Jesu («Es begab sich aber zu der Zeit, dass ein Befehl von dem Kaiser Augustus ausging, alle Welt sollte sich für die Steuer eintragen lassen.») Neue territoriale Eroberungen gingen immer mit einem Zensus einher, und diese Erhebungen wurden in unterschiedlichen Intervallen im ganzen Reich durchgeführt.

Sobald die Zählung abgeschlossen war, wurde das Einsammeln der Steuern in den Provinzen an Beamte vor Ort, die *curiales*, delegiert. Diese Praxis war kostengünstig, aber nicht unumstritten. Da die Register, die die Verbindlichkeiten der Zahlungspflichtigen enthielten, nicht immer als gerecht erachtet wurden, kam es häufig zum Streit. Zu ihrer Unterstützung hielten sich die *curiales* eigene Eintreiberbanden. Nur dann, wenn es diesen Schlägern nicht gelang, aufmüpfige Steuerpflichtige zur Zahlung zu bewegen, waren die Beamten ermächtigt, vom Statthalter den Einsatz von Soldaten zu verlangen. Es war ein System, das auf der Androhung von Gewalt beruhte, und diese Drohung schwebte über der großen Mehrheit der Bevölkerung des Römischen Reiches. Es ist kein Wunder, dass in der Phantasie der Menschen über allem ein wohlwollender Kaiser thronte, der zu ihrer Rettung eingreifen konnte. Doch letztlich regelte sich das römische Steuersystem von selbst.

Das Steuersystem stellte nicht nur das elementare Interaktionsforum zwischen Regierung und Regierten dar, sondern es half auch, das Reich als solches zu gestalten. In wirtschaftlicher Hinsicht bildete das Reich einen Überbau, der aus einer Reihe relativ autonomer Zonen bestand; diese wiederum entwickelten sich entweder um eine größere Stadt oder eine große Armeegarnison herum. Im Westen gehörten zu diesen Zonen außer Rom noch die beiden Hauptgebiete der militärischen Besatzung an den Flüssen Rhein und Donau, mit je einer Garnison von ungefähr 80 000 Mann. Im Osten bildeten die wichtigsten Zonen die weitgehend urbanisierte westliche Türkei (Asia Minor), zu der Ephesus, Pergamon und Smyrna und jede Menge kleinerer Orte gehörten, sowie das Gebiet rund um Antiochia in Syrien. In allen Fällen belieferte das Hinterland der jeweiligen Zonen die Städte oder Garnisonen mit Geldern, Gütern und Diensten. Rom mit etwa einer Million Einwohnern benötigte den Überschuss der landwirtschaftlichen Ressourcen in Nordafrika, Spanien und Ägypten, um sich überhaupt am Leben erhalten zu können.

Nicht alle Straßen führen nach Rom

Die Tatsache, dass Rom zum Überleben Nahrungsmittel aus außeritalienischen Gebieten brauchte, bedeutete nicht, dass der Handel eine Einbahnstraße war. Die ständige Nachfrage der Verbraucher in Rom kam direkt auch den Regionen, die es versorgte, zugute. Durch die Infrastruktur, die benötigt wurde, um den landwirtschaftlichen Überschuss Nordafrikas nach Rom zu transportieren, erlebte zum Beispiel Karthago als Großstadt eine neue Blüte. Ähnlich bestätigte in Ägypten die Versorgungskette, die vom fruchtbaren Niltal nach Alexandria führte, den Status dieser Stadt als einer Drehscheibe: Alexandria war, abgesehen von den Unmengen einheimischer Agrarprodukte, die hier landeten, auch ein wichtiger Umschlagplatz für den lukrativen Handel mit Luxuswaren – hauptsächlich Gewürzen – aus Asien. Im kleineren Maßstab schuf derselbe Prozess Wohlstand im ganzen Reich. Die Garnisonen am Rhein lebten von der Überschussproduktion in Frankreich, während die an der Donau stationierte Armee das Wachstum der Landwirtschaft auf dem gesamten Balkan stimulierte. In beiden Gebieten, die vor der römischen Eroberung über keine bedeutenden städtischen Siedlungen verfügt hatten, wuchsen an den Flüssen und in Flussnähe größere Orte heran. In Germanien gehörten zu diesen Städten Bonn (Bonna), Trier (Augusta Treverorum), Mainz (Mogontiacum) und Köln (Colonia Agrippina). In Gallien

Prächtige Säulen säumen den Cardus Maximus *der Stadt Gerasa, Jordanien.* Cardus *oder* Cardo *hieß die Haupt- und Handelsstraße in einer römischen Stadt. In solchen Straßen reihte sich ein Ladengeschäft an das andere.*

entwickelten sich an der Rhône Lyon (Logdunum) und die alte, von Griechen gegründete Stadt Marseille (Marsilia). An der Donau entstanden große Ballungsräume bei Aquincum (Budapest) und Sirmium sowie Siscia an der großen Ost-West-Straße nach Süden und Thessaloniki. In Britannien entwickelte sich London zu einem bedeutenden Handelszentrum, während sich in Spanien Córdoba (Corduba) zum Mittelpunkt des fruchtbaren Guadalquivirtals herausbildete.

Auf dieser Abbildung aus späterer Zeit sieht man einen Quästor in seiner Robe, umgeben von seinen offiziellen Insignien. Die Einrichtung des Quästorenamts geht auf die Republik zurück. Die Quästoren waren für die Staatskasse und die Staatsfinanzen zuständig.

Durch die Einrichtung eines Umverteilungsnetzwerks für die Überschussproduktion und die Schaffung eines stabilen Markts für Güter von nah und fern begründete das Römische Reich in den Territorien unter seiner Oberhoheit einen bis dahin unbekannten Wohlstand. Das System ermöglichte es den römischen Kaisern auch, Durststrecken in bestimmten Gegenden dadurch zu mindern, dass Überschüsse aus prosperierenden Regionen umgelenkt wurden.

Das auffallendste Merkmal des kaiserlichen Umverteilungssystems war, dass nicht alle Straßen nach Rom führten. Während alljährlich riesige Flotten mit Getreide an Bord von Nordafrika und Alexandria nach Rom unterwegs waren, floss der Rest des Handels von der Hauptstadt ins Reich. Im Altertum gab es nichts, was den Silber- und Goldbarrenflotten des frühneuzeitlichen Spanien geähnelt hätte, die, nachdem sie die Ressourcen des Reichs geplündert hatten, in die Häfen Italiens einliefen. Der größte Teil der Steuereinnahmen, die entweder in Form landwirtschaftlicher Erzeugnisse (Grundsteuer) oder in harter Währung (Kopfsteuer sowie verschiedene Steuern auf den Transport von Waren) eingesammelt worden waren, wurde zur Unterstützung der Administration in den Gebieten verwendet, aus denen sie stammten, oder in jenen Gegenden, die von einem lokalen Umverteilungsnetz bedient wurden.

Finanzielle Schwächen

Die Dezentralisierung des römischen Systems war seine größte Stärke. Sie bedeutete, dass dann, wenn in einem Gebiet eine Katastrophe eintrat, der Rest des Reichs relativ ungestört weiter funktionieren konnte. Andererseits beinhaltete die Tatsache, dass mit den Steuern hauptsächlich lokale Bedürfnisse befriedigt wurden, auch, dass die Kaiser fast ständig in finanzieller Bedrängnis waren. Deshalb fingen sie im Lauf der ersten beiden Jahrhun-

Das römische Geld

Die Münzen, die entweder von der kaiserlichen Regierung oder von lokalen Behörden herausgegeben wurden, trugen auf der Vorderseite das Bildnis eines Mitglieds der Kaiserfamilie und auf der Rückseite ein Symbol für die lokale oder die imperiale Ideologie. Es gab die folgenden Währungseinheiten:

As (Bronze)
Sestertius = 4 Asse (Bronze)
Denarius = 4 Sestertii (Silber)
Aureus = 25 Denarii (Gold)

Das Einkommen eines römischen Legionärs belief sich im 1. und 2. Jahrhundert n. Chr. auf ungefähr 1000 Sestertii im Jahr. Das was für den Durchschnittsrömer ein gutes Salär und entspricht in etwa dem, was in Rom für Kost und Logis einer vierköpfigen Familie aufzubringen war. Ein Arbeiter am unteren Ende der Einkommensskala musste in derselben Epoche rund 400 Sestertii im Jahr verdienen, um sich über Wasser zu halten.

Ein Aureus *mit dem Bildnis des Augustus. Der seit dem 1. Jahrhundert v. Chr. im Umlauf befindliche* Aureus *wurde erst von Kaiser Konstantin I. durch den* Solidus *ersetzt.*

derte an, den Gehalt an reinem Silber in der wichtigsten Silbermünze, dem *Denarius,* auf ungefähr 60 Prozent zu reduzieren. Sie vermieden eine Inflation dadurch, dass sie das Verhältnis des *Denarius* zur Hauptgoldmünze, dem *aureus,* mit 25:1 festlegten. Das Ergebnis war, dass die Inflation während der beiden Jahrhunderte nach Augustus mit jährlich circa 0,25 Prozent relativ stabil blieb.

Obwohl die Kaiser die Inflation im Griff hatten, den Goldstandard stützten und Mängelsituationen dadurch ausglichen, dass sie Überschüsse umlenkten, blieb ihre finanzielle Lage desolat. Auf die Steuereinnahmen, die auf dem relativ unelastischen System von zehn- bis 14-jährlichen Erhebungen beruhten, konnte man sich, wenn riesige neue Einkünfte benötigt wurden, nicht verlassen. Löcher im Budget mussten von den Kaisern selbst gestopft werden, die seit der Zeit des Augustus Überschüsse aus ihrem eigenen Einkommen (aus dem *patrimonium*) in die Staatskasse *(aerarium)* einzahlten. Doch auch der Transfer kaiserlicher Mittel reichte nicht immer aus. Nicht nur die Kriege rissen Löcher in den Staatssäckel. Obwohl sich das Reich unter der Herrschaft des Antoninus Pius einer langen Friedenszeit erfreute, hielt der Kaiser es immer noch für notwendig, den höheren Schichten eine Luxussteuer aufzuerlegen: Sie mussten auf den Verkauf von Gladiatoren einen 25- bis 33-prozentigen Aufschlag entrichten. Bis Mark Aurel mit einer großherzigen Geste zur Erinnerung an seine militärischen Siege endlich die Gladiatorensteuer abschaffte, hatte sie pro Jahr zwischen fünf und sieben Millionen *Denarii* eingebracht.

Das Reich als Schmelztiegel: Die römische Kultur (68–180 n.Chr.)

Ein Ehepaar etruskischer Herkunft auf einem Sarkophag im Scasato-Tempel in der Stadt Falerii (heute Cività Castellana, Toskana). Seit frühester Zeit assimilierte Rom andere Völker Italiens, die es unterworfen hatte, wie zum Beispiel die Etrusker. In der Kaiserzeit kamen immer unterschiedlichere Ethnien unter römische Oberhoheit.

Obwohl das Römische Reich viele ganz unterschiedliche Kulturen umfasste, gelang es ihm, den Völkern, die unter seiner Oberhoheit standen, das Gefühl zu vermitteln, Römer zu sein. Doch dahinter stand keine aktive Politik Roms; die Autorität des römischen Staates hing vielmehr von der bereitwilligen Zustimmung seiner Untertanen ab. Allein die Geschichte der jüdischen Revolten (im 1. und 2. Jahrhundert) verdeutlicht, dass schon ein Volksaufstand in einer kleinen Provinz genügte, um die Ressourcen des Reiches strak zu strapazieren und die römische Administration fast zu überfordern. Mit welchen Methoden also gewannen die Römer ihre Untertanen für sich?

Roms Grundprinzip, die Macht mit den lokalen Eliten zu teilen, implizierte, dass es nicht einfach vorschreiben konnte, was es hieß, ein Römer zu sein, und auch nicht erwarten konnte, dass die Leute blindlings gehorchten. Ganz allgemein gesagt, war das Reich aufgeteilt zwischen dem Griechisch sprechenden Osten und dem Lateinisch sprechenden Westen. Diese grobe Unterscheidung verschleiert jedoch die radikalen Unterschiede in der Art, wie Latein oder Griechisch von der großen Masse jener Menschen assimiliert wurde, für die weder das eine noch das andere die Muttersprache war. So war Latein in Britannien, Germanien und Gallien oft nur die zweite Sprache nach den lokalen keltischen oder germanischen Dialekten.

E pluribus unum

Das römische Afrika – die Provinz mit dem Zentrum Karthago – war ein besonders interessanter Fall. Obwohl es seit dem Ende des 3. Punischen Krieges (146 v.Chr.) eine römische Provinz war, bewahrte es seine eigene sprachliche und kulturelle Identität. Die erste Sprache eines afrikanischen

Eine Karte des Römischen Reiches mit grober linguistischer Einteilung (1. Jahrhundert n.Chr.). Sie zeigt, wie erfolgreich das Römische Reich eine solche Vielfalt über mehrere Jahrhunderte mit Erfolg in seinen Grenzen vereinigte.

Aristokraten war vielleicht Punisch (der Dialekt des alten Karthago, der sich aus der Sprache seiner Gründer, phönizischer Händler, entwickelt hatte) oder eine andere lokale Sprache. Selbst Nordafrikaner, die im römischen Staatsdienst hohe Ämter erlangten, kappten die Verbindungen zu ihren Wurzeln nicht. Lucius Quietus, einer der vier führenden Generäle, die Hadrian zu Beginn seiner Herrschaft hatte hinrichten lassen, war der Sohn eines nordafrikanischen Stammesfürsten und sprach wahrscheinlich einen Berberdialekt. Ähnlich berichtet die „Historia Augusta“ (eine spätrömische Sammlung von Kaiserbiographien über die Jahre 117–284 n.Chr.), dass Septimius Severus (146–211 n.Chr.), der spätere Kaiser, der unter Mark Aurel in den Senat aufstieg, einen so starken punischen Akzent hatte, dass er seinen eigenen Namen wie «Scheptimiusch Scherwusch» aussprach.

In Ägypten sprachen viele lokale Beamte kaum Latein, weil ihre erste Sprache jene Form des Ägyptischen war, die als Demotisch bekannt ist. Die Hauptsprache in Syrien war das Aramäische, während man in Asia Minor ein Mischmasch aus alten Sprachen dem Griechischen vorzog. Noch im 3. Jahrhundert n.Chr. bemerkte der römische Jurist Ulpian (gest. 223), dass ein Statthalter an seinem Hof Leute unterzubringen hatte, die so unterschiedliche Sprachen wie Phönizisch, Aramäisch, Latein oder Griechisch sprachen.

Ulpian selbst stammte aus Tyrus, einer im östlichen Mittelmeerraum gelegenen römischen *colonia*. Diese Enklave lateinischer Kultur lag in einem Bezirk, in dem Aramäisch viel geläufiger war als Griechisch oder Latein. Wäre Ulpian aus Gallien gekommen, hätte er in seine Liste wohl auch Keltisch eingeschlossen. Umgekehrt beherrschte ein Gallier namens Favorinus (um 80–150 n.Chr.) die griechische Sprache so perfekt, dass er unter Hadrian zu einem der besten griechischen Rhetoren wurde.

Eine Welt der Spiele und Spektakel

Römische Kaiser versuchten auf verschiedenen Wegen, die Werte der römischen Kultur den Völkern des ganzen Reiches schmackhaft zu machen und diejenigen zu belohnen, die zur Assimilation bereit waren. Zu diesen Initiativen gehörte es, die Menschen zu ermuntern, so gut Griechisch und Latein zu lernen, dass sie sich an der Regierung beteiligen konnten, Städte nach griechischem oder römischem Vorbild zu bauen und griechische oder römische Kleidung zu tragen. Die römischen Werte wurden nicht nur durch periodische Besuche höherer Amtspersonen vermittelt, sondern auch durch verschiedene Formen öffentlicher Bekanntmachungen und Spiele. Briefe des Kaisers wurden immer im Rahmen einer öffentlichen Zeremonie verlesen und dann angeschlagen.

> «Das römische Volk wünscht sich nur zwei Dinge – Brot und Zirkusspiele.»
>
> JUVENAL, „Satiren“, X, 80

Es gab drei Formen säkularer öffentlicher Spektakel: Theaterveranstaltungen, Athletenwettbewerbe und öffentlich ausgetragene Kämpfe. Im Theater konnte man die Aufführung von Schauspielen sehen; das waren in der Regel, aber nicht ausschließlich, Stücke, die zum Kanon didaktischer Werke gehörten. Doch es wurden auch Auszüge aus den größten Erfolgen auf die Bühne gebracht, manchmal begleitet von Musik, Gedichtrezitationen und Chorauftritten. Zu sehen waren auch mimische Vorstellungen (anspruchslose Shows, die von „Sitcoms“ und Clownnummern bis zu Tanzdarbietungen reichten) und Pantomimen, eine Form der Tragödie mit einem Tänzer, begleitet von einem Sänger und Trommlern, die Stücke über ein mythologisches Thema auf die Bühne brachten. Manchmal wurden solche Aufführungen durch Auftritte ergänzt, die ein wichtiges Ereignis in der Geschichte des Römischen Reiches illustrierten.

Sportwettkämpfe hatten ihren Ursprung im vorrömischen Griechenland: Dort traten nackte Athleten in einer Reihe von Wettrennen und Leichtathletikdisziplinen, zum Beispiel im Fünfkampf, gegeneinander an. Ein anderer Publikumsmagnet war das Triumvirat der Kampfsportarten: Faustkampf, Ringen und Pankration, eine brutale Mischung aus beidem.

Zu den Wettkämpfen gehörten auch Reitsportarten; es gab sowohl Pferderennen, wie wir sie noch heute kennen, als auch Wagenrennen mit Zweier- oder Vierergespannen. Solche Wagenrennen fanden auf Bahnen unterschiedlicher Dimensionen statt, die eine große Anzahl von Teilnehmern aufnehmen konnten. Das Hippodrom des griechischen Olympia war sogar für 48 Wagen ausgelegt.

Ein Schauspieler (links) in der Rolle eines Königs (Ausschnitt aus einem Fresko, Herculaneum). Die vom griechischen Drama beeinflussten Theaterveranstaltungen unterschiedlichster Art waren in der römischen Welt sehr beliebt. Pompeius errichtete 55–54 v.Chr. in Rom das erste ausschließlich für Theateraufführungen gedachte Gebäude.

Im Gegensatz dazu wurden Zirkus-Wagenrennen im römischen Circus Maximus auf vorgegebenen Bahnen durchgeführt. Höchstens zwölf Teams nahmen an solchen Rennen teil. Sie fuhren sieben Runden um ein Hindernis in der Mitte, mit engen Kurven an jedem Ende. Diese Spektakel waren schnell und stürmisch und für die Teilnehmer sehr gefährlich und unfallträchtig.

Öffentlich ausgetragene Kämpfe hatte es als eine Form der Unterhaltung seit republikanischen Zeiten gegeben, aber nach der Schlacht von Aktium

Der Handel mit wilden Tieren im alten Rom

Da die Veranstaltungen im Kolosseum in Rom und in anderen Amphitheatern im ganzen Reich immer populärer wurden, weitete sich auch die Nachfrage nach wilden Tieren immer weiter aus. In allen Teilen des Reiches wurde nach Exemplaren gesucht, mit denen sich ein höchst profitabler Handel entwickelte. Die nach Italien transportierten Tiere wurden in besonderen Zoos gehalten, bevor man sie in Pferche unter dem Holzboden des Kolosseums sperrte. Von dort wurden sie vor ihren Auftritten mit Winden in die Arena heraufgezogen, wo entweder Jäger sie töteten oder wo man sie gegeneinander hetzte. Augustus hatte in 26 Wildtierhetzen 3500 Tiere aus Afrika töten lassen, und in den 100 Tagen der Spiele, die Titus zur Eröffnung des Kolosseums veranstaltete, kamen allein 9000 Tiere ums Leben. Bei diesen grotesken und grausamen Spektakeln wurden Löwen, Bären, Wölfe und sogar Krokodile und Nashörner getötet. Der Blutdurst der Römer war so groß und der Handel so schwunghaft, dass mehrere Arten fast ausgestorben wären; in dieser Zeit wurde der Berberlöwe in den Provinzen Numidien und Mauretanien beinahe ausgerottet.

Ein sehr plastisches Mosaik aus der nordafrikanischen Stadt Leptis Magna zeigt Jäger, die Hirsche und ein Wildschwein töten, sowie einen Gefangenen, der von einem Leoparden attackiert wird.

gewannen sie im ganzen Reich an Popularität. Am üblichsten waren Gladiatorenkämpfe zwischen zwei oder mehreren unterschiedlich bewaffneten Männern. Bei anderen blutrünstigen Kämpfen verfolgten und töteten professionelle Jäger wilde Tiere. Am berüchtigtsten waren die als Kämpfe inszenierten Hinrichtungen von Verbrechern. Bei diesen grausamen Scharaden konnten Männer auf eine Art und Weise gefoltert werden, die an die mythologischen Strafen erinnerte, die die Götter gegen berühmte Frevler verhängt hatten. Alternativ gab es eine Form der Bestrafung, bei denen Verbrecher „den wilden Tieren vorgeworfen“, das heißt schutzlos in die Arena geschickt und dort von Löwen, Tigern, Bären oder Wölfen zu Tode gehetzt wurden. Eine andere Variante war, Verurteilte zu zwingen, einander in Zweikämpfen zu töten.

Anders als moderne Zuschauer, die begeistert Wettkämpfen folgen, die sich wochen- oder sogar monatelang hinziehen, verlangte das Publikum im Altertum sofortige Genugtuung. Wenn sich Leute versammelten, um einer solchen Veranstaltung zuzusehen, sei es mit Athleten, Gladiatoren oder mit Reitern, erwarteten sie heftige Kämpfe und schnelle Wechsel des Glücks. Sie empfanden es als zusätzlichen Kitzel, wenn einer oder mehrere der Teilnehmer die Arena halb tot verließen. In Kampfspielen wurden sämtliche Wettbewerbe in einen einzigen Tag gepresst, damit die Zuschauer nicht lange auf das Ergebnis warten mussten. Das bedeutete, dass der Gewinner des Finales eine mörderische Serie entscheidender Siege hinter sich bringen musste. Ausdauer und die Fähigkeit, Schmerzen zu ertragen, waren Qualitäten, die die Römer besonders bewunderten.

> «Alles das ist nur eine Verschleppung dessen, worauf es der Menge ankommt – des Todes. Des Morgens wirft man den Löwen und Bären Menschen vor, des Mittags den Zuschauern. Auf ihren – der Zuschauer – Befehl wird, wer eben glücklich einen Mord vollzogen, einem kampfbereiten Mörder als Opfer vorgeworfen.»
>
> SENECA, „Moralische Briefe", VII, 4
> (Übers. v. Otto Apelt)

Die römische Psyche

Was machte eigentlich einen Römer aus? Auch wenn es schwierig ist, eine kollektive Psyche zu rekonstruieren, lassen sich bei der Betrachtung diverser Aspekte doch gewisse Leitmotive herauskristallisieren. Eines davon ist die Tatsache, dass die Römer von Schmerz und Leiden fasziniert waren. So wurden zum Beispiel Gladiatoren, abgesehen von ihrem reinen Unterhaltungswert, vom römischen Publikum so hoch geschätzt, weil sie in Kämpfen, die fast ausnahmslos mit irgendeiner Verletzung endeten, Leib und Leben riskierten und somit überzeugende Symbole für menschliche Stärke waren.

Damit ist nicht gesagt, dass die römische Haltung gegenüber den Gladiatoren eindeutig gewesen wäre: Sie wurden zum einen verunglimpft, weil sie in der sozialen Hierarchie auf einer Stufe mit den Sklaven standen, doch zum anderen wurden sie wegen ihres Wagemuts extrem bewundert, einige erlangten sogar echten Starruhm. Eine ähnlich zweideutige Haltung verband sich mit der Frage nach dem Leiden, das die Kämpfer erdulden mussten. Ein gewisses Maß an Blutvergießen machte ein Spektakel spannender, aber ein Massensterben war weder unvermeidlich (die Wahrscheinlichkeit, bei einem Auftritt ums Leben zu kommen, lag bei fünf Prozent) noch besonders wünschenswert. Bei Gladiatorenkämpfen ging es auch weniger darum, den Blutdurst der Menge zu stillen, als darum, im Rahmen einer längeren Darbietung Kampfgeschick zu beweisen. Aus diesem Grund, und nicht aus irgendeiner Sorge um das Wohlergehen der Gladiatoren heraus, wurden nach der Zeit der Julio-Claudier Kämpfe bis zum Tod überall, mit Ausnahme von Rom, verboten. Doch auch dort kam es selten dazu, denn solche Kämpfe wurden nur in Anwesenheit des Kaisers veranstaltet. Unter Mark Aurel wurden die metallenen Schwerter und Dreizacke oft durch Holzwaffen ersetzt. Durch diese Neuerung sollten aber wahrscheinlich nur die Auftritte verlängert werden.

Eine beliebte Erzählung aus Troja, die die Phantasie der Römer anregte, war die des Priesters Laokoon, der versuchte, seine Mitbürger daran zu hindern, das hölzerne Pferd in die Stadt zu ziehen. Dafür wurde er von den Göttern zu einem schrecklichen Schicksal verdammt und von zwei Schlangen erwürgt. Laokoons Geschichte wurde in Vergils Äneis *lebendig nacherzählt.*

Das Thema der Stärke kehrt in den epischen Erzählungen, *der* literarischen Gattung der Kaiserzeit, immer wieder. Die Helden dieser Geschichten waren, wie beispielsweise Äneas, Respekt heischende Wanderer, die große Entbehrungen auf sich nahmen, um endlich eine Heimat zu finden, und sich während ihrer Reisen oft Gefahren oder fürchterlichen Qualen aussetzen mussten.

Sowohl in den Werken von Zeitgenossen wie Vergil und Ovid als auch in jenen der früheren griechischen Autoren Homer und Sophokles ließ sich das römische Publikum von spektakulären Beispielen für menschliches Leiden faszinieren.

Zu den beliebtesten Themen, die auf die Bühne gebracht wurden, gehörten auch die schauerlichsten Episoden aus der Mythologie: Medea, die ihre Kinder umbrachte, war bei den Römern sehr populär, sogar der junge Augustus schrieb ein Stück zu diesem Thema. Das Gleiche galt für das Bankett, bei dem Atreus seinem Bruder Thyestes die gekochten Leiber seiner Kinder zu essen gab, den Wahnsinn des Herkules oder die bizarre sexuelle Vereinigung der Spartanerin Leda mit dem Gott Zeus in der Gestalt eines Schwans.

Den Kontrapunkt zu dieser Begeisterung für den Schmerz bildete die Bewunderung der Römer für die Demonstration großer Ruhe. Der ideale Römer beherrschte seine Leidenschaften stoisch und zeigte sich im Leben stets so gelassen wie jene Würde ausstrahlende Steinstatue, die – wie jeder prominente Bürger es sich wünschte – seine Stadt einmal zu seinen Ehren aufstellen würde. Doch hinter dieser Fassade war er vielleicht, wie Mark Aurel, imstande, seinen Freunden Briefe zu schreiben, in denen er seine Krankheiten und Schmerzen in allen Einzelheiten schilderte.

«Da gleitet von Tenedos her durch ruhige Wogen –
jetzt noch fasst mich Entsetzen – in riesigen Bogen
ein Paar von Schlangen im Meere dahin und strebt
gemeinsam zum Strande […] Brennend starrten die Augen,
von Blut unterlaufen und Feuer, schon leckten sie zischend ihr Maul
mit zuckenden Zungen […] Sie streben in sichrem Zug auf Laokoon zu:
Sofort um die Leiber, die jungen, beider Söhne schlingen
nun beide Schlangen die grause Windung […] Jener bemüht
mit den Händen sich hart, zu zerreißen die Knoten,
schwarz übergossen von Geifer und Gift an den heiligen Binden,
furchtbar zugleich tönt klagend sein Schrei hinauf zu den Sternen …»

VERGIL, „Äneis", Buch 3 (Übers. v. Johannes Götte)

Religion und Kultur

Da die Römer nicht über die wissenschaftlichen und medizinischen Kenntnisse verfügten wie wir heute, blieb ihnen im Fall von Seuchen, Erdbeben, Stürmen oder Hungersnöten nichts anderes übrig, als sich Hilfe suchend an die Götter zu wenden. So konsultierte Mark Aurel, als das Reich von Barbaren bedroht wurde, den Mystiker Alexander von Abonuteichos und seine Orakelschlange Glykon. Als die antoninische Pest sich im Reich verbreitete, rief er den Gott Apollon an. Seine Überzeu-

gung, dass die Götter durch Orakel sprechen und seine Gebete erhören würden, ging auf die stoische Philosophie zurück, die sein ganzes Denken und Handeln bestimmte. Eine Grundlehre des Stoizismus war, dass die nahtlose Verbindung von Ereignissen, das Schicksal, nicht vom göttlichen Willen des Zeus zu trennen sei. Dieser Glaube an eine Form der Vorsehung implizierte, dass die Gesetze der Natur als materielle Präsenz des Göttlichen im Universum verstanden wurden. In Harmonie mit diesen Gesetzen zu leben, war deshalb Mark Aurels erklärtes Ziel:

«Weiter danke ich […], dass mir durch die Gaben, Hilfeleistungen und Eingebungen der Götter nichts gefehlt hat, der Natur gemäß zu leben, und wenn ich noch vom Ziel entfernt bin, so ist es meine Schuld, dass ich die göttlichen Mahnungen, fast möchte ich sagen: Offenbarungen, schlecht befolgt habe.»

MARK AUREL, „Selbstbetrachtungen" 1.17.6
(Übers. v. Albert Wittstock)

Ausschnitt aus einer Freskenmalerei, die in den Ruinen von Pompeji erhalten blieb, nachdem die Stadt im Jahr 79 n.Chr. unter der Asche des Vesuvs begraben wurde. Sie zeigt Medea, ein Schwert in der Hand, die als schrecklichen Akt der Rache an ihrem untreuen Gemahl Jason die Ermordung ihrer eigenen Kinder plant (links).

Was Mark Aurels stoischen Glauben an das Schicksal und die Götter auszeichnete, war die Vorstellung, dass die vielen Gottheiten im römischen Pantheon alle dem Willen eines einzigen göttlichen Ordnungsprinzips unterworfen waren.

Für alle anderen Bewohner des Reiches waren die Götter, die im Fokus ihrer Verehrung standen, weniger gut organisiert. Im Römischen Reich wimmelte es nur so von Kultstätten und Tempeln für Götter aller Größen und Gestalten, viele davon eindeutig lokalen Ursprungs. Die Leute wandten sich an diejenigen, die auf ihre spezifischen Sorgen am besten reagieren konnten. Mit ihrer völlig undogmatischen Einstellung zum Glauben versuchten die Römer nicht, unterschiedlichen Völkern irgendeine einzige offizielle und genehmigte Religion aufzustülpen. Diese Haltung gehörte zu den signifikantesten stabilisierenden Faktoren, die das Römische Reich auszeichneten.

Der Glaube an die Götter wurde durch die Tradition geheiligt und oft durch extensive anekdotische Evidenz göttlicher Intervention gestützt. In Tempeln, die Asklepius, dem Gott der Heilung, gewidmet waren, wurden

Aufzeichnungen über die Art und Weise aufbewahrt, wie er den Kranken dort geholfen hatte. Weissagungsstätten dokumentierten die Reaktion der Götter an Ort und Stelle. Städte hielten dagegen jene Augenblicke schriftlich fest, da die Götter Katastrophen abgewendet oder ihnen neue Riten offenbart hatten, mit deren Hilfe sie Brüche in ihren Beziehungen heilen konnten. Die Menschen zweifelten nicht an der Existenz der Götter, denn sie konnten die Resultate ihrer Handlungen rundum sehen. Außerdem wussten sie, wie man den Göttern seine Verehrung darbrachte, denn die Götter hatten es ihnen ja selbst gezeigt. Sie waren sich auch bewusst, dass die Götter unterschiedlichen Menschen unterschiedliche Weisungen erteilten.

Der üblichste Ausdruck religiöser Verehrung war im Römischen Reich der Akt der Opferung. Die Menschen brachten Opfergegenstände, die sie sich leisten konnten, in den Tempel und verbrannten sie auf einem Altar, wenn sie versuchten, einen Gott zu erreichen, den sie im Himmel vermuteten, oder sie gossen sie auf den Boden, wenn sie eine der Gottheiten anrufen wollten, die unter der Erde lebte. Von den Reichen wurden größere Opfer erwartet als von den Armen, denn in der Ordnung der Götterverehrung spiegelte sich idealerweise die Ordnung der Gesellschaft wider. In der Vorstellung der Römer gab es keine Trennung zwischen politischer und religiöser Sphäre, denn die Aufrechterhaltung der sozialen Ordnung hing von der Zufriedenheit der Götter ab. Deshalb war der römische Kaiser auch ein Priester: Seit der Zeit des Augustus bekleidete er im Staat eine Reihe von Priesterämtern, von denen das wichtigste das des *Pontifex Maximus* war. Die Führer der Gemeinden im ganzen Reich hatten gewöhnlich auch irgendeine Art von Priesteramt inne.

Orakel, Scharlatane und Visionäre

In der Untrennbarkeit von Politik und traditionellem Kult manifestierte sich die Schlüsselrolle, die im Römischen Reich

Das bedeutendste Orakel der klassischen Welt befand sich im griechischen Delphi, an den Hängen des Berges Parnass, und war dem Gott Apollo gewidmet. Über Jahrhunderte verkündete die Pythia (Priesterin) dort Prophezeiungen. Diese römische Skulptur zeigt Apollo neben dem Orakel.

Auf diesem Marmorrelief aus dem Tempel des Vespasian auf dem Forum Romanum sieht man einen Priester, der einen Opferstier zum Altar führt. Die Opferung war ein wesentlicher Bestandteil der religiösen Riten der Römer.

der Religion als einem sozialen Stabilisator zukam. Doch für einige ging die traditionelle Frömmigkeit nicht weit genug. Die Bedeutung der Götter war so groß, dass viele Menschen nach direkteren Wegen suchten, um sie jenseits der festgelegten Grenzen des Kults anzurufen, der in ihren Augen nur eine passive religiöse Tätigkeit war. Einer dieser Mechanismen, über den eine unmittelbarere Beziehung zu den Göttern hergestellt werden konnte, waren die Weissagungen.

Ihre Methoden variierten enorm. Eine Möglichkeit war, Orakel aufzusuchen. In diesem Fall waren die Gläubigen davon überzeugt, dass die Götter aus dem Munde inspirierter Propheten zu ihnen sprechen. In der Regel wandten sich die Götter an den bekannten Kultstätten aber nur an solche Menschen, deren gesellschaftlicher Rang hoch genug war, dass sie eine direkte Mitteilung auch verdienten.

Eine indirektere Methode, sich einer Gottheit anzunähern, war, ein Orakel zu befragen, das über ein Lossystem funktionierte. Bei einer klassischen Form dieser Art von Weissagungen, die in Ägypten vorkam, wurden zwei Zettel, die je eine identische Frage und eine alternative Antwort enthielten, in eine Urne gelegt. Derjenige Zettel, der herausgezogen wurde, wurde als die Antwort des Gottes akzeptiert. Bei anderen Methoden wurden Würfel geworfen. Die erhaltene Augenzahl entsprach dann der Zahl, die auf einer Liste mit vorformulierten Antworten festgehalten war; oder man beobachtete Fische, die in einem heiligen Teich gefüttert wurden, oder die Essgewohnheiten heiliger Hühner oder die Richtung, in die ein Käse schwamm. Wurden Tieropfer dargebracht, wurde das geschlachtete Tier akribisch untersucht, um festzustellen, ob seine Eingeweide irgendwelche Zeichen enthielten. Das Verhalten des Tiers wurde genau überprüft, um sicherzustellen, dass es sich auf seinem Weg in den Tod richtig verhielt. Der römischen Tradition entsprechend, wurde auch das Wetter und der Flug der Vögel sorgfältig beobachtet.

Allerdings überschritten diese Aktivitäten gelegentlich die Grenzen des akzeptablen Verhaltens, und zwar dann, wenn die Menschen die Weisheit der Götter von Hellsehern, Magiern oder solchen Visionären erfahren wollten, die behaupteten, heilige Schriften der Weisen einer fernen Vergangenheit zu besitzen. Noch schlimmer war, dass man ihre Dienste beanspruchen konnte, um seine Feinde zu verhexen. Der griechische Satiriker

Lukian (120 – um 180 n.Chr.) nahm solche Allzweck-Scharlatane in seinem Aufsatz „Alexander der Orakelverkäufer" auf die Schippe. Es war eine Attacke auf Alexander von Abonuteichos, den Propheten, den Marcus Aurelius konsultierte

Trotz seiner Toleranz gegenüber lokalen religiösen Bräuchen wusste der römische Staat, dass Propheten, die außerhalb der Leitlinien des Staates wirkten, insbesondere Magier, die behaupteten, imstande zu sein, übernatürliche Erscheinungen heraufzubeschwören, potenziell brandgefährlich waren. So waren visionäre Propheten für das Schüren des jüdischen Aufstands unter Trajan verantwortlich, und die germanische Rebellion, die ausbrach, als Vespasian den Thron bestieg, wurde von den Visionen einer Frau namens Veleda angeheizt.

Der römische Mystiker Apollonios von Tyana. Zu seinen berühmtesten Wundern gehört die angebliche Auferweckung einer Senatorentochter vom Tode. In einer Vision soll er auch den Mord an Domitian in dem Moment gesehen haben, in dem er geschah; er beschrieb ihn dann in all seinen grässlichen Einzelheiten.

Seit Augustus erließ jeder Kaiser Edikte gegen jeglichen ungenehmigten Kontakt mit dem Göttlichen. Leuten, die sich der Magie bedienten, um ihre Nachbarn mit einem Fluch zu belegen, wurde, ebenso wie den Magiern, die sie unterwiesen, die Todesstrafe angedroht. Dennoch konnten verzweifelte Menschen nicht daran gehindert werden, sich an solche Magier zu wenden. Es gab bekanntlich sogar Kaiser, die solche unabhängigen Experten befragten. Die große Kluft zwischen den Forderungen des Gesetzes und der im Volk verbreiteten Praxis beweist nur erneut, wie sehr sich die Römer von der göttlichen Offenbarung faszinieren ließen.

Ein Visionär, der sich in der römischen Welt besonderer Berühmtheit erfreute, war ein langlebiger Mann namens Apollonios von Tyana (um 1–100 n.Chr.). Er hatte angeblich die Stadt Ephesus vom Pest-Dämon befreit und die Kranken „gesundgebetet". Als er starb, glaubten viele Menschen, er sei in den Himmel aufgestiegen. Heilige Objekte, mit denen er, wie vermutet wurde, die Dämonen vertrieben hatte, waren noch Jahrhunderte nach seinem Tod in den östlichen Teilen des Reiches verbreitet.

Orientalische Kulte

Die Römer hielten die griechisch-römische Kultur für relativ jung, jedenfalls im Vergleich zu den alten Kulturen Ägyptens und Mesopotamiens. Touristen – wie auch Kaiser Hadrian – reisten nach Ägypten, um die alten Weisheitsbücher zu bestaunen und den Anhängern obskurer Kulte andächtig zu lauschen. In ägyptischen Tempeln wurden Texte aus der Zeit der Pharaonen aufbewahrt, und es gab Ägypter, die sehr gern bereit waren, diesen Touristenmarkt mit griechischen „Übersetzungen" von Büchern mit altägyptischer Weisheit zu beliefern. Die darin enthaltenen Ideen waren

Der Mithraskult

Die Rituale des Mithraskults beruhten auf einer Mischung aus Astrologie und Mythos. Die Anhänger dieses Kults, ausschließlich Männer, waren hierarchisch in sieben „Weihegrade" unterteilt. Dabei war der höchste gewöhnlich für Personen reserviert, die auch die höchste Stellung in der Gesellschaft innehatten. Die sieben Ränge, die den sieben im Altertum bekannten Planeten entsprachen, waren der Vater (Saturn), der Heliodromos oder „Sonnenläufer" (Sonne), der Perser (Mond), der Löwe (Jupiter), der Soldat (Mars), der Nymphus oder „Bräutigam" (Venus) und der Rabe (Merkur). Zu den Ritualen des Mithraskults gehörten ein Initiationsbankett, mit dem an das Mahl erinnert wurde, das Mithras mit der Sonne einnahm, nachdem er die Welt durch die Tötung eines kosmischen Stiers erschaffen hatte. Das fließende Blut des geschlachteten Stiers war angeblich die Quelle allen Lebens und Gedeihens auf Erden. Während dieser Zeremonie richtete der Vater einen Pfeil auf einen nackten Initianden und erinnerte so daran, dass Mithras einen Pfeil auf einen Felsen abgeschossen und damit das Wasser erschaffen hatte. Ein anderes Ritual, die Prozession des Heliodromos, ahmte die Reise der Sonne durch die Tagundnachtgleichen nach und symbolisierte die Reise, die die menschliche Seele vollendete.

Mithras tötet den kosmischen Stier. In allen Mithräen gab es solche Skulpturen. Zuweilen wurde auch während der Zeremonien ein Stier geopfert.

Die Attraktivität des Mithraskults wurde verstärkt durch den Nachdruck, den seine eindrucksvolle Liturgie auf Geheimhaltung legte. Da Mithras den kosmischen Stier in einer Höhle getötet hatte, lagen alle Tempel seines Kults, die sogenannten Mithräen, unter der Erde. Eine große Rolle spielten auch Treue und Disziplin, was den Mithraskult für Soldaten sehr anziehend machte. Mithräen waren besonders an solchen Orten verbreitet, an denen Legionen stationiert waren. Ein Mithräum wurde sogar unterhalb des Hadrianwalls gefunden.

dem Geschmack der Käufer bereits weitgehend angepasst und hellenisiert worden, sie erinnerten nur noch entfernt an die Originale.

Auf das religiöse Denken der Römer übte auch der altpersische Prophet Zarathustra großen Einfluss aus; doch wie im Fall der Ägypter beruhte auch die Interpretation seiner Lehre durch die Römer nicht in erster Linie auf dem wissenschaftlichen Studium der wichtigsten Texte, sondern auf bereits verwässerten Formen der Religion. Dieses etwas dilettantische Interesse für die Weisheit des Orients war Teil des nie versiegenden Gefühls der gebildeten Römer für ihre eigene kulturelle Überlegenheit. Es ging ihnen auch weniger um den Wunsch, von anderen Kulturen etwas zu lernen, als um die Genugtuung darüber, dass die unter der römischen Herrschaft vereinigte Welt nun die gesammelte Weisheit sämtlicher Weisen aller Zeiten und Orte besaß.

Das Interesse an religiösen Vorstellungen aus Gegenden, die nicht in der griechisch-römischen Tradition standen, sorgte auch dafür, dass im 1. Jahrhundert n. Chr. eine Reihe orientalischer Kulte übernommen wurde, die sich in den folgenden Jahrhunderten wachsender Beliebtheit erfreuen sollten. Dazu gehörte der Isis-und-Sarapis-Kult, der vermutlich schon vom

ersten Ptolemäerkönig Ägyptens im frühen 4. Jahrhundert v. Chr. eingerichtet worden war. Gestützt auf eine weit ausgreifende Mythologie und eine große Sammlung religiöser Texte verbreitete sich dieser Kult im ganzen Römischen Reich. Ein anderer Kult, der viele Anhänger fand, war der des persischen Sonnengottes Mithras, der im späten 1. Jahrhundert n. Chr. bekannt wurde. Die römische Variante des Mithraskults ging auf eine Sekte in dem als Commagene bekannten Gebiet in der westlichen Türkei zurück.

Der Aufstieg des Christentums

Aspekte des Isis- wie des Mithraskults, die ihren Anhängern die Erlösung nach dem Tode verhießen, fanden auch in einem anderen orientalischen Kult ihren Niederschlag, der sich im Laufe des 1. Jahrhunderts n. Chr. herausbildete. Doch im Gegensatz zu diesen beiden wurde der neue Kult von der etablierten Gesellschaft viel weniger bereitwillig absorbiert. Der Isiskult war zwar zeitweilig unterdrückt worden, stellte aber niemals die Normen der römischen Gesellschaft infrage. Noch weniger galt dies für den Mithraskult, der den Status quo eher unterstützte. Ganz anders lag der Fall bei jenem Kult, dessen Hauptlehre darum kreiste, dass ein jüdischer Prophet, der im Jahr 36 n. Chr. vom römischen Statthalter von Judäa hingerichtet worden war, der Sohn Gottes und der Erlöser der Menschheit war.

Judas Ischariot erhängte sich am „Judasbaum" aus Scham darüber, dass er Jesus Christus verraten hatte (aus einem Säulenkapitell in der romanischen Kathedrale von Autun, Frankreich). Einer der Texte, die von einer frühchristlichen Splittergruppe – den Gnostikern – stammte, war das in Ägypten gefundene „Judasevangelium". Dieses Dokument, bei dem es sich angeblich um eine persönliche Offenbarung Jesu an Judas handelte, äußerte sich sehr kritisch über die christliche Orthodoxie, die auf den vier Evanglien beruht. Umstritten ist vor allem die Behauptung, Judas habe mit seinem Verrat nur Jesu Wünschen entsprochen.

Die glühende Überzeugung der ersten Jünger Jesu von der Verderbnis der Welt ringsum und die Tatsache, dass sie alle Gottheiten außer dem einen Gott der jüdischen heiligen Schriften zurückwiesen, brachte die neue Bewegung in Opposition zu allen ihren Nachbarn. So wie das Christentum sich aus den Lehren der ersten Predigergeneration nach der Hinrichtung Jesu herauskristallisierte, zog es die Menschen als echte Alternative zu den üblichen religiösen Praktiken an. Gewiss standen auch andere religiöse Gruppen, vor allem die keltischen Druiden, im Gegensatz zum römischen

Staat, aber keine dieser anderen Bewegungen verfügte über Texte in einer Sprache – Griechisch –, die universell verstanden wurde.

Das Christentum übte insbesondere auf solche Menschen eine Anziehung aus, die eine Alternative zur herkömmlichen Moral suchten. Anders als bei den Kulten von Isis und Mithras ging es hier nicht um das wunderbare Wirken eines Gottes, sondern um das Leiden eines Menschen, der es gewagt hatte, die fest im Sattel sitzende Autorität herauszufordern. Im Laufe weniger Generationen hatten die Christen begonnen, eine Literatur hervorzubringen, die in ihrer Komplexität und Modernität beispiellos war, da sie nicht irgendeine mythische Vergangenheit heraufbeschwor, sondern die Lebensbedingungen im Hier und Jetzt ansprach. Auch wenn Splittergruppen ihre eigenen Offenbarungsbücher vorlegten, die Jesu Botschaft in ein geheimnisvolleres Licht tauchten, als sie in den vier Evangelien und den Briefen der frühen Prediger vermittelt worden war, gehörten sie doch immer noch zu einem Kanon, der bereits zur Zeit der Herrschaft des Domitian festgelegt war.

> «Bei der Untersuchung der Fälle derer, die bei dir als Christen angezeigt worden sind, hast du den rechten Weg eingeschlagen. Denn insgesamt lässt sich überhaupt nichts festlegen, was gleichsam als feste Norm dienen könnte. Nachspionieren soll man ihnen nicht; werden sie angezeigt und überführt, sind sie zu bestrafen, so jedoch, dass, wer leugnet, Christ zu sein und das durch die Tat, das heißt durch Anrufung unserer Götter beweist, wenn er auch für die Vergangenheit verdächtig bleibt, auf Grund seiner Reue Verzeihung erhält. Anonym eingereichte Klageschriften dürfen bei keiner Straftat Berücksichtigung finden, denn das wäre ein schlimmes Beispiel und passt nicht in unsre Zeit.»
>
> Aus einem Brief KAISER TRAJANS an Plinius

Die Menschen fühlten sich auch deshalb zu dem neuen Glauben hingezogen, weil er von der Machtstruktur des Staates völlig unabhängig war und auf einem strengen Moralkodex beharrte. Die oftmals brutale Reaktion der römischen Regierung führte nur dazu, das Christentum noch populärer und seine Botschaft noch bekannter zu machen. Nero beschuldigte die Christen, den großen Brand von Rom 64 n.Chr. gelegt zu haben, und spätere Kaiser hielten den neuen Glauben für so subversiv, dass sie ein Verbot erwogen.

Aber genauso, wie ein Verbot der Magie das Interesse an dieser nicht erstickte, geschah es mit der Ächtung des Christentums, die aber auch nur gelegentlich in Kraft trat. Der Aufstieg des Christentums im 1. und 2. Jahrhundert n.Chr. war als soziologisches Phänomen nicht beispiellos, jedoch insofern einzigartig, als es ein Alternativmodell für die Annäherung an das Göttliche in einer Welt anbot, in der dem Wirken des Göttlichen große Bedeutung zugeschrieben wurde.

DIE NEUEN CÄSAREN

Das Mosaik zeigt eine idyllische Szene bei einem römischen Landhaus. Während im 3. Jahrhundert n. Chr. viele Gebiete unter römischer Herrschaft friedlich und wohlhabend blieben, war die Regierung des Imperiums jahrzehntelang von Unentschlossenheit und Aufruhr geprägt.

Der unaufhaltsame Niedergang: Der Anfang vom Ende Roms (180–211 n.Chr.)

Aus dem Werk des Historikers Tacitus geht ganz klar hervor, dass er keineswegs alle Aspekte römischer Kultur oder römischer Militärmacht per se blind bewunderte. Er wusste, dass die römischen Soldaten oft schlecht ausgebildet und unfähig waren und dass diese Mängel schwere Niederlagen zur Folge haben konnten. Auch kannte er die Neigung der Römer, sich auf den kulturellen Lorbeeren der fernen Vergangenheit auszuruhen. Und schließlich war ihm nur zu deutlich bewusst, dass jenseits der nördlichen Grenzen des Reiches viele unbesiegte (und unbesiegbare) Völker lebten, die früher oder später nicht aufzuhalten wären. Doch trotz seines kritischen Scharfsinns vermochte nicht einmal Tacitus zu erkennen, was wir im Rückblick auf die Geschichte als die größte Schwäche des Imperiums ausmachen können – die überaus traditionell geprägte römische Denkweise.

Büste des römischen Kaisers Commodus als Herkules, seiner Lieblingsgestalt unter den Göttern, keulenschwingend und in ein Löwenfell gehüllt. Commodus war ein mordlüsterner Soziopath, der sogar seine Trainingspartner tötete, als er sich auf seine Auftritte als Gladiator vorbereitete.

Dieser Traditionalismus zeigt sich nirgendwo schmerzlicher als in der Haltung der Römer gegenüber ihrer Armee im 2. Jahrhundert n.Chr. Aus dieser Zeit sind uns zwei schmale Bücher über militärische Themen erhalten geblieben, die der griechischstämmige Historiker und Philosoph Arrian von Nikomedia (92–175 n.Chr.) verfasst hat. Arrian verfügte nicht nur über praktische Kenntnisse der Kriegskunst seiner Zeit. Als Statthalter der römischen Provinz Kappadokien befehligte er von 130 bis 138 eine Armee, die eine Invasion der Alaner (Skythen) aus den Steppen Zentralasiens zurückwarf. Er war auch ein Kenner der alten Geschichte. Vor allem bewunderte er Alexander den Großen, und sein Bericht über die Feldzüge des makedonischen Königs bleibt die Grundlage der modernen Forschung über diese Ära. Doch gerade hier liegt das Problem: Ungeachtet seiner Leistungen auf dem Schlachtfeld empfiehlt Arrian, wenn es um die Theorie der Taktik geht, Infanterieaufstellungen, die sich noch an der Phalanx orientieren, wie sein Kriegsheld sie im 4. Jahrhundert v. Chr. anwandte. Was Arrian über die Taktik der Reiterei schreibt, ist nur geringfügig zeitgemäßer, und selbst dann empfiehlt er Neuerungen, die er von gallischen und spanischen Stämmen des 1. Jahrhunderts v. Chr. entlehnte.

Traditionelle Engstirnigkeit

Aus Nordafrika stammt ein weiterer Text, der uns über Kampftaktiken der gleichen Zeit unterrichtet. Es handelt sich um eine Inschrift. Sie gibt eine Reihe von Reden wieder, die Arrians Gönner Hadrian dort anlässlich seines Besuches hielt und in denen er das Exerzieren verschiedener Hilfstruppen rühmt. Dabei geht es um eine jener Strategien der spanischen Reiterei, die Arrian beschrieb. Abgesehen davon, dass die beiden Männer militärisch sehr erfahren waren, riecht auch die Koinzidenz dieser in zwei verschiedenen Regionen der römischen Welt empfohlenen identischen Taktik nach starrer Tradition. Bei den Truppen, die Hadrian inspizierte, handelte es sich um eine Garnison an den nördlichen Grenzen der Sahara, doch nichts in Hadrians Rede weist darauf hin, dass er die speziellen Erfordernisse der Kriegsführung in der Wüste bedacht hatte.

Gewiss, es gab kein verbindliches Exerzierhandbuch, und die römischen Armeen waren seit der Republik dafür bekannt, dass sie die Kampftechniken und -strategien ihrer Gegner übernahmen. Dies aber war längst Vergangenheit, und lange Zeit wurden weder neue Strategien noch taktische Überlegungen entwickelt, um die veränderten Umstände zu meistern.

Eben diese selbstgefällige Einstellung ist noch während der Regierungszeit Mark Aurels üblich. In einem Handbuch für Feldherrn, „Die Kriegskunst" betitelt, sammelte Polyaenus, ein makedonischer Autor, die erfolgreichen Kriegslisten berühmter Befehlshaber der Vergangenheit. Sein Buch widmete er Marcus und Verus, die zu der Zeit (162 – 165 n. Chr.) einen Feldzug gegen die Parther unternahmen. Die weit ausholende, anekdotische Art, in der Polyaenus über Kriegskunst schreibt, stand in der langen und angesehenen Tradition, aus der Vergangenheit zu lernen. Derartige Werke waren übrigens nicht die einzige Quelle, aus der ein ehrgeiziger römischer General schöpfen konnte. Am anderen Ende des Spektrums standen die detaillierten Abhandlungen über praktische Aspekte der Kriegsführung, wie etwa die Ausführungen des Apollodorus von Damaskus über Belagerungsmaschinen. So gab Kaiser Trajans oberster Militäringenieur während der Dakischen Kriege (in Rumänien) seinem Nachfolger Hadrian zu bedenken, wie entscheidend wichtig technische Daten bei der Konstruktion solcher Maschinen sind.

ZEITLEISTE

180 n. Chr. Commodus folgt Mark Aurel auf den Kaiserthron

192 Eine Gruppe von Verschwörern ermordet Commodus

193 Drei-Kaiser-Jahr; in rascher Folge übernehmen Pertinax, Didius Julianus und Septimius Severus die Herrschaft

194 Septimius Severus zieht in den Krieg gegen die Parther (bis 195)

195 Severus erobert das von Anhängern des Pescennius Niger verteidigte Byzanz. Die Legionen in Britannien rufen Clodius Albinus zum Kaiser aus

197 Clodius Albinus unterliegt Severus in der Schlacht von Lugdumum. Ende des Bürgerkriegs

199 Friedensschluss zwischen Rom und dem Reich der Parther; Gründung der römischen Provinz Mesopotamien

um 200 Im gesamten Reich wird das Straßennetz ausgebaut

205 Plautian wird hingerichtet

211 Während des Feldzugs in Britannien stirbt Severus in York. Die Nachfolge treten seine Söhne Caracalla und Geta an

Schlacht zwischen Römern und Barbaren: Ausschnitt aus einem Gemälde von Guiseppe Cesari (1568–1640). Der romfreundliche jüdische Historiker Josephus Flavius war im 1. Jahrhundert n.Chr. voll des Lobes über die Disziplin der römischen Armee: «Der absolute Gehorsam gegenüber den Offizieren bringt eine Armee hervor, die im Frieden diszipliniert ist und im Krieg kämpft wie ein einziger Leib.» Im 2. Jahrhundert ist die Taktik jedoch erstarrt und vorhersehbar.

Beide Werke konzentrieren sich indes trotz aller angeblichen Unterschiede lieber auf genaueste taktische Details, anstatt grundsätzlichere strategische Probleme zu analysieren. Die höheren römischen Offiziere waren zuallererst in der Kunst der Verwaltung ausgebildet. Und dies war die Achillesferse der römischen Armee im 2. Jahrhundert n.Chr. Rom besaß keine Militärakademie, die Kenntnisse der Kriegskunst stützten sich bei den römischen Befehlshabern in erster Linie anscheinend mehr auf die Analyse vergangener Siege als auf ein umfassenderes Verständnis der Faktoren, die diesen Siegen zugrunde lagen. Die berühmtesten Befehlshaber der Geschichte – Alexander, Hannibal und Cäsar – hatten sämtlich die Gabe, sich schnell auf wechselnde Umstände einzustellen. Die Feldherrn, die unter Mark Aurel dienten, waren zwar wirklich kompetent, schätzten aber offenbar die Tradition höher als Experimente. Ausgerechnet indem sie die Details der Karriere ihrer glorreichen Vorgänger verinnerlichten, unterließen sie es, sich eben die wesentlichen Eigenschaften, die deren wahre Größe bedingten – Innovation und Flexibilität –, zu eigen zu machen. Mark Aurels zunächst erfolgreicher Einfall in Persien 163 n.Chr. folgte einem Plan Julius Cäsars aus dem Jahr 44 v.Chr. Währenddessen zogen sich die Kriege, die während seiner

Regentschaft im Norden geführt wurden, endlos hin, weil der Feind sich standhaft weigerte, unter Bedingungen zu kämpfen, für die römische Befehlshaber ausgebildet waren.

Die Probleme, die Tacitus hervorhebt – kulturelle Selbstgefälligkeit und die starke Ausdehnung der nicht-römischen Welt nach Norden –, sollten die kommenden 80 Jahre nach Mark Aurels Tod beherrschen. Nach anfänglichen inneren Unruhen wurden die Probleme des Imperiums später verschärft, als um 220 n.Chr. plötzlich eine militärisch kompetente persische Dynastie in Erscheinung trat. Die persischen Erfolge sollten die zentrale Herrschaft Roms derart schwächen, dass seine Abwehr gegen die Stämme im Norden bröckelte. In der Folge zerfiel das Imperium nach 260 n.Chr. innerhalb von zehn Jahren in drei Teile. Die Katastrophen um 250 und 260 n.Chr. leiteten eine Ära radikaler Reformen ein, die sich mit dem messen konnten, was mit dem Regierungsantritt des Kaisers Augustus geschahen war. Von 337 n. Chr. an war der römische Kaiser Christ, Rom hörte auf, das Zentrum der Regierung des Reiches zu sein.

Blut und Spiele

Bezeichnend für Commodus' Regentschaft waren Augenblicke von äußerstem Gepränge und höchster Brutalität. Während der zwölf Jahre seiner Herrschaft zeigte Commodus einen deutlichen Widerwillen gegen konsequente Regierungsarbeit. Stattdessen gab er sich dem Vergnügen hin und übte sich in der Kunst eines Amphitheater-Unternehmers. Die Regierungsgeschäfte vertraute er Beamten an. Diese taten ihr Bestes, um das empfindliche Gleichgewicht, das die Herrscher des vergangenen Jahrhunderts hergestellt hatten, zu torpedieren. Schließlich neigte sich die Waagschale zum Bürgerkrieg und kündigte den Aufstieg eines neuen Regimes an. Die gegen Ende der Herrschaft des Commodus entfesselten Spannungen wurden allerdings nie gänzlich beseitigt.

Das Hauptproblem bei Commodus war schlicht, dass er nicht sehr gescheit war. Von Natur aus faul, überließ er die Regierungsgeschäfte einer Clique von Günstlingen. Diese wiederum sabotierten jene, die für eine Fortsetzung des antoninischen kollegialen Regierungsstils eintraten, auch wenn sie oft nicht bereit waren, die nötigen Konzessionen für diese Arbeitsweise zu machen. Die erste Krise zwei Jahre nach Commodus' Regierungsantritt entstand aus seinem völligen Mangel an Verständnis für die Gefühle seiner älteren Schwester Lucilla. Sie glaubte, dass die Gemahlin des Kaisers ihre Vorrechte als Witwe des Lucius Verus bedrohe. Auf die ihr angetanen Beleidigungen reagierte sie, indem sie eine Gruppe unzufriedener jüngerer Senatoren um sich sammelte und ein Komplott anzettelte, ihren Bruder zu ermorden. Die Verschwörung wäre sogar gelungen, hätte der ausersehene

COMMODUS

GEBOREN
31. August 161 n.Chr.

VATER
Mark Aurel

MUTTER
Faustina die Jüngere

EHE
Bruttia Crispina (gest. 189 n.Chr.)

VORGÄNGER
Mark Aurel

BEGINN DER (ALLEIN-)HERSCHAFT
8. März 180

DYNASTIE
Antoniner

GESTORBEN
31. Dezember 192

NACHFOLGER
Pertinax

Attentäter nicht, als er mit dem Dolch auf den Kaiser stürzte, «Dies schickt dir der Senat» gerufen. Daraufhin wurde er überwältigt und entwaffnet. Die Folgen dieses misslungenen Attentats lagen weit entfernt von den Absichten der Verschwörer. Einer der Prätorianerpräfekten, ein Mann namens Tigidius Perennis, beobachtete das panische Entsetzen des Kaisers während des Anschlags und beschloss, dessen Ängste für sich auszunutzen. Perennis erschlich sich eine Vertrauensstellung und bestimmte für die nächsten fünf Jahre das Regierungsgeschäft.

Perennis war der mächtigste Beamte seit Sejanus und genauso brutal und effizient beim Beseitigen seiner politischen Rivalen. Er übernahm die Planung der Sicherheit des Imperiums, was ihm gut gelang. Die von Perennis eingesetzten Generäle sicherten erfolgreich die Ordnung an den Grenzen. So war das Bild, das man in den Provinzen von Commodus hatte, weitgehend positiv, ganz anders als sein übler Ruf in Rom. Doch in Rom hatte sich Perennis viele mächtige Feinde gemacht, vor allem im innersten Kreis um Commodus, dessen oberster *cubicularius* Marcus Aurelius Cleander längst Perennis' Untergang betrieb. Als eine Abordnung von Soldaten rebellierender Legionen in Britannien nach Rom kam, um Commodus vor einem geplanten Anschlag seitens Perennis' zu warnen, bestätigte Cleander ihre Behauptungen. Er sorgte dafür, dass der Kaiser den Legionären befahl, den Prätorianerpräfekten zu ermorden. Cleander, der als freigelassener Sklave keine Chance hatte, ein Amt zu übernehmen, das formal außerhalb der Palastbürokratie angesiedelt war, leitete nun den Staat unter dem Titel eines *pugione*, was „Träger des Dolches" oder „Leibwächter des Kaisers" bedeutete.

> «Dieser Mann war nicht von Natur aus böse, er war einer der dümmsten, die je auf Erden wandelten. Seine Dummheit im Verbund mit seiner Feigheit machten ihn zum Spielball seiner Gefährten, und sie waren es vor allem, die ihn am rechten Leben hinderten und ihn auf den Weg zu Grausamkeit und Lüsternheit brachten.»
>
> CASSIUS DIO, „Geschichte Roms", 72.1

Cleander übte mehrere Jahre ungehindert seinen Einfluss aus, bis 189 n. Chr. der Verwalter des Korns in Absprache mit anderen Höflingen einen Aufstand im Circus Maximus plante, um Cleander in den Augen des Kaisers in Misskredit zu bringen. Unter den Verschwörern waren auch Commodus' Schwester Fadilla und seine Konkubine Marcia. Ihr Plan gelang, als eine riesenhafte Darstellerin die Arena betrat und das Volk informierte, dass Cleander beabsichtige, sie verhungern zu lassen. Als darauf der Mob in die Straßen stürmte, befahl Commodus, Cleander sofort hinzurichten. Die Regierungsgeschäfte wurden nun Marcia, Eclectus (dem neuen *cubicularius*, mit dem sie eine dauerhafte romantische Beziehung verband) und dem neuen Prätorianerpräfekten übertragen.

Commodus der Schauspieler

Im Gegensatz zu seinem Vater Mark Aurel hatte Commodus nicht den Ehrgeiz, in den Krieg zu ziehen, sondern er lebte während seiner Regierungszeit meist in Rom. Extravagant und lüstern, liebte er die Gladiatoren und den Gott und Heros Herkules so sehr, dass er ihnen nacheifern wollte. Er war zudem sehr eitel und benannte zur eigenen Ehre Rom um in *Colonia Commodiana*. Die Umbenennung erfolgte im Jahr 190 n.Chr., in dem Commodus sich den Beinamen Hercules gab, nachdem er im Amphitheater von Lanuvium gegen wilde Tiere gekämpft hatte.

Bei den *Ludi Romani* trat Commodus im Kolosseum mehrfach als Kämpfer gegen wilde Tiere und als Gladiator auf. Das sollte an die zwölf Arbeiten des Herkules erinnern. Zu den Auftritten zählte der Kampf gegen Gladiatoren (die mit Waffenattrappen aus Holz kämpften), ferner Bogenschießen – dabei wurden, so die Überlieferung, Strauße mit Spezialpfeilen geköpft – und das Massaker an Körperbehinderten, die als mythologische Monster verkleidet waren. Damit sollte an die Schlacht zwischen den Göttern und den Giganten erinnert werden. Cassius Dio berichtet an einer Stelle, dass Commodus sogar einen Straußenkopf vor den Sitzen der Senatoren emporhielt, als Drohung, dass er ihnen das Gleiche antun könnte. So absurd dieses Schauspiel auch sein mochte, die Senatoren wagten nicht, offen über den Kaiser zu lachen. Als Commodus ermordet wurde, hasste ihn der Senat so abgrundtief, dass man seine Statuen niederreißen und seinen Namen aus öffentlichen Inschriften tilgen ließ.

Commodus betritt das Kolosseum an der Spitze einer Gruppe von Gladiatoren. Cassius Dio berichtet, sein Meisterstück als Bogenschütze sei die Tötung eines Panthers in der Arena gewesen.

Das größte Problem, dem sich das neue Regierungsbündnis gegenübersah, waren die immer hemmungsloseren Ausschweifungen des Commodus. Er begann, sich als Gott Herkules darzustellen, und befahl, dass Rom ihm zu Ehren umbenannt werde. Im Herbst 192 zog er gar ins Amphitheater um. Nachdem er intensiv als öffentlicher Kämpfer trainiert hatte – eine Zeit lang soll er sogar in einem Schlafsaal der Gladiatoren übernachtet haben –,

PERTINAX

GEBOREN
1. August 126 n.Chr. in Mailand, Italien

VATER
Helvius Successus

MUTTER
unbekannt

EHE
mit der Tochter des Stadtpräfekten Titus Flavius Sulpicianus

VORGÄNGER
Commodus

REGIERUNGSANTRITT
1. Januar 193

DYNASTIE
keine

GESTORBEN
28. März 193

NACHFOLGER
Didius Julianus

lud er das römische Volk zu Vorführungen seiner Kämpfe ein. Bei einem dieser Auftritte schlachtete er Behinderte ab, nachdem er sie gezwungen hatte, sich als mythologische Feinde der Götter zu verkleiden. Dieses grauenhafte Spektakel brachte das Fass zum Überlaufen. Am letzten Tag des Jahres 192 gab Marcia Commodus vergiftetes Fleisch zu essen; als er diesen Anschlag zu überleben drohte, befahl sie Narcissus, einem Berufsringer, den Kaiser zu erwürgen.

Verkauf an den Meistbietenden

Das Attentat auf Commodus war so improvisiert und geheim geplant worden, dass die Verschwörer nicht einmal die Zeit hatten, die Nachfolge im Voraus zu regeln. So kam es, dass die Mörder mitten in der Nacht dem älteren Helvius Pertinax (126–193 n.Chr.), der zweimal römischer Konsul und einer der besten Generäle von Mark Aurel war, das Amt anboten. Er nahm an und wurde am Neujahrstag 193 n.Chr. Kaiser. Die Berufung war eine Katastrophe, denn Pertinax erwies sich als strenger und unbeliebter Zuchtmeister. Vor allem die Prätorianergarde nahm übel, dass die Clique im Palast einen Herrscher ermordet hatte, dessen Überspanntheiten ihr genutzt hatten, und war angesichts des *fait accompli* beunruhigt. Im März verließen 300 Prätorianer ihr Lager und stürmten den Palast. Als Pertinax sie einzuschüchtern versuchte, töteten sie ihn. Er hatte gerade mal 86 Tage regiert.

Am Tag und in der Nacht nach Pertinax' Tod kam es zu einem der bizarrsten Vorfälle in der langen Geschichte Roms. Die Prätorianergarde bestand darauf, dass niemand ohne ihre vorausgehende Zustimmung Kaiser werden dürfe, doch hatte sie gerade keinen Kandidaten zur Hand; da erschien außerhalb der Mauern ein reicher Senator namens Didius Julianus (133 oder 137–193 n.Chr.). Zahlreiche Anhänger, die Slogans für Commodus skandierten, begleiteten ihn. Er wurde ins Lager eingelassen und gewann die Zustimmung der Garde, nachdem er ein viel größeres *donativum,* ein Geldgeschenk, an die Soldaten versprochen hatte als sein Rivale. Derartige Geschenke waren Tradition seit Kaiser Tiberius. Der Betrag, den Julian bot, war nicht viel größer als die Summe, die Mark Aurel gestiftet hatte, als er Kaiser wurde. Allerdings waren die Umstände nun ganz offen korrupter. Indem Julianus zur öffentlichen Versteigerung des Throns ermutigte, bestärkte er die Vorstellung, dass die Armee bei der Berufung eines neuen Herrschers den Ausschlag gab. Diese Lektion wurde außerhalb Roms sofort begriffen.

> «Die Prätorianer hatten die Heiligkeit des Throns durch den grausigen Mord an Pertinax entweiht; durch ihr anschließendes Verhalten schändeten sie seine Würde.»
>
> EDWARD GIBBON, „Verfall und Untergang des Römischen Reiches", Kapitel 5

Aufstand der Prätorianergarde. Diese Wachen wurden zuerst unter Tiberius bekannt. Ihr Einfluss als Machtfaktor nach dem Mord an Pertinax und bei der Einsetzung von Didius Julianus war gewaltig. Als Septimius Severus die Macht übernahm, löste er die Prätorianergarde auf und ersetzte sie durch eine Elitetruppe aus verlässlichen pannonischen Legionären.

Jenseits von Afrika

Jahre vor 193 n.Chr. hatte Tacitus in seinem Bericht über die Bruderkriege des Jahres 69 n.Chr. geschrieben, das gefürchtete Geheimnis des Imperiums sei, dass man einen Kaiser auch außerhalb Roms berufen könne. Kaum waren die Ereignisse um die Nachfolge Julians in den Provinzen bekannt geworden, als auch schon drei Statthalter von ihren Armeen zum Kaiser proklamiert wurden: Clodius Albinus (etwa 145–197) in Britannien, Pescennius Niger (um 145–194) in Syrien und Septimius Severus (um 146–211) an der Donau. Sehr wahrscheinlich hatten alle drei erkannt, dass Pertinax in einer schwachen Position war, und bereits eine Intervention geplant; der Mord lieferte ihnen nur den Vorwand.

Die stärkste Position unter den drei neuen Anwärtern auf den Thron hatte Severus. Der Spross einer wohlhabenden nordafrikanischen Familie phönizischer Abstammung in der Stadt Leptis Magna hatte über den Senat Karriere gemacht. Er war 191 n.Chr. Befehlshaber der römischen Streitkräfte in Pannonien geworden. Außerdem hatte Severus sich mit den anderen Befehlshabern der Region, darunter sein älterer Bruder, verbündet und sie alle standen ihm zur Verfügung. Schließlich war er von allen Thronanwärtern Rom räumlich am nächsten. Am 9. April wurde Severus in Carnuntum (Donaugebiet, heute Niederösterreich) zum Kaiser ausgerufen, Mitte Juni traf er in Rom ein. Als Severus sich der Stadt näherte, begriff Julian, dass Widerstand zwecklos wäre. Bald wurde er von einem Prätorianer ermordet. Angeblich lauteten seine pathetischen letzten Worte: «Aber was habe ich Böses getan? Wen habe ich umgebracht?» Der Verrat an Julian war schlecht für die Garde. Severus entließ sie und ersetzte sie durch Soldaten seiner Armee. Dann zog er aus, um Niger anzugreifen, und traf ein Abkommen mit Albinus, dem er im Gegenzug für seine Loyalität die Position als gesetz-

DIDIUS JULIANUS

GEBOREN
30. Januar 133 oder
2. Februar 137 n.Chr.

VATER
Quintus Petronius Didius Julianus

MUTTER
Aemilia Clara

EHE
Manlia Scantilla

VORGÄNGER
Pertinax

REGIERUNGSANTRITT
28. März 193

DYNASTIE
keine

GESTORBEN
1. Juni 193

NACHFOLGER
Septimius Severus

Septimius Severus, Sohn einer reichen Familie aus dem Ritterstand in Nordafrika, machte den ersten Schritt zur Macht, als er 172 zum Senator gewählt wurde. Seine strenge, zeitweise brutale Herrschaft trug dazu bei, das Reich nach den wüsten Jahren unter Commodus wieder zu stabilisieren.

licher Erbe oder Kaiseranwärter zusagte. Dieses Bündnis war nur ein vorübergehender Notbehelf.

Inzwischen hatte die Handlungsweise von Pescennius Niger im Osten bereits den Bürgerkrieg entfesselt. Er war zahlenmäßig klar unterlegen und wusste, dass seine einzige Chance darin lag, schnellstens das von Severus gehaltene Gebiet zu überrollen, bevor sein Rivale seine Streitkräfte zusammenziehen konnte. Severus seinerseits hatte nur wenige Soldaten benötigt, um Rom zu erobern, und nicht gesäumt, Pescennius Niger einen großen Teil seiner Armee entgegenzuwerfen. Sehr bald war es ihm gelungen, den Kriegsschauplatz ostwärts durch die Türkei nach Syrien zu verlegen. Severus siegte in der letzten Schlacht im Mai 194 bei Issos, ein berühmter Ort wegen eines großen Sieges von Alexander dem Großen 333 v.Chr. Den Rest des Jahres verbrachte er damit, Anhänger von Niger zu jagen, indem er diejenigen belohnte, die die Seite gewechselt hatten, und einen Feldzug gegen die westlichen Provinzen des persischen Reiches zu unternehmen. Der eigentliche Grund für diesen Akt der Aggression war, dass der persische König Niger unterstützt hatte. Noch bevor Severus nach Rom zurückkehrte, setzte er Caracalla, den ältesten seiner beiden Söhne, in den Rang eines Cäsars ein. Das kam einer Kriegserklärung an Albinus gleich, dem nach einer furchtbaren Schlacht bei Lugdunum (Lyon) im Februar 197 die Niederlage bereitet wurde.

Die Schlacht bei Lugdunum

Die Auseinandersetzung zwischen Septimius Severus und dem Usurpator Clodius Albinus, Statthalter von Britannien, war die blutigste und heftigste Schlacht, die je zwischen römischen Militärs geschlagen wurde. Die historischen Berichte über den Zusammenstoß sind dürftig, doch schätzt man, dass insgesamt etwa 100 000 Mann beteiligt waren. Im Herbst 196 drang Albinus mit 40 000 Soldaten der britannischen Garnison in Gallien ein, um seinen Rivalen um den Thron auszuschalten. In einem ersten Gefecht gegen Severus' Legaten Virius Lupus war er siegreich. Er konnte aber nicht hoffen, auf Dauer gegen Severus' deutlich überlegene Streitkräfte zu gewinnen, und verband sich daher mit Streitkräften aus Spanien (Hispania Tarraconensis). Derweil marschierte Severus an der Spitze seiner schlagkräftigen Legionen aus den Donauländern und Germanien in Gallien ein.

Am 19. Februar 197 stießen die beiden Gegner bei Lugdunum, dem heutigen Lyon, an der Rhône zusammen. Zwei Tage wütete die Schlacht, mit wechselndem Glück für die beiden Parteien. Schließlich wendete sich das Kriegsglück zugunsten von Severus, dessen Reiterei überlegen war. Wir wissen nicht, ob Albinus auf der Flucht getötet wurde oder ob er Selbstmord beging. In einer Vorwegnahme seiner späteren blutrünstigen Rachsucht ließ Septimius Severus die Leiche seines Feindes enthaupten und fuhr mit seinem Streitwagen über die kopflose Leiche. Dann schickte er den Kopf des Albinus zur Warnung für potenzielle Gegner nach Rom . Albinus' geschändete Leiche, die seiner direkten Verwandten und der Anhänger im Senat ließ er in die Rhône werfen.

Roms neuer Diktator

Zwischen der Rückkehr nach Rom 195 und dem Aufbruch zum Kampf gegen Albinus unternahm Severus den bemerkenswerten Schritt, sich rückwirkend von der Familie Mark Aurels adoptieren zu lassen. Diesen Versuch, seinen Anspruch auf das Amt zu legitimieren, stützte er auf die fadenscheinige Begründung, Commodus sei sein Bruder gewesen. Man hätte dies als Huldigung an die Traditionen früherer Zeiten deuten können, aber Severus scheute die vornehme Zurückhaltung seiner neu gefundenen Vorfahren. Stattdessen erklärte er, sein Vorbild sei der Diktator Sulla, eine Tatsache, die er den Senatoren als ziemlich unverhüllte Drohung zu verstehen gab, als sie gegen Commodus' Vergöttlichung protestierten. Die zahllosen Hinrichtungen von Männern, die er der Parteinahme für seine Rivalen verdächtigte, erinnerten tatsächlich an Sullas Restriktionen.

Obgleich Severus Rom mit vielen Monumenten seiner Herrschaft ausstattete, fühlte er sich in der Hauptstadt keineswegs wohl. Gleich nach dem Sieg über Albinus brach er zu einem neuen Feldzug in Richtung Osten auf, plünderte die persische Hauptstadt Ctesiphon (die alte Hauptstadt der Parther nahe Bagdad) und annektierte neue Provinzen zwischen Euphrat und Tigris, heute die südöstliche Türkei. Dies war die erste bedeutende Aneignung neuen Territoriums seit Trajan, und sie erwies sich bald als eine Quelle schweren Zwistes. Die neue Provinz Mesopotamien war eine ständige Herausforderung und *casus belli* für spätere persische Könige. Sie sahen in der Kontrolle der Region durch die Römer eine Bedrohung ihrer Sicherheit.

In den Jahren nach dem Überfall auf Persien zog Severus weiterhin durch die Provinzen. Er besuchte erst Ägypten und danach seine nordafrikanische Heimat. Dort baute er seine Heimatstadt Leptis Magna wieder auf, damit sie als Herkunftsort dem Herrscher angemessen sei. Während seiner ausgedehnten Reisen delegierte Severus einen großen Teil der täglichen Amtsgeschäfte an seinen nordafrikanischen Verwandten und Gefolgsmann Gaius Fulvius Plautianus (gest. 205). Plautianus hatte Severus in dem gefahrvollen Jahr 193 unschätzbare Dienste erwiesen. Er hatte unter anderem seine Frau und die Kinder aus Rom weggezaubert, bevor Julian ihnen etwas antun konnte. Nun war er alleiniger Prätorianerpräfekt. Seine Bindung an den Herrscher vertiefte er, indem er seine Tochter Fulvia Plautilla mit Severus' Sohn Caracalla verheiratete. Plautianus stand zu dieser Zeit so hoch in der Gunst des Herrschers, dass Statuen von ihm an der Seite von denen enger Verwandter des kaiserlichen Hauses aufgestellt wurden. Cassius Dio behauptet, dass, als haltlose Gerüchte vom Ende des Plautianus im Reich aufkamen, bürgerliche Amtsinhaber diese Statuen umgestürzt hätten und danach als Verräter hingerichtet worden seien.

SEPTIMIUS SEVERUS

GEBOREN
11. April 146 n.Chr. in Leptis Magna, Nordafrika

VATER
Publius Septimius Geta

MUTTER
Fulvia Pia

EHE
(1) Paccia Marciana
(2) Julia Domna (um 170–217)

KINDER
(von 2) Caracalla, Publius Septimius Geta der Jüngere

VORGÄNGER
Didius Julianus

REGIERUNGSANTRITT
9. April 193

DYNASTIE
Severer

GESTORBEN
4. Februar 211

NACHFOLGER
Caracalla und Geta (gemeinsam)

> «Severus behauptete, er habe ausgedehntes Land erobert und ein Bollwerk gegen Syrien errichtet. In Wirklichkeit war dies für uns jedoch eine ständige Ursache von Kriegen und hohen Ausgaben. Es bringt ganz wenig ein, kostet aber sehr viel, und da das Gebiet an solche grenzt, die den Medern und Persern näher sind, führen wir gewissermaßen immer deren Kriege.»
>
> CASSIUS DIO, „Geschichte Roms", 74.3,2–3

Gefährdete Nachfolge

Im Lauf des Jahres 205 n.Chr. kühlte sich die Beziehung zwischen Severus und Plautianus dramatisch ab. Urheber dieses Wandels mag Caracalla gewesen sein, der seine Frau Fulvia Plautilla und seinen Schwiegervater hasste. Plautianus wurde einer Verschwörung beschuldigt, in den Palast zitiert und ohne viel Federlesens hingerichtet.

Die wirksame Kontrolle des Staates fiel nun an eine Gruppe der treuesten Verbündeten von Severus, unter ihnen Papinian (142–212), den besten Juristen dieser Zeit. Ein weiteres wichtiges Mitglied der Clique war Julia Domna (um 170–217), Severus' Frau. Julia war mit dem vormals königlichen Haus der syrischen Stadt Emesa (Homs) verwandt, dessen Mitglieder damals die Hohepriester des Himmelsgottes stellten. Severus, der wie viele Herrscher vor ihm astrologiegläubig war, soll sie geheiratet haben, nachdem er erfahren hatte, dass Julias Horoskop ihr die Ehe mit einem König vorausgesagt hatte. Die Ehe wurde glücklich, und sie gebar Severus in kurzen Abständen zwei Söhne – 186 Caracalla und 189 Publius Septimius Geta.

Von Anfang an waren die beiden Knaben streitsüchtig. Die Spannungen zwischen ihnen wurden nicht durch die Tatsache gemildert, dass Geta ziemlich eindeutig das Lieblingskind der Mutter war. Der Vater bemühte sich im hohen Alter mehrmals vergeblich, die feindlichen Brüder zu versöhnen.

Septimius Severus, der Rom gegenüber stets zwiespältig blieb, übernahm 209 persönlich das Kommando bei einem Feldzug im Norden Britanniens, um die Stämme zurückzutreiben, die den Antoninus-Wall durchbrochen hatten. Alles ging gut, doch der Kaiser erkrankte schwer und starb im Februar 211 in Eboracum (York).

Vermutlich hatte Severus vor seinem Tod erkannt, dass keiner seiner Söhne imstande sein würde, allein zu herrschen. Sie hatten ihn beide auf dem Britannienfeldzug begleitetet. Deshalb verfügte er, dass sie zu zweit regieren sollten; 211 wurden Caracalla und Geta zu gemeinsamen Herrschern gekürt – ein Arrangement, das es 50 Jahre zuvor mit Mark Aurel und Lucius Verus das letzte Mal gegeben hatte. Die Geschwisterrivalität zwischen Severus' beiden Söhnen wurde von heftigem Hass angetrieben. Noch vor Ablauf des Jahres sollte ihre turbulente Beziehung in einem Blutbad enden.

Leptis Magna

Die Stadt Leptis Magna, südöstlich von der alten Stadt Karthago am Golf von Sirte (jetzt Libyen) gelegen, wurde um 1000 v.Chr. von phönizischen Siedlern gegründet. Die Lage an einem durch vorgelagerte Inseln geschützten natürlichen Hafen war für eine Besiedlung ideal. Als die Region nach dem Ende des 3. Punischen Krieges (146 v.Chr.) unter römische Herrschaft geriet, entwickelte sich Leptis Magna zu einer der wichtigsten Handelsstädte in Nordafrika. In der Frühzeit des Imperiums unter Augustus und Tiberius nahm die Stadt einen enormen Aufschwung. Die nächste bemerkenswerte Entwicklung setzte 193 ein, als Septimius Severus, ein Sohn der Stadt, römischer Kaiser wurde. Severus schenkte seiner Heimatstadt ein neues Forum samt Basilika und ließ die Hafenanlagen ausbauen und modernisieren; ein 1200 Meter langer Kai ist dort erhalten geblieben. Vom Hafen führte eine 365 Meter lange, von Säulen gesäumte Prachtstraße zur Stadt. Als Severus im Jahr 203 mit der kaiserlichen Familie Leptis Magna einen längeren Besuch abstattete, wurde ihm zu Ehren ein großartiger Triumphbogen errichtet (der noch erhalten ist). Nachdem ein Erdbeben schwere Schäden angerichtet hatte und die Stadt (im vierten und fünften Jahrhundert) von den Vandalen geplündert worden war, war ihr Untergang besiegelt.

Die archäologischen Ausgrabungen von Leptis Magna begannen in den 1920er-Jahren. Die Stadt birgt einige der besterhaltenen Ruinen der Römerzeit. 1982 wurde sie von der Unesco zum Weltkulturerbe erklärt, immer wieder gibt es neue Entdeckungen. Im Jahr 2000 legten die Archäologen beachtliche Mosaiken aus dem 2. Jahrhundert n.Chr. frei.

Die Reste der Severus-Basilika in Leptis Magna. Die riesige, von Säulenreihen umstandene Fläche war ursprünglich überdacht und mit kunstvollen Bildhauerarbeiten verziert.

Versager und Außenseiter: Herrscher des frühen 3. Jahrhunderts (211–238 n. Chr.)

Der Rat, den Severus angeblich seinen Söhnen auf dem Sterbebett gab, lautete, sie sollten «in Frieden miteinander leben, gut für die Soldaten sorgen und alle anderen verachten». Der zweite und der letzte Punkt dieser Weisung stellen einen radikalen Bruch mit der Politik der Antoniner dar. Seit Tiberius waren die Herrscher stets auf gute Beziehungen mit dem Militär bedacht gewesen, hatten sich jedoch immer gehütet, zu enge Bindungen einzugehen. Es war eine problematische Richtung, dass die Autorität des Herrschers nun einzig von den Interessen des Militärs bestimmt werden sollte.

Kaiser Caracalla, der Sohn des Septimius Severus. Ein Ergebnis des zunehmenden Einflusses der Armee als Machtfaktor war, dass die Kaiser jetzt praktisch keine wichtigen Kommandos mehr anderen übertragen konnten, denn das hätte ihre Autorität untergraben. Die Herrscher nach Severus waren militärisch wenig begabt, um die Armeen zu begleiten, was oft katastrophale Folgen hatte.

Falls Severus gehofft hatte, seine Söhne würden lernen, miteinander auszukommen, wäre er über den Ausgang schwer enttäuscht gewesen. Als die beiden neuen Herrscher nach Rom zurückkehrten, redeten sie nicht mehr miteinander. Sie ließen im kaiserlichen Palast Trennwände einziehen, so dass die direkte Verbindung zwischen ihnen zugemauert war. Die Verwaltung war hoffnungslos zerstritten zwischen Ratgebern wie Papinian, die sich um eine funktionierende Regierung bemühten, und den Parteigängern beider Seiten. In diesem Machtkampf war Geta schwer im Nachteil. Er war jünger, vielleicht weniger rücksichtslos, und bestimmt hatte er nicht so viele Beziehungen. Am 25. Dezember 211 n. Chr. fand Caracalla, er habe eine genügend starke Position, um Geta zu einem privaten Treffen aufzufordern. Es war eine Falle. Die Zenturionen, die sich in dem Raum verborgen hatten, metzelten ihn nieder, als er den Schutz seiner Mutter suchte, die bei dem Treffen vermitteln wollte. Dem anschließenden Massaker fiel auch Papinian zum Opfer, den Caracalla der Untreue zieh. Insgesamt sollen bei diesem Blutbad an die 12 000 Menschen umgekommen sein.

Die Münze zeigt das Porträt des Mitkaisers Geta, des Bruders von Caracalla. Ihre lebenslange brüderliche Rivalität endete tödlich mit dem Mord an Geta nach nur wenigen Monaten an der Macht.

Der unbeliebte Populist

Caracalla scheint sich trotz all seiner absichtsvollen Brutalität nach Anerkennung durch das Volk gesehnt zu haben. Einen großen Teil seiner Zeit verbrachte er im Circus, gab private Proben seiner Geschicklichkeit als Jäger und war ein so guter Sportler, dass er Rennwagen lenkte, freilich nicht in der Öffentlichkeit. Wenn er sich volkstümlich gab, wollte er vielleicht das Volk von Rom wissen lassen, dass er seine Freuden teilte, obwohl er es bewusst vermied, sich wie Commodus in Szene zu setzen.

Anfang des Jahres 212 lud Caracalla das ganze Imperium dazu ein, mit ihm zu feiern, dass er den angeblichen Mordanschlägen seines Bruders entgangen war. Er erließ ein Edikt (die *Constitutio Antoniniana*), das allen frei Geborenen im Reich das Bürgerrecht verlieh:

> *«Der Imperator Caesar Marcus Aurelius Augustus Antoninus Pius verfügt: Nachdem zahlreiche Anträge und Eingaben zu der Frage eingingen, wie ich den unsterblichen Göttern danken will, die mich erretteten, indem sie mich über meine Feinde siegen ließen, halte ich es für angemessen zu verkünden, dass ich aus Dankbarkeit einen Akt der Großmut und Pietät beabsichtige, wie es der Majestät der Götter geziemt … So gewähre ich das römische Bürgerrecht allen Nichtbürgern, die innerhalb der Grenzen des Reiches leben, einschließlich aller in den verschiedenen Städten und Siedlungen, ausgenommen jedoch die* dediticii *[Kriegsgefangene auf römischem Boden]. Es ist billig und recht, dass das Volk auch künftig die Freude über meinen Sieg mit mir teilt. Dieser Erlass soll dem römischen Volk zur größeren Ehre gereichen.»*
>
> (Aus einem 1901 in Ägypten gefundenen Papyrus. – Zum besseren Verständnis wurde der lückenhafte griechische Text vorsichtig ergänzt.)

Die meisten Untertanen Roms hatten bis zur Verkündung dieses Erlasses keine Bürgerrechte. Doch selbst wenn man Caracallas vorgetragene Begründung dieses Erlasses für bare Münze nimmt, war die Auswirkung der *Constitutio* eher symbolisch als real; noch immer waren die Menschen über die örtliche Regierung an das Reich gebunden, und das bedeutete, dass es keine Rolle spielte, ob jemand formal römischer Bürger war oder nicht. Mehr noch, die uralte Protektion, die römische Bürger vor grausamen und

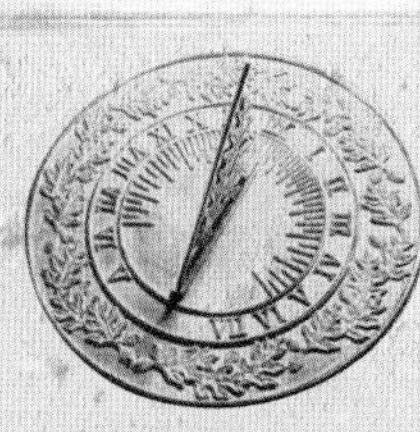

ZEITLEISTE

211 n. Chr. Caracalla lässt seinen Bruder Geta ermorden

212 Die *Constitutio Antoniniana* wird verkündet, die den frei geborenen Bürgern des Römischen Reiches das Bürgerrecht verleiht

215 Silbermünze „Antoninianus“ mit hohem Nennwert wird geprägt

216 Rom führt Krieg gegen die Parther (bis 217). Caracallas Thermen werden fertiggestellt

217 Die Ermordung Caracallas bei Carrhae stürzt das Reich in eine schwere Krise

218 Elagabalus kommt auf den Thron und führt den Kult des Sonnengottes ein

222 Severus Alexander wird römischer Kaiser

225 Ardaschir I. stürzt das Reich der Parther und begründet die Dynastie der Sassaniden

230 Sassanidische Streitkräfte greifen die römische Provinz Mesopotamien an

235 Alexander Severus wird in Moguntiacum (Mainz) von seinen Soldaten ermordet

238 Das Sechs-Kaiser-Jahr. Die Goten dringen in die untere Donauregion ein, verwüsten Moesia (Bulgarien) und Thrakien

GETA

GEBOREN
7. März 189 n.Chr. in Rom

VATER
Septimius Severus

MUTTER
Julia Domna

VORGÄNGER
Septimius Severus

REGIERUNGSANTRITT
4. Februar 211 (mitCaracalla)

DYNASTIE
Severer

GESTORBEN
25. Dezember 211

NACHFOLGER
Caracalla (Alleinherrscher)

CARACALLA

GEBOREN
4. April 186 in Lugdunum (Lyon), Gallien

VATER
Septimius Severus

MUTTER
Julia Domna

EHE
Fulvia Plautilla

VORGÄNGER
Septimius Severus

BEGINN DER ALLEINHERRSCHAFT
26. Dezember 211

DYNASTIE
Severer

GESTORBEN
8. April 217

NACHFOLGER
Macrinus

seltenen Strafen geschützt hatte, wie etwa dem Kampf gegen wilde Tiere oder der Kreuzigung, war längst ausgehöhlt. Die Schrecken dieser Hinrichtungsarten bleiben nur noch den Bürgern erspart, die bedeutende Persönlichkeiten waren. Anfang des 3. Jahrhunderts schützte bei schwerwiegender Anklage sogar hoher gesellschaftlicher Status nicht immer davor.

Cassius Dio etwa beurteilte Caracallas angebliche Großmut äußerst skeptisch. Er befand, die *Constitutio Antoniniana* sei eine zynische Maßnahme, die nur auf eine Steuererhöhung in harter Währung abziele. Eine Folge des Erlasses war tatsächlich, dass nun mehr Leute zur Erbschaftssteuer veranlagt wurden.

Caracalla verfehlte völlig sein Ziel, das römische Volk für sich zu gewinnen, obwohl er großzügige öffentliche Bauvorhaben realisierte, wie 212 die riesigen Caracalla-Thermen. Stattdessen brach er in die Provinzen auf, reiste vom Rhein zur Donau und von dort weiter nach Osten. Er verbrachte immer mehr Zeit bei seinen Truppen, der Worte seines sterbenden Vaters eingedenk, indem er sich schamlos bei der Armee einschmeichelte. Er erhöhte den Sold der Soldaten deutlich (auf 1250 Denare im Jahr) und soll Seite an Seite mit den Legionären marschiert sein. Die unverhohlene Begünstigung und Bevorzugung, die er dem Militär gegenüber an den Tag legte, wurde nur noch von seiner eiskalten Geringschätzung der zivilen Bevölkerung übertroffen. Auf Schmählieder (wegen des Todes seines Bruders), die eine feindselige Menge ihm im Jahr bei seiner Ankunft in der Stadt Alexandria in Ägypten entgegenschrie, reagierte Caracalla, indem er ein Massaker unter den Peinigern entfesselte. Im Zuge seiner Reisen begeisterte sich Caracalla für Alexander den Großen, gebärdete sich als Neuauflage des großen Eroberers und rüstete einige Legionen sogar im

Die Caracalla-Thermen

Die Caracalla-Thermen wurden zwischen 212 und 216 erbaut. In dieser riesigen Anlage gab es nicht nur Thermen (öffentliche Bäder) mit heißen, warmen und kalten Räumen und anderen Einrichtungen, sondern auch Gärten, Gymnasien (Sportplätze) und eine gut ausgestattete Bibliothek. Am Rand der Anlage befanden sich mehrere Räume, die als Ladengeschäfte, Bars und Bordelle genutzt wurden. Das Wasser wurde durch einen Aquädukt zu den Bädern geleitet, der Rom über 90 Kilometer mit frischem Regenwasser aus den Bergen versorgte. Die Kuppel der Therme war höher als die des Pantheons, insgesamt war die Anlage für1600 Badegäste ausgelegt. Sämtliche Böden waren als Mosaiken ausgeführt, ihre Gesamtfläche betrug um die 13 Hektar.

Die Caracalla-Thermen sind ein treffliches Beispiel für die römische Kunst des Wasserleitungsbaus: Das Wasser floss in eine Zisterne und wurde von dort zu den heißen und kalten Räumen geleitet.

Stil des längst verblichenen Makedoniers aus. 216 n.Chr. entschloss er sich, in Nachahmung seines Helden Alexander, in Persien einzufallen.

Gegen Ende des Jahres stand er in der Ebene von Gaugamela (bei Mosul im Nordirak), wo Alexander einen seiner größten Siege errungen hatte, und zog sich mit der Armee zum Überwintern auf römisches Territorium zurück.

Wegen der Umstände beim Tod seines Bruders Geta wird Caracalla 215 bei seiner Ankunft in Alexandria vom Mob verhöhnt. Er rastet aus, hetzt seine Truppen auf die Menge und lässt den Präfekten der Stadt hinrichten, weil er den Aufruhr zugelassen hatte. Tausende Demonstranten werden getötet.

MACRINUS

GEBOREN
um 185 n. Chr. in Mauretanien, Nordafrika

VATER
unbekannt

MUTTER
unbekannt

EHEN
unbekannt

KINDER
Diadumenianus

VORGÄNGER
Caracalla

REGIERUNGSANTRITT
8. April 217

DYNASTIE
keine

GESTORBEN
Juni 218

NACHFOLGER
Elagabalus

Caracalla hatte sich lange für eine Art Antiquitätensammler gehalten. Dabei interessierten ihn vor allem Artefakte, die sich auf die mythologische Vergangenheit oder auf die Götter bezogen. Während er den Feldzug gegen die Parther vorbereitete, beschloss er, in der ersten Aprilwoche 217 die Ruinen bei Carrhae – dem heutigen Harran in der Südtürkei –, eine der ältesten Siedlungen der Erde, zu besichtigen. Als er sich eines Tages aus der Stadt wagte, um einen nahe gelegenen Tempel der Mondgöttin Luna aufzusuchen, stieg er vom Pferd, um zu urinieren. Da durchbohrte ihn ein von Marcus Opellius Macrinus (165–218), einem der Prätorianerpräfekten, gedungener Mörder mit seinem Schwert. Dieses würdelose Ende passte nicht schlecht zu einem so verruchten und verhassten Herrscher.

Ein kurzes Interregnum

Nach mehrtägigen intensiven Verhandlungen stimmte der Generalstab zu, Macrinus zum Kaiser zu ernennen. Macrinus war zwar an der Verschwörung gegen Caracalla beteiligt gewesen, aber er war auf dieses Amt nicht versessen, befand er sich doch in einer überaus gefährlichen Lage. Der persische König rückte an der Spitze eines starken Heeres auf römisches Gebiet vor, während sich in den Mannschaften der römischen Armee Unzufriedenheit ausbreitete. Nach einem unentschiedenen Zusammenstoß mit den Persern, die gegen hohe Entschädigungen bereit waren, Frieden zu schließen, zog Macrinus die Armee zurück, um den Winter in Syrien zu verbringen. Er wäre besser nach Rom zurückgekehrt.

Macrinus war in der Armee nie beliebt gewesen. Er machte alles nur schlimmer, als er seine Absicht erklärte, den höheren Sold, den Caracalla neu rekrutierten Soldaten gewährt hatte, rückgängig zu machen. Obwohl diese Regelung nicht die alten Soldaten betraf, fühlten sie sich bedroht. Eine weitere dunkle Wolke zog an Macrinus' Horizont herauf: Als Caracallas Mutter Julia Domna, die ihren Sohn in den Osten begleitet hatte, in den ersten Monaten seiner Regierung starb, begann ihre Schwester Julia Maesa, gegen den neuen Herrscher zu intrigieren. Sie befürchtete, die Vorrechte einzubüßen, die einer kaiserlichen Tante zustanden, und zog sich in die Heimat der Familie nach Emesa in Syrien zurück. Dort traf sie ihren jungen Neffen Varius Avitus Bassianus, der Hohepriester des lokalen Sonnengottes Elagabal war. Da er Caracalla ähnelte, konnte sie die Soldaten der nahe der Stadt stationierten Legion überzeugen, dass Bassianus dessen unehelicher Sohn sei. Die Soldaten waren schon unzufrieden mit Macrinus, und mit einem Schmiergeld beglückt, riefen sie den Jüngling, als er in ihr Lager gebracht wurde, sogleich zum Kaiser aus. Vergeblich versuchte Macrinus, die Revolte im Keim zu ersticken; er musste seinen Gegnern mit einer Streitmacht entgegentreten. Die Schlacht war unentschieden, bis Macrinus die Nerven verlor und floh. Er schaffte es bis nach Kleinasien. Dort holte ihn ein Zenturio ein, der ihn verfolgt hatte, und enthauptete ihn.

«Nach dem Tod des Kaisers begab er [Macrinus] sich am selben Tag und an den folgenden zwei Tagen nicht ins Amt, damit es nicht so aussähe, als habe er ihn deswegen getötet; und während dieser Zeit war der römische Staat ohne Herrscher, ohne dass das Volk es ahnte.»

CASSIUS DIO, „Geschichte Roms", 79, 11.4

Der exzentrischste Herrscher

Sein offizieller Herrschername lautete zwar Marcus Aurelius Antoninus (womit er seinen Anspruch auf die Verwandtschaft mit Caracalla betonen wollte), doch ist der junge Mann (um 203–222 n.Chr.) aus Emesa eher unter dem latinisierten Namen seines göttlichen Beschützers bekannt: Elagabalus. Sein Regime war eines der umstrittensten der römischen Geschichte, trotz der großen Bemühungen des von Caracalla übernommenen Mitarbeiterstabes im Palast, seine Exzesse zu zügeln. Der Bürgerkrieg, der Elagabalus auf den Thron spülte, war im Wesentlichen ein Machtkampf zwischen Regierungsmitgliedern, die eng mit dem Palast verbunden waren, und den Vertretern der Verwaltung, die Macrinus unterstützt hatten. Die aufstrebende Palastfraktion unternahm große Anstrengungen, Mitglieder des Senats und die Beamten des Ritterstandes in die Regierung zu integrieren.

Julia Maesa (165–224 n.Chr.), Caracallas Tante, schmiedete Ränke gegen Macrinus, und es gelang ihr, ihren Enkel Elagabalus an die Macht zu bringen. Sie und ihre Tochter Julia Soaemias unterstützten seinen Anspruch auf den Thron, indem sie fälschlicherweise behaupteten, er sei Caracallas illegitimer Sohn.

Zeitgenössische Kommentatoren wie Cassius Dio und Marius Maximus geißelten später die Palastfraktion als einen nichtsnutzigen, sexuell perversen Haufen. Dies dürfte ein Versuch nachträglicher Selbstrechtfertigung sein, denn beide Männer übten unter diesem geschmähten Regime angenehme

ELAGABALUS

GEBOREN
um 203 n.Chr. in Emesa, Syrien

VATER
Sextus Varius Marcellus

MUTTER
Julia Soaemias Bassiana

EHEN
(1) Julia Cornelia Paula
(2) Julia Aquilia Severa
(3) Annia Faustina

KINDER
Alexander Severus (adoptiert)

VORGÄNGER
Macrinus

REGIERUNGSANTRITT
Juni 218

DYNASTIE
Severer

GESTORBEN
11. März 222

NACHFOLGER
Severus Alexander

Tätigkeiten aus. Marius leitete nach wie vor die Präfektur von Rom, mit der Macrinus ihn betraut hatte, während Dio in seiner Heimatprovinz Bithynien eine Pfründe als Aufseher der Finanzen innehatte. Was Dio und andere anständige Verwalter in den Provinzen von ihren Gönnern in Rom trennte, war das unkontrollierbar exzentrische Verhalten des Herrschers.

Elagabalus glaubte zutiefst an die Macht des Sonnengottes und beabsichtigte, ihn als oberste Gottheit im Pantheon zu Rom einzusetzen. Er gab Elagabal den lateinischen Ehrentitel *Deus Sol invictus* („unbesiegbarer Sonnengott"), kleidete sich in kostbare Priestergewänder und ließ vor dem Altar des Gottes Tänze aufführen. Die eher konventionellen Römer sahen jedoch in der exotischen Religionsausübung des Kaisers eher eine Farce von Transvestiten und hatten wenig Sinn für derartige Darstellungen. Als wäre das nicht schon genug gewesen, verkündete der Herrscher auch noch, dass die Götter des römischen Pantheons künftig dem Gott Elagabal untergeordnet würden. Den Gipfel skandalösen Verhaltens erreichte Elagabalus, als er die Vestalin Aquilia Severa heiratete und damit eines der heiligsten religiösen Gebote Roms verletzte. Der Herrscher behauptete, aus dieser Verbindung würden „gottähnliche Kinder" hervorgehen.

Während dieser religiöse Streit tobte, herrschte gleichzeitig Aufruhr in der eigenen *domus* des Herrschers. Der kaiserliche Haushalt war durch Unstimmigkeiten gespalten, die Beziehungen zwischen Elagabalus' Mutter Julia Soaemias und ihrer Schwester Julia Mamaea wurden immer angespannter. Die Matriarchin Julia Maesa konnte wenig tun, um die beiden zu versöhnen. Sie mag auch gespürt haben, dass die hemmungslos exzentrischen öffentlichen Auftritte des Kaisers untragbar wurden, dass ein gewalttätiger Umschwung bevorstand und sie selbst sich so positionieren musste, dass sie von dem Wechsel profitieren könnte. Im Jahr 221 überzeugte sie Elagabalus, seinen Cousin Severus Alexander (208–235 n.Chr.) als seinen Erben einzusetzen. Zu spät erkannte Elagabalus, dass er mit der Adoption des erfrischend normalen jungen Mannes tatsächlich sein Todesurteil unterschrieben hatte. Anfang des Jahres 222 besuchte er das Lager der Prätorianer und befahl ihnen, Alexander zu ermorden. Zwar sind genaue Einzelheiten über das weitere Geschehen nicht bekannt, aber wir wissen, dass die Prätorianer (wahrscheinlich von Maesa und Mamaea bestochen) Elagabalus und Julia Soaemias töteten, ihre Leichen in den Tiber warfen und Severus Alexander zum Kaiser ausriefen. Der Senat bestätigte die Entscheidung der Garde und verbannte den Kult des fremden Gottes Elagabal nach Emesa. Dies sollte jedoch nicht das letzte Mal gewesen sein, dass ein römischer Kaiser beschloss, eine Religion zu begünstigen, deren Grundlage die Verehrung eines ursprünglich semitischen Gebirgsgottes war.

Das Elagabalium

Elagabalus setzte sich während seiner Regierung rücksichtslos über sexuelle und religiöse Sitten Roms hinweg. Seine exzentrischen Verhaltensweisen führten schließlich zu seinem Ende.

Der Gott Elagabal war ursprünglich ein semitischer Gebirgsgott, der in einem Meteoriten verborgen war, der in seinem Tempel im syrischen Emesa (Homs) stand. Mit der Zeit wurde die Natur dieses Gottes umgedeutet, so dass er als Himmelsgott und noch später als Sonnengott wahrgenommen wurde. Da er als höchste Gottheit galt, beschloss der Kaiser Elagabalus, ihn auf dem Palatin in einem umgebauten Tempel des Jupiter anzusiedeln, bis man ihm einen neu errichteten angemessenen Tempel würde weihen können. Während er in Rom weilte, bemühte sich der Herrscher, für seinen Gott eine Gemahlin zu finden, indem er zunächst das Bildnis der Vesta aus ihrem Tempel im Forum entfernte (ein Umzug, der als Parallele zu seiner Hochzeit mit einer vestalischen Jungfrau gedacht war). Später, nach seiner Scheidung von der Vestalin, suchte der Herrscher seinem Gott eine neue Gefährtin, dieses Mal die Himmelsgöttin Urania von Karthago, die ebenfalls in einem Meteoriten verborgen war und in einem neuen Tempel auf dem Kapitol ihre Bleibe fand. Im letzten Jahr seiner Regierung erbaute Elagabalus dem Gott einen riesigen neuen Tempel. Bei der großartigen Einweihungszeremonie „lenkte" der Gott einen Wagen, dem der Kaiser zu dem Tempel vorausschritt.

Das Verhalten des Kaisers entsetzte seine römischen Untertanen. Nach seinem Tod wurde der erste Tempel wieder dem Jupiter geweiht, jetzt wohl unter dem Titel *Jupiter Ultor* (Jupiter der Rächer). Das Schicksal des zweiten Tempels ist unklar, doch möglicherweise wurde er während der Regierung Konstantins (307–337) in die Kirche Santa Croce in Gerusalemme integriert.

Die Macht hinter dem Thron

Severus Alexander, der bei seiner Inthronisation wahrscheinlich elf Jahre alt war, vermochte das Reich ebenso wenig zu lenken wie sein Cousin. Allerdings war seine Mutter schlauer als die seines Vorgängers. Julia Mamaea war äußerst bemüht, sich schnellstens die Loyalität des traditionellen Adels zu sichern. Männer, die allen Grund hatten, ihre Karriere für beendet zu halten – darunter Cassius Dio –, wurden wieder in hohe Ämter eingesetzt, und der Hof war nicht mehr von Mitgliedern des königlichen Haushalts dominiert.

In vieler Hinsicht wirkte das neue Regime wie eine Rückblende auf die Zeit von Mark Aurel, als erfahrene Staatsmänner einem jungen Herrscher beratend zur Seite standen, der dann ihrem weisen Rat folgte. Das Problem war leider, dass der Schein trog. Severus Alexander war in Wirklichkeit unfähig, als erster Diener des Staates zu handeln, und verfiel in eine zutiefst konservative, reaktionäre Haltung. Unter normalen Umständen wäre das vielleicht nicht schlimm gewesen. Doch die Umstände waren keineswegs normal. Im Jahr 225 n.Chr. besiegte Ardaschir, Herr über ein Fürstentum im Südiran, den König der Parther und begründete eine neue Dynastie – die Sassaniden, die wegen ihres religiösen Fundamentalismus und ihrer militärischen Tapferkeit berüchtigt wurden. Die Sassaniden-Dynastie sollte Persien mehr als

> «Wer vermöchte einen Herrscher zu ertragen, der unnatürlichen Gelüsten jeglicher Art frönt, wenn nicht einmal eine Bestie solcher Art geduldet würde.»
>
> HISTORIA AUGUSTA, „Das Leben des Elagabalus"

SEVERUS ALEXANDER

GEBOREN
1. Oktober 208 n. Chr.

VATER
Gessius Marcianus

MUTTER
Julia Mamaea (180 – 235)

EHE
Sallustia Orbiana

VORGÄNGER
Elagabalus

REGIERUNGSANTRITT
12. März 222

DYNASTIE
Severer

GESTORBEN
235 in Moguntiacum (Mainz), Deutschland

NACHFOLGER
Maximinus Thrax

Als Knabe entging Severus Alexander dem Mordversuch seines Cousins Elagabalus. Mit elf Jahren inthronisiert, blieb er lange unter der Fuchtel seiner ehrgeizigen Mutter Julia Mamaea. Als die Armee sich von ihm abwandte, wurden Mutter und Sohn ermordet.

400 Jahre beherrschen, bis muslimische Armeen 651 das Gebiet eroberten. Wieder einmal sah Rom sich von einer vertrauten Seite her bedroht.

Als Ardaschir seine Macht festigte, zauderte Rom. Der Herrscher und seine Berater hatten keine klare Strategie. Sie begriffen vor allem nicht, dass dem starken Antrieb der iranischen Revolution der strenge Glaube an die Lehre Zarathustras zugrunde lag. Ardaschir glaubte, wenn er die Diener von Ahriman, dem Gott der Lüge und der Finsternis, vernichte, erfülle er den Auftrag Ahura Mazdas, des Gottes des Lichtes und der Wahrheit. Rom hingegen unterstützte weiterhin das schlecht angesehene alte Regime. Erst als Ardaschir wiederholt die Provinz Mesopotamien überfiel und die dortige Garnison meuterte, beschloss die Regierung in Rom zu handeln. Alexander begab sich mit seiner Mutter in den Osten, um das Unternehmen zu überwachen.

Das einzig Positive, das man der römischen Invasion von 231 in Parthien bescheinigen kann, ist im Gegensatz zu früheren derartigen Unternehmungen zumindest der Versuch einer eigenständigen Strategie, anstatt nach Cäsars völlig überholtem Schlachtplan vorzugehen. Das heißt, es hätte gut gehen können, wenn man Ardaschirs Pläne durchschaut hätte – was aber nicht der Fall war. Cäsar hatte es meisterhaft verstanden, seinen Feind an entscheidenden Punkten unter Druck zu setzen. Severus' Generäle aber taten genau das Gegenteil. Sie drittelten die Armee, schickten ein Drittel in den Nordwesten des Iran, wo feindliche Truppen im Königreich Media auf Ardaschir warteten, ein weiteres Drittel auf die bekannte Strecke nach Ctesiphon von Norden sowie ein Drittel am Euphrat entlang auf das Königreich Mesene zu.

Diese getrennt vorrückenden Streitkräfte begingen einen militärischen Kardinalfehler, indem sie unkoordiniert vorstießen. Kaum hatte die südliche Kolonne das ausgedehnte Sumpfgebiet erreicht, das sich nördlich der heutigen Stadt Basra erstreckte, wurde sie auch schon überwältigt. Der mittlere Flügel wurde mitten in der Spur aufgehalten, und nur der nördliche Heeresteil errang ein paar Siege.

Naqsh-i Rustam

Dieses Relief von Naqsh-i Rustam zeigt Ardaschir I., den Gründer der Sassaniden-Dynastie, wie er die Krone aus der Hand des höchsten zarathustrischen Gottes Ahura Mazda empfängt.

Die archäologische Ausgrabungsstätte Naqsh-i Rustam („Rustams Bild") befindet sich etwa 13 Kilometer nordwestlich der alten persischen Hauptstadt Persepolis. Der Name Naqsh-i Rustam beruht auf späteren Deutungen der dort in den Fels gehauenen Reliefs als Bildnisse des legendären persischen Helden Rustam. Die Nutzung der Stätte vor dem 6. Jahrhundert v. Chr. ist unklar, aber der persische König Darius I. (549–486 v. Chr.) bestimmte sie zur königlichen Nekropole und ließ seine letzte Ruhestätte in die Felswand schlagen. Sechs weitere Könige des alten persischen Achaemeniden-Reiches wurden dort in Felsengräbern beigesetzt. Im 3. Jahrhundert n. Chr. hatte sich Naqsh-i Rustam zu einem bedeutenden spirituellen Zentrum der Anhänger des Zarathustra entwickelt, und dieser Zusammenhang zog Ardaschir dorthin. Er und mehrere seiner Nachfolger im Sassaniden-Reich ließen Reliefs von ihren Siegen in den Stein hauen. Zu den schönsten Bildhauereien in Naqsh-i Rustam zählen die aus der Regierungszeit von Ardaschirs Sohn Schapur I. (um 241–272) stammenden riesigen Feuertempel. Diese wunderbar erhaltenen Reliefs zeigen Schapurs Triumph über die römischen Kaiser Gordian III., Philipp Arabs und Valerian. Die erklärenden Inschriften in Mittelpersisch, Parthisch und Griechisch vermitteln wichtige Details über Schapurs Kriege gegen Rom und über die Struktur seines Königreichs.

Diese Niederlagen schädigten Alexanders Ansehen beträchtlich. Verzweifelt versuchte er, das persische Fiasko durch irgendeinen Erfolg wettzumachen. Er kehrte 233 n.Chr. nach Rom zurück, um dort einen etwas schalen Triumph zu feiern, und brach im Jahr danach, wieder von seiner Mutter begleitet, zur germanischen Grenze auf. Dieser Versuch, die Loyalität der Armee zurückzugewinnen, ging schief. Anfang März 235 wurden Alexander und Mamaea in Mainz in einen Hinterhalt gelockt und ermordet. Der Mörder war ein Unteroffizier aus Thrakien namens Julius Maximinus (um 173–238).

Maximinus erklärte sich zum Kaiser und versuchte sogleich, seine Position zu sichern, indem er eine Reihe von Angriffen gegen die Stämme nördlich von Rhein und Donau anzettelte. Nie setzte er auch nur einen Fuß in die Stadt Rom. Das Volk brachte er gegen sich auf, indem er die Getreidesubventionen zurücknahm. Der gesamte traditionelle Adel sah einen Emporkömmling in ihm, und im Februar 238 unterstützte der Senat einen älteren Senator, Gordian (159–238), der sich in Nordafrika zum Kaiser erklärte.

Das Sechs-Kaiser-Jahr

Die Revolte des Jahres 238 begann niederschmetternd. Gordian I. und sein ebenfalls zum Kaiser erklärter Sohn Gordian II. (um 192–238 n.Chr.) wurden von Soldaten getötet, die unter dem Befehl des Statthalters von Numidien standen, einem treuen Anhänger von Maximinus. In der Erkenntnis, dass Maximinus gewiss kein gnädiger Sieger sein würde, wählte der Senat ein Gremium von 20 Männern, die das Reich gegen den Kaiser verteidigen sollten, den sie zum Staatsfeind erklärten.

Maximinus war der Erste in einer Reihe kurzlebiger „Soldatenkaiser", die Mitte des 3. Jahrhunderts n.Chr. in Rom vor Aurelian herrschten. Die drei Jahre an der Macht verbrachte er auf Feldzügen 'vor allem gegen die Germanen und die Dakier. Spätere Historiker befanden ihn als ungehobelt und grausam und gaben ihm den etwas herabsetzenden Beinamen „Thrax" – der Thraker.

Diese Maßnahme war ein beredtes Beispiel für die große Bedeutung, die der Senat dem kollegialen Regierungsprinzip beimaß. Dementsprechend wurden sogleich anstatt einem nun zwei Männer – Pupienus (um 178–238) und Balbinus (gestorben 238) – zu Mitkaisern berufen. Als Freunde der beiden ermordeten Gordiane unter dem römischen Volk einen Aufstand anzettelten, weil man die Familie von der Thronfolge ausgeschlossen hatte, erklärten sich Pupienus und Balbinus bereit, den Neffen des jüngeren Gordian, einen 13-jährigen Knaben, als designierten Nachfolger in ihr neues kaiserliches Collegium aufzunehmen. Es ist ein Zeichen der wachsenden tiefen Unzufriedenheit mit Maximinus, dass aus vielen Teilen des Reiches Loyalitätserklärungen zu dieser unglaublichen Koalition eintrafen, selbst als der Kaiser seine schlachtenerprobte Armee aus den Balkanländern nach Italien führte.

MAXIMINUS THRAX
GEBOREN
um 173 n.Chr. in Thrakien
VATER
unbekannt
MUTTER
unbekannt
VORGÄNGER
Severus Alexander
REGIERUNGS-ANTRITT
20. März 235
DYNASTIE
Severer
GESTORBEN
April 238 in Aquileia, Norditalien
NACHFOLGER
Gordian III.

GORDIAN I.
GEBOREN
um 159 n.Chr.
VATER
unbekannt
MUTTER
unbekannt
KINDER
Gordian II., Antonia Gordiana
VORGÄNGER
Maximinus Thrax
REGIERUNGS-ANTRITT
22. März 238
DYNASTIE
Gordianer
GESTORBEN
12. April 238 in Karthago
NACHFOLGER
Pupienus und Balbinus

GORDIAN II.
GEBOREN
um 192 n.Chr.
VATER
unbekannt
MUTTER
unbekannt
KINDER
unbekannt
VORGÄNGER
Maximinus Thrax
REGIERUNGS-ANTRITT
22. März 238
DYNASTIE
Gordianer
GESTORBEN
12. April 238 in Karthago
NACHFOLGER
Pupienus und Balbinus

PUPIENUS
GEBOREN
um 178 n.Chr.
VATER
unbekannt
MUTTER
unbekannt
KINDER
unbekannt
VORGÄNGER
Gordian I. und Gordian II.
REGIERUNGS-ANTRITT
22. April 238
DYNASTIE
Gordianer
GESTORBEN
29. Juli 238
NACHFOLGER
Gordian III.

BALBINUS
GEBOREN
Datum unbekannt
VATER
unbekannt
MUTTER
unbekannt
KINDER
unbekannt
VORGÄNGER
Gordian I. und Gordian II.
REGIERUNGS-ANTRITT
22. April 238
DYNASTIE
Gordianer
GESTORBEN
29. Juli 238
NACHFOLGER
Gordian III.

GORDIAN III.
GEBOREN
20. Januar 225 n.Chr.
VATER
unbekannt
MUTTER
Antonia Gordiana
EHE
Sabina Tranquiliana
VORGÄNGER
Pupienus und Balbinus
REGIERUNGS-ANTRITT
22. April 238
DYNASTIE
Gordianer
GESTORBEN
11. Februar 244
NACHFOLGER
Philippus Arabs

Trotz dieses offenkundigen Mangels an Begeisterung für Maximinus müssen die Ereignisse des späten Winters und beginnenden Frühjahrs 238 die Zeitgenossen erstaunt haben. Als Maximinus in Italien eintraf, wurde seine Armee vor der Stadt Aquileia gestoppt, deren starke Verteidigungsanlagen einst Mark Aurel am Beginn seines Kriegs gegen die Stämme im Norden Zuflucht geboten hatten.

Es vergingen Wochen, in denen Maximinus vergeblich versuchte, die Stadt einzunehmen. Die Armee, deren Versorgung wohl mangelhaft war, wurde unruhig, und Anfang April ermordete sie ihren Kaiser.

Pupienus und Babinus konnten sich ihres Triumphs nicht lange erfreuen. Die Prätorianergarde, die befürchtete, sie könnte in dieser höchst unbeständigen Situation wechselnder politischer Bündnisse ersetzt werden, ermordete die Mitkaiser und votierte für Gordian III. (225–244). Da Maximinus seinen Sohn zum Mitkaiser ernannt hatte, als er in Italien einfiel, wurde der junge Gordian offiziell der siebte Anwärter auf den Rang des Augustus im Lauf des Jahres 238.

Sein Regime wurde von Angehörigen des Ritterstandes beherrscht und sollte fast sechs Jahre dauern, bevor er Opfer der neuen Macht wurde, die im Osten entstanden war.

Anarchie und Chaos: Die Krise des 3. Jahrhunderts (239–270 n. Chr.)

Rom war so instabil, dass das Imperium erst 241 n. Chr. imstande war, wirklich rabiat auf die Herausforderung des Sassaniden-Reichs zu reagieren. Gordian III. ernannte seinen Schwiegervater, einen Ritter namens Timesitheus, zum Prätorianerpräfekten. Der brauchte einige Zeit, um die römischen Streitkräfte zusammenzurufen und kampffähig zu machen. Doch als es schließlich 243 zum Angriff kam, wurden die Perser unter Ardaschirs Sohn Schapur I. (um 241–272 n. Chr.) über den Euphrat zurückgetrieben, zur Schlacht von Resaena gezwungen und in dieser besiegt.

Das sassanidische Felsenrelief von Naqsh-i Rustam zeigt Kaiser Valerians (links) erzwungenen Kniefall und seine Huldigung vor der berittenen Gestalt Schapurs I. Die Gefangennahme Valerians 260 n. Chr. ist der Tiefpunkt der militärischen Niederlagen Roms. Einige spätere römische Quellen behaupteten sogar, der Leiche des Kaisers sei die Haut abgezogen worden, um als Trophäe römischer Unterwerfung bewahrt zu werden.

Timesitheus starb plötzlich, und sein Amtskollege Julius Priscus, der nun an der Spitze der Regierung stand, bestimmte seinen eigenen Bruder Marcus Julius Philippus (um 204–249) zum Mitpräfekten. Sie blieben im Amt, während die Armee, jetzt mit Gordian als nominellem Befehlshaber, im Winter 244 eine schlecht beratene Invasion des Irak unternahm. Als die Römer einen Brückenkopf am Euphrat einrichteten, von dem aus sie nach Ctesiphon vordringen wollten, schlug Schapur zurück. Die römische Armee unterlag, und kurz darauf wurde Gordian in seinem Lager ermordet. Philippus wurde Kaiser, historisch ist er als Philippus Arabs bekannt, da seine Familie aus Syrien stammte.

Als Philippus Arabs 244 Kaiser wurde, verwandelte er seine Heimatstadt Shahba (damals in der römischen Provinz Syrien, heute Jordanien) in eine prächtige Metropole mit modernen Einrichtungen. Sie wurde in Philippopolis umbenannt, erhielt einen neuen Verteidigungsring und wurde mit Tempeln, Bädern, Theatern und Triumphbögen ausgestattet. Viele der neuen Gebäude zierten herrliche Mosaiken.

Ein zupackender Herrscher

Die Regierung Philippus Arabs' markiert einen interessanten Wendepunkt in der Geschichte des 3. Jahrhunderts n.Chr. Philippus war der erste Kaiser aus dem Ritterstand, der von Rom aus regierte – weder Macrinus noch Maximinus waren in die Hauptstadt gegangen – und der ungelöste Probleme des Reiches gezielt in Angriff nahm. Eine der wichtigsten Aufgaben, mit denen er sich auseinandersetzte, waren die Staatsfinanzen. Der schmachvolle Friedensvertrag, den er nach Gordians Niederlage mit Persien schließen mußte, sah hohe Reparationszahlungen vor. Eine weitere enorme Belastung der Staatsfinanzen waren die prunkvollen Festlichkeiten anlässlich der Gründung Roms vor tausend Jahren.

Trotz seiner Sorge über die Staatsfinanzen sah Philippus Arabs die Ausrichtung der Tausendjahrfeier als unerlässlich für seinen Ruf an. Ein weiteres kostspieliges, aber unbedingt notwendiges Prestigeobjekt war der Wiederaufbau seiner Heimatstadt Shahba im heutigen Jordanien. Als Außenseiter aus einem Teil des Reiches, aus dem noch kein Herrscher hervorgegangen war, glaubte er, seine Referenzen für Rom aufpolieren zu müssen. Er ließ in seiner Heimatstadt prächtige Gebäude errichten, die der Geburtsstadt eines

ZEITLEISTE

241 n.Chr. Ardaschir I. von Persien stirbt; sein Nachfolger Schapur I. beginnt Angriffskriege gegen Rom

244 Philippus Arabs folgt Gordian III. als römischer Kaiser

248 Rom feiert sein tausendjähriges Bestehen

249 Kaiser Decius erlässt ein Edikt über den Opferritus. Christen, die das Opfer verweigern, werden verfolgt

251 Decius wird getötet, als die Goten die römische Armee in der Schlacht von Abrittus besiegen

252 Sassanidische Streitkräfte nutzen den Aufruhr in Rom, um in Syrien einzufallen und Antiochia zu erobern

253 Valerian wird römischer Kaiser

260 Valerian wird in der Schlacht von Edessa von persischen Streitkräften gefangen genommen

268 Römische Streitkräfte unter Kaiser Claudius II. unterwerfen die Goten in der Schlacht von Naissus (Niš, Serbien)

270 Tod des einflussreichen neuplatonischen Philosophen Plotin

Die Millenniumspiele

Im 4. oder 3. Jahrhundert v. Chr. erfanden die Römer die Säkularfeiern, die am Ende eines *saeculums* mit Opfern und Spielen stattfanden. Theoretisch bezeichnete *saeculum* die Lebensdauer des ältesten Menschen auf Erden und wurde variabel mit 100 oder 110 Jahren angesetzt.

Gladiatoren in der Arena im Kampf mit Panther und Löwen. Für die Inszenierung großartiger Veranstaltungen anlässlich der Geburtstage Roms war den Kaisern nichts zu teuer.

In der Kaiserzeit waren beide Zählweisen zulässig. Legt man die größere Zahl zugrunde, dann hätte Augustus die Säkularfeiern zum 700. Geburtstag Roms im Jahr 17 v. Chr. an den Parilia wieder eingeführt, dem 21. April, an dem alljährlich der Gründung Roms 753 v. Chr. gedacht wurde.

Claudius veranstaltete Spiele zum 800. Geburtstag der Stadt im Jahr 48 n. Chr. mit der Begründung, seine Zählung sei genauer, während Domitian seine Feiern ins Jahr 88 verlegte, sechs Jahre früher als nach augusteischer Berechnung. Die Spiele zur 900-Jahr-Feier veranstaltete Antoninus Pius 148 n. Chr., während Alexander Severus zur augusteischen Zählung zurückkehrte und die Feierlichkeiten 204 n. Chr. wiederholte. Philippus Arabs' Spiele 248 n. Chr. zum 1000. Geburtstag Roms waren die letzten. Vielleicht waren ungute Vorahnungen anlässlich dieses Ereignisses für die später im Jahr aufflackernden Revolten verantwortlich. Die Spiele waren spektakulär: Es gab jede Menge Gladiatorenkämpfe, unzählige exotische Tiere wurden getötet.

Herrschers würdig wären. Philippopolis – so hieß die neue Stadt 90 Kilometer südlich von Damaskus (nicht zu verwechseln mit der nach Philipp von Makedonien benannten Stadt in Bulgarien, heute Plovdiv) – beeindruckte durch viele herrliche Bauten, darunter Tempel, ein Theater und Thermen, alle im römischen Baustil.

Um diesen ganzen Aufwand zu finanzieren, erhöhte Philippus in jeder Gemeinde die Zahl der Steuerpflichtigen, die für sämtliche Defizite aus ihrer eigenen Tasche aufkommen mussten. Bei der Verwaltung des Reiches erkannte er, dass die Machtkonzentration der Severer auf die Person des Kaisers äußerst nachteilig war. Dieser Tendenz wirkte er entgegen, indem er in verschiedenen Regionen fähige Stellvertreter des Kaisers bestimmte. Die ersten beiden waren Julius Priscus im Osten und ein Verwandter namens Severianus auf dem Balkan.

War diese Dezentralisierung im Grunde eine gute Idee, so erwies sich eine andere Sparmaßnahme – die Kürzung der Subventionen der Stämme nördlich der Donau – als weniger klug. Da die loyalen Stammesfürsten diese Zuwendungen brauchten, um ihren Status zu erhalten, wurden die Regierungstreuen durch die Kürzungen geschwächt oder sie wandten sich gegen Rom. Fast sofort nach seinem Regierungsantritt flackerten Unruhen auf, und im Gefolge der Tausendjahrfeiern brachen in Moesien und in Pannonien heftige Revolten aus. Der Senator Gaius Messius Quintus Decius (um 201–251 n.Chr.), der Maximinus 238 im Bürgerkrieg gedient hatte, wurde entsandt, um die Unruhen im Donaugebiet zu unterdrücken. Doch kaum hatte er seinen Auftrag erfüllt, als seine Truppen ihn bedrängten, sich zum Kaiser zu proklamieren. Auf dem Marsch nach Rom besiegte und tötete er Philippus Arabs in Verona.

Versuche, den vergangenen Ruhm zu erneuern

Nur wenige Herrscher haben in den historischen Quellen so tiefe Spuren hinterlassen wie Decius, dem die Traditionen der kaiserlichen Vergangenheit so viel bedeuteten und der doch unfähig war, sie zu erhalten. Eine seiner bemerkenswertesten Taten war der Erlass, der allen römischen Bürgern vorschrieb, den Göttern zum Wohl des Staates zu opfern. Eine weitere Maßnahme war die Prägung von Münzen zum Gedenken an die „guten Kaiser" der Vergangenheit. Außerdem gab er sich den Namen Trajan und knüpfte damit an ein vergangenes goldenes Zeitalter kaiserlicher Herrschaft an.

Zum Unglück für Decius und das Römische Reich fehlten ihm aber die Qualitäten seines Namensvetters. Keine seiner Initiativen traf die wahren Ursachen der Unruhen an den Grenzen im Norden und in den östlichen Provinzen, wo seit den letzten Regierungsjahren Philipps Aufstände schwelten. Das dringendere Problem war die Bedrohung durch die nördlichen

Decius' Edikt über das Opfern

Kurz nachdem Decius Philipp auf den Thron gefolgt war, verfügte er in einem Erlass, dass alle Untertanen den Göttern für das Wohl des Staates Opfer darzubringen hätten. Die Bestimmungen des Ediktes waren anscheinend sehr detailliert. Das Opfer musste vor den Behörden des Wohnortes dargebracht werden, die es bescheinigten. Etliche derartige Bescheinigungen sind auf ägyptischen Papyri aufgetaucht, zum Beispiel mit folgendem typischen Wortlaut:

«An die Opferbehörde des Dorfes Theadelphia, von Aurelia Bellias, Tochter des Peteres, und ihrer Tochter Kapinis. Wir haben stets den Göttern geopfert und tun es jetzt vor euren Augen gemäß den Vorschriften. Ich habe Trankopfer dargebracht und die Opfergaben geweiht und gekostet und bitte euch, dies zu bestätigen. Möge es euch stets wohl ergehen.» (In anderer Schrift:) *«Wir, Aurelius Serenus und Aurelius Hermas, sahen euch opfern.»* (Dritte Handschrift:) *«Ich, Hermas, bestätige es.»* (Nochmals erste Schrift:) *«Im ersten Jahr des Kaisers Gaius Messius Quintus Traianus Decius Pius, Felix Augustus. 21. Juni 250.»*

PHILIPPUS ARABS

GEBOREN
um 204 n.Chr. in Shahba (Philippopolis), Syrien

EHE
Marcia Otacilia Severa

KINDER
Marcus Julius Severus Philippus

VORGÄNGER
Gordian III.

REGIERUNGSANTRITT
244

DYNASTIE
keine

GESTORBEN
249 in Verona

NACHFOLGER
Decius

DECIUS

GEBOREN
um 201 n.Chr. in Sirmium, Pannonien

EHE
unbekannt

KINDER
Herennius Etruscus, Hostilian

VORGÄNGER
Philippus Arabs

REGIERUNGSANTRITT
249 n.Chr.

DYNASTIE
keine

GESTORBEN
Juni 251 in Bulgarien

NACHFOLGER
Trebonianus Gallus

Stämme – die Vorfahren der späteren Goten. Eine große Invasionstruppe von Germanen drang 250 n.Chr. über die Donau ein, überfiel Decius aus dem Hinterhalt und zerschlug einen großen Teil seiner Armee. Danach verwüsteten sie die Stadt Philippopolis (die nach Philipp von Makedonien benannte Stadt). Decius holte die Angreifer zwar schließlich ein, doch wurde seine Armee in die Sümpfe gelockt und in der Schlacht von Abrittus im Juni 251 vernichtend geschlagen. In diesem Gefecht fielen der Kaiser und sein Sohn. Auf den Thron folgte ihm Trebonianus Gallus (um 206–253 n.Chr.), ein Statthalter der Donauprovinzen.

Von Feinden überwältigt

Statt die erwartete Route für einen persischen Angriff über Mesopotamien zu nehmen, zog Schapur I. im Jahr 252 den Euphrat hinauf und fiel von dort in die Ostprovinzen ein. Er vernichtete eine römische Armee bei Barbalissos, dann plünderte er Syrien und Antiochia. Gleichzeitig griffen Stämme der Schwarzmeerküste von der See aus an, stießen durch die Dardanellen in die Ägäis vor und raubten dort viele Städte aus, unter ihnen Ephesus, die größte Stadt in der Westtürkei.

Die Jahre 251 und 252 gelten als die schlimmsten in der Geschichte des *Imperium Romanum*: Drei große Städte wurden geplündert, zwei Armeen vernichtet, und der Kaiser war offensichtlich außerstande, das Gemetzel zu verhindern. Als die Donauarmee 253 einen Sieg errang, proklamierte sie ihren Feldherrn Aemilianus (um 207–253) zum Kaiser. Aemilianus besiegte Gallus in Mittelitalien, wurde aber dann ein Opfer Valerians (200–260), eines Verbündeten von Gallus, der zu spät gekommen war, um dem früheren Kaiser beizustehen.

«Und dich, elendes Syrien, habe ich voller Mitleid beklagt; ein furchtbares Schicksal durch Pfeile schleudernde Männer wird dich treffen, das du nie für möglich gehalten hättest. Der Flüchtige von Rom wird kommen, den langen Speer drohend erhoben. Mit Myriaden wird er über den Euphrat ziehen, dich verbrennen, alles zum Bösen wenden. Weh dir, Antiochia, nie mehr wird man dich Stadt nennen, wenn du in deiner Torheit von Speeren getroffen niedersinkst. Zerstört und nackt, unbehaust und schutzlos wirst du sein. Wer immer dich sieht, wird in Tränen ausbrechen, und du wirst das Opfer des Krieges sein.»

„Die Eroberung von Antiochia“,
beschrieben im 13. „Sibyllinischen Orakel“, Zeilen 119–129

Der Sarkophag aus der Zeit von Decius zeigt eine Schlacht zwischen Römern und Germanen. Die zentrale Gestalt auf dem Pferd ist vermutlich Decius' Sohn Hostilian. Im Lauf des 3. Jahrhunderts sahen sich die römischen Armeen zunehmend Feinden gegenüber, die sich weigerten, in der Schlachtenordnung der Römer zu kämpfen. Stattdessen wandten Perser wie Goten eine wirksame mobile Überraschungstaktik bei ihrem Gegner an.

Auch Valerian war ein überzeugter Traditionalist, der seine Aufgabe darin sah, die bestehenden Grenzen zu verteidigen und die kulturelle Einheit des Reiches zu schützen. Er erließ 257 das erste Edikt, das die Christen im gesamten Reich, die ihrem Glauben nicht abschworen, mit Verfolgung, Beschlagnahme des Vermögens und Hinrichtung bedrohte. Zugleich war ihm klar, dass er allein das Reich nicht schützen konnte. Sobald Valerian Kaiser wurde, beförderte er seinen Sohn Gallienus (um 218–268), bereits ein Mann im reifen Alter, zum Mitregenten und ernannte einige von Gallienus' Söhnen zu Cäsaren. Dem gemeinsamen Regime von Valerian und Gallienus mit designierten Nachfolgern sollten später im Jahrhundert gelungenere ähnliche Arrangements folgen. Um 260 jedoch bedeutete dieser Notbehelf wohl nur, dass das Imperium am Rande des Zusammenbruchs nicht von einer einzigen Person regiert werden konnte.

Ein Kaiser in Ketten

Im Jahr 259 unterlag Valerian einem weiteren Angriff vom Schwarzen Meer aus auf die Westtürkei und wurde von einer erneuten persischen Invasion bedroht. Schapur brach im Frühjahr 260 in die römische Provinz Mesopotamien ein, wo er auf eine gegnerische Armee traf, die durch Krankheiten geschwächt und am Rande einer Meuterei war. Nach einer Niederlage südlich von Edessa bat Valerian um Frieden. Schapur legte ihn in Ketten und brachte ihn als Gefangenen nach Persien, während seine Armeen die östli-

«Bei Carrhae und Edessa fand eine große Schlacht zwischen uns und Kaiser Valerian statt, bei der wir ihn mit eigener Hand gefangen nahmen … und Männer des Römischen Reiches, Nicht-Arier, die wir deportierten. Wir siedelten sie an im Iran in Persis, Parthia, Khuzistan, in Babylonien und in anderen Gebieten, auf Domänen unserer Väter, Großväter und Vorfahren. Wir eroberten noch viele andere Länder und wurden berühmt für unser Heldentum.»

„Die Großtaten des göttlichen Schapur", 16

chen Provinzen ausplünderten. Valerian war der einzige römische Kaiser, der jemals gefangen genommen wurde. Später behaupteten die Römer, Schapur habe Valerian gedemütigt und dieses als Schemel benutzt, wenn er aufs Pferd steigen wollte. Dagegen verlautet aus persischen Quellen, der Ex-Kaiser habe den Rest seines Lebens in Bischapur im Ostiran verbracht, wo er und einige seiner früheren Truppen bei technischen Projekten, wie dem Brückenbau, eingesetzt wurden.

Die Schande der Kapitulation Valerians löste eine große Krise aus. Als die persische Armee immer weiter vordrang, sammelte Fulvius Macrianus (gest. 261), der höchste Befehlshaber, der die Katastrophe überlebt hatte, die Reste der Armee im Osten und trieb die Perser zurück. Bei diesem Feldzug erhielt er wertvolle militärische Unterstützung durch den Prinzen von Palmyra, Septimius Odaenathus (gestorben 268). Die Palmyrer hatten allen Grund, den Aufstieg des Sassaniden-Reichs zu fürchten, denn die Perser bedrohten allmählich Palmyras traditionelle Dominanz über die Haupthandelswege im Mittleren Osten. Odaenathus hatte zunächst versucht,

TREBONIANUS GALLUS

GEBOREN
um 206 n.Chr.
EHE
Afinia Gemina Baebiana
KINDER
Gallus Vibius Volusianus, Vivia Galla
VORGÄNGER
Decius
REGIERUNGSANTRITT
251
GESTORBEN
August 253 in Terni, Umbrien
NACHFOLGER
Aemilianus

AEMILIANUS

GEBOREN
um 207 n.Chr.
EHE
Cornelia Supra
VORGÄNGER
Trebonianus Gallus
REGIERUNGSANTRITT
253
DYNASTIE
Gordianer
GESTORBEN
September 253 in Spoleto, Umbrien
NACHFOLGER
Valerian

VALERIAN

GEBOREN
um 200 n.Chr.
EHE
Egnatia Mariniana
KINDER
Gallienus, Valerianus minor
VORGÄNGER
Aemilianus
REGIERUNGSANTRITT
253 (mit Gallienus)
DYNASTIE
Gordianer
GESTORBEN
um 260 in Bischapur, Iran
NACHFOLGER
Gallienus

GALLIENUS

GEBOREN
um 218 n.Chr.
VATER
Valerian
MUTTER
Egnatia Mariniana
EHE
Cornelia Salonina
KINDER
Valerianus, Saloninus, Egnatius, Marinianus
VORGÄNGER
Aemilianus
REGIERUNGSANTRITT (ALLEIN)
260
GESTORBEN
268 in Mailand
NACHFOLGER
Claudius II.

Palmyra

Die Oase von Palmyra oder, aramäisch, Tadmor entstand bereits im 2. Jahrtausend v. Chr., blieb aber eine relativ kleine Siedlung, bis sie um 100 v. Chr. Zentrum des Karawanenhandels in Südmesopotamien wurde. Unter Kaiser Tiberius wurde sie Teil der römischen Provinz Syrien. Als die Stadt im 2. Jahrhundert n. Chr. zu Reichtum kam, errichteten die Einwohner ein spektakuläres Stadtzentrum aus einzigartigen Kalksteingebäuden im Stil der Griechen, Römer und Parther. Nachdem Aurelian 273 die Stadt zerstört hatte, wurde sie weitgehend aufgegeben, bis Diokletian dort im Rahmen der Reorganisation der Ostgrenze in den 290er-Jahren ein Lager errichtete. Doch nie mehr erlangte die Stadt ihre frühere wirtschaftliche Bedeutung.

Die Oasenstadt Palmyra lag an der wichtigen Karawanenstraße vom Persischen Golf nach Kleinasien und galt seit je als „Braut der Wüste".

der persischen Bedrohung diplomatisch zu begegnen, indem er Schapur I. Geschenke übersandte. Als seine Annäherungsversuche jedoch zurückgewiesen wurden, gab er Palmyras Neutralität auf, stellte eine große berittene Armee auf und verbündete sich mit Rom.

Nachdem Macrianus Schapur zurückgeschlagen hatte, ließ er seine Söhne zu Kaisern ausrufen und fiel dann im Balkan ein, wo die Nachricht von Valerians Niederlage zwei Revolten ausgelöst hatte. Gallienus unterwarf die Aufständischen und schlug die versuchte Invasion des Macrianus zurück,

Büste des Kaisers Gallienus. Er errang nicht nur einige bedeutende militärische Erfolge, während Rom schwierige Zeiten erlebte, sondern war auch ein pragmatischer Herrscher, der die restriktive Politik seines Vaters gegen die Christen rückgängig machte. Er gewährte ihnen Religionsfreiheit und erstattete ihnen einen Teil ihres eingezogenen Vermögens.

aber als er begriff, dass er die Ordnung im Osten nicht ohne Hilfe wiederherstellen könnte, erkannte er Odaenathus als Befehlshaber an.

Die Armeen der Palmyrer errangen beträchtliche Siege gegen Schapur, und Odaenathus erklärte sich zum „König der Könige". Sein Regierungsstil und sein Auftreten erinnerten mehr an einen persischen König als an einen römischen Beamten. Gleichwohl blieb Odaenathus loyal gegenüber Gallienus und akzeptierte dessen Autorität, eigene Beamte mit Aufgaben in der Provinz zu betrauen. Die fruchtbare symbiotische Beziehung zwischen lokaler Initiative und zentraler Kontrolle in Palmyra bestätigt den Erfolg der traditionellen römischen Politik, regionalen Herrschern im Umgang mit der zentralen römischen Verwaltung ein hohes Maß an Selbstbestimmung einzuräumen.

Tatsächlich sah sich Gallienus im Westen einer weit schwierigeren Lage gegenüber als im Osten. Zwar konnte er, um die Kontrolle über die Balkanländer zurückzugewinnen, eine Armee aufstellen, die auf dem Schlachtfeld viel wendiger war als traditionelle Legionen, doch die Folgen des Aufstandes, der 260 am Rhein begonnen hatte, konnte er nicht rückgängig machen. Der Anführer dieser Revolte, Postumus, rief von seinem Hauptquartier in Augusta Treverorum (Trier) das „Reich der Gallier" aus und herrschte bis zu seinem gewaltsamen Tod im Sommer 269 über die westlichen Provinzen einschließlich Spanien und Britannien. Gallienus Bemühungen Postumus abzusetzen waren gescheitert, als dieser 265 in einer Schlacht verwundet wurde. Er selbst fiel 268 einem Anschlag seiner Offiziere zum Opfer, als er eine weitere Rebellion niederzuschlagen versuchte, die ein Oberbefehlshaber in Norditalien angezettelt hatte.

Eine neuartige Regierungsform

Mit Gallienus' achtjähriger Alleinherrschaft kam eine neue Regierungsform zum Tragen, die in den folgenden 200 Jahren bis zum Untergang des Westreichs immer wieder auftauchen sollte. Dieses Modell begriff das Imperium nicht als monolithischen Block, sondern als eine Reihe separater Einheiten. Die östlichen Provinzen von Ägypten bis zur heutigen Türkei bildeten ebenso eine natürliche Einheit wie die Provinzen in Mitteleuropa mit Italien und zu jener Zeit Nordafrika, dessen Getreideüberschuss für Rom lebenswichtig war. Die Provinzen nördlich und westlich der Alpen konnten für sich selbst sorgen. Langfristig blieb das Hauptproblem, ob Mitteleuropa mit den östlichen Provinzen verbunden werden oder eine Einheit mit Italien bilden sollte. Solange Nordafrika sicher blieb, war Italiens Bedeutung unbenommen. Die entscheidende Frage war, was mit dem Imperium geschehen würde, wenn es jemals Nordafrika verlöre.

Gallienus' Tod fiel mit einer weiteren Krise zusammen. Die mitteleuropäischen Stämme griffen 268 zu Land und zu Wasser an. Der Nachfolger von Gallienus, ein Feldherr aus dem Balkan namens Marcus Aurelius Claudius (213–270), schlug die feindlichen Barbaren vernichtend in zwei Entscheidungsschlachten im Spätsommer: die Goten bei Naissus (Niš, Serbien) und die Alamannen am See Benacus (Gardasee). Sein Amtsantritt als Kaiser Claudius II. erfolgte, als es in Gallien und in Palmyra zu radikalen Veränderungen kam. Beim Frühlingsfest zu Ehren Elagabals in Emesa wurde Odaenathus 268 von einem Mörder aus den eigenen Reihen getötet, während die Regierung Galliens nach dem Mord an Postumus eine Zeit lang im Chaos versank. Claudius aber verpasste die Gelegenheit, diese Veränderungen für sich zu nutzen. Er war unfähig, die Situation in Gallien zu seinen Gunsten zu wenden, und zerstörte die guten Beziehungen zwischen Rom und Palmyra, indem er entschied, dass die Position eines Befehlshabers mit Odaenathus' Tod erloschen sei. Nach der Niederlage eines römischen Expeditionskorps in der Westtürkei übernahmen die Streitkräfte der Palmyrer die direkte Kontrolle über Arabien und Ägypten. Die treibende Kraft hinter diesen Machenschaften war Zenobia, Odaenathus' junge Witwe.

Claudius lebte nicht lange genug, um die Probleme im Osten zu lösen. Während eines Feldzugs auf dem Balkan starb er Anfang 270 an einer Krankheit. Wegen der Siege von 268 gedachte man seiner später als eines großen Helden. Nach einer Periode der Uneinigkeit fiel die Macht an einen weiteren früheren Oberbefehlshaber von Gallienus, wieder einen Mann vom Balkan. Er wurde der Kaiser Aurelian.

CLAUDIUS II.

GEBOREN
10. Mai 213 n.Chr. in Sirmium, Pannonien

VORGÄNGER
Gallienus

REGIERUNGSANTRITT
268

DYNASTIE
keine

GESTORBEN
Januar 270

NACHFOLGER
Aurelian

Claudius II. wird das Verdienst zugeschrieben, durch die Unterwerfung der Barbaren die Krise im 3. Jahrhundert abgewendet zu haben. Merkmal seines kurzen Regimes war aber auch, dass er Gelegenheiten, nützliche Bündnisse einzugehen, nicht ergriff.

Staatsschiff in ruhigerem Fahrwasser: Die Verwaltungsreform im Reich (270–305 n.Chr.)

Aurelians Leistungen als Kaiser reichten von einfachen, aber populären Reformen, wie etwa Schweinefleisch auf die Liste der subventionierten Lebensmittel in Rom zu setzen, bis zur Sicherung der Reichsgrenzen im Norden und Osten. In Anerkennung dessen verlieh ihm der Senat 274 den Ehrentitel restitutor orbis *(„Welterneuerer").*

Als Aurelian an die Macht kam, sah er sich entmutigenden Aufgaben gegenüber. Die Ereignisse der Jahre 268 – 269 n.Chr. hatten das Gleichgewicht zwischen den drei Teilen des Reiches gestört, und die Stämme im Norden waren erneut in Aufruhr. Zwischen 270 und 271 musste Aurelian Italien nachdrücklich verteidigen. Obwohl er mindestens eine große Schlacht verlor und mit einem Aufstand in Rom zu kämpfen hatte, vertrieb er schließlich den Feind aus seinem Teil des Reiches. Sodann begann Aurelian, die guten Beziehungen mit dem römischen Volk zu festigen, indem er einen massiven Schutzwall um Rom (die „Aurelianische Mauer") errichten ließ. Gleichzeitig wagte er den kühnen Schritt, die römische Gewalt über Trajans Provinz Dakien aufzugeben.

Nachdem Aurelian daheim stabile Verhältnisse hergestellt und mit dem Rückzug aus Dakien begonnen hatte, griff er als Nächstes Syrien über Ägypten und Kleinasien an, um Zenobias Armeen zu zerschlagen und Palmyra zu erobern. Das gelang ihm sehr bald, aber er zog Versöhnung der Rache vor. Zenobia wurde nach Rom gebracht, wo sie wieder heiratete. Ihre Nachkommen dienten mehr als 100 Jahre danach dem Senat. In Syrien durften viele palmyrische Beamte auf ihren Posten bleiben, vielleicht als Belohnung dafür, dass sie sich bei der Invasion Aurelians, von ihren bisherigen Herren abgewandt hatten. Anscheinend versuchte Aurelian die Rückkehr unter römische Herrschaft möglichst schmerzlos zu gestalten. Dennoch misslang seine wohlgemeinte Politik: Er hatte sich kaum für die Rückreise

Die Porta Asinara in der Aurelianischen Mauer in Rom. Der von 271 bis 273 n. Chr. erbaute 20 Kilometer lange Festungswall verlieh der Hauptstadt den dringend nötigen Schutz gegen Barbarenstämme.

eingeschifft, als eine antirömische Fraktion in Palmyra die Macht ergriff und die Stadt bis aufs Blut verteidigte. Dieses Mal zeigte Aurelian keine Gnade. Als seine Soldaten 273 die Stadt plünderten, endete Palmyras lange Geschichte als eine der großen Handelsniederlassungen der Antike mit einem Schlag. Der verbliebene Handel verschob sich nun nordwärts zu den Städten Mesopotamiens.

Elagabal wird rehabilitiert

Der Sieg im Osten hatte eine weitere bedeutende Folge. Eine der entscheidenden Schlachten gegen Palmyra wurde bei Emesa (Homs) geschlagen. Als der Sieg feststand, verkündete Aurelian plötzlich, kein anderer als der örtliche Sonnengott Elagabal, der unter Alexander Severus vor gut 50 Jahren wiedereingesetzt worden war, habe ihm dazu verholfen. Aus Dankbarkeit befahl Aurelian, den Kult des Gottes wieder in Rom einzuführen. Im Gegensatz zu den früheren theatralischen Ritualen wurde Elagabal nun schlicht als „die unbesiegbare Sonne" verehrt, ohne das exotische Drumherum des früheren Kultes. In Rom scheint niemand etwas gegen den erneuerten Kult eingewandt zu haben, und Aurelians Entscheidung wurde zum Präzedenzfall für die starke Identifikation eines Herrschers mit einer nichtrömischen

ZEITLEISTE

270 N. CHR. Aurelian wird römischer Kaiser

271 Baubeginn einer neuen Verteidigungsmauer um Rom

272 Roms abtrünniger Vasallenstaat Palmyra wird besiegt, seine Herrscher Zenobia und Vaballathus werden gefangen genommen

274 Aurelian führt in Rom den Kult des Sonnengottes *(Sol invictus)* ein

283 Der neue römische Kaiser Carus wird bei einem Feldzug gegen das sassanidische Persien getötet

284 Beginn der Herrschaft Diokletians mit durchgreifenden Reformen von Militär und Verwaltung

286 Diokletian ernennt Maximian zum Mitregenten

293 Die Tetrarchie (Viererherrschaft) wird eingeführt

298 Nach dem Sieg Roms über die sassanidischen Streitkräfte werden Mesopotamien und fünf Provinzen östlich des Tigris römisch

303 Beginn der letzten großen Christenverfolgung im Römischen Reich

305 Diokletian dankt ab und übergibt die Macht an Constantius (im Westen) und Galerius (im Osten)

Zenobia

Septimia Zenobia ist eine der wenigen mächtigen Herrscherinnen der Antike. Sie wurde 240 n.Chr. in die Familie eines palmyrischen Adligen namens Antiochus hineingeboren, heiratete Odaenathus, den Herrscher ihrer Heimatstadt, und gebar ihm einen Sohn, Vaballathus.

Als ihr Gatte im Frühjahr 269 ermordet wurde, führte Zenobia die Regierungsgeschäfte für Vaballathus. Claudius wollte die Nachfolge ihres Sohnes ins Amt des Vaters (was die Palmyrer erwarteten, aber römischer Praxis zuwiderlief) nicht anerkennen. Darauf befahl Zenobia ihren Streitkräften, Ägypten zu überfallen, wo sie offenbar als Nachfahrin von Königin Kleopatra VII. auftrat. Ihre Armeen konnten jedoch 272 der Invasion Aurelians in Palmyra nicht standhalten.

Nachdem sie sich tapfer verteidigt hatten, wurden Zenobia und ihr Sohn gefangen genommen und als Geiseln nach Rom gebracht.

Was aus Vaballathus wurde, wissen wir nicht, doch wird berichtet, Aurelian habe die Würde Zenobias, die bei seinem Triumphzug in goldenen Ketten mitgeführt wurde, so beeindruckt, dass er sie in einer luxuriösen Villa bei Tibur (Tivoli) unterbrachte und ihr gestattete, einen römischen Senator zu ehelichen. Wann sie starb, ist nicht bekannt.

Alle Berichte stimmen überein, dass Zenobia außerordentlich attraktiv und begabt war und mehrere Sprachen beherrschte, unter anderem Griechisch, Arabisch und Latein.

Gottheit. Die Gründe für diesen neuen Kult – die göttliche Vision eines Imperators – sollten mehrere Jahrzehnte später ins Feld geführt werden, als Konstantin eine stark romanisierte Form des Christentums in der Hauptstadt einführte.

Mit der Erneuerung des Elagabal-Kultes kehrte der neue Herrscher die eindeutig chauvinistische, auf Rom zentrierte Einstellung zur Religion, wie sie Decius und Valerian vertreten hatten, gänzlich um. Aurelians Auffassung von Religion war viel zeitgemäßer. Er und seine Amtsnachfolger stammten aus den Provinzen und hatten daher ein besseres Gespür, was landesweit beim Volk ankommen würde.

In Übereinstimmung mit diesem Trend begann auch die Idee der *virtus*, auf die sich der Personenkult des Herrschers so lange gestützt hatte, sich kaum merklich zu ändern. Unter *virtus* verstand man nicht mehr den Moralkodex des antiken Rom, vielmehr war sie nun Teil einer einheitlicheren, reizvolleren Form kaiserlicher Propaganda.

Als Nächstes widmete sich Aurelian dem abgefallenen Gallien. Tetricus I. (Reg. 271–273), der letzte Inhaber des gallischen Throns, erkannte, dass seine Tage als Herrscher gezählt waren. Über diplomatische Kanäle signalisierte er daher seine Bereitschaft, auf den Thron zu verzichten; und um das Gesicht zu wahren, vereinbarte er mit Aurelian, in das römische Lager überzulaufen, wenn beide Armeen in der Schlacht von Châlons-sur-Marne aufeinanderträfen. Als Gegenleistung für seine Fügsamkeit durfte Tetricus seinen Abschied nehmen und sich auf einen einträglichen Verwaltungsposten in Süditalien zurückziehen. Nach vier Jahren hatte Aurelian dann das scheinbar Unmögliche geschafft, die Einheit des Römischen Reiches wiederherzustellen. Leider war der Erfolg nicht von Dauer. Viele Teile des Reichs waren in den Jahren des Chaos neu militarisiert und noch nicht wieder ganz integriert worden, darunter Teile von Gallien, Syrien, Ägypten und die südliche Türkei. Aurelian konnte nicht auf die Treue all seiner militärischen Befehlshaber bauen. Außerdem verschärfte er die Probleme des Reichs, indem er „Reform-Münzen" prägen ließ; daraufhin brach der Umrechnungskurs zwischen Gold und Silber zusammen – mit der Folge einer schlimmen, über Generationen anhaltenden Inflation.

Totale Herrschaft des Chaos

Im Spätsommer 275 n.Chr., als sich Aurelian auf einen neuen Feldzug vorbereitete, wurde er in Thrakien (europäische Türkei) von Mitgliedern seines Stabs ermordet. Auch wenn jene Währungsreform seine Leistungen beeinträchtigt hatte, war er dank seiner anderen Verdienste bei den Mannschaften beliebt. Die Armee trug ihn mit großem Gepränge nahe Perinthus, wo er getötet wurde, zu Grabe und betrauerte ihn als Retter Roms.

Aurelians Mörder begriffen schnell, dass jegliche Zukunftspläne, die sie gehabt haben mochten, am Widerstand der Armee scheitern würden. Vorübergehend zogen sie sich in die Wüste Jordaniens zurück, wo sich Widerstandsnester gegen den Frieden behaupteten, den Aurelian Palmyra

L. DOMITIUS AURELIAN

GEBOREN
214 n.Chr. in Dakien
EHE
Ulpia Severina
VORGÄNGER
Claudius II.
REGIERUNGSANTRITT
9. September 270
GESTORBEN
275 in Caenophrurium, Thrakien
NACHFOLGER
Marcus Claudius Tacitus

M. CLAUDIUS TACITUS

GEBOREN
um 200 n.Chr. in Terni, Umbrien
EHE
Cornelia Supra
VORGÄNGER
Aurelian
REGIERUNGSANTRITT
25. September 275
GESTORBEN
Juni 276 in Tyana, Anatolien
NACHFOLGER
Probus

PROBUS

GEBOREN
232 n.Chr. in Sirmium, Pannonien
VORGÄNGER
Marcus Claudius Tacitus
REGIERUNGSANTRITT
Juni 276
GESTORBEN
Oktober 282
NACHFOLGER
Carus

CARUS

GEBOREN
Datum unbekannt, in Narbo (Narbonne), Frankreich
KINDER
Marcus Aurelius Carinus, Marcus Aurelius Numerian
VORGÄNGER
Probus
REGIERUNGSANTRITT
Oktober 282
GESTORBEN
August 283 in Mesopotamien
NACHFOLGER
Carinus und Numerian

CARINUS

GEBOREN
Datum unbekannt
VATER
Marcus Aurelius Carus
EHE
Magnia Urbica
VORGÄNGER
Carus
REGIERUNGSANTRITT (ALLEINHERRSCHER)
August 283
GESTORBEN
285 in Velika Morava, Serbien
NACHFOLGER
Diokletian

Probus scheint während seiner Regierung allgemein unbeliebt gewesen zu sein. Eine Legende über seine Todesumstände will wissen, dass er von erschöpften Soldaten auf dem Balkan getötet wurde.

aufgezwungen hatte. Loyalen Offizieren oblag es nun, zu klären, wer die Nachfolge als Kaiser antreten sollte. Ihr Wunschkandidat war der Befehlshaber Marcus Claudius Tacitus (um 200–276, nicht zu verwechseln mit dem berühmten Historiker), der aber die Spannungen, die immer noch im Oberkommando kochten, nicht beseitigen konnte. Während die Armee in der Zentraltürkei gebunden war, unterwanderten die Mörder Aurelians das Hauptlager und erschlugen auch Tacitus.

Mit dem Mord an Tacitus war die Zeit des Aufruhrs noch nicht zu Ende. Er hatte seinen Bruder Florian als Nachfolger auf dem Thron vorgesehen; aber auch das war für die Armee im Osten unzumutbar, die sogleich ihren Befehlshaber Probus (232–282) zum Kaiser ausrief. Florian gelang es nicht, den Aufruhr niederzuschlagen, und Probus übernahm die Führung des gesamten Reichs. Er berief ein „Versöhnungstreffen" mit Aurelians Mördern ein. Das Treffen endete mit einem Festmahl, bei dem Probus den Streit, der die herrschende Klasse länger als ein Jahr entzweit hatte, beilegte, indem er seine Gäste ermordete. Nach dieser gewalttätigen Machtergreifung war Probus während seiner Regierungszeit meist damit beschäftigt, Aufstände in der Südtürkei, in Ägypten und in Gallien zu unterdrücken. In der Regel waren diese Aufstände die Folge besonderer lokaler Spannungen, insgesamt aber untergruben sie seine Autorität in Rom. Im Jahr 281 hatte der Prätorianerpräfekt Marcus Aurelius Carus genügend Rückendeckung, um Probus zu überwältigen, und schritt zur Tat.

Ruchlose Machenschaften

Zur Festigung seiner Herrschaft entschied Carus, sich auf eine Strafexpedition gegen die Perser, die alten Feinde Roms, zu begeben. Nach dem Tod Schapurs I. von Persien und seines Nachfolgers Hormizd I. im Jahr darauf war das Reich der Sassaniden geschwächt und uneins. Mit der Begründung, Valerians Schande rächen zu wollen, konnte Carus relativ leicht in den Irak eindringen. Dann ging etwas fürchterlich schief. Es heißt, in Carus' Zelt sei der Blitz eingeschlagen. Vielleicht war es so, aber es kann auch sein, dass die historischen Quellen nur den Tatbestand der Meuterei beschönigten. Was immer die Wahrheit war, Tatsache ist, dass Carus' jüngerer Sohn, der ihn als Mitkaiser nach Osten begleitet hatte, nun Numerian Augustus wurde, während sein älterer Bruder, der zu Hause geblieben war, den Namen Carinus Augustus erhielt.

Die Ernennung von Carinus und Numerian zu Kaisern erregte das Missfallen mächtiger Kreise in der Ostarmee. Numerian wurde im Sommer 284 n.Chr. ermordet, als die Armee Antiochia verließ. Doch offenbar konnten sich seine Mörder nur darauf einigen, dass er beseitigt werden musste. Außerstande, einen Nachfolger zu bestimmen, verbargen sie Numerians Leichnam in einer Sänfte und behaupteten, wegen einer Augenerkrankung dürfe er sich nicht in der Öffentlichkeit zeigen. Schließlich wurde aber der Gestank der verwesenden Leiche so unerträglich, dass niemand mehr am Tod des Herrschers zweifelte. Unter dem Zwang, zu handeln, legte der Generalstab bei Nikomedia in der Westtürkei eine Pause ein. Am 20. November 284 bestimmten sie Gaius Aurelius Valerius Diocles, einen Offizier mittleren Ranges, zum Kompromisskandidaten. Von einer hohen Plattform aus, die einige Meilen vor der Stadt errichtet worden war, nahm Diocles die Huldigung der Truppen entgegen. Dann zog er sein Schwert und hieb den Prätorianerpräfekten Flavius Aper, den er des Mordes an Numerian beschuldigte, in zwei Stücke. Kurze Zeit später nahm Diocles den latinisierten Namen Gaius Aurelius Valerius Diocletianus an. Als Diokletian ging er in die Geschichte ein.

Carus' Siege über die Perser 283 n.Chr., mit denen er viele römische Niederlagen der vergangenen Jahrzehnte rächte, brachten ihm den Ehrentitel „Persicus maximus“ *ein. Viele Kommentatoren bezweifeln, dass Carus wirklich vom Blitz erschlagen wurde.*

DIOKLETIAN

GEBOREN
um 245 n.Chr. in Dalmatien, Kroatien

VORGÄNGER
Carinus

REGIERUNGSANTRITT
20. November 284

ENDE DER REGIERUNGSZEIT
1. Mai 305

GESTORBEN
311 oder 313 in Split, Kroatien

NACHFOLGER
Constantius Augustus und Galerius

Endlich stabile Verhältnisse

Als Diokletian im Frühjahr 285 mit Carinus um den Thron zu kämpfen begann, hätten nur wenige davon große Umwälzungen erwartet. Die Kandidaten waren typische Herrscher des 3. Jahrhunderts, die ihren Machtanspruch auf die Fähigkeit ihrer Armee gründeten, ihren Konkurrenten zu besiegen. Wer immer gewann – er würde den Rest seiner Regierungszeit damit zubringen müssen, an den Grenzen zu kämpfen, bis irgendein Barbar im Norden, ein Perser oder ein anderer Römer sein Leben beendete.

Neben dem strukturellen Umbau der Armee seit Mitte des 3. Jahrhunderts hatte sich auch die kaiserliche Macht in den 15 Jahren vor Diokletians Regierungsantritt geändert. Als letzter Kaiser hatte Gallienus ständig von Rom aus regiert. Gewiss, Aurelian hatte der Stadt einen neuen Schutzwall und

Die neue römische Armee

Die Armeen, die Carinus und Diokletian 285 gegeneinanderhetzten, waren völlig anders als die Legionärstruppen, auf die sich die römische Armee bis in die Mitte des 3. Jahrhunderts im Wesentlichen gestützt hatte. Die alte römische Armee hatte in den militärischen Katastrophen unter Decius, Gallus und Valerian ihr Ende gefunden. Noch gab es viele Einheiten in Form von Legionen, aber es handelte sich nicht mehr um die riesigen Truppenteile mit an die 5500 schwer bewaffneten und gepanzerten Infanteristen. Jetzt zählte eine Legion nicht mehr als 2000 Mann, die leichter bewaffnet und in neuen Kampftechniken ausgebildet waren. Die schlagkräftigste Truppe der Armee, die nach und nach von vorwiegend im Grenzschutz eingesetzten Einheiten getrennt wurde, verfügte über eine größere Reiterei, als vor 250 n. Chr. üblich gewesen war. In vieler Hinsicht war dies eine bessere Armee, die ein breiteres Spektrum taktischer Manöver beherrschte und sich weitaus wendiger auf ganz unterschiedliche Gegner einlassen konnte. Anders als die Armee in der Severerzeit sollte die neue römische Armee die Feinde Roms mit deren eigenen Waffen schlagen. Schon vom ersten Regierungsjahr Aurelians an (270 n. Chr.) war die modernisierte Armee erstaunlich erfolgreich.

Reiter der römischen Kavallerie. Ausgebildet, schnelle Attacken zu reiten, waren sie ein entscheidendes Element der modernisierten Armee des späten 3. Jahrhunderts.

einen neuen Gott beschert, doch er war die meiste Zeit unterwegs gewesen. Auch seine Nachfolger hatten kaum in Rom gelebt, was erhebliche Folgen für die Zusammensetzung der herrschenden Klasse hatte. Am augenfälligsten war, dass die Senatoren nur selten zum begehrten inneren Kreis der Berater zugelassen wurden. Da die Kaiser immer weniger Zeit in Rom zubrachten, hatten die Senatoren nicht mehr den leichten gesellschaftlichen Zugang, der ein wichtiges Merkmal der antoninischen Zeit gewesen war. Während es nur noch wenigen gelang, unter den neuen Herrschern zu Ansehen zu kommen, war folglich nur einer von diesen (Tacitus) Senator gewesen, bevor er ins Amt kam. Vielmehr waren die Leute, die Claudius, Aurelian und Tacitus gewählt hatten, sämtlich Befehlshaber der Armee, während Probus und Carus Siege in Bürgerkriegen errungen hatten. Als die Bedeutung des Senats abnahm, wurde auch die des kaiserlichen Hofes geringer. Bei einem Kaiser, der viel unterwegs war, hatten die meisten Höflinge keinen regelmäßigen Kontakt mit ihrem Herrscher. Stattdessen konzentrierte sich die Macht in den Händen der Mitarbeiter, die den Kaiser begleiten durften.

Römischer Siegelring mit den Gestalten Jupiters und seines Sohnes Herkules. Diokletian und Maximian beriefen sich in ihrer Verwandtschaft bewusst auf die der beiden Götter. Maximian stilisierte sich sogar als „Herculius". Seine Identifikation mit Herkules war allerdings nicht so theatralisch wie der Größenwahn des Commodus.

Eine negative Folge der extremen Machtkonzentration im Umfeld des Kaisers waren die Aufstände während der Regierung von Probus: Wenn die Menschen keinen Zugang zum Herrscher bekamen, nahmen sie die Dinge selbst in die Hand. Das neue System der Vollmachten war in Wirklichkeit wertlos. Diokletian merkte bald, dass größere Veränderungen notwendig waren, wenn es ihm gelingen sollte, Carinus zu besiegen. Tatsächlich errang Diokletian seinen Sieg vor allem durch Verrat und Fahnenflucht und er begann, aus dem Schatten mächtigerer Männer herauszutreten, die ihn nur als Platzhalter hatten benutzen wollen.

Die neue Ära begann unmittelbar nach dem Sieg über Carinus, als Diokletian eine seiner Töchter mit einem recht jungen Offizier namens Maximian (um 250–310 n.Chr.) verheiratete. Er berief diesen zum Stellvertreter oder Kaiseranwärter und entsandte ihn, den westlichen Provinzen den Adler der neuen Regierung zu zeigen. Nachdem Maximian zunächst Rebellionen in Gallien niedergeschlagen hatte, wurde er zum Augustus ernannt, unter der Bedingung, wichtige Entscheidungen nur nach Beratung mit Diokletian zu treffen. Dem Reich wurde die Verwandtschaft der beiden Männer durch die symbolische Beziehung zu den Göttern Jupiter und Herkules vorgeführt. Als oberster Herrscher gab Diokletian die Richtung an, während Maximian die Rolle des Herkules spielte und die Feinde der Zivilisation vernichtete. Die Verbindung mit diesen Göttern war ein klarer Ausdruck der *virtus* beider Herrscher. Da die neue Verbindung auch eine familiäre war – Herkules war Jupiters Sohn –, war nun die *domus* wieder in einer Weise mit der Idee der *virtus* verknüpft, die es seit Beginn der Kaiserzeit nicht mehr gegeben hatte.

Die Machtübergabe

Diokletian begnügte sich nicht damit, die äußere Form der Regierung neu zu gestalten. In der kommenden Dekade ersetzte er das morsche Verwaltungssystem, das er übernommen hatte, durch eine Bürokratie, wie es sie im Römischen Reich noch nie gegeben hatte. Keine Rede mehr von der Vorstellung, der Kaiser sei eher Freund als oberster Vorgesetzter, und von der überholten Idee einer einzigen Hauptstadt des Imperiums. Diokletian fand Rom keineswegs angenehm: In 21 Jahren als Herrscher besuchte er die Stadt nur zweimal und verbrachte dort insgesamt weniger als sechs Monate. Das Zentrum der Macht würde künftig dort sein, wo der Kaiser sich aufzuhalten beliebte. Eine quasi-kaiserliche Residenz gab es bereits in Sirmium auf dem Balkan, wo Marcus gestorben war; dazu gesellten sich bald ähnliche Stätten wie Aquileia und Mailand in Norditalien und Trier in Deutschland. Weitere bedeutende Verwaltungszentren entstanden bald in Antiochia (vielleicht zu nahe an der persischen Grenze, um Hauptresidenz zu werden), Carnuntum an der Donau und Thessaloniki im Norden Griechenlands. Am wichtigsten war jedoch Diokletians Entscheidung für Nikomedia im Nordwesten der Türkei als Hauptresidenz. Nikomedia, die ehemalige Hauptstadt des Königreichs Bithynien, hatte die Kontrolle über alle wichtigen Verkehrswege zwischen Osten und Westen durch Kleinasien. Die Entscheidung für Nikomedia als kaiserliche Residenz zeigt, dass Diokletian diese Region – von dort konnte er die beiden wichtigsten Grenztruppen schnell erreichen – für den besten Standort hielt.

Diokletians Reform der Armee und der Verwaltung war notwendig, um das Reich wieder unter straffe Kontrolle zu bringen. Durch die Unterteilung der örtlichen Verwaltung in noch mehr Einheiten als zuvor nahm die kaiserliche Bürokratie groteske Ausmaße an. Dies sollte sich im weiteren Verlauf nachteilig für das Reich auswirken.

Mit Diokletians Entscheidung, von außerhalb Roms zu regieren, war eine allmähliche, aber gründliche Umbildung der Regierungsstruktur verbunden. Die bisherige Aufteilung der Ämter nach dem gesellschaftlichen Status war bis Mitte des 3. Jahrhunderts weitgehend abgeschafft. Die meisten Ämter waren nun in der Hand von Männern, die zwar dem Ritterstand angehörten, aber mit den Beamten der antoninischen Zeit wenig gemein hatten. Die große Inflation, die Aurelians Währungsreform ausgelöst hatte, bedeutete, dass die traditionell hohen Beamtengehälter nun relativ bescheiden ausfielen. Während der jährliche Sold eines Legionärs nach Caracallas Regime 1250 Denare betrug, erhielt ein Ritter niedrigeren Rangs, dessen Sold nicht erhöht worden war, jetzt nur das Zwanzigfache des Soldes eines einfachen Infanteriesoldaten, gegenüber dem Sechzigfachen im 2. Jahrhundert. Die Vermögensschätzung, die einen in der augusteischen Ära als Angehörigen des Ritterstandes oder des Senats auswies, war jetzt vergleichsweise bedeutungslos. Diese Veränderungen hatten nivellierende Wirkung. Sie rückten das Amt des Herrschers in die Reichweite von Männern, die in der Vergangenheit lokale Würdenträger geblieben wären oder kaum eine Chance gehabt hätten, mehr zu werden als Befehlshaber einer Legion. Feinde Diokletians pflegten zu behaupten, er sei kaum besser als ein Barbar bäuerlicher Herkunft. In dieser Unterstellung spiegelt sich die Tatsache, dass die Regierung nicht mehr das Privileg von Multimillionären war, denen es nun äußerst unangenehm gewesen wäre, Weisungen von Leuten unter ihrem Stand entgegenzunehmen.

Die neue Zivilverwaltung umfasste vier Hauptbereiche. Die Statthalter berichteten durch die Prätorianerpräfekte und trugen von da an nur die Verantwortung für die Justizverwaltung und die Erhebung der Ertragssteuer. Das Amt der *res privata,* ehemals *patrimonium,* wurde zuständig für die Erhebung aller Steuern, die in Form von Geld bezahlt wurden, für den Ertrag von Minen und das Prägen von Münzen. Die bisherigen Ämter der Ritter und die Organe des Rechts wurden der

Das Forum Romanum von Aquileia in Nordostitalien. Aquileia war eine der Städte, die Diokletian zur kaiserlichen Residenz und zum Verwaltungszentrum außerhalb Roms bestimmt hatte. Im 4. Jahrhundert n.Chr. wurde die Stadt als Zentrum des Christentums bedeutend.

Porphyrskulptur der vier Tetrarchen. Diese Skulptur wurde vermutlich im 4. Jahrhundert in Alexandria geschaffen, beim vierten Kreuzzug 1204 aus Konstantinopel geraubt und in den Bau der St.-Markus-Basilika in Venedig integriert.

Autorität des *magister officiorum*, des Magistratsobersten, unterstellt. Die Verwaltung der verschiedenen Paläste oblag weiterhin den *cubicularii*, die nun zahlreicher als je zuvor und oft Eunuchen waren.

Der Beginn der Tetrarchie

Zunächst stand die Armee unter dem direkten Befehl eines jeden Augustus, wobei *comites* oder *duces* die größeren Truppenteile befehligten. Die bedeutendste Veränderung des Systems erfolgte jedoch, nachdem Maximian etliche Rückschläge erlitten hatte, als er einen Aufstand beenden wollte, der am Rhein und in Britannien unter dem früheren Oberbefehlshaber Carausius ausgebrochen war. Carausius' Aufstand begann 288 n.Chr., aber binnen drei Jahren hatte Maximian dessen Streitkräfte weitgehend aus dem Norden Galliens vertrieben. Doch als er diesen Erfolg ausnutzen wollte, indem er in Britannien einfiel, wurde seine Flotte Opfer eines Sturms. Carausius nutzte dieses Unglück, um Teile des gallischen Festlandes zurückzuerobern. Maximian, dessen Autorität durch die Probleme bedroht war, denen er sich gegenübersah, beauftragte einen Stellvertreter mit dem Feldzug. Diokletian folgte diesem Beispiel und traf die Vereinbarung, dass die beiden Stellvertreter oder Kaiseranwärter eines Tages Nachfolger der jetzigen Augusti werden sollten. Diese „Viererherrschaft" kennen wir als Tetrarchie. Die neuen Cäsaren waren Flavius Constantius (um 250–306) und Gaius Galerius Valerius Maximianus (kurz: Galerius, um 250–311). Beide Kaiseranwärter waren erfahrene Soldaten, und ihre Ernennung enthob die Augusti der Notwendigkeit, potenziell gefährliche militärische Einsätze selbst zu leiten. Um ihre neuen Ämter gebührend zu feiern, heirateten die beiden Männer in die Familien ihrer Gönner ein: Constantius heiratete Maximians Tochter Theodora, und Galerius nahm Valeria, die Tochter Diokletians, zur Frau.

Zu der Zeit, als Constantius in den Rang eines Mitkaisers erhoben wurde, hatte er bereits einen Sohn von einer Frau namens Helena – angeblich ein Schankmädchen vom Balkan –, die er weiterhin unterstützte. Dieser Sohn hieß Konstantin. Im Jahr 293 zählte er etwa 18 Jahre und wurde bald nach Nikomedia geschickt, um am Hof Diokletians mit Maximians etwas jüngerem Sohn Maxentius (um 278–312) erzogen zu werden. Beide sollten eines Tages Kaiser werden.

Constantius bewies bald seine Fähigkeiten, indem er Carausius' Soldaten aus Gallien vertrieb, in Britannien einmarschierte und die abtrünnige Provinz wieder dem Römischen Reich einverleibte. Galerius errang anfangs wechselnde Erfolge. Nach Jahren inneren Aufruhrs hatte das Sassanidenregime unter der Führung von Narseh (er regierte 293–302 n.Chr.), dem Sohn Schapurs I., seine Zielstrebigkeit zurückgewonnen. In einem Staats-

streich hatte Narseh 293 die Macht ergriffen. Narseh nahm Anstoß daran, dass Rom die Wiedereinsetzung eines Arsaciden-Herrschers in einem Teil Armeniens unterstützt hatte. 297 überfiel er Armenien. Bei einem Vorstoß nach Süden brachte er Galerius eine schwere Niederlage bei, nachdem er ihn in eine Schlacht bei Carrhae gelockt hatte, das nun den besonderen Ruf genoss, drei schwere römische Niederlagen gesehen zu haben.

Diokletian war von Galerius' Leistung alles andere als beeindruckt. Er begab sich persönlich nach Antiochia, wo er Galerius vor versammelter Armee mehr als eine Meile vor seinem Streitwagen hermarschieren ließ – eine eindrucksvolle Demonstration, dass Regenten für militärisches Versagen verantwortlich waren. Eher praktischen Wert hatte ein neuer Einsatzplan, der Narseh in die armenischen Berge trieb, wo Galerius 298 eine Entscheidungsschlacht gewann. Er zwang die Perser, fünf Provinzen östlich vom Tigris und damit den direkten Zugang zum armenischen Hochland zu übergeben. Es war wohl der größte Sieg einer römischen Armee seit Mark Aurel.

Als Galerius gegen Narseh vorrückte, erwies sich die Stärke des neuen kollegialen Regierungssystems sogar darin, dass Diokletian und Maximian die lokalen Unruhen in Ägypten und Spanien zu unterdrücken vermochten, während Constantius sein Hauptquartier in Trier aufschlug, um immer wieder die Franken, einen lockeren Verband germanischer Stämme am Niederrhein, und die Alamannen im süddeutschen Raum anzugreifen. Mit einigem Recht verkündeten die Propagandisten der Regierung die Erneuerung der römischen Welt. Um diese Zeit wandte sich Diokletian auch der Innenpolitik zu.

Innere Reformen

Von 280 bis 290 n.Chr. hatten die Juristen Gregorius und Hermogenianus versucht, das riesige Konvolut der römischen Gesetze systematisch zu ordnen. Gregorius schuf 291 eine Sammlung von Rechtsauffassungen früherer Herrscher, die immer noch als wertvolle Quellen der Rechtsprechung galten, während Hermogenianus das Sammelwerk 298 aktualisierte und Entscheidungen Diokletians einbezog. Das Bedürfnis, das Gesetzeswerk aufzuzeichnen, war nur ein Teil einer konzertierten Aktion, die reformierte Reichsverwaltung gegenüber den Untertanen praktisch umzusetzen. Im Jahr 296 führte Diokletian ein neues Steuersystem ein, das die zu besteuernden Einheiten für die Grundbesteuerung in allen Provinzen klar definieren sollte (man nimmt an, dass diese Reform zu den Unruhen führte, mit denen die beiden Kaiser konfrontiert waren, während Galerius die Perser unterwarf). Da sich vor allem die Armee über die schwindende Kaufkraft ihres Soldes beklagte, führte der Kaiser eine neue Währung ein und verfügte anschließend in einem Erlass eine obere Preisgrenze für Güter und Dienstleistungen

> «Wenn die Exzesse, die immer wieder von Personen in maßloser, rasender Habgier begangen werden, durch Selbstbeherrschung begrenzt werden könnten – diese Gier nach Gewinn und Profit ohne Rücksicht auf andere … Oder wenn das Allgemeinwohl ohne Schaden diese üblen Privilegien ertragen könnte, durch die es täglich ernsthaften Schaden erleidet … Dann könnte man die Situation einigermaßen ruhig hinnehmen, in der Hoffnung, dass menschliche Nachsicht die grausame und erbärmliche Lage erleichtern werde. Aber diese hemmungslosen Wahnsinnigen verschwenden keinen Gedanken an das Wohl der Allgemeinheit.»
>
> Aus Diokletians „Erlass über Höchstpreise“

im ganzen Reich. Diese Maßnahmen erwiesen sich als Fehlschlag, belegten aber, wie die anderen fiskalischen Regelungen, Diokletians Überzeugung, dass die Regierung fähig sei, das Verhalten der Untertanen zu bessern und sie zu tüchtigeren Dienern des Staates zu machen. Entscheidend für all dies war die Auffassung, dass der Kaiser nicht länger dem Staat zu dienen habe, sondern dass vielmehr der Staat, nachdem er vor seinen Feinden gerettet worden war, dem Kaiser zu dienen habe.

Gegen Ende des Jahres 301 hatte Diokletian länger überlebt als irgendein Herrscher seit Septimius Severus, aber er war mittlerweile über 60. Was käme als Nächstes? Diokletian äußerte sich sehr klar, dass er nicht vorhabe, im Amt zu sterben. Er hatte einen großen Palast in Spalatum (Split) errichten lassen, nahe seiner Heimat Salonae im heutigen Kroatien, und wollte sich dorthin zurückziehen. Doch was würde aus Maximian, was aus den Kaiseranwärtern werden? Constantius, der wenige Wochen vor Galerius ernannt worden war, würde natürlich in das Amt des Augustus nachrücken, das Diokletian niederlegen wollte, während Galerius vielleicht würde warten müssen, bis Maximian, der ein Jahr weniger als Diokletian an der Macht gewesen war, beschließen würde, dass es auch für ihn an der Zeit war abzutreten. Konstantin und Maxentius waren als Kaiseranwärter der nächsten Generation aufgebaut worden. Doch scheint Diokletian angesichts zunehmend gespannter Beziehungen zwischen den Höfen in Ost und

Ein Siedler in einer der römisch besetzten germanischen Provinzen zahlt seine Abgaben beim örtlichen Magistrat (curialis), *der für das Eintreiben des kaiserlichen Unterhalts verantwortlich ist. Dieses Relief aus dem 3. Jahrhundert n. Chr. stammt aus Neumagen bei Trier.*

Diokletians Währungsreform

In seinem letzten Lebensjahr änderte Aurelian das bisherige römische Währungssystem, das auf einem Umrechnungskurs von 25 Denar (Silber) gegen einen Aureus (Gold) beruhte, und stürzte damit die Wirtschaft des Reiches in Chaos und Inflation. Dabei sollten Aurelians Dekrete doch die Währung stabilisieren! Ab 294 gab es eine neue Silbermünze *(argenteus)* und eine Goldmünze *(solidus)*, letztere 1000 Denare wert. Der *argenteus* war nach Jahrzehnten die erste neue Silbermünze, während der *solidus* den inzwischen abgewerteten *aureus* ersetzte und einen höheren Reinheitsgrad hatte. Das Wort „Soldat" leitet sich vom *solidus* ab, der Währung, in der der „Sold" ausgezahlt wurde. Diese Münzen behielten während Diokletians Regierung zwar ihren ursprünglichenWert, doch ihre massenhafte Prägung heizte die Inflation nur an. Und die verbreiteten Kupfermünzen, die weniger wert waren, wurden gegenüber dem Goldstandard stark abgewertet, was alles verschlimmerte.

Deswegen verfügte Diokletian im Jahr 301 sein „Edictum de Pretiis Rerum Venalium" (siehe Kasten Seite 178). Die Präambel zeigt ein ziemlich naives Verständnis der inflationären Kräfte, die er einzig der hemmungslosen Habgier skrupelloser Geschäftemacher zuschrieb. Um die Lage zu retten, ordnete der Herrscher gesetzliche Höchstpreise für zahlreiche Waren und Dienstleistungen an, wie Weizen, Hirse, verschiedene Weine und Biere, Kloakenreinigung und den Unterricht in Arithmetik.

Wer sich diesen Bestimmungen entzog, wurde mit schweren Strafen belegt. Dennoch war die Maßnahme ein Misserfolg, denn die Waren verschwanden einfach vom Markt, während das Einfrieren der Löhne die Menschen mit festem Einkommen (die Soldaten etwa) besonders hart traf. Gegen Ende der Regierung Diokletians wurde der Erlass praktisch nicht mehr angewandt.

West plötzlich seine Meinung über die Nachfolge geändert zu haben. Er hatte Maximian mehr als zehn Jahre nicht gesehen, und wir wissen nicht, ob er jemals Constantius als Cäsar begegnet ist. Außerdem setzte keiner der westlichen Herrscher den Erlass über Höchstpreise durch, den sie wohl mit Recht als nicht praktikabel ansahen.

Das Ganze wurde dann allerdings noch schwieriger, weil Galerius' Frau einen Sohn gebar: Wie würde dieser Enkel Diokletians in das Schema passen, wenn die erwachsenen Söhne der westlichen Herrscher die Nachfolge antreten durften?

Die letzte große Christenverfolgung

Am 24. Februar 303 mutete Diokletian den Beziehungen zwischen Ost und West eine weitere Belastung zu. An diesem Tag ließ er in Nikomedia einen Erlass bekannt machen, der allen Christen befahl, den traditionellen Göttern zu opfern. Das Vermögen der Christengemeinden wurde eingezogen. Denen, die sich weigerten, ihrem Glauben abzuschwören, drohte der Verlust der Bürgerrechte und sogar die Todesstrafe. Inzwischen waren 40 Jahre vergangen, seit Gallienus die von seinem Vater befohlene Verfolgung beendet hatte. Vor gut 30 Jahren hatte Aurelian den Bischöfen von Italien die Entscheidung über einen Streit der Christen von Antiochien überlassen – danach waren die Beziehungen zwischen Christen und Nichtchristen im Reich kein vordringliches Thema mehr. Bei diesem Stand der Dinge gab es Christen in der Armee und bei Hofe. Wichtiger noch, viele Christen waren in Einrichtungen für höhere Bildung in Nikomedia tätig, wo der einflussreiche christliche Lehrer Lactantius (um 240–320 n.Chr.) erstmals Konstantin begegnet sein mag.

Lactantius, ein frühchristlicher Lehrer

Lucius Caelius Firmianus Lactantius wurde um 240 n. Chr. in Nordafrika geboren. Er lehrte Rhetorik im Osten des Römischen Reiches, war überzeugter Christ und bekannt dafür, die Glaubenssätze so darzulegen, dass sie gebildeten Nichtchristen interessant erschienen. Seine in den Jahren 303 bis 311 entstandene Abhandlung „Institutiones Divinae" („Göttliche Einrichtungen") erklärte die Sinnlosigkeit heidnischen Glaubens und versuchte, die Richtigkeit und Wahrheit des Christentums als Antwort auf heidnische Kritik zu belegen. Lactantius' Zugang zum christlichen Glauben war unorthodox, nach seiner Lehre bewiesen die Werke der traditionellen Literatur die Wahrheit der christlichen Offenbarung eher als das Alte Testament. Er war indes eine herausragende Gestalt als Förderer des Dialogs zwischen Christen und Nichtchristen, als sich die neue Religion im 3. Jahrhundert verbreitete und viel von ihrer früheren Schärfe gegen den etablierten Glauben verlor.

Frühes christliches Mosaik in der Basilika von Aquileia. Oben befindet sich das Christusmonogramm XP aus den griechischen Buchstaben „chi" und „rho".

Als die Folgen von Diokletians „Edikt gegen die Christen" spürbar wurden, bekam Lactantius' Ton eine bittere Nuance. In seinem grausamen Bericht „De mortibus persecutorum" („Von den Toden der Verfolger") führt er anhand der Schicksale von Diokletian und seinen Herrscherkollegen den Nachweis, dass alle Herrscher, die seinen Glauben verfolgten, eines grauenhaften Todes gestorben seien. Allerdings spricht er in dieser Abhandlung Diokletian von Schuld weitgehend frei und behauptet stattdessen, dieser sei durch Galerius zur Verfolgung der Christen getrieben worden.

Diokletians Erlass war Wasser auf die Mühlen christlicher Eiferer in manchen Regionen und befremdete Menschen wie Lactantius. Die Absicht hinter dem Erlass, der lang bestehende Beziehungen zerstörte, ist schwer zu erkennen. Die Tatsache, dass der Erlass innerhalb der ersten 18 Monate nach seiner Verlautbarung nicht durchgesetzt wurde – um dann aber von Galerius nach seinem Aufstieg zum Augustus mit Härte angewandt zu werden –, spricht jedoch für die Richtigkeit von Lactantius' Erklärung, dass es sich um eine Frage der Politik und nicht des Glaubens gehandelt habe und dass die Bigotterie als treibende Kraft hinter der Maßnahme für Galerius typisch sei. Gewiss, die Tetrarchen reagierten sehr unterschiedlich. Constantius kannte das Edikt kaum, und Maximian wandte es alles andere als begeistert an. Die Maßnahme sollte wohl kurz vor einer für das Jahr 304 geplanten Reise Diokletians nach Rom anlässlich seines und Maximians 20-jährigen Jubiläums der geteilten Macht die Unterschiede zwischen den östlichen und westlichen Herrschern besonders hervorheben.

Mit dieser gemeinschaftlichen Feier fügte Diokletian von sich aus der wirklichen Amtszeit von Maximian noch ein Jahr hinzu. Bei ihrem Treffen in Rom machte Diokletian seinem Mitkaiser von der Tetrarchie klar, dass er sich absichtlich verzählt hatte. Nun, da er und Maximian gleich viele Jahre an der Macht waren, erwartete er, dass sie beide am selben Tag abdanken würden. Gleichzeitig kündigte er an, dass er bereits die neuen Cäsaren bestimmt habe, einer von ihnen sei ein Feldherr namens Flavius Valerius Severus (gest. 307), der andere ein Neffe von Galerius, Maximinus Daia mit Namen (um 270–313). Das Prinzip, das in seiner Erklärung gewahrt wurde, war, dass Herrscher die Herrscher bestimmten. Das Erbrecht sollte bei der Nachfolge kein entscheidender Faktor sein.

Der Verzicht auf den Purpur

Maximian und Constantius müssen über Diokletians Entscheidung getobt haben vor Wut, aber sie waren machtlos. Wie es nur nach 20-jähriger Regierung möglich war – in der er Rom zu einer Vormachtstellung verholfen hatte, wie es sie seit Septimus Severus nicht mehr gegeben hatte –, hatte Diokletian grenzenlose persönliche Autorität. Obwohl man nicht alle seine Entscheidungen klug finden kann (die Erlasse über Höchstpreise und die Christenverfolgung sind einschlägige Beispiele), besaß er doch tatsächlich Weisheit. Er war bescheiden genug, um zu erkennen, dass er nicht allein regieren konnte, und willens, die Macht einem Mann (Constantius) anzuvertrauen, der nicht zum inneren Kreis zählte; und er war überzeugt, dass der Charakter des kaiserlichen Amtes geändert werden musste. Deswegen tat er, was noch kein Herrscher vor ihm zu tun gewagt hatte: Er trat freiwillig vom mächtigsten Amt der Welt zurück.

Am 1. Mai 305 legte Diokletian den purpurnen Mantel ab, das Symbol seiner Macht, und drapierte ihn Maximinus Daja um die Schultern. Galerius wurde Augustus von Sirmium. Vor Mailand übergab Maximian die Macht an Severus, während Constantius Augustus zu Trier wurde.

Nachdem Diokletian sich auf seinen Alterssitz zurückgezogen hatte, begann er Kohl zu züchten. Als man ihn später bat, in sein Amt zurückzukehren, soll er geantwortet haben: «Wenn ihr nur das Gemüse sehen könntet, das ich von eigener Hand gepflanzt habe, würdet ihr so etwas nicht fragen.»

«Etwa drei Meilen vor der Stadt befand sich eine Anhöhe, wo Galerius selbst den Purpur angenommen hatte, und man hatte dort eine Säule errichtet, die ein Bildnis Jupiters zierte. Eine Gruppe Soldaten war zusammengetreten, zu denen der alte Mann sprach, mit Tränen in den Augen. Er sagte, er sei schwach, er brauche eine Pause von seiner Arbeit, er wolle die Macht übergeben und neue Kaiser ernennen … Dann proklamierte er plötzlich Severus und Maximinus zu Cäsaren. Vor aller Augen streckte Galerius die Hand aus, schob Maximinus nach vorne und stellte ihn, nachdem er ihm das bürgerliche Gewand abgenommen hatte, zwischen sich und Diokletian … Dieser nahm seinen purpurnen Mantel von den Schultern, legte ihn Maximinus um und wurde wieder zu Diocles. Dann stieg er hinab. Der alte König wurde auf einem Wagen durch die Stadt gefahren und in seine Heimat zurückgesandt.»

LACTANTIUS, „De mortibus persecutorum", 19.2–6

Beginn des Christlichen Imperiums: Die Regierung Konstantins (305–337 n.Chr.)

Als Diokletian zu der Reise aufbrach, die auf seinem Alterssitz enden sollte, und als Maximian sich auf sein Landgut bei Rom begab, brach der Nachfolgeplan bereits auseinander. Der Grund war einfach: Zwar war Constantius jetzt Augustus – doch mit der neuen Rolle keineswegs zufrieden. Überdies hätte er gern neue Verwaltungsstrukturen genutzt, die gerade in Kraft traten, als er in das höchste Amt gelangte.

Konstantin I. kam 306 n.Chr. an die Macht, wurde aber erst 18 Jahre später Alleinherrscher, nachdem er seinen letzten Rivalen, Licinius, ausgeschaltet hatte. Oft wird er als „erster christlicher Kaiser" etikettiert, doch zur gleichen Zeit, da er für das Christentum eintrat, behielt er den Titel pontifex maximus, *und noch im Jahr 320 ließ er Münzen mit den Bildnissen römischer Götter prägen.*

Obwohl es in der Tetrarchie vier kaiserliche Höfe gab, war das Reich unter Diokletian nicht formell in Verwaltungsbezirke aufgeteilt. Wahrscheinlich hielt man in einer Situation, in der Diokletians Autorität über das Reich außer Frage stand, eine inoffizielle Vereinbarung für völlig ausreichend. Wegen der Spannungen über die Nachfolge war das Reich nun jedoch in vier Prätorianerpräfekturen gespalten, wobei jeder Präfekt drei Diözesen zu verwalten hatte. Jede Diözese unterstand einem *vicarius* oder Provinzgouverneur – der Amtsinhaber nahm stellvertretend (als *vice*) für den Prätorianerpräfekten die Alltagsgeschäfte wahr.

Die Saat der Zerstörung

Unter diesem neuen Verwaltungssystem waren Galerius und sein Präfekt für die drei Diözesen der Balkanprovinzen zuständig, Maximinus für die drei von den Dardanellen bis Ägypten, Severus für Italien, Afrika und Spanien, während Constantius die Macht in Gallien und Britannien hatte. Zumindest theoretisch waren sie alle Constantius untergeordnet. Die vier Präfekturen spiegeln – mit einer großen Ausnahme – grob die Verteilung der Steuerlasten im Reich des 2. Jahrhunderts n.Chr. wider: Die Einbeziehung Ägyptens in den Osten anstatt nach Italien bedeutete eine beachtliche Umverteilung der Ressourcen auf Syrien und den neuen Distrikt in der Nordtürkei. Das heißt nicht, dass Rom von Ägypten kein Getreide mehr bekam und kein bedeutender Markt für den Handel mit Luxusgütern aus Fernost über Ägypten geblieben wäre, aber andere Gebiete waren wichtiger geworden. Die administrative Anbindung Ägyptens an den Osten belegt bloß, dass die gegebenen wirtschaftlichen und kulturellen Teile des Reiches allmählich die formale Verwaltungsstruktur in einer Weise zu gestalten begannen, die auf die Dauer zum Niedergang des Reiches im Westen beitragen würde.

Doch jeder Gedanke an einen Zusammenbruch des Westreiches – oder eine Ahnung, dass das Reich in weniger als 100 Jahren dauerhaft geteilt und teilweise von Barbaren besetzt sein würde – lag Diokletians Nachfolgern fern. Sie hatten genügend Sorgen mit der Gegenwart. Constantius war kaum Augustus des Westreichs, als er auch schon die Rückkehr seines Sohnes Konstantin forderte, der ja als Geisel an Galerius' Hof lebte. Wohl hatte er andere Kinder, darunter Knaben, doch sie waren noch sehr jung, und anscheinend war die Frucht der frühen Romanze mit Helena seinem Herzen besonders teuer. Constantius war fest entschlossen, seinen ältesten Sohn zum Kaiser zu machen. Auch wenn Galerius die Absichten seines Mitregenten erraten hatte, konnte er sich nicht weigern. Da Maxentius zu Maximian zurückgekehrt war, gab es keinen Grund, Konstantin von seinem Vater fernzuhalten. Und so konnte Constantius, nachdem die Rückkehr seines Sohnes zum Ende des Jahres 305 gesichert war, zu einem Feldzug nach Nordengland aufbrechen. Am 25. Juli 306 n.Chr. starb er in York, und die Armee erklärte, natürlich auf sein Geheiß, Konstantin zum Kaiser.

Galerius schäumte vor Wut, war aber machtlos, zumal Maxentius neuerdings den Thron in Rom beanspruchte. Um ihn zu unterstützen, verließ Maximian seinen Alterssitz, und als Severus den Aufruhr niederzuschlagen versuchte, stellte er fest, dass die Loyalität der Armee Maximian gehörte.

«So großartig war, dass du, obwohl dein Vater kaiserliche Macht dir gab, nichtsdestoweniger mit dem Titel eines Kaiseranwärters dich begnügtest und es vorzogst zu warten, bis derselbe dich zum Augustus ernennen würde. So hieltest du die kaiserliche Macht für wertvoller, nicht wenn sie dir als dem Erben zugewiesen, sondern wenn sie dir als Lohn für deine Verdienste gegeben würde.»

Aus einer lateinischen Panegyre *7.5.3*

ZEITLEISTE

306 n.Chr. Constantius Chlorus stirbt in Eboracum; Konstantin wird Kaiser im Westreich

308 Treffen in Carnuntum, um den Nachfolgestreit beizulegen

309 Konstantin und Maximinus behaupten sich als legitime Kaiser

311 Tod von Galerius

312 Konstantin besiegt Maxentius in der Schlacht an der Milvischen Brücke

313 Licinius besiegt Maximinus und etabliert Doppelherrschaft mit Konstantin (bis 324); Freiheit der Religionsausübung für Christen im Ostreich wieder gewährt

315 Konstantinsbogen in Rom vollendet

324 Konstantin entreißt Licinius die Herrschaft und eint wieder das Imperium Romanum

325 Das erste Konzil von Nizäa schreibt die Natur des orthodoxen christlichen Glaubens fest

330 Am 11. Mai wird Konstantinopel neue Hauptstadt des Imperiums

337 Konstantin stirbt, nachdem er auf dem Sterbebett das Sakrament der Taufe empfangen hat

CONSTANTIUS

GEBOREN
31. März, um 250 n.Chr.

EHEN
(1) Helena
(2) Theodora

KINDER
(von 1) Konstantin
(von 2) Flavius Dalmatius, Julius Constantius, Flavia Julia Constantia, Eutropia, Anastasia

VORGÄNGER
Diokletian

REGIERUNGSANTRITT
1. Mai 305

GESTORBEN
25. Juli 306 in Eboracum (York), Britannien

NACHFOLGER
Konstantin

GALERIUS

GEBOREN
um 250 n.Chr. in Serdica (Sofia) im aurelianischen Dakien

EHE
Galeria Valeria

VORGÄNGER
Diokletian

REGIERUNGSANTRITT
1. Mai 305

GESTORBEN
5. Mai 311

NACHFOLGER
Licinius

Noch vor Ablauf des Jahres wurde Severus auf einem Landgut bei Rom interniert und bald darauf getötet. Nun warben beide Fraktionen um Konstantins Gunst, der von Galerius als Cäsar anerkannt wurde, selbst als er sich Fausta, der präpubertären Tochter Maximians, in rechtmäßiger Ehe verband (da sie noch ein Kind war, wurde die Ehe erst später vollzogen).

Zerfall des Reiches

Im Sommer 307 n.Chr. marschierte Galerius in Italien ein. Konstantins offiziell neutrale Haltung besiegelte wahrscheinlich das Misslingen des Feldzugs. Galerius' Streitmacht, die nur Konstantin hätte verstärken können, war einfach zu schwach, um die Hauptstadt (mit aurelianischem Verteidigungsring) zu belagern. Maximian, der diese Wende der Dinge vorausgesehen hatte, verweigerte seine Hilfe in offener Schlacht. Galerius musste sich zurückziehen. Dass er Italien lebend verlassen konnte, ist ein Beweis für seine Charakterstärke und für die Loyalität der Truppen, die er viele Jahre in den Balkanländern geführt hatte. Es beweist auch, dass die Reformen Diokletians nur die Tendenz der römischen Armee verstärkt hatten, sich entlang regionaler Grenzen zu teilen. Das war schon 193 bei dem Machtkampf nach Commodus' Tod geschehen – und jetzt zeigte sich klar, dass die vier Hauptstreitkräfte im Wesentlichen getrennte Einheiten waren.

Das Paradoxe an Diokletians Reformen war, dass er zwar alle Macht im Kollegium der Kaiser konzentrieren wollte, in Wirklichkeit aber nur separate Regierungen schuf, die unabhängig voneinander operieren konnten. Diokletian hatte das System durch seine dominante Persönlichkeit zusammengehalten, und es ist bezeichnend, dass sich Galerius angesichts seiner Niederlage gegen Maxentius wieder an seinen Mentor um Hilfe wandte.

308 verließ Diokletian seinen Alterssitz, um Galerius zu helfen. Angesichts des drohenden Blutvergießens war es ein Glück für alle Beteiligten, dass Diokletian echte Abscheu vor einem Bürgerkrieg hatte. Nach einem chaotischen Frühjahr, in dem Konstantin und Galerius kampfbereit gegeneinander standen, während Maximian versuchte, Maxentius die Macht zu nehmen, was ihm misslang und ihn nach Gallien fliehen ließ, wurde ein Treffen in Carnuntum in Niederösterreich anberaumt, von dem Maxentius ausgeschlossen war.

Als Ergebnis stimmte Galerius zu, dass Konstantin sich in den Gebieten, über die er bereits herrschte, Augustus nennen durfte, und in den übrigen Cäsar. Dadurch konnte Galerius einen neuen Augustus ernennen, einen erfahrenen Heerführer namens Licinius (um 250–325 n.Chr.), der Severus ersetzen sollte. Nachdem das Prinzip der Tetrarchie wieder eingeführt und

Eine römische Armee stürmt eine Stadt mithilfe modernster Militärtechnologie. Im Vordergrund laden Soldaten eine Standarmbrust und ein Katapult. In der Mitte nähern sich Truppen den Mauern unter einer Galerie, während im Hintergrund ein Angriff von einem Belagerungsturm versucht wird. Galerius' Versuch, Maxentius aufzuhalten, scheiterte. Es fehlte die schwere Ausrüstung, um Rom 307 eine ernste Niederlage beizubringen.

Galerius eindeutig als ältestes Mitglied akzeptiert war, zog sich Diokletian wieder in seinen Palast zurück, wo er die letzten Jahre seines Lebens friedlich und Gemüse züchtend verbrachte.

Es ist eine der Ironien der Geschichte, dass Galerius, der sich so sehr bemühte, Diokletians System zu bewahren, und als Altersruhesitz sogar einen riesigen Palast in Roumaliana (Gamzigrad) auf dem Balkan erbauen ließ, vor seinem früheren Mentor einer bösartigen Erkrankung, vermutlich Darmkrebs, erlag.

Seine größte Leistung war, den Frieden zwischen seinen aufsässigen Mitregenten zu erhalten. Diesen unsicheren Frieden nutzte Konstantin, um sich als Heerführer zu profilieren, während Maximinus nichts Gescheiteres einfiel, als einen tiefen Abscheu gegen Licinius zu pflegen, der ja über seinen Kopf hinweg befördert worden war. Maximian lebte bis 310 n.Chr. bei Konstantin, versuchte aber dann plötzlich in Südfrankreich selbst die Macht zu ergreifen, während Konstantin auf einem Feldzug im Rheinland war. Dieser Versuch ging schief, Maximian beging Selbstmord (ob dies in Absprache mit seinem Schwiegersohn geschah oder nicht, entzieht sich unserer Kenntnis).

Gleich nach Galerius' Tod spalteten sich die überlebenden Augusti und Cäsaren in zwei Fraktionen. Maximinus verbündete sich mit Maxentius und Konstantin mit Licinius. Der Krieg, der 312 n.Chr. heraufzog, wirkte indes bedrohlich. Die Gegner geboten über ziemlich gleichwertige Armeen ohne klaren strategischen Vorteil. Die Bedrohung durch Maximinus hin-

«In hoc signo vinces»

«Das Zeichen Christi erscheint Konstantin»
Das Gemälde des Flamen Peter Paul Rubens (1577–1649) beschreibt die Bekehrung des Kaisers.

Die Geschichte von Konstantins Bekehrung wurde nach und nach ausgeschmückt. Der Autor einer Lobrede auf den Kaiser behauptete 313, dass er, wenn die den traditionellen Göttern dargebrachten Opfer nicht günstig waren, zuversichtlich blieb, weil er an die *mens divina* glaubte. Lactantius schrieb wenige Jahre nach Maxentius' Niederlage, dass Konstantin einen Traum hatte, in dem ein junger Mann ihm befahl, vor der Schlacht an der Milvischen Brücke das Zeichen Christi auf den Schilden seiner Soldaten anzubringen. Jahre später schrieb der christliche Historiker und Theologe Eusebius (um 275–339 n.Chr.):

«Würde ein anderer davon berichten, es wäre vielleicht schwer zu glauben; doch da der siegreiche Kaiser dem Schreiber diese Geschichte vor langer Zeit selbst erzählt hat und einen Eid darauf schwor, wer könnte an diesem Bericht zweifeln, erst recht, wenn sich in der folgenden Zeit erwies, dass er die Wahrheit gesagt hatte? Um die Mittagsstunde, sagte er, habe er mit eigenen Augen über der Sonne am Himmel ein kreuzförmiges Gebilde aus Licht erblickt und darunter die Worte: ‹In diesem Zeichen wirst du siegen› (‹In hoc signo vinces›).

Er wunderte sich, was diese Erscheinung bedeuten könnte, und während er intensiv nachdachte, wurde es Nacht, und im Schlaf erschien ihm Christus mit dem Zeichen, das er am Himmel gesehen hatte, und drängte ihn, eine Kopie davon anzufertigen und bei Angriffen des Feindes bei sich zu tragen.»

Man hat heftig darüber gestritten, was genau Konstantin gesehen hatte, doch stimmen die meisten Quellen darin überein, dass seine Bekehrung in den Wochen vor der Invasion in Italien stattgefunden haben muss.

derte Licinius, Konstantin zu Hilfe zu eilen. Und dieser würde Licinius erst unterstützen können, wenn er mit Maxentius fertig wäre.

Machtprobe mit Maxentius

Die Invasion in Italien war entmutigend. Maxentius gewann mit seiner Armee etliche Festungsstädte im Norden, während sich Rom zunächst als uneinnehmbar erwies. Konstantin war höchst unzufrieden und setzte nun auf eine spirituelle Odyssee, welche die Geschichte Europas verändern würde. In Gallien hatte er die Praxis beobachtet, das Volk glauben zu machen, dass eine Gottheit ihre schützende Hand über einen hielt – in seinem Fall *Sol invictus.* Bei Konstantin dürfte das mehr als bloße Selbstverherrlichung gewesen sein, denn er war offensichtlich ein tiefgläubiger Mensch. Was aber, wenn er an die falschen Götter glaubte? Es dürfte seiner Aufmerksamkeit nicht entgangen sein, dass Galerius ein frommer Anhänger der traditionellen Götter war und dennoch rundum Pech gehabt hatte.

Im Frühjahr 312 verkündete Konstantin plötzlich, er setze sein Vertrauen gänzlich auf die *mens divina,* den Geist Gottes. Wir wissen nicht, was er unter diesem Begriff verstand, und die Berichte der polytheistischen Propagandisten unmittelbar vor und nach der Invasion geben uns keinen Hinweis. Sehr wahrscheinlich wollte Konstantin sich angesichts einer Armee, die dem traditionellen Glauben anhing, nicht genauer ausdrücken. Er mag sehr wohl spekuliert haben, dass der Christengott, den Galerius verachtete, jetzt den Schlüssel zu seinem Geschick in Händen hielt. Spätere Kommentatoren zweifeln nicht, dass Konstantin von da an überzeugt war, Zeichen erhalten zu haben, dass der Gott der Christen an seiner Seite stehen würde.

Die Unsicherheit über die wahre Natur seiner Bekehrung passt so recht zu Konstantins rätselhaftem Charakter: Er konnte voreilig, aber auch geduldig sein; er war einsichtig und zum Kurswechsel bereit, wenn er erkannte, dass er einen Fehler gemacht hatte, verließ sich aber durchaus auf sein gutes Urteil. Zwar war er kein Intellektueller, aber außerordentlich intelligent. Er konnte so mitfühlend wie rücksichtslos sein. Was jedoch außer Zweifel steht, ist Konstantins Genie als militärischer Befehlshaber. Er war wohl der größte Feldherr seit Julius Cäsar.

Konstantins Invasion in Italien gehört zu den brillantesten militärischen Operationen der Alten Geschichte. Die nördlichen Armeen des Maxentius fegte er hinweg, zwang sie zur Schlacht, bevor sie sich in ihren Festungen ver-

KONSTANTIN

GEBOREN
27. Februar um 275 n. Chr.
in Naissus (Niš), Serbien

EHEN
(1) Minervina
(2) Fausta

KINDER
(von 1) Crispus
(von 2) Constantina, Helena, Constantin II., Constantius und Constans

VORGÄNGER
Constantius I.

REGIERUNGSANTRITT
25. Juli 306

GESTORBEN
22. Mai 337

DYNASTIE
Konstantiner

NACHFOLGER
Konstantin II., Constantius und Constans

Die Beziehung zwischen Konstantin und dem östlichen Herrscher Licinius war stets prekär. Der Waffenstillstand, den sie nach ihrem ersten Zusammenstoß 317 schlossen, wurde sieben Jahre später gebrochen, als Konstantin seinem Rivalen den Krieg erklärte und ihn besiegte.

schanzen konnten, und bei Herbstbeginn näherte er sich bereits Rom. Infolge der Niederlagen im Norden konnte sich Maxentius nicht hinter die Mauern Roms zurückziehen und darauf warten, dass Konstantins Nachschub sich erschöpfte. Sein Ruf war angeschlagen, und er musste alles bei einer letzten Konfrontation wagen. Daher führte Maxentius seine Armee am 28. Oktober zu einer Stelle nahe der Milvischen Brücke, zu der Saxa Rubra nördlich des Tiber, um Konstantin herauszufordern. Die letzte Schlacht war schnell beendet und entschieden. Maxentius wurde auf der Flucht getötet, und Konstantin zog im Triumph in Rom ein.

Das Bündnis mit Licinius

Wenige Wochen nach dem Sieg über Maxentius war Konstantin schon wieder auf dem Weg nach Norden. In Mailand traf er Licinius, erzählte ihm von der Macht seines neuen Gottes und bekräftigte ihr Bündnis, indem er seine Stiefschwester Constantia mit ihm verheiratete. Jetzt musste sich Licinius mit Maxentius' Verbündetem Maximinus auseinandersetzen.

Maximinus erwies sich als entgegenkommender Feind; er zog 313 n.Chr. an der Spitze seines Heeres über die Dardanellen und ersparte es Licinius, den Krieg auf feindlichem Territorium zu führen. So umfassend war Licinius' Sieg bei der Stadt Adrianopolis gut 220 Kilometer westlich vom heutigen Istanbul, dass Maximinus keinen ernsthaften Widerstand zu leisten vermochte, während Licinius ihm bis in sein eigenes Gebiet auf den Fersen blieb. Als Licinius ihn im anatolischen Tarsus (Südtürkei) umklammerte, erkannte Maximinus, dass er verloren hatte, und nahm sich das Leben.

Während seines Rückzugs hatte Maximinus noch ein Edikt erlassen, das den Christen seines Machtbereichs, die er mehrfach verfolgt hatte, die fried-

Beim Versuch, Konstantins Armee am Einzug in Rom über die Via Flaminia zu hindern, leisteten Maxentius' Truppen an der Milvischen Brücke über den Tiber Widerstand. Die Schlacht fand am sechsten Jahrestag von Maxentius' Amtsantritt als westlicher Herrscher statt, was als gutes Omen galt; doch Konstantin war der überlegene Feldherr und siegte. Maxentius' Truppen erlitten schwere Verluste, als sie über die schmale Brücke den ungeordneten Rückzug antraten.

Der Konstantinsbogen

Der Fries am Konstantinsbogen zeigt Szenen aus dem Feldzug des Kaisers gegen Maxentius, vermeidet aber tunlichst jegliche triumphierende Beschreibung der Einnahme Roms.

Der Konstantinsbogen zwischen Kolosseum und Palatin-Hügel wurde atemberaubend schnell zwischen 312 und 315 n.Chr. errichtet und sollte monumentaler Ausdruck der Rolle des Herrschers im Staat sein.

Der Fries illustriert die Inschrift über dem Bogen, die besagt, dass Konstantin Rom mit Waffengewalt von einem Tyrannen (Maxentius) befreit und die zivile Regierung wiederhergestellt hat. Obwohl Konstantin nicht als Teilnehmer der Schlacht dargestellt ist, wird seine Präsenz bei der Armee deutlich, weil er auf einem Wagen abgebildet ist, von dem aus er die Schlacht beobachtet. Dies entspricht ganz der traditionellen kaiserlichen Ideologie und Ikonographie seit Diokletian, indem der Herrscher nicht als unmittelbar Handelnder, sondern als oberster Befehlshaber erscheint. Auf anderen Tafeln ist eine Begegnung Konstantins mit dem Senat und dem römischen Volk zu sehen. Neben diesen Geschichtstafeln zeigen Abbilder nach Skulpturen der Antoniner Kaiser Konstantin und Licinius bei anderen traditionellen Aktivitäten, etwa bei der Jagd, beim Opfern für die Götter und bei Ansprachen an die Soldaten.

liche Religionsausübung gestattete. Licinius, dessen Frau Christin war, verfügte in einem weiteren Erlass, dass die bei den Verfolgungen eingezogenen Güter zurückzuerstatten seien. Durch diese Erlasse sowie die vorausgegangenen von Konstantin wurde das Christentum den anderen Religionen gleichgestellt.

Zwar glaubte Licinius ebenso wie Konstantin, dass Christen die freie Religionsausübung gestattet sein müsse, aber sonst gab es nur wenig Übereinstimmung zwischen ihnen. Die Erlasse des einen Herrschers wurden wohl im Gebiet des anderen anerkannt, aber praktisch gingen beide getrennte Wege.

Aufschlussreiche Dokumente verraten uns, dass Licinius' Armee anders besoldet wurde und dass es wenig Austausch zwischen der Bürokratie im Osten und der im Westen gab. Obwohl jetzt zwei römische Reiche existierten, deren jedes aus sechs der insgesamt zwölf Diözesen bestand, wagte noch niemand den entscheidenden Schritt, der den Bruch bedeuten würde. Was die Nachfolge betrifft, war Licinius' Haltung offen, hatte er doch keinen Sohn.

> «Der Senat und das Volk Roms widmen dieses mit Bildern seines Triumphes geschmückte Bauwerk dem frommen und vom Glück begünstigten Imperator Caesar Constantinus Augustus, weil er, geleitet vom Geiste Gottes, mit seiner Armee die Res Publica an dem Tyrannen und seinen Anhängern rächte.»
>
> Inschrift auf dem Konstantinsbogen in Rom

Bei Konstantin war die Lage etwas schwieriger. Er hatte einen Sohn, Crispus, aus einer Beziehung mit einer Frau namens Minervina, die gestorben war,

Der Staat, den Diokletian seinen Nachfolgern hinterließ, umfasste zwölf Diözesen, die gleichmäßig auf das westliche und östliche Reich verteilt waren. Das allererste Ziel der Diokletian'schen Verwaltungsreform war gewesen, die Macht von Rom aus zu delegieren. Die nicht vorhergesehene Spätfolge aber war, dass der Zusammenhalt des Reiches geschwächt wurde.

bevor er Fausta geheiratet hatte. Anfangs war Konstantin zwiespältig, ob er die Ansprüche des Knaben fördern sollte, dessen Lage ihn an die seine erinnerte. Indes änderte sich die Situation zwischen 315 und 316 grundlegend, als zuerst Constantia und dann Fausta Söhne gebaren. Zwischen der Geburt beider Knaben kamen Konstantin und Licinius überein, dass nicht die Söhne ihre Nachfolge antreten sollten, sondern dass Bassianus, der Mann von Konstantins Stiefschwester Anastasia, als Cäsar berufen würde. Kurz nachdem Fausta ihren ersten Sohn geboren hatte, erkannte Konstantin, dass der Kompromiss ihn benachteiligte, da er seinen zwei Söhnen zugunsten von Licinius den Weg zum Kaiser verbaute, und ließ Bassianus wegen Hochverrats hinrichten. Beide Herrscher waren bereits auf einen Krieg vorbereitet, weil sie den Konflikt erwartet hatten.

Als Konstantin im Herbst 316 angriff, konnte er Licinius aus den meisten Balkanländern vertreiben, aber dann übernahm er sich. Sehr raffiniert schnitt ihn Licinius vom Nachschub ab und zwang ihn zu einem Frieden unter ungünstigen Bedingungen. Konstantin erhielt auf Dauer nur eine von drei Diözesen und musste drei Cäsaren anerkennen: seinen ältesten Sohn Crispus sowie die Knaben Constantin und Licinius. Der Vertrag wurde am 1. März 317 n.Chr. geschlossen und blieb sieben Jahre in Kraft.

Obwohl Konstantin nach dem Vertragsabschluss mit Licinius viel mit seiner Armee im Balkan unterwegs war, fand er noch Zeit, mit Fausta drei weitere Kinder zu zeugen, zwei Töchter und noch einen Sohn. Mit seinem Haus voll potenzieller Erben beschloss Konstantin 324, Licinius für immer loszuwerden. Im Sommer erklärte er den Krieg, vertrieb Anfang Herbst seinen Feind vom Balkan und zwang ihn im November bei Nikomedia, sich zu unterwerfen. Er versprach dem besiegten Licinius Milde und schickte ihn nach Thessaloniki ins Exil. Doch kurz danach „entdeckte" Konstantin, dass Licinius das Haupt einer Verschwörung war, und befahl, ihn zu töten.

Nova Roma

Kaum hatte Konstantin Licinius besiegt, als mit den Christen im Ostreich ein neues Problem auftauchte. Die Anhänger des Glaubens stritten erbittert über die wahre Natur ihres Gottes. Ausgelöst durch die Lehre des Theologen Arius (um 250–336 n.Chr.), hatte dieser Streit die christlichen Gemeinden mit ihren rivalisierenden Vorstehern tief gespalten. Konstantin hatte nach seinem Sieg über Maxentius bereits ähnliche Streitereien in einer nordafrikanischen Christengemeinde schlichten müssen. In diesem Fall war die Spaltung nicht aus Unterschieden der Lehre entstanden, sondern aus Uneinigkeit darüber, ob man die Verfolger des Glaubens lieber beschwichtigen oder Widerstand leisten und damit größere Gewalt herausfordern solle.

Als Konstantins Beamte in Nordafrika eintrafen, um bei der Verfolgung eingezogene Vermögen zurückzuerstatten, sahen sie sich zwei verschiedenen Fraktionen gegenüber, die sich unnachgiebig hinter ihren Positionen verschanzt hatten. Um zu klären, wessen Anspruch der richtige sei, übertrug Konstantin die Angelegenheit einigen Kirchenvätern, die sämtlich gegen die Fraktion votierten, derzufolge Widerstand gegen die Obrigkeit Gottes Wille sei.

Die unterlegene Partei weigerte sich, die Entscheidungen der Schlichter anzuerkennen, und nach einer kurzen Phase der Verfolgung zog sich Konstantin aus der Angelegenheit zurück. Doch obwohl seine Einmischung in diesen Streit erfolglos war, hatte Konstantin etwas Wichtiges gelernt: Die Schlichtung durch eine neutrale Person würde die Christen nicht davon abhalten, sich gegenseitig zu

Abschnitt der landeinwärts errichteten Stadtmauer von Istanbul (Konstantinopel). Die Befestigung von Konstantinopel begann 324 n.Chr. Nachdem im Laufe der Zeit starke Befestigungen seewärts und weitere Verbesserungen durch spätere Herrscher (vor allem Theodosius II.) hinzukamen, wurde die Stadt zur uneinnehmbaren Festung.

Das Konzil von Nizäa

Das Konzil von Nizäa war das erste ökumenische Konzil der christlichen Kirche und führte Bischöfe aus Ost und West zusammen. Das Thema, das die Gemeinschaft der Christen im Osten vor 325 n.Chr. spaltete, ergab sich aus einem Streit zwischen dem Priester Arius aus Alexandria und seinem Bischof Alexander. Arius vertrat die überwiegende Meinung der Christen, dass Jesus als Sohn Gottes seinem Vater nachgeordnet und wesensähnlich, aber nicht wesensgleich sei. Dagegen stand Alexanders Auffassung, dass Gott Vater und Gott Sohn wesensgleich seien. Beim Konzil von Nizäa, bei dem auch eine Einigung über das Datum des Osterfestes erreicht werden sollte, plädierte Konstantin für ein Glaubensbekenntnis, das verbindlich für alle Christen im Reich sein sollte. Es enthielt die Kompromissformulierung, Gott Vater und Gott Sohn seinen „konsubstanziell". Das Credo von Nizäa war das erste universale Glaubensbekenntnis und ist immer noch das Grundbekenntnis vieler christlicher Konfessionen – somit ist es das meistgelesene Dokument, das jemals von einem römischen Kaiser verfasst wurde.

Arius von Alexandria, Porträt aus einem spätmittelalterlichen Druck. Die Darstellung ist etwas pompös – Arius wurde in Wirklichkeit nie zum Bischof geweiht.

bekämpfen. Um die gegnerischen Parteien an den Verhandlungstisch zu bekommen, würde er sich persönlich einschalten müssen.

So kam es, dass Konstantin im Jahr 325 die Ostbischöfe zu einem ersten allgemeinen Konzil in Nizäa (Nikaia) einberief, einer Küstenstadt in Anatolien. Nachdem der Kaiser offiziell die Argumentation beider Parteien angehört hatte, schlug er ihnen eine Kompromissformulierung für Gottes Wesen in einem neuen Glaubensbekenntnis vor. Dies war ein Schlüsselereignis der Kirchengeschichte. Da nicht nur Bischöfe aus dem Ostreich, sondern auch einige aus dem Westreich anwesend waren, stellte das Konzil von Nizäa die erste ökumenische Zusammenkunft dar, die sich für die gesamte Christenheit zuständig erklärte. Es war außerdem ein wesentlicher Moment für die Beziehungen zwischen den säkularen und den religiösen Führern. Konstantins Verhalten zeigte, dass der Herrscher Autorität auch in spirituellen Fragen ausüben konnte. Er schuf damit einen Präzedenzfall für spätere Kaiser, die derartige Interventionen zu ihren Aufgaben zählen würden.

Etwa um diese Zeit begann Konstantin, eine neue Hauptstadt im Osten zu planen. Da Nikomedia wegen seiner Vorgeschichte nicht infrage kam, fiel seine Wahl schließlich auf Byzanz, die alte Stadt am Bosporus. Diese Siedlung war ideal, weil der Kaiser von dort aus leicht die nördliche Grenze des römischen Imperiums an der Donau und die östliche Grenze am Euphrat erreichen konnte, und sollte als Konstantinopel neu gegründet werden. Die neue Hauptstadt sollte Konstantins politische und religiöse Einstellung widerspiegeln. Die neue Stadt wuchs bemerkenswert schnell. Herzstück des Bauprogramms waren der kaiserliche Palast und gleich daneben ein riesiges Hippodrom, das 80 000 Besucher fasste und ein Ort war, an dem der Kaiser und seine Untertanen zusammentreffen würden. Außerdem veranlasste Konstantin den Bau einer Kirche, behielt aber die alten Tempel bei. Das Christentum sollte als Religion erscheinen, die dem Regime förderlich war, der alte Götterglauben aber sollte weiter gelten. Das gleiche Prinzip galt für die Besiedlung der neuen Stadt. Konstantin zwang niemanden, sich in der Stadt niederzulassen, sondern belohnte die, die kamen. Und statt einen neuen Senat zu bilden, was die Senatoren in Rom beleidigt hätte, räumte er hohen Beamten, die in seiner Stadt leben wollten, Privilegien ein. Um der neuen Hauptstadt Glanz zu verleihen, wurden die Städte im Osten aufgerufen, berühmte Denkmäler der Antike zur Zierde des öffentlichen Raums zu spenden.

Konstantin ernannte Crispus 317 n.Chr. zum Kaiseranwärter und kurz danach zum Befehlshaber über Gallien. Anscheinend war Crispus überzeugt, Nachfolger seines Vaters zu werden – bis eine verheerende und rätselhafte Wende der Dinge zu seinem plötzlichen Fall und 326 n.Chr. zu seiner Hinrichtung führte.

Aufruhr und Spaltungen

Obwohl Konstantinopel niemals Rom ersetzen, sondern vielmehr erhöhen sollte, stellte sich nun die Frage, wie das westliche Reich künftig verwaltet werden sollte. Konstantin selbst fühlte sich mehr dem Osten verbunden, sein Sohn Crispus, der sich im Krieg gegen Licinius bewährt hatte, war längst in Trier zu Hause. Gegen Ende des Jahres 326 n.Chr. war es jedoch mit dem Frieden im kaiserlichen Haushalt vorbei. Crispus wurde wegen Hochverrats hingerichtet und Fausta ins innere Exil verbannt, wo sie nach wenigen Jahren starb. Den Grund für diese dramatische Wendung der Dinge kennen wir nicht. Von einem heidnischen Schriftsteller gab es später die reißerische Geschichte, Fausta habe ihren Stiefsohn begehrt und, als er sie zurückwies, behauptet, er habe versucht sie zu vergewaltigen. Dies habe zu der Hinrichtung geführt. Derselbe Autor behauptet auch, Faustas Verhalten sei der Mutter des Kaisers hinterbracht worden, worauf Konstantin so wütend war, dass er seine Frau in einer überheizten Badekammer einsperrte, bis der Tod sie ereilte.

Nichts an dieser Geschichte hält den heute bekannten Fakten stand. Wahrscheinlicher ist vielmehr, dass Vater und Sohn sich über die künftige Richtung der Regierung nicht einig waren und Fausta gegen die Behandlung ihres Stiefsohns einschritt. Anscheinend hat Konstantin Crispus' abweichende Meinung als Verrat gedeutet und voreilig gehandelt. Ein Zeichen der Reue mag sein, dass Faustas Söhne in der Erbfolge blieben und dass er nie mehr geheiratet hat.

Ohne Kaiserin an seiner Seite musste Konstantin nun seine Mutter um Hilfe bitten. Die alte Helena unternahm eine große Tour durch den Osten. Sie besuchte Palästina und war zugegen, als im Heiligen Land ein umfassendes Kirchenbauprogramm aufgelegt wurde. Die heiligen Stätten der Christenheit wurden mit eigenen Kirchen geehrt, wie der Grabeskirche in Jerusalem, die über dem mutmaßlichen Grab Christi errichtet wurde, und der Kirchen an den Orten der Geburt und der Himmelfahrt Christi. Helenas Teilnahme an diesen Ereignissen trug auch zur Legendenbildung bei, sie habe in Jerusalem echte Teile des Kreuzes gefunden, an dem Jesus auf Golgatha hingerichtet geworden war.

Nach Konstantins Überzeugung sollte die Religion im Reich als einigende Kraft wirken, aber die Ausübung der weltlichen Macht während seiner Regierung verursachte zunehmende Spaltungen. Da die zentrale Regierung mehr Einfluss über lokale Angelegenheiten behauptete – eine unvermeidliche Folge von Diokletians Politik der kleineren, zahlreicheren Provinzen –, fand jede Region, dass sie selbst ihre Beziehungen zum Zentrum der Macht immer weniger bestimmen konnte. Umgekehrt erzeugten die umfassenderen Regierungsstrukturen regionale Verwaltungen, die durchaus autark funktionierten.

Konstantins Reich war noch in vier Präfekturen gespalten, während die Armee jetzt in Grenztruppen, *limitanei* (am *Limes* entlang), und in mobilen Eingreiftruppen, *comitatenses,* organisiert war. Zusätzlich zu dieser funktionalen Struktur war die Armee in drei Hauptkommandos – West, Balkan, Ost – geteilt, mit jeweils einem *magister peditum* (Infanterieoberst) und einem *magister equitum* (Reiteroberst). Wie die verschiedenen Verwaltungen hatten die einzelnen Teile der Armee zunehmend regionalen Charakter: Zum westlichen Abschnitt zählten vor allem Franken und Alamannen und Bewohner aus dem Grenzgebiet, während auf dem Balkan zunehmend Goten dienten, die im Lauf des 3. Jahrhunderts die Stämme nördlich der Donau verdrängt hatten. Einzig im Osten, wo die syrischen und armenischen Truppen von der anatolischen Hochebene ohne Ende Nachschub erhielten, konnte noch von einer „römischen" kaiserlichen Armee die Rede sein.

Gegen Ende der 330er-Jahre musste Konstantin sich mit der Frage der Nachfolge auseinandersetzen. Drei Söhne und zwei Töchter hatte er noch von

Dieses Fresko aus dem 8. Jahrhundert zeigt Kaiser Konstantin und seine Mutter Helena mit dem echten Kreuz Christi. Der Legende zufolge hatte Helena Nägel aus dem Kreuz im Helm ihres Sohnes und im Zaumzeug seines Pferdes anbringen lassen, die ihm göttlichen Schutz während der Schlacht gewähren sollten.

Fausta, und von seinen Stiefgeschwistern waren etliche Neffen vorhanden. Obwohl Konstantin selbst im Laufe seines Erwachsenendaseins so manchen Rivalen ausgeschaltet hatte, sah er doch keinen ernsten Grund, dass das Reich von nur einem Kaiser regiert werden sollte. Die Tatsache jedoch, dass ein Mann, der das große Reich 13 Jahre allein regiert hatte, glaubte, eine kollegiale Regierung werde erst nach seinem Tod am besten gelingen, spricht Bände, wie tief gespalten das Reich an den Gebietsgrenzen war. Hinsichtlich seiner Nachfolge blickte Konstantin sogar über seine engere Familie hinaus, indem er seinen Neffen Dalmatius (gestorben 337 n.Chr.) wie seine eigenen Söhne zum Caesar ausrief und einen anderen Neffen, Hannibalianus (ebenfalls 337 gestorben), zum König von Armenien berief, eindeutig mit der Absicht, Letzterer sollte eine fünfte Präfektur übernehmen, sobald diese erobert wäre. Diese Präfektur sollte im Irak liegen. 337 begann Konstantin eine große Invasion zu planen, um diese Region endlich unter römische Herrschaft zu bringen.

Konstantins Vermächtnis

Doch Konstantin, dessen erster militärischer Einsatz als junger Offizier ihn vermutlich vor 40 Jahren bei Galerius' erfolgreichem Waffengang gegen Narseh geführt hatte, sollte den Irak nicht mehr sehen. Im Frühjahr 337 erkrankte er lebensgefährlich; er starb am 22. Mai, nachdem er sich hatte taufen lassen. Sein Leichnam wurde nach Konstantinopel überführt und in dem großen Mausoleum beigesetzt, das er für sich hatte erbauen lassen. Obwohl er als Christ gestorben war, wollte er als römischer Kaiser in der Tradition von Diokletian oder Galerius bestattet werden. Erst später ließ sein Sohn Constantius das Mausoleum zur Kirche der Zwölf Apostel umbauen. Dies ist nur einer von vielen Hinweisen, dass Constantius die Überzeugung Konstantins, zugleich Kaiser und Christ sein zu können, nicht teilte.

Konstantin war ein höchst gefährlicher Mann: Die Hinrichtung eines Sohnes, seiner Ehefrau, seines Schwiegervaters und zweier Schwäger sind ein Rekord, der in den Annalen der römischen Geschichte einzigartig dasteht. Und doch regierte er, nachdem er die Macht in Britannien ergriffen hatte, fast 31 Jahre. Dass er so lange herrschen konnte, mag teilweise seiner starken Persönlichkeit zu verdanken sein, wirft aber auch ein Licht auf die radikalen Veränderungen in der Art der Wahrnehmung des kaiserlichen Amtes in Rom.

Mochte der Herrscher nun auch Kollegen im Amt haben, so war die damit verbundene Position weniger kollegial als zu der Zeit, da Commodus Mark Aurel abgelöst hatte. Der persönliche Status der Männer um Commodus war unabhängig von ihrer Stellung bei Hofe. Dagegen bestimmte unter

Diokletian und Konstantin der Status bei Hofe den Status außerhalb des Palastes. Obwohl der Posten eines Senators immer noch sehr attraktiv war – er sicherte dem Betreffenden großen Wohlstand –, garantierte die bloße Tatsache, einen Sitz im Senat zu haben, nicht mehr den Zugang zur Macht auf der kaiserlichen Ebene.

Die Rolle des Kaisers ändert sich

Während der 20 Jahre seines Regimes hatte Diokletian das Machtgefüge grundlegend geändert, indem er darauf beharrte, dass Kaiser nur von Kaisern inthronisiert werden könnten. Wenn die Armee sich zum Amtsende des Kaisers versammelte, war sie nicht zu der Zeremonie eingeladen, um einen Nachfolger zu wählen, wie in den düsteren Stunden nach dem Tod von Pertinax oder in Severus' Feldlager an der Donau. Vielmehr trat sie zusammen, um dem Mann zu huldigen, den Diokletian bereits als neuen Kaiser bestimmt hatte. Der Herrscher war noch als solcher anwesend und stellte sich der Öffentlichkeit durch seine Erlasse als Geschöpf der *virtus* dar; da aber die Gemeinschaft der Römer weit über Rom hinaus gewachsen war, stellte die *virtus* des Herrschers ein zunehmend künstliches, von der *domus* abgelöstes Gebilde dar, jetzt im größeren Maßstab und endgültig für gewöhnliche Menschen nicht zugänglich. Wenn der Kaiser, wie Diokletian befand, nur in der Distanz zu seinen Untertanen regieren konnte, war er natürlich auch kein idealer Tischgefährte mehr. Die Severer hatten das alte System gefährdet, indem sie nur ein Element des Imperiums – die Armee – hofierten und keine brauchbare Alternative boten. Da die Nachfolger von Septimus Severus sämtlich in der Praxis der *virtus* versagten, untergrub ihr Verhalten innerhalb der *domus*, vom Grausigen zum Bizarren, ihre Autorität.

Moderne Skulptur vor der mächtigen Kathedrale von York in England. Sie erinnert an Konstantins Proklamation zum Kaiser 306 n.Chr. in dieser Stadt. Der christliche Zusammenhang erhellt aus der Sockelinschrift: «By this sign conquer» (‹In diesem Zeichen wirst Du siegen›, *siehe Seite 186**).*

Diesen fein gearbeiteten Marmorsarkophag (2. Jahrhundert, aus Acilia) zieren Skulpturen prominenter Angehöriger der herrschenden römischen Elite. Zwischen den Regierungen von Diokletian und Konstantin wurde die Macht unaufhaltsam von Rom und von der traditionellen Senatorenclique abgezogen.

Innere Faktoren allein können aber nicht erklären, warum das kaiserliche Amt, das vom Zusammenwirken der Aristokraten in Rom abhing, sich zu einem Amt wandelte, in dem durch kaiserliche Bürokratie geherrscht wurde. An einem großen Teil der Probleme, die nach der Regierung von Alexander Severus auftauchten, war das Versagen des Militärs schuld. Während die Unfähigkeit der Armee, die Sassaniden unter Ardaschir und Schapur oder die Stämme im Norden zu besiegen, zum Teil der Kriegskunst der Gegner geschuldet war, trug die mangelnde Flexibilität der römischen Feldherrn jedenfalls die Hauptschuld. Erst nach den katastrophalen Niederlagen der 250er-Jahre n.Chr. gelangten neue, besser ausgebildete und kampferprobte Soldaten an die Spitze und schufen eine neue, flexiblere Armee.

Eine Schlüsselfrage blieb: Konnte das Reich, da nun der Kaiser vielmehr eine kaiserliche als eine römische Bürokratie beherrschte, mit nur einem Herrscher überleben? Natürlich teilte die Bürokratie das Reich entlang der ökonomischen Grenzen, was darauf hindeutete, dass etliche Herrscher die regionale Verwaltung schärfer ins Auge fassen würden. Das hatte Diokletian geglaubt, und anscheinend dachte Konstantin gegen Ende seines Lebens genauso.

DER UNTER-GANG DER CÄSAREN

Relief einer Schlachtenszene. Nach dem relativ stabilen Regime Konstantins sah sich das Römische Reich vor allem im Westen zunehmend von Kriegen und Invasionen bedrängt.

Die Teilung des Imperiums: Von Konstantins Söhnen bis Valens (337–375 n. Chr.)

Konstantins ältester Sohn Konstantin II. erhielt beim Tod seines Vaters die Befehlsgewalt über Gallien, Britannien und Hispanien. Er regierte anstelle seines jüngeren Bruders Constans. Seine Weigerung, die Vormundschaft über dessen Reich abzugeben, als dieser mündig wurde, entzündete den tödlichen Zusammenstoß der beiden Brüder. Konstantin II. wurde 340 n. Chr., als er seine Vorherrschaft behaupten wollte, beim Einmarsch in Italien getötet.

In den anderthalb Jahrhunderten nach Konstantins Tod wurde das westliche Imperium nicht mehr gänzlich von Rom aus regiert; der Osten aber behauptete seine römische Herkunft noch fast ein Jahrtausend. Diese bedeutsamen Entwicklungen geschahen unter einem Regierungssystem, das es erst seit dem späten 2. Jahrhundert gab. Doch es bestanden grundsätzliche Unterschiede zwischen früheren Bemühungen um eine Verwaltungsreform und dem MODUS OPERANDI Konstantins und seiner Nachfolger.

GEGEN ENDE SEINES LEBENS erkannte Konstantin, dass das Römische Reich in vier Präfekturen geteilt und von einem Kollegium von Herrschern regiert werden sollte. Die Aufteilung des monolithischen Reiches in überschaubarere Verwaltungseinheiten hatte sich bereits unter der Regierung Mark Aurels angedeutet. Dieser hatte die Schaffung großer militärischer Kommandos in mehreren Provinzen des Ostens und auf dem Balkan veranlasst. Die 260 n. Chr. unter Gallienus begonnene Dreiteilung des Reiches war eine spätere Variante dieses Themas. Doch Konstantins Plan, der die Einheit der Balkanländer und des Ostens unabhängig beließ, spaltete das westliche Mittelmeergebiet vom Europa nördlich der Pyrenäen und nördlich der Alpen ab. Geopolitisch war das eine natürliche Teilung. Vor der augusteischen Zeit waren beide Regionen getrennt gewesen, und bis heute gelten sie als grundsätzlich verschieden.

Wild wuchernde Bürokratie

Auch das Präfekturmodell ging auf Diokletians Teilung der Macht in den 290er-Jahren zurück. Der einzige Unterschied war, dass Konstantins Kaiserkollegium aus Blutsverwandten bestand, während das von Diokletian eher auf Belohnung für Wohlverhalten fußte, unterstützt durch Einheirat in die

Das römische Reich beim Tod Konstantins im Jahr 337 n.Chr.
Auf der Karte sind die Präfekturen, die er geschaffen hatte,
in vier verschiedenen Farben angelegt.

kaiserliche Familie. Hand in Hand mit der Überzeugung, dass das Imperium künftig von mehreren Herrschern regiert werden müsse, ging der feste Glaube, dass nicht Rom Sitz der Regierung sein dürfe. Dieser Aspekt unterscheidet die Pläne einer geteilten Regierung des 4. Jahrhunderts von denen früherer Zeiten.

Im Nachhinein ist man leicht versucht, das Imperium des Augustus als Sonderfall zu betrachten, der unvermeidlich scheitern musste. Doch hinterher ist man bekanntlich immer schlauer. Bemerkenswerter ist, wie lange das Römische Reich sein prekäres Gleichgewicht zu halten vermochte – immerhin 290 Jahre von Augustus' Eroberung Alexandrias bis zur Gefangennahme Valerians durch Schapur.

Das Reich war stets durch sein System der Besteuerung und der Provinzialverwaltung definiert gewesen. Mit dem Regierungsstil änderte sich auch das Imperium. Das Regierungssystem des Augustus war überraschend dezentral, ebenso wie später die Regierung der Provinzen, die der Kaiser mit verschiedenen Gruppen aushandeln musste. Unter dem System von Augustus und Antonius entschied der persönliche Status weitgehend über die Karriere, da die Herrscher ihre hohen Beamten aus bedeutenden Stellungen rekrutieren mussten. Dagegen verschob sich nach dem Tod Diokletians die Macht von innerhalb des Palastes nach außen; der persönliche Status hing mehr von den Ämtern einer Person ab als umgekehrt. Je mehr die zentrale Regierung sich ausdehnte, desto größer wurde der Druck, diese Ämter zu bekommen. Die Amtsmacht hing zunehmend von der Fähigkeit des Amtsinhabers ab, seinen Klienten Posten zuzuschanzen. Es ist eines der großen Paradoxe der Kaiserhistorie, dass der Herrscher umso mehr an Macht verlor, je stärker sich das

ZEITLEISTE

337 n.Chr. Konstantin II. befiehlt, alle männlichen Nachkommen aus der Ehe seines Großvaters Constantius I. mit Theodora zu töten

340 Kaiser Konstantin II. wird bei Aquileia im Bürgerkrieg gegen seinen Bruder Constans getötet

350 Constans wird getötet, als der Usurpator Magnentius die Herrschaft übernimmt

353 Constantius II. besiegt Magnentius und wird Alleinherrscher über das Römische Reich bis 361

357 Julian erringt bei Straßburg einen großen Sieg über die Alamannen

359 Die Synode von Rimini ist der letzte Versuch Constantius' II., eine Variante des Glaubensbekenntnisses von Nizäa für die Ost- und die Westkirche zu etablieren

361 Constantius II. stirbt. Julian der Abtrünnige übernimmt den Purpur

363 Julian wird bei der Invasion von Persien getötet

364 Valentinian I. wird Kaiser des Westreiches, sein Bruder Kaiser des Ostreiches

368 Pikten und Franken greifen Britannien an (bis 372)

375 Valentinian I. stirbt, ihm folgen seine Söhne Gratian und Valentinian II. auf den Thron

Gerangel um Posten und Status auf den Palast richtete. Noch keine 100 Jahre nach Konstantins Tod würden die bittersten Partisanenkämpfe nicht darüber ausgefochten werden, wer Kaiser sein sollte, sondern vielmehr darüber, wer die Ämter innehatte, die den Zugang zum Kaiser ermöglichten. Mit anderen Worten, der Kaiser war jetzt nicht viel mehr als eine Galionsfigur.

Konstantins aufsässige Söhne

Konstantin hatte gehofft, dass es seinen Söhnen und Neffen gelingen werde, die Regierung des Reiches untereinander zu teilen. Diese Hoffnungen scheiterten am Ehrgeiz Constantius' II. (317–361 n.Chr.), seinem zweiten Sohn mit Fausta. Die Ursache der Uneinigkeit zwischen Konstantins Erben verliert sich im Nebel der Geschichte, aber im Spätsommer 337 befahl Constantius plötzlich, Dalmatius und Hannibalianus zu verhaften und hinzurichten, desgleichen jeden männlichen Nachkommen von Constantius I. und Theodora, nicht aber die Söhne seines Schwagers Julius Constantius. Diese Knaben, Gallus und Julian, wurden nach Nikomedia gebracht und in Diokletians früherem Palast gefangen gehalten. Die drei Söhne von Fausta trugen nun den Titel Augustus, doch anscheinend wurde der älteste, Konstantin II. (316–340), stellvertretender Regent für Constans, den jüngsten (um 323–350), der noch minderjährig war.

Die Beziehungen zwischen den Brüdern erwiesen sich bald so wenig von christlicher Nächstenliebe durchdrungen wie ihr Handeln gegenüber ihren Cousins. Im Frühjahr 340 n.Chr. erreichten die Feindseligkeiten zwischen Konstantin II. und Constans – oder vielmehr dessen Mitarbeiterstab – den Siedepunkt.

Konstantin II. führte aus seinem Gebiet (dem westlichen Reich) eine Armee in das Territorium seines jüngeren Bruders (Italien und Illyricum). Er behauptete, er sei auf dem Weg, Constantius II. beizustehen, der in eine schwere Auseinandersetzung mit dem persischen König Schapur II. (309–379) verstrickt war. Bei diesem Feldzug wurde Konstantin II. aus dem Hinterhalt getötet. Und so erhielt Constantius niemals militärische Hilfe aus dem Westen. Constans, der nach Konstantins II. Tod dessen

KONSTANTIN II.

GEBOREN
316 n.Chr. in Arles, Südfrankreich

VATER
Konstantin I.

MUTTER
Fausta

AMTSVORGÄNGER
Konstantin I.

GEMEINSAMER REGIERUNGSANTRITT
22. Mai 337

GESTORBEN
340 bei Aquileia, Norditalien

NACHFOLGER
Constans

CONSTANS

GEBOREN
Um 323 n.Chr.

VATER
Konstantin I.

MUTTER
Fausta

AMTSVORGÄNGER
Konstantin I.

GEMEINSAMER REGIERUNGSANTRITT
22. Mai 337

GESTORBEN
350 im Südosten Galliens

NACHFOLGER
Constantius II.

gesamtes Land annektierte, hegte offenbar tiefes Misstrauen gegen das Establishment im Osten.

Für Constantius war die Feindseligkeit des westlichen Hofes ein echtes Problem, denn seine Finanzierungsmöglichkeiten im Krieg gegen die Perser – den sein Vater kurz vor seinem Tod geplant hatte – waren begrenzt. Anders als frühere Herrscher konnte er keine Truppen aus dem gesamten Reich zusammenziehen. Trotzdem waren seine Streitkräfte und die der Sassaniden einander ebenbürtig. Obwohl Schapur II. sich nach Kräften bemühte, gelang es ihm in den nächsten zehn Jahren nicht, an Boden zu gewinnen, während Constantius ruhig in der Defensive bleiben konnte.

Nach Konstantins Tod zeigte sich, dass Constantius II., der das Ostreich als Erbe erhielt, der Ehrgeizigste und Rücksichtsloseste unter den drei Söhnen war. Er befahl, das Begräbnis seines Vaters zu verschieben, bis er von Antiochia nach Konstantinopel kommen könne, um zu präsidieren, und er beseitigte alle potenziellen Thronanwärter. Außerdem gebärdete er sich als Intellektueller und mischte sich aktiv und wenig hilfreich in die Angelegenheiten der christlichen Kirche ein.

CONSTANTIUS II.

GEBOREN
7. August 317 n.Chr.
in Sirmium, Pannonien

VATER
Konstantin I.

MUTTER
Fausta

EHEN
(1) Tochter von Julius Constantius
(2) Eusebia
(3) Faustina

KINDER
(von 3) Faustina Constantia

AMTSVORGÄNGER
Konstantin I.

GEMEINSAMER REGIERUNGSANTRITT
22. Mai 337

DYNASTIE
Konstantiner

GESTORBEN
3. November 361 in Tarsus, Cilicia (Südtürkei)

NACHFOLGER
Julian

Ein Möchtegern-Theologe

Was den Glauben seiner Untertanen angeht, war Constantius weitaus weniger ruhig. Der springende Punkt war nicht, dass er als Christ erzogen worden war; das galt auch für Constans, der aber weitaus weniger dogmatisch war als sein älterer Bruder. Constantius' unnachgiebige Haltung war Ursache vieler Auseinandersetzungen mit mächtigen oppositionellen Kräften in der Ostkirche, vor allem mit dem Bischof Athanasius von Alexandria und dessen Anhängern. Constantius berief ein Konzil nach dem anderen ein, um eine modifizierte Version des Glaubensbekenntnisses von Nizäa durchzusetzen, die die Einheit der Kirche wiederherstellen würde.

Doch all sein Bemühen war vergebens, denn der Streit über die Natur Gottes verbarg nur tiefere Unstimmigkeiten über die Natur der kaiserlichen Autorität. Fragen der Lehre bewirkten einen tiefen Riss zwischen Constans und Constantius. Schon im Jahr 341 traten die Unterschiede zwischen den Brüdern in ihrer Haltung zum Polytheismus zutage. Zunächst

Athanasius von Alexandria

Obwohl Bischof Athanasius (293–373 n. Chr.) sein geistliches Leben großteils im Exil fern seiner Heimatstadt Alexandria verbrachte, hatte sein Denken einen enormen Einfluss auf die christliche Deutung römischer Geschichte. Er teilte die Kaiser in „Rechtgläubige" – die Trinitarier, die dem Glaubensbekenntnis von Nizäa anhingen – und Arianer. Er plädierte auch für eine asketische Lebensweise, die er durch seine Biographie des Heiligen Antonius (251–356 n.Chr.), des ägyptischen Gründers der Mönchsbewegung, populär machte. Obwohl der Arianismus seinen Urheber Arius (gest. 337) nicht lange überdauerte, wurden Anklagen wegen Arianismus noch jahrzehntelang erhoben. Die Römer etwa beschuldigten germanische Stämme auch nach 381, diesem Glauben anzuhängen, als der Kaiser Theodosius beim Konzil von Konstantinopel die Alleingültigkeit des Glaubensbekenntnisses von Nizaäa wieder geltend machte.

Athanasius war zeitlebens ein erklärter Gegner des Arianismus. Seine scharfe Ablehnung dieser Doktrin brachte ihn in Konflikt mit Constantius II., dem Kaiser des Ostreichs.

von Constans unterstützt, machte Constantius Anstalten, die öffentlichen Opfer zu verbieten. Dann aber deutete er das Verbot um: Es sollte nur für heimliche Opfer gelten, so etwa Schadenszauber gegen Nachbarn oder Ausspionieren der Gesundheit des Herrschers (was schon immer illegal gewesen war).

Im folgenden Jahr, als ein neuer Rat aus östlichen und westlichen Bischöfen dieses Mal in Serdia (heute Sofia, Bulgarien), zusammengerufen wurde, um über vorgeschlagene „Verbesserungen" des Credos von Nizäa zu diskutieren, kam es zur Krise. Im Bewusstsein, dass sie starken Rückhalt am Hofe von Constans hatten, verwarfen die westlichen Kirchenleute das östliche Dokument und forderten, dass Athanasius zugegen sein müsse. Im Jahr 344 und während des größten Teils des Jahres 345 zogen die finsteren Wolken eines Bürgerkriegs auf, da in den beiden Teilen des Reiches verschiedene Konsuln bestimmt wurden. Dann gab Constantius, den die Sassaniden schwer in Bedrängnis gebracht hatten, plötzlich nach und erlaubte Athanasius die Rückkehr nach Alexandria.

Die Herausforderung des Magnentius

Constans ging aus dieser Auseinandersetzung siegreich hervor, doch zeichneten sich andernorts große Probleme ab. Er hatte den größten Teil der 340er-Jahre in den Donauländern verbringen müssen. Die Bürokratie, die seinem Bruder Konstantin in Gallien so nützlich gewesen war, begann übelzunehmen, dass ihr so wenig Aufmerksamkeit zuteil wurde. Das sollte sich für Constans schließlich als tödlich erweisen, als er 349 beschloss, das

Land zu besuchen. Am 18. Januar 350 erklärte sich Flavius Magnentius (303–353 n.Chr.), der Befehlshaber der gallischen Streitkräfte, zum Kaiser und heuerte Attentäter an, die Constans ermorden sollten. Derweil stand Constantius' Herrschaft auf Messers Schneide, da Schapur II. erneut seine Ostgrenze angriff.

Der Usurpator Magnentius war 350–353 eine schwere Bedrohung der Herrschaft von Constantius. Vor der Konfrontation mit einem unbesiegbaren Bündnis unter Magnentius im Westen rettete ihn seine Schwester Constantia. Sie konnte den Befehlshaber der Balkanstreitkräfte, Vetranio, überzeugen, sich zum Kaiser zu erklären. Dieser verzweifelte und zeitlich begrenzte Notbehelf verhinderte, dass die Balkanarmee sich mit den Streitkräften des Magnentius vereinte.

Constantius erkannte, dass es Jahre dauern würde, die Probleme im früheren Reich von Constans zu lösen. Das könnte er erst, wenn die persische Bedrohung niedergeschlagen wäre. Er zögerte daher, bis Schapur sich im Sommer 350 nach einer misslungenen Belagerung des Hauptstützpunktes Nisibis in Mesopotamien zurückzog. Und sogar dann sah Constantius, dass er einen verlässlichen Stellvertreter ernennen musste, bevor er gegen Magnentius im Westen anzutreten wagte – jemanden, der während seiner Abwesenheit die Fahne der Dynastie hochhalten, aber nicht durch unbesonnenes Handeln sein Reich in Gefahr bringen würde. Constantius hatte keinen Sohn, daher berief er seinen ältesten Cousin Gallus aus der erzwungenen Abgeschiedenheit, in der er mit seinem Halbbruder Julian (331–363) die vergangenen zehn Jahre zugebracht hatte, und ernannte ihn zum Caesar. Zur gleichen Zeit hob er Julians Hausarrest auf und gestattete diesem begabten Gelehrten, seine Bildung in Konstantinopel und anderen Städten an der ägäischen Küste zu vervollkommnen.

Im Winter 350 drang Constantius auf dem Balkan vor. Nachdem er die Armee unter Vetranio unterworfen hatte, rüstete er sich für die Auseinandersetzung mit Magnentius. Durch diplomatische Verhandlungen gewann er zahlreiche Überläufer aus Magnentius' Lager, und dann trafen beide Herrscher 351 in der Schlacht von Mursa, einer Stadt bei Sirmium an der Donau (heute Osijek in Kroatien) aufeinander. Die Schlacht endete für beide Seiten in einem blutigen Fiasko: Magnentius verlor zwei Drittel seiner Armee, Constantius fast 40 Prozent. Diese furchtbare Bilanz an Todesopfern zeigt, wie groß der Hass zwischen den verschiedenen Teilen der Armee geworden war und wie schwer es sein würde, wenn jeder der beiden Herrscher auf einer vereinten Regierung unter seiner Führung bestehen wollte. Das aber musste Constantius, denn mit einem so entschlossenen

«Nicht lange danach wurde Magnentius in der Schlacht von Mursa besiegt und beinahe gefangen genommen. So wurden starke Kräfte zerstört, die jeden Feind hätten überwältigen und dem Reich bleibenden Frieden hätten sichern können.»

EUTROPIUS
(Historiker des 4. Jahrhunderts),
„Abriss der römischen Geschichte", 10.12

Rivalen wie Magnentius konnte er unmöglich die Macht teilen. Im Frühjahr 353 zerschlug Constantius in der Schlacht von Mons Seleucus in Gallien endgültig das westliche Regime.

Der Sieg über Magnentius verschaffte Constantius nur einen kurzen Aufschub der Regierungskrise. Gallus vergaß, dass die ihm zugewiesene Rolle bloß die einer Galionsfigur war, und legte sich mit hohen Beamten im Osten an, die sich weigerten, ihm Rechenschaft zu geben. Im Westen rächte sich der Versuch, einen Offizier namens Silvanus zu belohnen, weil er Magnentius verraten hatte; Angehörige des Hofes verschworen sich gegen ihn, woraufhin er sich selbst zum Kaiser erklärte. Constantius befahl Gallus, Antiochia zu verlassen, und ließ ihn Ende 354 wegen Hochverrats hinrichten. Den Meuchelmord an Silvanus arrangierte er 355. Diese Krisen überzeugten ihn jedoch, dass er mehr Unterstützung brauchte. Dafür wandte er sich an Julian, der in Gallien zum Cäsar ernannt worden war, und dem er genaue Anweisungen gab, um einen erneuten Ausbruch der Schwierigkeiten zu verhüten, die Gallus mit seinem Leben bezahlt hatte.

> «Häufige Nachrichten über die verzweifelte Lage Galliens, wo alles von den Barbaren verwüstet wurde und niemand sich zur Wehr setzen konnte, bedrückten Constantius. Eine Weile überlegte er, wie er diese Katastrophen gewaltsam verhindern und dennoch in Italien bleiben könnte – er hielt es für gefährlich, sich in einen entlegenen Teil des Reichs zu begeben. Doch dann beschloss er klugerweise, seinen Cousin Julian ins Boot der kaiserlichen Macht zu holen, der kürzlich aus Griechenland herbeigerufen worden war und noch wie ein Student herumlief.»
>
> AMMIANUS MARCELLINUS, „Geschichte des Römischen Reiches“ 15.8.1

Im Laufe seiner umfassenden Erziehung war Julian heimlich vom Christentum zum Heidentum konvertiert. Sein Tutor war Maximus von Ephesus, ein Neuplatoniker, der ihm eine leuchtende – und sprechende – Statue der Göttin Hekate zeigte, die in seinem Hause stand. Maximus glaubte, dass Philosophen, die am geheimen Wissen der Götter teilhatten, Weissagungen machen konnten. Die Statue benutzte er, um Leichtgläubige wie den jungen Julian von der Wahrheit seiner Behauptungen zu überzeugen.

Julian der Ränkeschmied

Julian mag exzentrisch gewesen sein, aber dumm war er nicht. Er erkannte, dass Constantius regierte, indem er Furcht und Misstrauen unter seinen hohen Beamten säte, die in ihm den höchsten Schlichter ihrer Händel sahen. Eine Anekdote aus Constantius' Regierungszeit erzählt von General Ursicinus, der den Silvanus ermorden sollte. Als er in dessen Hauptquartier kam, begrüßte dieser ihn als alten Freund, in der Annahme, Ursicinus sei von Constantius' Regime so enttäuscht wie er selbst. Tatsächlich traf dies zu – Ammianus Marcellinus, einer seiner Stabsoffiziere, hat sein unaufhörliches Gejammer über die schlechte Behandlung durch den Kaiser minutiös

Theurgie – die Beschwörung der Götter

Die zentrale Lehre der Theurgie war der Glaube, dass die Menschen das Wirken der Götter durch gründliches Studium der göttlichen Welt beeinflussen könnten. Angeblich hatte ein gewisser Julianus zur Zeit Mark Aurels die Lehre, die auf den chaldäischen Orakeln beruhte, niedergeschrieben (heute glauben die Historiker, dass die Texte viel später entstanden). Die Texte enthüllten „geheimes“ Wissen über die Götter, das den Sterblichen von den Göttern selbst mitgeteilt wurde. Die Theurgie wurde Ende des 3. Jahrhunderts von dem Syrer Iamblichos (um 245–325) unter einer kleinen Gruppe von Philosophen im Ostreich eingeführt und von einigen Philosophen gefördert, die dem Gründer des Neuplatonismus, Plotin, nahestanden. Zur theurgischen Liturgie gehörten magische Rituale, Opfer und Anrufungen.

dokumentiert. Dennoch hatte Ursicinus solche Angst vor Constantius, dass er lieber seinen Freund ermordete, als sich seinem Herrscher zu widersetzen. Unter diesen Umständen musste Julian, wollte er überleben, einen Weg finden, Constantius' tyrannische Herrschaft zum eigenen Vorteil zu nutzen.

Nach dem Mord an Silvanus erhielten Ursicinus und ein Offizier namens Marcellus das Kommando über die Streitkräfte in Gallien. Im Jahr 356 wurden ihnen Manöver befohlen, um die Alamannen einzuschüchtern, ein erfolgreiches Unternehmen, bei dem Julian seine Rolle als kaiserliche Galionsfigur spielte. Im Winter jedoch wurde Julian auf römischem Gebiet von einer Bande fränkischer Räuber überwältigt. Er entkam, dramatisierte aber hinterher den Vorfall theatralisch, indem er den Eindruck erweckte, als sei er durch die Pflichtvergessenheit seiner obersten Befehlshaber in diese lebensgefährliche Situation geraten. Wie es sich gehörte, wurden Ursicinus und Marcellus durch einen Offizier namens Barbatio ersetzt, der 357 mit Julian einen ähnlichen Einsatz wie im Jahr zuvor koordinieren musste. Julian half ihm möglichst wenig, vielleicht in der Hoffnung, dass Barbatio Probleme bekommen und sich zurückziehen würde. Genau das geschah. Julian hatte aber nicht mit den Folgen seines Täuschungsmanövers gerechnet und sah sich plötzlich bei Straßburg einer Armee von Alamannen gegenüber.

Selbst wenn man berücksichtigt, dass das meiste, was wir wissen, von Ammianus stammt, dessen Kritikfähigkeit gelegentlich durch seine Parteinahme für Julian getrübt war, überstieg das Ergebnis dieser Begegnung Julians wildeste Hoffnungen. Sein Sieg war total, er nahm sogar den König der Alamannen gefangen, und sein Ruf als Befehlshaber, mit dem man rechnen musste, wurde gefestigt. Sogar Constantius, der sich gerade auf dem Balkan aufhielt, schien stark beeindruckt. Er begann, Julian Vollmachten zu übertragen.

Beobachten, lernen und entscheiden

Im Laufe des Winters festigte sich Julians Ansehen, dieses Mal auf Kosten des Prätorianerpräfekten von Gallien im Streit über das Eintreiben von Steuern. Der Fall wurde schriftlich verhandelt. Bei seinem Umgang mit Gallien strebte

JULIAN

GEBOREN
331 n. Chr. in Konstantinopel

VATER
Julius Constantius

MUTTER
Basilina

EHE
Helena

AMTSVORGÄNGER
Constantius II.

REGIERUNGSANTRITT
3. November 361

DYNASTIE
Konstantiner

GESTORBEN
26. Juni 363 in Maranga, Mesopotamien

NACHFOLGER
Jovian

Julian seinem Cousin nach, indem er persönliche Konflikte mit seinen höheren Beamten vermied. Constantius hatte erkannt, dass eine gewisse Unnahbarkeit genau das Maß an Furcht hervorbrachte, dessen es bedurfte, damit seine Beamten gefügig blieben. Julian handelte ähnlich, indem er sich mit wenigen engen Freunden umgab und sich vom Tagesgeschäft fernhielt.

Während er seine eigene Anhängerschaft aufbaute und die Loyalität ausgewählter Einheiten der Armee gewann, wusste Julian, dass ihm nur begrenzte Zeit zur Verfügung stand. Er träumte, dass er bestimmt sei, seinen Cousin zu besiegen, und ließ sich auf eine verräterische Korrespondenz mit seinen spirituellen Lehrern ein. Constantius wurde misstrauisch, und 358 ersetzte er etliche enge Berater Julians durch eigene Leute. Doch dann musste er sich um dringendere Probleme kümmern, da Schapur II. im Osten erneut mit einem Krieg drohte. Zur gleichen Zeit wurde er in den Streit über die Lehre der Christen hineingezogen. Unter diesen Umständen wäre es widersinnig gewesen, Julian zu entfernen, der immerhin tüchtig war und, soweit Constantius wusste, nicht offen illoyal.

Im Sommer 359 stockte die persische Invasion vor der Stadt Amida. Ammianus, der zugegen war, beschreibt das Schauspiel, wie der Feind zwei Monate lang sorgfältig seinen Belagerungsgürtel um die Festung einrichtete. Constantius war derweil untätig; er wartete auf den Ausgang der Diskussionen in Sirmium über die Heilige Dreifaltigkeit. Er rührte sich auch nicht, als Amida fiel. Doch der mutige Einsatz der Garnison hatte die Perser in ihrem Zeitplan für eine Sommeroffensive dermaßen zurückgeworfen, dass sie jetzt abrückten. Das sollte aber nur eine Gnadenfrist sein. Wenn Constantius Schapur besiegen wollte, würde er mehr Soldaten brauchen, und der Einzige, der ihm Truppen überlassen könnte, nachdem er die Rheingrenze befriedet hatte, war Julian.

Julian erkannte seine Chance. Bei den westlichen Streitkräften und unter einflussreichen Meinungsführern der gallischen Gesellschaft war die Abneigung gegen Constantius groß. Hauptsächlich Christen betrachteten den Herrscher inzwischen als den Antichrist. Sie wurden wieder einmal durch Athanasius, den man 355 zum dritten Mal aus Alexandria

Constantius hatte wenig Optionen, als er Julian beförderte, und wahrscheinlich war er sich der Merkwürdigkeiten seines Couins bewusst. Doch wie exzentrisch sich Julian tatsächlich verhalten würde, konnte er nicht ahnen. Spätere christliche Schriftsteller tauften ihn „Julian den Abtrünnigen“, weil er sich vom Christentum abgewandt und die Verehrung der alten Götter neu belebt hatte.

ins Exil gejagt hatte, geeint. Den westlichen Truppen war nur zu bewusst, dass Einheiten, die zur Strafe, dass sie Magnentius unterstützt hatten, nach Osten geschickt wurden, nie mehr die Heimat sehen würden. Allein in Amida waren fünf Einheiten ausgelöscht worden. Sie weigerten sich daher rundweg, Gallien zu verlassen. Diese Soldaten waren diszipliniert, aber ihre Loyalität galt in erster Linie den Regionen, aus denen sie stammten. Julian machte sich ihre Unzufriedenheit zunutze und im März 360 ließ er sich von Truppen, die auf dem Weg an die Ostfront waren, zum Kaiser ausrufen. Constantius' Autorität in Gallien brach zusammen. Der neue Augustus tat in einem Schreiben kund, dass er bereit sei, das Reich mit seinem Cousin zu teilen, der nur die Wahl hatte nachzugeben, während Schapur seine Grenzen bedrohte.

«Wir warteten dort [in Amida] zwei volle Tage, und am dritten sahen wir bei Sonnenaufgang ringsum am Horizont unzählige Soldaten und den König in Person, prächtig gekleidet.»

AMMIANUS MARCELLINUS,
„Geschichte des Römischen Reiches" 17.6.22

Julian wartete nicht, bis Constantius sich erholt hätte. Im Sommer 361 fiel er auf dem Balkan ein. Er erreichte Naissus, wo er seine Kräfte sammelte und die Städte im Osten mit Flugblättern bombardierte, in denen er seine Rebellion rechtfertigte. Nun begann er, die alten Götter ganz offen zu verehren, und nach dem 3. November hatte er noch mehr Grund, an sie zu glauben. An diesem Tag nämlich erlag Constantius plötzlich in der Südtürkei einem Fieber.

Verzweifelte Tricks

Julians kurze Regierungszeit ist vor allem wegen seiner Versuche bemerkenswert, den traditionellen Kult wiederzubeleben. Hätte er dieses Bemühen nicht mit einer spektakulär unklugen Invasion des Irak verbunden, dann hätte er sogar den von Konstantin eingeleiteten stetigen Trend zum Christentum umkehren können. Andererseits verabscheuten nachdenkliche Heiden ebenso wie die Christen Julians Hang zu religiösem Fundamentalismus. Bei den Christen hielt er sich mit Verfolgungen zurück und versuchte stattdessen, zwischen ihren Gemeinden Zwietracht zu schüren. Er rief zum Beispiel verschiedene Bischöfe in die Bistümer zurück, aus denen Constantius sie wegen Abweichung von der Lehre vertrieben hatte. Deshalb konnte Athanasius als Erzbischof von Alexandria zurückkehren, nachdem ein heidnischer Mob den vorherigen Amtsinhaber (und Julians ehemaligen Bewacher), Georg von Kappadokien, ermordet hatte. Julian bestrafte die Alexandriner nicht für ihre Tat, doch an mehreren anderen Orten verhängte er schwere Sanktionen, wenn zwischen christlichen Gemeinden Gewalt ausbrach.

Julian setzte auch neue Priester in der Provinz ein, um das Ansehen der traditionellen Götterverehrung durch prunkvolle öffentliche Opfer zu erhöhen.

> «Ich lebe, die Götter haben mich gerettet. Bringt ihnen in meinem Namen Dankopfer dar. Nicht für einen Mann werdet ihr opfern, sondern für alle wahren Gläubigen.»
>
> JULIAN verkündet seine Verehrung der traditionellen Götter. 29. Brief

Diese Priester sollten das christliche Establishment herausfordern, das allen inneren Querelen zum Trotz echte Anerkennung gewonnen hatte, weil es sich der Witwen und Kranken annahm. Julian scheiterte mit seinem Versuch; nicht nur hatten die aristokratischen heidnischen Priester keine Ahnung von Wohltätigkeit, sondern es fehlte überhaupt die Infrastruktur, um mit den Christen konkurrieren zu können.

Ebenso problematisch war Julians Versuch, die Juden zum Wiederaufbau des Tempels in Jerusalem zu ermutigen, der beim Aufstand im Jahr 70 n.Chr. zerstört worden war. Er wollte damit Jesu Prophezeiung in den Evangelien, der Tempel werde eine Ruine bleiben, widerlegen. Sämtliche Pläne Julians verschwanden schließlich in der Versenkung. Im Jahr 362 wurde Jerusalem von einem Erdbeben erschüttert. Im selben Jahr wurde Athanasius erneut aus Alexandria ausgewiesen, als er es wagte, mehrere prominente Heiden zum Christentum zu bekehren. Schlimmer noch, die Bevölkerung von Antiochia, wo Julian überwinterte, zeigte offen ihre Verachtung, nachdem er die wundertätigen Gebeine eines christlichen Märtyrers aus einem Heiligtum entfernen ließ, das er wieder heidnischen Göttern öffnen wollte. Außerdem versuchte er, als in Antiochia ein berühmter Tempel durch Feuer zerstört wurde, die Christen zu beschuldigen. Zu guter Letzt wähnte er, die einzige Möglichkeit, aus der Sackgasse herauszukommen, in die er sich selbst manövriert hatte, wäre ein massiver Angriffskrieg gegen Persien.

Überlistet im Irak

Im Frühjahr 363 begann Julian seine Invasion in den Irak. Indem er die Hauptstadt Ctesiphon bedrohte, wollte er den persischen König zu Verhandlungen zwingen. Der eigentliche Plan war, Schapurs Verwandten Hormizd (Sohn des früheren Herrschers Hormizd II.), der Julian begleitete, in einem Teil des Reiches als Marionettenherrscher einzusetzen. Dieser verrückte Plan wurde durch schlampige Vorbereitung noch erschwert. Julian verfügte über keine Belagerungstruppe. Er war nicht darauf gefasst, dass Schapur sich nicht auf eine riskante Schlacht einlassen wollte. Schapur konnte sich eine Hinhaltetaktik leisten und gewann den Krieg, indem er Julians jämmerliche Logistik ausnutzte. Als Julian zum Euphrat kam, fluteten die Perser die Bewässerungskanäle hinter ihm und schnitten ihm auf diese Weise den Rückweg ab.

Es kam noch schlimmer. Ctesiphon war nicht bereit, sich einem General zu ergeben, der nicht einmal die richtige Ausrüstung für eine Belagerung hatte. Julian musste einen schmachvollen Rückzug den Tigris hinauf antreten, ständig von Verzögerungstaktiken der Perser bedrängt, während seine Ver-

pflegung und weitere Vorräte zur Neige gingen. Am 26. Juni wurde Julian bei einem persischen Angriff auf seine Nachhut tödlich verwundet. Der Generalstab bestimmte einen ziemlich jungen Offizier, Jovian (332–364), zum Kaiser. Dieser erreichte am 1. Juli ein Abkommen mit Schapur, das dem hungernden Rest seiner Armee gegen einige Konzessionen sicheren Abzug auf römisches Territorium garantierte. Hierzu gehörte die Rückgabe der von Diokletian annektierten Provinzen an Persien und die Übergabe der Festung Nisibis, die Schapur während Constantius' Regierungszeit dreimal vergeblich zu erobern versucht hatte.

Zwei Brüder an der Macht

Jovian wäre wohl kein schlechter Kaiser gewesen. Die Kapitulation vor Schapur war kaum sein Fehler, und während seiner kurzen Regierungszeit versuchte er, den religiösen Frieden im Reich wiederherzustellen. Athanasius, das Symbol kirchlichen Widerstands gegen kaiserliche Kontrolle, durfte nach Alexandria zurückkehren. Außerdem verfuhr Jovian sehr mild mit Julians früheren Anhängern. Er erkannte, dass er die Macht nur durch Verhandlungen mit den verschiedenen etablierten Interessen innerhalb der Bürokratie sichern konnte.

Doch bevor er eine Chance hatte, die Zügel der Macht fest in die Hand zu nehmen, starb er am 17. Februar 364. Die offizielle Lesart war, er sei durch ein Kohlenfeuer in seinem Schlafgemach erstickt. Die Tatsache, dass keine Untersuchung stattfand, weist eher auf Mord hin. Sollte dies der Fall gewesen sein, dann hatten die Verantwortlichen keine klaren Pläne für die Zukunft. Erst am 26. Februar wurde ein weiterer vergleichsweise junger Offizier, Valentinian (321–375), der Armee als Kandidat des Generalstabs vorgestellt. Wie es sich gehörte, riefen die Soldaten ihn zum Kaiser aus. Als Valentinian wenige Wochen später erkannte, dass er einen großen Teil seiner Zeit im Westen zubringen würde, verlangte er, dass sein Bruder Valens (328–378) zum Mitkaiser berufen werde.

St. Georg von Kappadokien, byzantinisches Halbrelief. Nachdem ihn ein heidnischer Mob in Alexandria ermordet hatte, wurde er als christlicher Märtyrer verehrt. Edward Gibbon identifizierte ihn als den heiligen Georg, der Schutzpatron von England, Äthiopien, Georgien, Griechenland, Serbien und vielen anderen Ländern wurde, doch ist diese Zuschreibung sehr zweifelhaft.

Julian der Abtrünnige fiel in der Schlacht bei Ctesiphon in Persien. Seine schlecht vorbereitete Invasion Mesopotamiens, die von einer unbedachten Kombination aus militärischem Abenteurertum und religiösem Fanatismus getragen wurde, endete mit einer vollständigen Katastrophe für die römische Armee.

Constantius und Julian waren starke Persönlichkeiten, die immer wieder hohe Beamte beauftragt hatten, die Bildung starker Klientennetzwerke zu verhindern. Doch wie die Mannschaften der Armee stammten die hohen Beamten meist aus der Gegend, in der sie dienten. Die kaiserliche Autorität besiegelte nur die Macht, die sie bereits erworben hatten, indem sie Beziehungen innerhalb jeder Regierungsverwaltung pflegten. Alle Macht war nun im Palast konzentriert und beruhte nicht mehr auf dem Kollegialitätsprinzip. Das bedeutete, dass die Herrscher sich nun mit den unterschiedlichsten örtlichen Machtstrukturen auseinandersetzen mussten, die sich als Vertretung einer zentralen Regierung ausgaben. Die Männer um den Thron hatten ein persönliches Interesse, eine folgenreiche kaiserliche Einmischung in ihre Pfründe zu verhindern. Mit Valentinian und Valens bekamen sie genau die Herrscher, die sie wollten.

Der Stil dieser neuen Regierung war im September 365 zu erkennen, als Procopius, ein entfernter Verwandter von Julian, den dieser angeblich vor der Invasion in den Irak als Nachfolger bestimmt hatte, einen Staatsstreich in Konstantinopel inszenierte. Wie bei der nachsichtigen Behandlung der ehemaligen Verbündeten Julians hatte Jovian Procopius erlaubt, sich auf seine Güter in der Türkei zurückzuziehen. Doch jetzt sorgte Valens für Unfrieden, indem er befahl, Procopius gefangen zu nehmen. Dieser konnte sich der Gefangennahme entziehen und erschien in der Hauptstadt, wo sich zwei Legionen auf seine Seite schlugen. Einige Monate schien es, als werde er Valens aus dem Amt stürzen. Als Valentinian von dem Aufruhr erfuhr, redeten ihm seine Ratgeber aus, sich einzumischen. Sie betonten, dass er in Gallien bleiben müsse, um jegliche Invasion von Barbaren abzuwehren. Sollte Procopius sich durchsetzen, würde ihnen rechtzeitig etwas einfallen, um mit ihm fertig zu werden.

«Ein Wunder! Durch Zufall kreuzte der
Verfluchte Leichnam
Vor der Stadt meinen Weg!
Und der Magus befestigte an einem Turm
Die vom Osten gesandte Standarte.
Und der Standartenträger erklärte dem Volk,
Die Stadt sei Sklavin der Herren dieser
Standarte. »

Ephraim von Nisibis,
„Festgedicht gegen Julian“, 3

Valens wurde schließlich durch die Intervention von Arbitio gerettet, der dem engsten Kreis um Constantius angehört hatte und von Julian entlassen worden war. Arbitio, dessen persönliche Autorität bedeutend größer war als die von Valens, überzeugte viele Anhänger von Procopius, vor der Entscheidungsschlacht, wer Kaiser werden sollte, die Seiten zu wechseln. Während der Schlacht desertierten noch mehr Soldaten aus Procopius' Streitmacht; er selbst wurde gefangen genommen und hingerichtet.

Die Botschaft von Procopius' Coup war klar und deutlich: Valens und Valentinian sollten herrschen dürfen, aber wenn sie an der Macht bleiben wollten, mussten sie die Interessen ihrer obersten zivilen Diener respektieren. Valens verdankte seinen Erfolg vor allem der Tatsache, dass, als die westlichen Armeen heimgekehrt waren, die meisten östlichen Beamten noch von Constantius ernannt worden waren, die Procopius wegen seiner Verwandtschaft mit Julian hassten.

Korruption und Pfründen

Valentinian blieb elf Jahre und Valens vierzehn Jahre auf dem Thron. Im Westen herrschte Valentinian mit einem kleinen Kreis von Mitarbeitern, die seinen Aufstieg an die Macht unterstützt hatten. Viele missbrauchten jahrelang ihre privilegierte Position. In Nordafrika etwa wurde am Anfang von Valentinians Regime ein Riesenskandal bekannt. Der altgediente militärische Befehlshaber der Region, Romanus, kam in die Stadt Leptis Magna, um deren Bewohnern zu helfen, die von Wegelagerern in der Wüste angegriffen wurden. Nach 40 Tagen in der Stadt verlangte er plötzlich von den geplagten Einwohnern 4000 Kamele, und als diese nicht aufgebracht werden konnten, überließ er sie einfach ihrem Schicksal. Die Einwohner von Leptis Magna protestierten, aber Romanus nutzte seine Beziehungen bei Hofe und blieb ungeschoren, obwohl die Nomaden ihre Angriffe wieder aufnahmen. Während des jahrelangen Streits brachte Romanus weiterhin seine Schäfchen ins Trockene. Erst nach Valentinians Tod wurde Romanus' Korruptheit umfassend untersucht.

Ähnlich korrupt ging es in Rom zu, wo Senatoren aus dem Adel wegen einer Reihe privatrechtlicher Straftaten (etwa Konsultation von Magiern oder Ehebruch) angeklagt waren. Die Senatoren wehrten sich heftig, wurden aber rüde beschimpft, da der Beamte, den sie am meisten verabscheuten, von der Prätorianerpräfektur protegiert wurde. Das entscheidende Merkmal dieses Vorfalls ist nicht, dass die Vorhaltungen des Senats die gewünschte Wirkung verfehlten, sondern dass diese Gruppe sich ziemlich klar vom kaiserlichen Hof abgeschnitten sah. Einst waren aus dem römischen Senat künftige Kaiser hervorgegangen. Nun, da die Senatoren kaum noch in Schlüsselpositionen gelangten und der Kaiser weit weg in Konstantinopel lebte, waren sie Bittsteller wie jeder andere Bürger.

Die Verfolgung der Senatoren und die Sorgen der Bewohner von Leptis Magna waren symptomatisch für einen Hof, der willkürlich Macht ausübte. Sie sind auch die Erklärung für ein Ereignis, das nicht nur das unge-

JOVIAN

GEBOREN
um 331 n.Chr. in Singidunum (Belgrad)

VATER
Varronianus (Befehlshaber der Leibwache Constantius II.)

AMTSVORGÄNGER
Julian

REGIERUNGSANTRITT
26. Juni 363

GESTORBEN
17. Februar 364 in Dadastana

NACHFOLGER
Valentinian I.

wöhnlichste in Valentinians Regierung war, sondern auch eines der bemerkenswertesten in der Geschichte Roms. Als Valentinian 367 schwer erkrankte, trafen sich die beiden wichtigsten Fraktionen – Ammianus Marcellinus nennt sie schlicht die «Gallier» und «die mit den besseren Zielen» –, um zu entscheiden, wen sie im Falle seines Ablebens zum Nachfolger wählen sollten. Natürlich wurde Valens gefragt oder auch Valentinian selbst. Als Valentinian genesen war, bestrafte er keinen der Verantwortlichen, sondern bestimmte stattdessen seinen Sohn Gratian zum Kaiser. Die Bürokratie gestattete ihm das, aber es war nach den vorherigen Ereignissen klar, dass die Regierung des Westens sich weder dem Kaiser im Osten noch dem dynastischen Prinzip verpflichtet fühlte. Im Osten war die Lage nicht anders.

Die Deutung der Zeichen

Im Jahr 371 befragte eine Gruppe von Beamten ein bizarres Orakel (eine Art antikes Ouija-Brett), wer der nächste Kaiser sein solle. Die Antwort des Orakels schien auf Theodorus, einen gallischen Offizier, hinzudeuten. Noch merkwürdiger ist, wie Ammianus berichtet, dass Theodorus, als er davon erfuhr, dies dem Valens berichten wollte. Doch kam ihm der Prätorianerpräfekt Modestus zuvor, der die Nachfolge für einen Mann des Ostens sichern wollte und deswegen für die Untersuchung der verbotenen magischen Praktiken sorgte. Viele hohe Beamte wurden hingerichtet. Da Valens noch keinen Sohn hatte, blieb die Frage der Nachfolge vorläufig offen.

Valentinian, der ein heftiges Temperament hatte, starb 375 an einem Schlaganfall. Gratian trat in Gallien das Amt als Kaiser an, und seine Anhänger begannen sofort, alle früheren Verbündeten Valentinians zu eliminieren. Merobaudes, Befehlshaber auf dem Balkan und einer dieser Verbündeten, wusste, was ihm blühte, falls es ihm nicht gelänge, zwischen sich und dem neuen Herrscher eine nominelle Autorität zu etablieren. Zu diesem Zweck scheint er eine geheime Absprache mit Valentinians

VALENTINIAN I.

GEBOREN
321 n.Chr. in Cibalae
(Vinkovci, Kroatien)

VATER
Gratian der Ältere

EHEN
(1) Marina Severa
(2) Justina

KINDER
(von 1) Gratian
(von 2) Valentinian II.

AMTSVORGÄNGER
Jovian

REGIERUNGSANTRITT
26. Februar 364

DYNASTIE
Valentinianer

GESTORBEN
17. November 375 in Brigetio
an der Donau

NACHFOLGER
Gratian und Valentinian II.

VALENS

GEBOREN
328 in Cibalae
(Vinkovci, Kroatien)

VATER
Gratian der Ältere

EHE
Albia Domnica

KINDER
Valentianus Galates,
Carosa,
Anastasia

AMTSVORGÄNGER
Valentinian I.

MITREGENT
ab 28. März 364

DYNASTIE
Valentinianer

GESTORBEN
9. August 378 in Adrianopel

NACHFOLGER
Theodosius I.

Eine Séance in der Antike

Bei Ausgrabungen in Pergamon (heute Bergama in der Westtürkei) fanden deutsche Archäologen ein Weissagungsinstrumentarium, ganz ähnlich dem, das Ammianus Marcellinus in seinem Bericht über die „Verschwörung" des Theodorus gegen Valens im Jahr 371 in seiner „Geschichte des Römischen Reiches" beschreibt. In diesem Fall benutzten die Wahrsager einen Dreifuß, über dem ein Ring aufgehängt wurde. Über dem Dreifuß befand sich ein Brett, in das die Buchstaben des griechischen Alphabets graviert waren. Als die Frage gestellt wurde, wer der nächste Kaiser sein werde, zeigte der Ausschlag des Rings nacheinander auf die Buchstaben theta, eta, omikron und delta. Für die Wahrsager deutete dies auf einen Beamten namens Theodorus hin. Ammianus berichtet über die Aussage von Patricius und Hilarius, den beiden Organisatoren der Séance, vor Gericht:

Auf diesem Fragment eines Frieses sind die Götter Apollo und Herkules dargestellt, wie sie über den delphischen Dreifuß streiten. Wahrsagerei war im späten Römischen Reich sehr verbreitet.

«Ihr hohen Herren, in einem unglücklichen Augenblick legten wir Lorbeerzweige zur Form des delphischen Dreifußes zusammen. Diesen haben wir mit geheimnisvollen Zeichen und magischen Riten geweiht und schließlich befragt. Seht her und vernehmt die Antwort. Mitten in einen Raum, der mit Gewürzen Arabiens geräuchert war, wurde der Dreifuß gestellt und mit einer Schale aus verschiedenen Metallen bedeckt. Der äußere Rand der Schale ist in genauen Abständen mit den 24 Buchstaben des Alphabets graviert. Ein Mann in Gewand und Sandalen aus Linnen übernahm das Priesteramt. Nachdem er die göttliche Macht, die über die Weissagungen gebietet, angerufen, nahm er seinen Platz oberhalb des Dreifußes ein, wie es das wahre Ritual gebietet, und versetzte einen Ring, der an einem dünnen geweihten Baumwollfaden befestigt ist, in Schwingungen. Und der Ring, der über die markierten Zeichen zuckte, kam über bestimmten Buchstaben zur Ruhe.»

Ihr volles Geständnis vermochte die glücklosen Patricius und Hilarius nicht zu retten. Ammianus berichtet, die beiden Beschuldigten seien von den Haken der Folterknechte furchtbar zugerichtet und bewusstlos weggeschafft worden.

zweiter Frau, Justina, getroffen zu haben. Sie hatte einen Sohn, auch er hieß Valentinian, und fünf Tage nach dem Tod des älteren Valentinian wurde der jüngere zum Kaiser über Illyricum ernannt. Gratian und Valens nahmen die Proklamation als *fait accompli* hin.

Was immer Valens von der Ernennung Valentinians halten mochte, er sah sich bald mit viel dringenderen Problemen konfrontiert. Als Valentinian II. an die Macht kam, geriet er wegen der Hoheitsrechte über Armenien in eine schwere Auseinandersetzung mit den Persern. Im Jahr darauf erreichte ihn die Nachricht vom massiven Vorrücken von Völkerscharen nördlich der Balkangrenze. Die Goten waren im Anmarsch.

Feinde vor den Toren des Reiches: Die Invasion der Barbaren (376–411 n. Chr.)

Für die Römer waren die Goten keine unbekannte Größe. Nachdem sie erstmals gegen Ende des 2. Jahrhunderts n. Chr. nördlich der Reichsgrenze an der Donau aufgetreten waren, unternahmen sie ausgedehnte Überfälle, die in den 250er- und 260er-Jahren die römische Armee in Atem hielten. Im Jahrhundert darauf teilten sie sich in zwei Hauptgruppen – die Terwingen (Westgoten), die im Dnjestr-Gebiet lebten, und die Greutungen (Ostgoten), die in den Ländern an der Donau siedelten.

Ein römischer Reiter kämpft mit einem gotischen Eindringling. Obwohl das Römische Reich mit der Zeit die gotischen Nachbarn assimilierte, erzeugte der plötzliche riesige Zustrom gotischer Flüchtlinge, die vor den eindringenden Hunnen flohen, unüberwindliche Spannungen, was den Konflikt unvermeidlich machte.

Im Laufe der Zeit wurden viele Goten in die römische Armee rekrutiert, und Konstantin bemühte sich, sie zu christianisieren. Hauptmissionar war ein gotischer Priester namens Wulfila (311–383 n. Chr.), den Athanasius' größter Feind, Eusebius von Nikomedia, zum Bischof geweiht hatte. Die Folgen dieser Missionierung waren sehr widersprüchlich. In den Augen der Römer, bei denen das Christentum nach den Lehren des Athanasius gegen Ende des Jahrhunderts schließlich triumphierte, waren die Goten Ketzer. Zu Wulfilas Lebzeiten sahen die nicht konvertierten gotischen Führer ihn als Agenten der kaiserlichen Regierung und verfolgten seine Anhänger. Deshalb musste Constantius II. Wulfila und etliche seiner Anhänger nach Moesia Inferior (Nordbulgarien) ziehen lassen. Ansonsten wurden die Kontakte zwischen Römern und Goten durch römische Grenzposten geregelt. Dies war eine prekäre Koexistenz, die gelegentlich eskalierte, zuletzt weil die Goten angeblich Procopius unterstützten. Im Waffenstillstand 369 verpflichteten sich beide Parteien, den Status quo einzuhalten.

Eindringlinge aus dem Norden

Den anschließenden Frieden machten jedoch die Hunnen zunichte – ein halb nomadisches Volk aus den Steppen Eurasiens. Zwar beschreiben römische Quellen das plötzliche Eindringen dieser furchtbaren Barbaren in Nordosteuropa kurz vor 376 sehr ausführlich, doch die Wahrheit über ihr Auftreten ist wahrscheinlich etwas prosaischer. Als Halbnomaden waren die Hunnen vermutlich lange Zeit für ihren Lebensunterhalt von benachbarten sesshaften Goten abhängig. Wir wissen nicht, was diese Beziehungen verdarb, aber offensichtlich begannen die Hunnen ab Mitte der 370er-Jahre mit massiven Überfällen auf die Terwingen.

Zu einem großen Teil beruhte der Erfolg der Hunnen auf dem Gebrauch einer verheerenden Waffe: Sie benutzten einen Bogen, mit dem sie ihren Gegner von Weitem treffen konnten. Dagegen war die traditionelle Taktik der Goten, zu Pferde einen Speer im Nahkampf zu benutzen, unbrauchbar. Etliche Niederlagen lösten bei den Terwingen einen politischen Aufruhr aus, so dass viele Zuflucht im Römischen Reich suchten. Wie Wulfilas Flucht zeigt, sahen die Goten, die nördlich der Grenze nicht mehr wie gewohnt leben konnten, im Römischen Reich einen sicheren Hafen. Doch angesichts der hohen Zahl der Flüchtlinge konnte das alte Aufnahmemodell nicht mehr funktionieren.

Valens sah die vertriebenen Goten als möglichen Nachschub für die Streitkräfte. Er hoffte, den Strom der Flüchtlinge regulieren zu können, indem er nur den Greutungen das Betreten römischen Bodens erlaubte. Diese Reaktion war zwar sehr wohlüberlegt, hätte aber, um zu funktionieren, einer gründlicheren Planung bedurft. Die Zahl der Greutungen in der Region dürfte um die 30 000 bis 40 000 betragen haben, davon gut 10 000 Männer im wehrfähigen Alter. Da der größte Teil des Heeres im Osten eingesetzt war, fehlten vor Ort Truppen, um die Lage unter Kontrolle zu behalten. Doch selbst wenn das funktioniert hätte, fehlte für die Ernährung eines so riesigen Zustroms an hungrigen Menschen einfach ein funktionierendes Versorgungsnetz. Die Beziehungen zu den Einwanderern verschlechterten sich zusehends, und nach einem misslungenen römischen Versuch, die Greutungenführer bei einem Bankett im Jahr 377 zu ergreifen, brachen sie gänzlich ab.

Der Ausbruch des Krieges mit den Greutungen öffnete anderen Stämmen die Grenze, und im Sommer 377 stieg die Zahl der Neuankömmlinge auf etwa 80 000. Verglichen mit der Gesamtbevölkerung des Reiches – wahr-

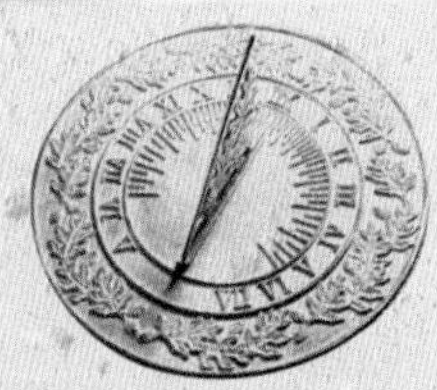

ZEITLEISTE

376 n. Chr. Unter dem Druck der Hunnen stoßen die Westgoten und Alanen nach Südwesten vor

378 Die Westgoten besiegen die Römer; Kaiser Valens fällt

379 Theodosius I. wird Kaiser

382 Die Goten siedeln als römische Verbündete *(foederati)* in Thrakien und Moesien

383 Kaiser Gratian wird von dem Usurpator Magnus Maximus gestürzt

392 Theodosius verbietet heidnische Kulte im Römischen Reich; der westliche Kaiser Valentinian II. wird von General Arbogast abgesetzt, der Eugenius als Marionettenkaiser einsetzt

394 Theodosius besiegt Arbogast und stellt die Einheit des Reiches wieder her

395 Theodosius stirbt; das Römische Reich wird zwischen seinen Söhnen Honorius und Arcadius geteilt

406 Invasion von Radagais abgewehrt. Vandalen und Alanen überqueren am 31. Dezember den Rhein bei Mainz

407 Der Usurpator Konstantin versucht, die Kontrolle über das Westreich zu erlangen

410 Die Goten unter Alarich erobern und plündern Rom

GRATIAN

GEBOREN
18. April 359 n.Chr. in Sirmium, Pannonien

VATER
Valentinian I.

MUTTER
Marina Severa

VORGÄNGER
Valentinian I.

GEMEINSAMER REGIERUNGSANTRITT
17. November 375

DYNASTIE
Valentinianer

GESTORBEN
25. August 383 in Lugdunum (Lyon), Gallien

NACHFOLGER
Theodosius I.

VALENTINIAN II.

GEBOREN
371 n.Chr.

VATER
Valentinian I.

MUTTER
Justina

VORGÄNGER
Valentinian I.

GEMEINSAMER REGIERUNGSANTRITT
17. November 375

DYNASTIE
Valentinianer

GESTORBEN
15. Mai 392 in Vienne, Gallien

NACHFOLGER
Theodosius I.

scheinlich noch um 60 Millionen – mag das gering erscheinen. Doch für Menschen, die eng auf ein Gebiet konzentriert sind, ist das sehr viel und es hätte der engen Zusammenarbeit der drei Regierungen des Reiches bedurft, um die Lage unter Kontrolle zu bringen. Als Valens mit Persien Frieden schloss, wurde er weder von Valentinian II. noch von Gratian unterstützt. Gratian, der eigentlich helfen wollte, wurde durch einen Aufstand seiner Streitkräfte am Niederrhein gehindert. Der Befehlshaber auf dem Balkan, Merobaudes, war zwar näher, sicherte aber nur sein eigenes Territorium gegen das Eindringen der Goten. Schließlich rückte Gratian 378 nach Osten vor. Währenddessen führte Valens seine Streitkräfte voran, hoffte aber immer noch auf eine diplomatische Lösung.

Im August 378 schlug das Hauptheer der Goten sein Lager bei Adrianopel auf (in Thrakien bei der heutigen türkischen Stadt Edirne). Valens konnte nicht länger zögern und rückte am 9. August vor. Seine Niederlage war so vollständig, dass mit ihm zwei Drittel seiner Armee auf dem Schlachtfeld den Tod fanden. Nachdem die Goten begriffen hatten, dass sie Konstantinopel nicht einnehmen konnten, und nachdem sie den berühmten Satz eines ihrer Führer vernommen hatten, sie sollten vermeiden befestigte Städte anzugreifen, wandten sie sich den bis dahin friedlichen Ländern Bulgarien und Serbien zu.

Gratian war nun in Verlegenheit. Als dienstältester Kaiser konnte er zwar die Souveränität über den Osten beanspruchen, ob die Ostbürokratie ihn akzeptieren würde, war jedoch fraglich. Statt gegen die Goten zu kämpfen, ernannte er zwei hohe militärische Befehlshaber, einen für die Ostgrenze, den anderen für Illyricum, was diesen beiden wahrscheinlich die Befehlsgewalt über die tatenlosen Armeen Valentinians II. und die restlichen Streitkräfte Valens' auf dem Balkan gab. Als Befehlshaber im Osten wählte er einen Mann mit dem

> «Wir sind im Frieden mit den Mauern.»
>
> Westgoten-Hauptmann Fritigern
> (um 380 n.Chr.)

Die Schlacht bei Adrianopel

In der Schlacht bei Adrianopel am 9. August 378 nahe dem heutigen türkischen Dorf Muratcali kämpfte Valens' oströmische Armee von 30 000 bis 40 000 Soldaten gegen die Goten und weitere Stämme, die nach 376 über die Donau gekommen waren. Die Stärke der gotischen Armee betrug vielleicht 30 000 Mann. Die Römer marschierten elf Meilen von ihrem Lager vor den Goten auf, die sich vor ihrer Wagenburg verschanzt hatten. Nach einem Wortgeplänkel zwischen Valens und den gotischen Befehlshabern gingen einige Einheiten auf dem linken römischen Flügel – wohl ohne Befehl – zum Angriff auf die Goten los. Darauf griff die gotische Reiterei, die außerhalb des Lagers stand, den linken Flügel der Römer an, nahm sie in die Zange und zerstörte das Zentrum der römischen Streitmacht. Dabei sollen zwei Drittel der römischen Soldaten umgekommen sein. Unter den Opfern war auch Valens, seine Leiche wurde aber nie gefunden (vielleicht weil die Goten ein Bauernhaus in Brand setzten, in dem der Kaiser nach seiner Verwundung aufgenommen worden war). Adrianopel war die verheerendste Niederlage, die Rom erlitt, seit Hannibal in der Schlacht bei Cannae vor 600 Jahren die Armee der Republik vernichtend geschlagen hatte.

Die Stele zeigt einen gotischen Krieger zu Pferde. Der Einsatz der Reiterei in der Schlacht bei Adrianopel war entscheidend für die Niederlage der römischen Armee.

Unheil verkündenden Namen Schapur (offensichtlich ein Perser in römischen Diensten), während Theodosius der Mann für die militärische Kontrolle Illyricums war.

Ein Abkommen wird ausgehandelt

Theodosius war der Sohn des ehemaligen *magister militum* (Heermeisters) von Valentinian I. Diese neue Befehlsebene über dem *magister peditum* (Infanterieobersten) und dem *magister equitum* (Reiterobersten) war Anfang der 370er-Jahre geschaffen worden. Mit der Zeit sollte dies der angesehenste Posten in der Militärbürokratie sein.

Als jedoch Theodosius der Ältere 373 dieses Amt antrat, war es zumindest prekär. So wollte er etwa einen kleineren Aufstand in Nordafrika niederschlagen und deckte dabei die korrupten Machenschaften von Romanus auf; er brachte ihn nach Rom vor Gericht. Das Verfahren wurde von Merobaudes verhandelt, der Romanus prompt für unschuldig befand und außerdem dafür sorgte, dass seine Spießgesellen am Hof Valentinians I. Theodosius des Verrats bezichtigten. Er wurde 376 hingerichtet.

Wahrscheinlich hat der skandalöse Tod des älteren Theodosius die heftige Reaktion gegen Valentinians inneren Kreis ausgelöst, dessen Mitglieder jetzt ihre Macht verloren. Dieses Ereignis hatte zweifellos auch Rückwirkungen auf den Hof Valentinians II. Gewiss war Gratians Wahl des jüngeren Theodosius, der Anfang 30 und politisch unerfahren war, eher eine Botschaft an das Regime des Merobaudes als eine Drohung gegen die Goten.

THEODOSIUS I.

GEBOREN
11. Januar 347 n.Chr. in Cauca, Spanien

VATER
Theodosius der Ältere

MUTTER
Thermantia

EHEN
(1) Aelia Flaccilla
(2) Galla

KINDER
(von 1) Arcadius, Honorius, Pulcheria
(von 2) Galla Placidia

VORGÄNGER
Valentinian II.

REGIERUNGSANTRITT
379

DYNASTIE:
Theodosier

GESTORBEN
17. Januar 395 in Mailand, Italien

NACHFOLGER
Arcadius und Honorius

Theodosius' besondere Begabung war vielleicht, dass er sehr schnell lernte. Nachdem er die sarmatischen Banditen besiegt hatte, ließ er sich im Januar 379 zum Kaiser ausrufen. Dies alles mag Teil von Gratians Plan gewesen sein; das Ergebnis war seinen Beamten sicher willkommen, denn sie unterstützten Theodosius in den kommenden Jahren nachdrücklich, und der junge Gratian erkannte uneingeschränkt Theodosius' Anspruch auf den Thron an. Vielleicht spürten er und seine Ratgeber, dass unter den gegebenen Umständen jeder willkommen war, der im Ostreich Kaiser werden wollte. Theodosius wusste, dass er vorsichtig vorgehen musste, denn er konnte nicht wirklich den Thron beanspruchen oder sich gar in Konstantinopel zeigen, bevor nicht das Problem mit den Goten gelöst war. Als Residenz wählte er deshalb Thessaloniki.

Die doppelte Erfahrung von Sieg und Plünderung formte die Goten, die sich aus ihrer ursprünglichen Heimat in eine neue Gesellschaft gewagt hatten. Ihr größter Wunsch war ein Ort, den sie Heimat nennen könnten, und sie suchten ihn innerhalb der Grenzen des Römischen Reichs. Anfangs war Theodosius ihnen feindlich gesonnen, aber nachdem sie ihm 380 eine Niederlage bereitet hatten, schloss er Frieden mit den Goten. Sie erhielten eigenes Land auf dem Balkan unter der Kontrolle ihrer Anführer und sollten dafür, wenn nötig, die Armee des Ostreichs als *foederati* (Verbündete) unterstützen.

Der drohende Zerfall

Obwohl der Vertrag von 382 an glücklichere Zeiten erinnern mochte, als der Kaiser einen Mehrvölkerstaat durch geschickte Diplomatie und sichtbare Beweise persönlicher *virtus* regierte, stellte er in Wirklichkeit den Beginn der Auflösung des Imperium Romanum dar. Die Idee der Klientelstaaten und unabhängiger Verbündeter war nichts Neues; Rom hatte in der Vergangenheit Palmyra gestattet, eine mächtige Armee aufzustellen, und zur Stärkung des Reiches eine Reihe von Beziehungen mit Untertanen gefördert. Dieser Vertrag jedoch war insofern fundamental anders, als der Austausch zwischen den Verbündeten Roms und der Zentralregierung von den Machtinteressen der bürokratischen Elite diktiert (und verdorben) war. Mit anderen Worten, statt verlässliche und geachtete Bundesgenossen des römischen Volkes oder des Römischen Reiches zu werden, sollten die Goten bloß die Bauern im endlosen inneren Machtgerangel zwischen verschiedenen Teilen der römischen Bürokratie sein.

Ein weiterer Grund für die drohende Auflösung des Reiches war die zunehmende Kluft zwischen dem Wohlstand im Osten einerseits und der finanziellen Situation in der Mitte und im Westen andererseits. Der Vertrag mit den Goten bedeutete, dass aus den besetzten Gebieten keine Steuerein-

nahmen mehr in das westliche Reich fließen würden. Darüber hinaus hatten die Kriegsjahre zuvor in der Infrastruktur der Balkanländer verheerende Schäden angerichtet. Weite Landstriche brauchten Jahre, um sich von diesen Verwüstungen zu erholen. Dagegen bedeutete die Verbesserung der Beziehungen mit Persien nach dem Tod von Schapur II. im Jahr 379, dass im Ostreich keine derartigen Verheerungen anzutreffen waren. Folglich entstanden wesentliche Unterschiede zwischen den logistischen Möglichkeiten des Reiches östlich vom Bosporus und denen des Reiches im Westen. Verschärft wurde das Problem noch durch die Unfähigkeit der Bürokratien in Ost, West und Mitte, sich auf ein gemeinsames Ziel zu einigen. Das hatte zur Folge, dass die Verschlechterung in einem Gebiet jetzt kaum eine Chance hatte, durch Hilfeleistungen der anderen aufgefangen zu werden.

Das Theodosius-Missorium ist eine Gedenktafel zu seinem zehnjährigen Regierungsjubiläum. Der Ausschnitt zeigt Theodosius' Sohn Arcadius mit zwei Soldaten. Trotz kriegerischer antigermanischer Äußerungen, die Theodosius am Beginn seines Regimes machte, hatten viele Soldaten, auch die oben abgebildeten, germanische Wurzeln.

Das Eingreifen von Gratian, dessen Generäle bis zum Vertrag von 382 Theodosius immer wieder unterstützten, ist eine rühmliche Ausnahme von der allgemeinen Regel, dass jede Region für sich zu sorgen habe. Theodosius revanchierte sich nicht für Gratians Loyalität. Im Jahr 383 nutzte Magnus Maximus, der Befehlshaber der Garnison in Britannien, die Unzufriedenheit über die Staatsführung Gratians in Gallien, um die Provinz zu überfallen. Von Merobaudes angestachelt, ließ die gallische Armee Gratian im Stich, und Theodosius erkannte Maximus als Mitglied des Kaiserkollegiums an. Erst als Maximus 386 unerwartet in Italien einfiel und Valentinian II. in Theodosius' Teil des Reiches ins Exil trieb, brach die Beziehung zwischen den beiden Männern ab.

Im Jahr 388 fiel Theodosius in Maximus' Reich ein. Dieser wurde von der rasanten Invasion überrumpelt, vor Aquileia gefangen genommen und ohne viel Federlesens hingerichtet. Valentinian bekam wieder die Macht, aber nur dem Namen nach. In Wirklichkeit begannen Theodosius' Oberbefehlshaber, die Region mit eiserner Faust zu regieren. Unter ihnen ragte

St. Ambrosius

Ambrosius, geboren um 340 n.Chr. in Trier, wurde eine der führenden Persönlichkeiten der frühen Christenheit. Mit den Heiligen Augustinus von Hippo, Gregorius und Hieronymus gilt er als einer der vier Kirchenlehrer, welche die Entwicklung des römischen Katholizismus prägten.

Ambrosius wurde 374 Bischof von Mailand und nutzte in diesem Amt seine enorme Gelehrsamkeit und seine Begabung als Prediger auch außerhalb der Kanzel, um großen Einfluss zu nehmen. Wiederholt forderte er den weltlichen Herrscher heraus. Das bemerkenswerteste Beispiel gab er im Jahr 390, als er Theodosius aufforderte, für das Massaker, das seine Soldaten in Thessaloniki angerichtet hatten, Buße zu tun.

„Die vier Kirchenlehrer" auf dem Gemälde des Flamen Jacob Jordaens (Ambrosius ist rechts abgebildet). Trotz seiner zeitweise gespannten Beziehung zu Theodosius hielt Ambrosius einen Nekrolog bei der Beisetzung des Herrschers.

Ambrosius starb am 4. April 397. Seine große Beredsamkeit soll davon herrühren, dass sich in seiner Kindheit ein Bienenschwarm auf seinem Gesicht niederließ und keine Biene ihn stach. Doch hinterließen sie einen Tropfen Honig auf seinen Lippen. Deshalb wird der Heilige oft mit Bienen und Bienenstöcken dargestellt.

sein *magister militum* (Heermeister), der Franke Arbogast (gest. 394) hervor. Er beseitigte rücksichtslos alle verbleibenden Sympathisanten von Maximus und stellte Valentinian, nachdem Theodosius nach Konstantinopel zurückgekehrt war, in Vienne praktisch unter Hausarrest. Als Valentinian 392 versuchte, Arbogast abzusetzen, bezahlte er das mit seinem Leben.

Kraftprobe mit den Heiden

Da Arbogast kein reinblütiger Römer war, konnte er nicht Kaiser werden. Es gab zwar keine entsprechende offizielle Bestimmung, aber genügend antigermanische Ressentiments, die das verhinderten. Daher setzte er einen Senator namens Eugenius in das Amt ein und verschaffte sich damit auch die Rückendeckung durch den Senat. Zugleich gab es unfehlbare Zeichen von religiösen Gegensätzen. Arbogast war Heide, und unter den heidnischen Mitgliedern der Aristokratie wuchs der Groll über die Macht, die einige Bischöfe, vor allem Ambrosius von Mailand, unter Gratian und Theodosius erworben hatten.

Der Bürgerkrieg, den Arbogast und Theodosius 394 führten, weist daher viele Merkmale eines religiösen Konflikts auf. Aus historischen Quellen wissen wir, dass Arbogast offen auf die Macht der alten Götter vertraute. Theodosius hingegen war überzeugter Christ und hatte 392 alle Arten von Opfern gesetzlich verboten. Beim Feldzug gegen Arbogast berief er sich auf seinen christlichen Glauben. Als die beiden Gegner am 6. September in der Schlacht am Frigidus aufeinandertrafen, schrieb Theodosius seinen letztlichen Sieg einem heftigen Sturm zu, den er zum göttlichen Wunder erklärte. Arbogast und Eugenius wurden hingerichtet, und Theodosius begab sich nach Italien, um seine Macht wiederherzustellen.

Römische Büste des griechisch-ägyptischen Gottes Serapis, der im römischen Ägypten sehr verehrt wurde. Es war ein Ausdruck der zunehmenden Unduldsamkeit gegen das Heidentum, als ein christlicher Mob 392 ein bedeutendes Serapeum (einen dem Serapis geweihten Tempel) in Alexandria zerstörte und anschließend heidnische Philosophen in der Stadt abschlachtete. Gegen diese Ausschreitungen war Theodosius auf einem Auge blind.

Vor dem Feldzug hatte Theodosius seinen heranwachsenden Sohn Arcadius (377–408) in den Rang eines Augustus des Ostreichs erhoben, womöglich ein Zeichen, dass er eine Zeit lang im Westen bleiben wollte. Das sollte nicht geschehen; im Januar 395 starb er, erst 49 Jahre alt, in Mailand.

Theodosius war der letzte Kaiser, der von sich behaupten konnte, die Bürokratien in Ostrom und in Westrom zu lenken. Nach seinem Tod wurden sie in zwei gleiche Teile geteilt. Dabei gingen die Balkandiözesen Illyrricum und Makedonien an den Westen, Moesien und Thrakien an den Osten. Mit Illyricum ging das Gebiet, das die Goten nach 382 besiedelt hatten, an Westrom. Die Details dieser Teilung bestimmten die künftige römische Geschichte, denn die Goten wurden nun zum reinen Problem für das Weströmische Reich.

Stilicho und Alarich

Während des Feldzugs gegen Arbogast hatte Theodosius einen *magister militum* namens Stilicho (um 359–408 n.Chr.) in Diensten, Sohn eines germanischen Offiziers und einer römischen Mutter. Am Sterbebett des Theodosius verkündete Stilicho, er sei zum Vormund der Nachfolger des Kaisers – Arcadius' und seines Bruders Honorius (384–423 n.Chr.) – bestimmt worden. Auch der Gotenführer Alarich, den Theodosius nach dem

Stilicho mit seiner Gemahlin Serena und dem Sohn Eucherius: Porträt auf einem Elfenbein-Diptychon aus der Zeit um 400 n. Chr. Trotz seiner erwiesenen Fähigkeiten als General nahm seine nicht-römische Abstammung die Höflinge gegen ihn ein. Schließlich wurde er 408 das Opfer ihrer Intrigen.

Vertrag von 382 auf dem Balkan eingesetzt hatte, diente in der Armee, die in Italien einmarschiert war.

Am ersten Tag der Schlacht am Frigidus soll Theodosius die gotischen Befehlshaber veranlasst haben, eine Reihe von Angriffen gegen die Abwehr ihrer Landsleute zu führen, was insgesamt 10000 Goten das Leben kostete. Angeblich prahlte Theodosius, er habe zwei Feinde Roms – die Goten und Arbogast – auf einen Schlag vernichtet. Das war freilich maßlos übertrieben. Die genannte Zahl war in Wirklichkeit die Gesamtzahl der von den Goten eingesetzten Soldaten. Trotzdem scheint das Ergebnis Alarich missfallen zu haben, sogar als Arcadius' Regierung ihn als Führer der Goten anerkannte, die nach Moesia Inferior zurückkehrten.

Derweil zog Stilicho im Jahr nach Theodosius' Tod mit der Ostarmee bis nach Thessaloniki. Dort ließen ihn Abgesandte der oströmischen Regierung unter dem Prätorianerpräfekten Rufinus wissen, dass seine Streitkräfte, wenn er sich Konstantinopel weiter nähere, als Bedrohung angesehen und angegriffen würden. Stilicho übergab den Befehl über die Ostarmee an den Goten Gainas, der unter Theodosius Karriere gemacht hatte. Als die Armee Konstantinopel erreichte, sorgte Gainas dafür, dass Rufinus bei einer Militärinspektion ermordet wurde. Mit einem loyalen Anhänger in der Ostarmee mag Stilicho geglaubt haben, sich mit geringstem Aufwand zum Herrn über das Reich gemacht zu haben. Er sollte sich getäuscht haben. Gainas verbündete sich mit Eutropius, dem einflussreichen Eunuchen am Hof von Arcadius. Arcadius weigerte sich, Stilichos Anspruch auf Vormundschaft anzuerkennen.

Die fehlende Zusammenarbeit zwischen den beiden Regierungen angesichts einer Reihe von Krisen in den folgenden sieben Jahren zeigte, dass das Reich stärker als je gespalten war. Stilicho bekam keine Hilfe vom Osten, als er 397 und 398 einen großen Aufstand in Nordafrika niederschlagen musste, und ebenso wenig, als Alarich aus seiner Enklave ausbrach, um die griechische Halbinsel zu überfallen. Stilicho lockte Alarichs Soldaten 399 in eine potenziell tödliche Falle auf dem nördlichen Peloponnes, ließ ihn aber dann entkommen. Vielleicht spekulierte er darauf, dass Alarich im Falle eines Krieges mit dem Osten eines Tages nützlich sein könnte.

In Konstantinopel gab Gainas nun einen weiteren Beweis seiner Heimtücke, aber diesmal ging er zu weit. Er sollte die üble Revolte, die eine Gruppe von Goten in Phrygien unter ihrem Anführer Tribigald gegen das Ostreich angezettelt hatte, niederschlagen, traf jedoch offenbar ein geheimes Abkommen mit seinem gotischen Gegner. Die Schuld für den Misserfolg seiner Unternehmung wollte er auf seinen einstigen Verbündeten Eutropius lenken. Die Taktik glückte; Eutropius wurde entlassen und hingerichtet.

Im Jahr darauf erpresste Gainas erneut die kaiserliche Regierung, indem er die Absetzung von Eutropius' Nachfolger Aurelian erzwang. Doch zugleich forderte er eine eigene Kirche, in der er mit seinen Leuten das Christentum nach der Lehre Wulfilas in der Hauptstadt praktizieren wollte und außerdem ein höheres Amt für sich. Die Bewohner von Konstantinopel protestierten, schlachteten Tausende seiner Männer ab und jagten die übrigen aus der Stadt. Als Gainas versuchte, die überlebenden Männer über den Hellespont zurückzuführen, zerstörten Seestreitkräfte ihre Schiffe. Gainas floh nach Thrakien. Dort wurden er und seine Gefährten von dem Hunnenkönig Uldin gefangen genommen und abgeschlachtet. Dieser hatte seine Streitkräfte kürzlich mit denen von Arcadius vereint und sandte nun dem Kaiser Gainas' Haupt als Geschenk.

Im Jahr 401 fiel Alarich in Italien ein. Da sich ihm keine römische Armee entgegenstellte, kam er schnell durch Norditalien, vertrieb Honorius aus seinem Palast in Mailand in die Stadt Asta und belagerte den Kaiser mehrere Monate, bis Stilicho mit einem Teil des stehenden Heeres aus Gallien eintraf. Am Ostersonntag 402 griff Stilicho die nun weitgehend christianisierten Goten an, als sie nahe Pollentia ihre religiösen Feierlichkeiten vorbereiteten. Alarich konnte sich mit seiner Armee unbeschadet zurückziehen, aber im folgenden Sommer trieb ihn Stilicho in die Enge und besiegte ihn bei Verona. Doch obwohl Alarich in knapp zehn Jahren zwei Aufstände angezettelt hatte, fand

ARCADIUS

GEBOREN
377 n.Chr.

VATER
Theodosius I.

MUTTER
Aelia Flaccilla

EHE
Aelia Eudoxia

KINDER
Theodosius II., Pulcheria, Flacilla, Arcadia, Marina

VORGÄNGER
Theodosius I.

BEGINN DER GEMEINSAMEN HERRSCHAFT
Januar 395 n.Chr:

DYNASTIE
Theodosier

GESTORBEN
1. Mai 408

NACHFOLGER
Theodosius II.

HONORIUS

GEBOREN
9. September 384 n.Chr.

VATER
Theodosius I.

MUTTER
Aelia Flaccilla

EHE
Maria, Tochter des Stilicho

VORGÄNGER
Theodosius I.

BEGINN DER GEMEINSAMEN HERRSCHAFT
Januar 395

DYNASTIE
Theodosier

GESTORBEN
15. August 423

NACHFOLGER
Valentinian III.

Notitia Dignitatum

Bei der *Notitia Dignitatum* handelt es sich um eine Liste aller Ämter und Militäreinheiten im Oströmischen und Weströmischen Reich vom Kaiserlichen Hof bis hinab auf die Provinzebene. Die Liste wurde vom *primicerius notariorum* geführt. Eine seiner Aufgaben war die Ausfertigung von Ernennungsurkunden für Beamte. Die *Notitia*, von der noch während des Mittelalters ein einzelnes Manuskript existierte, scheint aus der Zeit der Teilung des Reiches zwischen Honorius und Arcadius zu stammen. Die Liste der östlichen Beamten spiegelt die Situation im Jahr 395 wider, die der westlichen Beamten wurde zweimal aktualisiert: einmal um 408 und erneut um 420. Ein kritischer Punkt der Westliste ist der Umstand, dass etwa 50 Prozent der Armee während der Regierungszeit des Honorius ersetzt werden mussten und dass die Verluste in der gallischen Armee so hoch waren, dass man von 37 Einheiten 21 neu aufstellen musste. Diese Verluste waren die Folgen der Invasionen von Barbaren über den Rhein und von Konstantins Revolte.

Abgesehen von den Informationen über den Zustand der Armee ist die *Notitia* bemerkenswert wegen der ausgesprochen farbigen Beschreibungen der einzelnen Ämter und der Darstellung der Schilde jeder Einheit.

Stilicho ihn lebend nützlicher als tot. Er unterzeichnete einen Vertrag mit ihm und ließ ihn auf den Balkan zurückkehren. Offensichtlich dachte er, dass Alarich ihm bei seinen eigenen ehrgeizigen Plänen nützlich sein könnte.

Stilichos nachsichtige Behandlung Alarichs steht in scharfem Kontrast zu seinem Verhalten gegenüber den nächsten Invasoren, die seinen Weg kreuzten. Im Sommer 406 führte Radagais einen bewaffneten Zug Alamannen vom Oberrhein nach Italien. Diese Völkerwanderung war so unübersehbar, dass Stilicho befand, sein stehendes Heer werde diesem neuen Feind nicht gewachsen sein. Daher wandte er sich an den Hunnenkönig Uldin, den erfahrenen Führer eines Söldnerheeres. Mithilfe Uldins an der Spitze einer großen Schar von Reitern konnte Stilicho die Kapitulation seiner Feinde erzwingen. An die 10 000 Männer von Radagais wurden zur Verteidigung Italiens in kaiserliche Dienste gezwungen, viele tausend andere in die Sklaverei verkauft.

Der oströmische Kaiser Arcadius wurde während seiner 13-jährigen Herrschaft von seinen Ratgebern gegängelt, vor allem von dem Prätorianerpräfekten Rufinus und seinen Nachfolgern, dem Eunuchen Eutropius und von Flavius Anthemius.

Invasoren ziehen über den Rhein

Dem Sieg folgte sehr bald die Katastrophe. Über den gefrorenen Rhein ergoss sich am 31. Dezember 407 eine zweite Invasionswelle nach Gallien. Dieses Mal waren die Invasoren relativ neu – die Vandalen, Alanen und Sweben kamen sämtlich aus Mitteleuropa. Der Großteil von Stilichos stehendem Heer wurde noch weiter im Süden eingeholt, und nichts konnte die Zerstörung der Rheingrenze verhindern.

Die Stämme, die bei dieser Gelegenheit die Grenze überwanden, sollten das römische Territorium nie mehr verlassen. Die Unversehrtheit der Grenze, die erst Augustus gesichert und dann Tiberius gefestigt hatte, sollte nie mehr ganz wiederhergestellt werden. Um die gleiche Zeit erklärte sich Konstantin, der Befehlshaber der römischen Armee in Britannien, zum Kaiser und fiel in Gallien ein. Er trieb die neuen Invasoren nach Süden und Westen und übernahm sehr bald die Kontrolle über die gallischen Diözesen.

Stilicho befand sich in einem echten Dilemma. Uldin hatte sich zurückgezogen, und Stilicho wollte seine Armee nicht in eine offene Schlacht gegen Konstantin führen. Stattdessen begnügte er sich damit, die Alpenpässe zu besetzen. Er sah sich auch anderen Schwierigkeiten gegenüber. Der weströmische Kaiser Honorius – er war gerade Anfang 20 – hatte Stilichos Tochter geheiratet, die er inzwischen verabscheute. Er war außerdem von Höflingen umgeben, die Stilicho loswerden wollten.

Im Übrigen empfanden die Römer einen tief verwurzelten Widerwillen gegen die Germanen. Zwar dienten jetzt in der Armee überwiegend Germanen, nicht aber in der Zivilverwaltung. Beim Aufruhr in Konstantinopel, der zu Gainas' Sturz führte, hatten Spannungen zwischen Staatsbeamten und germanischen Soldaten eine große Rolle gespielt. In anderen kaiserlichen Städten gab es ebenfalls gelegentlich heftige Angriffe auf germanische Einheiten. Nach Adrianopel hatte der *magister militum* des Ostens das Massaker an den Goten befohlen, die dort in der römischen Armee dienten. Ausgerechnet jetzt starb Arcadius. Am 8. Mai 408 setzte das östliche Regime seinen siebenjährigen Sohn Theodosius II. als Nachfolger ein.

Stilichos erster Gedanke war, eine Armee nach Osten zu führen, aber zur gleichen Zeit musste er Konstantin im Auge behalten und einen Weg finden, sich mit dem abtrünnigen Alarich zu einigen. Der wortbrüchige Alarich war inzwischen bis Norditalien vorgedrungen und forderte als Gegenleistung für friedfertiges Verhalten riesige Tributzahlungen. Stilicho zahlte den Tribut an Alarich und schlug ihm vor, besser nach Gallien zu ziehen, um gegen Konstantin zu kämpfen.

Diese Kriegslist sollte Stilichos Untergang werden. Die antigermanische Voreingenommenheit im westlichen kaiserlichen Establishment erreichte nun ihren Höhepunkt. Am 13. August meuterten die Soldaten, als Honorius sie in Pavia inspizierte, und ermordeten etliche Generäle von Stilicho. Acht Tage später wurde Stilicho in Ravenna getötet. Der neue

Der Übersichtsplan der Stadt Konstantinopel zeigt die starken Befestigungen zur See hin und (ganz rechts) die Arcadius-Säule. Dieses von 402 bis 421 errichtete Monument war jahrhundertelang Mittelpunkt des Arcadius-Forums auf dem Xerolophos-Hügel. Die fein gearbeiteten Reliefs der Säule erzählten die Niederlage von Gainas und seinen Goten im Jahr 400. Wegen Bedrohung der öffentlichen Sicherheit wurde die Arcadius-Säule im 18. Jahrhundert abgerissen; nur der Sockel ist erhalten geblieben.

Regent, Olympius, befahl daraufhin ein Massaker an den „Germanen" in der Armee – in diesem Fall frühere Anhänger des Radagais –, denen man Loyalität gegenüber Stilicho unterstellte. Die Überlebenden flohen zu Alarich. Dieser erkannte, dass zwischen ihm und Rom keine starke römische Armee stand, umging den Kaiser und zog geradewegs in die Stadt. Der Senat bewilligte ihm ein hohes Bestechungsgeld und handelte einen neuen Vertrag mit Honorius aus, der Alarich einen höheren Status innerhalb der römischen Hierarchie geben würde.

Als Honorius das ablehnte, kehrte Alarich mit einer noch längeren Liste von Forderungen nach Rom zurück. Dazu zählten ein Gebiet in der Schweiz und im Süden Österreichs für sein Volk und der Status eines *magister militum* (Heermeisters) für ihn selbst. Honorius' Beamte wollten auf diese Forderung eingehen – das würde ihre Position gegenüber Konstantin in Gallien stärken –, aber Honorius lehnte das rundweg ab.

Auf dem Bild füttert Kaiser Honorius Vögel im kaiserlichen Palast. Honorius war so närrisch wie bigott und außerdem stark eingeschränkt durch seine unfähigen und phantasielosen Ratgeber. Pragmatische Überlegungen führten schließlich dazu, dass man ihm die Macht entzog.

Nun musste man Möglichkeiten finden, die Einwanderer in die Gesellschaft des Imperiums zu integrieren. Bei den vielen Germanen, die sogar noch nach dem Massaker von 408 in der Armee dienten, viele als Offiziere, sollte eine pragmatische Lösung möglich gewesen sein. Dessen eingedenk proklamierte der Senat 409 nach einer weiteren Belagerung Roms einen neuen Kaiser, Priscus Attalus, der mit seiner Billigung gemeinsame Sache mit Alarich machte.

Der Untergang Roms

Alarich scheint tatsächlich geglaubt zu haben, das Reich werde ewig bestehen und nur die Herrschaft des Kaisers könne seinem Volk Sicherheit garantieren. Das Problem war bloß, dass ihm die Mittel fehlten, diese Ziele zu erreichen. Attalus hatte wenig Einfluss auf die Bürokratie und Alarichs Armee fehlte die Ausrüstung für eine Belagerung. Diese beiden Mängel bedeuteten, dass Alarich sich noch mit Honorius einigen musste.

Honorius aber hatte kürzlich Verstärkung vom Osten bekommen und weigerte sich zu verhandeln. Rundum verraten, setzte Alarich seinen Marionettenkaiser ab und erschien erneut vor den Toren Roms. Am 24. August 410 stellten die Goten fest, dass ein Sympathisant die Salarische Pforte offen gelassen hatte. Zum ersten Mal seit 800 Jahren übernahm nun ein Mann, der nicht zur römischen Hierarchie gehörte, die Macht über die Hauptstadt.

Der Untergang Roms lässt viele Dinge erkennen. Machtpolitisch zeigte sich, wie bedeutungslos die Stadt nun war: Honorius saß mit seiner Regierung so sicher in Ravenna wie Theodosius II. in Konstantinopel, während das stehende Heer an der Grenze zu Gallien stationiert blieb. Kulturell war die Plünderung Roms folgenreich. Hieronymus beklagte in Palästina das Ereignis als beispiellose Katastrophe. Augustinus, der Bischof von Hippo in Nordafrika, reagierte dagegen auf heidnische Behauptungen, die Plünderung der Stadt sei die Folge der Bekehrung des Staates zum Christentum, indem er seine Abhandlung „De civitate Dei" („Der Gottesstaat") schrieb. In ihr behauptete er, verglichen mit der Geschichte von Gottes Beziehung zur Menschheit habe politische Geschichte wenig Folgen. Schließlich seien vor der Verbreitung des Christentums in der Vergangenheit viel schlimmere Dinge geschehen.

Alarichs Einzug in Rom 410 n. Chr.: Der gotische Führer und seine Leute verließen die Hauptstadt nach einer dreitägigen gut organisierten, aber relativ gewaltarmen Plünderung. Manche Kommentatoren sahen die Plünderung Roms als Katastrophensignal und als Zeichen, dass noch Schlimmeres folgen würde. Doch in Anbetracht der Unzuverlässigkeit der römischen Führer darf man dieses Ereignis als wohlverdiente Quittung sehen.

Im Sinn von Augustinus Argumentation schilderte der christliche Spanier Orosius in seiner siebenbändigen „Historie wider die Heiden" überwiegend Katastrophen vor Christi Geburt. Die Stadt Rom war Symbol einer Welt der Vergangenheit und nicht der Zukunft. Sehr wohl war eine zivilisierte Welt möglich, die sowohl christlich als römisch und nicht von einer bestimmten politischen Ordnung abhängig war. Für die Goten war die Lage noch schwieriger. Alarich hatte seine letzte Karte ausgespielt und noch immer nicht das Amt bekommen, das er wollte, und eine Heimat für sein Volk. Er starb ein Jahr später in Süditalien.

«Doch als das strahlende Licht der Welt erlosch oder vielmehr, als das Römische Reich vernichtet wurde und, um es genauer zu sagen, als die Welt in der einen Stadt unterging, da verstummte ich und ward demütig ...»

St. Hieronymus, „Kommenar zu Hesekiel", Vorrede zum 1. Buch

Der endgültige Fall: Westroms Zusammenbruch (411–476 n. Chr.)

Am Beginn des 4. Jahrhunderts n. Chr. hatten die Regierungen des Oströmischen und des Weströmischen Reiches im Wesentlichen das gleiche Problem – die Völkerwanderung aus Mitteleuropa in die Steuern erzeugenden Gebiete im Mittelmeerraum. Eine der interessantesten Fragen der europäischen Geschichte ist, warum Westrom innerhalb von 70 Jahren nach der Plünderung Roms durch Alarich scheiterte, während Ostrom bis zur Osmanischen Eroberung Konstantinopels im Jahr 1453 weiterhin Bestand hatte.

Asia Minor (Kleinasien) hatte natürlich den geographischen Vorteil, dass es durch den Bosporus gegen Angriffe geschützt war, aber so entscheidend, wie es auf den ersten Blick aussehen mag, ist das nicht. Einen entschlossenen Feind würde diese enge Wasserstraße nicht wirklich abschrecken, und die Stadtmauern von Konstantinopel mussten immer noch mit einer starken und gut geführten Abwehrtruppe besetzt sein. Der Hauptgrund, warum das Oströmische Reich die Völkerwanderung überlebte und das Weströmische nicht, ist die Tatsache, dass die Regierung im Osten während der entscheidenden ersten Jahrzehnte des 5. Jahrhunderts wesentlich effizienter war als die im Westen.

Attila führte während der 19 Jahre seines Regimes als König der Hunnen so brutale Kriege gegen die Imperien Westrom und Ostrom, dass sein Name zum Synonym für Terror und Zerstörung wurde.

Verpasste Gelegenheiten

Zwischen Stilichos Tod und dem Beginn der Regierung von Theodosius' Tochter Galla Placidia in den 430er-Jahren fehlte dem Weströmischen Reich die klare Richtung. Von dem Westrom der Vergangenheit war da nichts mehr zu retten. Die Einwanderer hätten friedlich in die Machtstruktur des Imperiums assimiliert werden können, wären am Hof des Honorius nicht bigotte Nieten gewesen. Nun hatten sie bereits zu viel Territorium unter ihre politische Kontrolle gebracht. Das primäre Interesse der Beamten war die eigene Karriere und dahin führten Verschwörung und Mord. Zudem war der Herrscher selbst durch sein krankhaftes Vorurteil gegen „Germanen"

Kaiser Theodosius II. ließ die Stadtmauern von Konstantinopel verstärken, sobald er 408 n.Chr. das Amt übernahm. Die Bauarbeiten, die dem Prätorianerpräfekten Anthemius unterstellt waren, wurden nach fünf Jahren beendet.

handlungsunfähig. Schließlich wurden germanische Gemeinden, die nicht assimiliert werden konnten, in einem zerstörerischen Zyklus der Gewalt aufeinandergehetzt, in dem immer mehr Land dem direkten Zugriff des Kaisers entzogen wurde und in den Provinzen brachlag. Stämme, die bereits in das Reich aufgebrochen waren, hingen nicht so sehr an ihren Siedlungsgebieten, als dass sie nicht bereit gewesen wären, in eine andere Gegend zu ziehen, die sie noch nicht verwüstet hatten. Dies führte schließlich 429 zu dem katastrophalen Zug der Vandalen von Spanien nach Nordafrika und zum Verlust Nordafrikas an den Vandalenkönig Geiserich im Jahr 439. Danach fehlten Westrom schlicht die Mittel, um allein zu regieren, während seine Bürokraten nicht bereit waren, sich der Autorität der einzigen Regierung zu unterstellen, die hätte helfen können – dem Regime in Konstantinopel.

Dagegen funktionierte die Regierung im Osten in den 30 Jahren nach Gainas' Revolte ziemlich reibungslos. Das verdankte sie vor allem der umsichtigen Verwaltung der Kaiserinnen Pulcheria (399–453 n.Chr.) und Eudoxia (401–460 n.Chr.), denen es gelang, trotz persönlicher Antipathien ein fortschrittliches Regime zu führen. Die Regierung Ostroms war stark genug, den gewalttätigen Einfall der Hunnen unter Attila zu überleben. Sie schaffte es durch eine Politik der Umleitung potenzieller Feinde nach Westen, den zu unterstützen der Osten wenig Interesse hatte.

ZEITLEISTE

412 n.Chr. Unter Athaulf ziehen die Westgoten aus Italien nach Gallien

423 Tod von Kaiser Honorius löst Machtkämpfe im Westimperium aus

425 Valentinian III. kommt als weströmischer Herrscher an die Macht

429 Geiserich wird König der Vandalen (bis 477) und zieht, bedrängt von den Westgoten, nach Nordafrika, um dort einen Staat zu gründen

434 Attila stellt sich an die Spitze des Königreichs der Hunnen, dessen Schwerpunkt in Pannonien liegt

450 Theodosius II. stirbt in Konstantinopel

451 Aëtius besiegt Attila in der Schlacht auf den Katalaunischen Feldern

453 Tod von Attila; der Einfluss der Hunnen in Europa schwindet

454 Valentinian ermordet Aëtius

455 Anhänger von Aëtius ermorden Valentinian; Theodosier-Dynastie endet; Vandalen unter Geiserich plündern Rom

456 Ricimer wird Königsmacher im westlichen Imperium

476 Romulus Augustulus wird von Odoakar abgesetzt; dies läutet das Ende Westroms ein

THEODOSIUS II.

GEBOREN
April 401 n. Chr.

VATER
Arcadius

MUTTER
Aelia Eudoxia

EHE
Aelia Eudoxia die Jüngere

KINDER
Licinia Eudoxia

VORGÄNGER
Arcadius

BEGINN DER ALLEINHERRSCHAFT
1. Mai 408

DYNASTIE
Theodosier

GESTORBEN
28. Juli 450

NACHFOLGER
Marcian

Um diese Zeit erfolgte eine wichtige Änderung der Ausdrucksweise, in der römische Autoren über das Imperium berichten. Noch um 430 n. Chr. schrieb der Historiker Olympiodorus über den östlichen und den westlichen Teil des Reiches. Doch bei Priscus von Panium – einem hochbegabten jungen Historiker, der damals auch eine gewisse Rolle als Gesandter zu Attila spielte – lesen wir bereits von «Weströmern» und «Oströmern». Eigentlich nur ein kleiner liguistischer Unterschied, doch besagt Priscus' Terminologie in Wirklichkeit, dass die beiden Staaten inzwischen getrennte Einheiten waren, die je nachdem ganz verschiedene politische Ziele verfolgten. Kurz nachdem Priscus Anfang der 470er-Jahre seine „Historia" abgeschlossen hatte, brach das Westreich vollständig zusammen. Das führte nach 476 zur Abschaffung des kaiserlichen Amtes und innerhalb eines Jahrzehnts zur Schaffung eines Gotenstaates in Italien. Dieser Staat verband sich mit den anderen Folgestaaten, die in den westlichen Provinzen Roms bereits entstanden waren.

Die Sicherung der Erbfolge

Die Geschichte vom Untergang Westroms beginnt mit zwei Kaiserinnen: mit Galla Placidia (um 388–450), der Tochter Theodosius' I., und Pulcheria, der Schwester des Kaisers Theodosius II. Galla Placidia zählte zu der Beute, die Alarich 410 aus Rom mitnahm. In den Jahren nach der Plünderung Roms begleitete sie die Goten, die jetzt von Alarichs Halbbruder Athaulf angeführt wurden, nach Gallien. Dort traten dann Ereignisse ein, die im Zusammenbruch der Regierung des Usurpators Konstantin III. gipfelten. Zur gleichen Zeit besetzten die Vandalen und Sweben, die Invasoren von 407, Spanien und richteten ein furchtbares Massaker unter der Bevölkerung an. Athaulfs Goten, jetzt hießen sie Westgoten, vereinnahmten das Gebiet an der Südküste Galliens.

Im Jahr 414 heiratete Athaulf Galla und berief Priscus Attalus – den Alarich als Kaiser eingesetzt und abgesetzt hatte – zum Kaiser. Athaulfs eigentliches ehrgeiziges Ziel erkennt man daran, dass er den Sohn, den Galla Ende 414 gebar, Theodosius nannte. Da Honorius kinderlos war, wäre der Junge sein Nachfolger geworden, hätte er überlebt. Athaulf wurde nach einem Jahr ermordet, und sein Nachfolger schickte Galla an Constantius, den *magister militum* unter Honorius' Regierung, zurück und erklärte sich mit einem Angriff der Römer auf die Stämme in Spanien einverstanden. Nach jahrelangem Gemetzel in Spanien wurden die Westgoten 418 mit eigenem Land bei Toulouse belohnt.

In Westrom herrschte nun ein einziges Chaos. Britannien hatte die Bevollmächtigten Konstantins III. 410 vertrieben und war kaum mehr Teil des Imperiums. Die kleine Garnison hatte alle Hände voll zu tun, das Land gegen Überfälle der Stämme nördlich des Hadrianswalls (Pikten und Skoten) sowie gegen Banditen von jenseits der Nordsee (Angeln aus Schleswig und Sachsen) zu verteidigen. Die Burgunder hatten den Zusammenbruch der Rheingrenze genutzt, um sich auf römischem Gebiet niederzulassen. Sie besetzten einen großen Teil Nordwestfrankreichs. Der Südwesten Frankreichs war nun die Heimat der Westgoten, und Spanien war praktisch nur noch dem Namen nach römisch. Das Regime im Osten sah in diesen Niederlagen keinen Grund, sich einzumischen. Schließlich brachte der Westen keine Steuereinnahmen und war offensichtlich außerstande, im Notfall militärische Hilfe zu leisten. Solange Honorius lebte, sorgte sich die Regierung von Theodosius II. nicht, weil ein Repräsentant der Dynastie vor Ort

Die Karte zeigt die Nachfolgestaaten nach dem Auseinanderfall des Weströmischen Reiches anfangs der zweiten Hälfte des 5. Jahrhunderts. Der endgültige Niedergang des Westimperiums vollzog sich zwischen 429 und 439, als die Vandalen Nordafrika eroberten, die Kornkammer Roms, und dort ein unabhängiges Königreich errichteten.

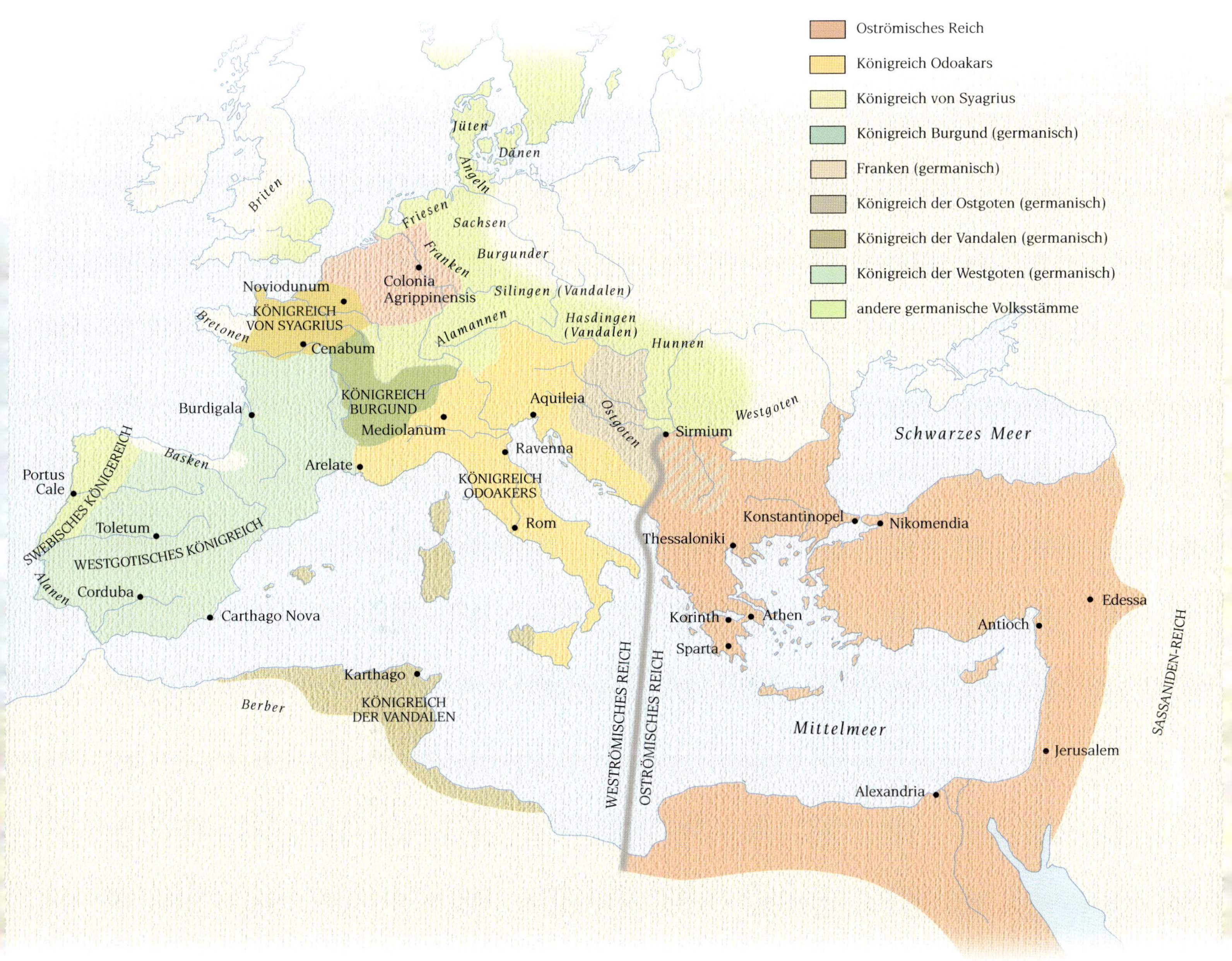

Fresco des Hl. Johannes Chrysostomus (349–407). Weil er den Missbrauch von Wohlstand und Macht scharf kritisierte, gewann er viele Anhänger in Konstantinopel und im Landesinneren. Viele seiner Predigten und Schriften waren stark antisemitisch und dienten als ideologische Munition für die Verfolgung der Juden im Ostimperium.

war. Doch wenn diese Dynastie weiter bestehen sollte, wäre Galla Placidia die Schlüsselfigur. Constantius konnte mit Recht behaupten, er habe Galla aus den Händen der Barbaren befreit und sie müsse ihn aus Dankbarkeit heiraten. Galla indessen fand ihn furchtbar, und die Aussicht auf eine Ehe mit ihm widerte sie an. Seit der ehrgeizige Constantius Konstantin besiegt hatte, war er in immer einflussreichere Regierungsämter aufgestiegen. Seine Selbsternennung zum Patrizier sollte seine Karriere noch weiter befördern. Galla war der Schlüssel zur Zukunft Westroms, denn alle Nachkommen, die sie gebären würde, wären eine Garantie, dass das westliche Beamtentum eine Übernahme durch Repräsentanten Ostroms oder einen weiteren Bürgerkrieg verhindern würde. Drei Jahre konnte Galla sich dieses politischen Akts einer Vergewaltigung erwehren, doch dann zwang ihr Bruder sie schließlich, Constantius am 1. Januar 418 zu heiraten. Ihr Sohn Valentinian III. (418–455) erblickte vor Ende des Jahres das Licht der Welt, bald darauf gebar sie noch eine Tochter, Honoria.

Nachdem Constantius Anfang 421 endlich zum Augustus ernannt worden war (Ostrom weigerte sich, den Titel anzuerkennen), starb er plötzlich. Fast sofort tauchten die lange unterdrückten Spannungen zwischen „Germanen" und „Römern" in der Regierung wieder auf. Auch als Constantius, de facto der Anführer der „Germanen"-Fraktion, an die Macht kam, erließ Honorius ein bemerkenswertes Edikt, das allen verbot, innerhalb der Mauern Roms germanische Kleidung zu tragen. Nun wurde Galla der Hort der Loyalität für die germanischen Soldaten, mit denen ihr verstorbener Gemahl sich umgeben hatte. Zur gleichen Zeit begann Honorius, seine Schwester mit unsittlichen Anträgen zu belästigen. Galla flüchtete Ende 423 nach Ostrom.

Kaiserinnen an der Macht

Die Regierung im Osten war längst nicht so bunt wie die im Westen. Arcadius war zwar so willensschwach und glücklos wie sein Bruder, aber er hatte sich viel besser verheiratet. Nach der Revolte von Gainas hatte seine Gemahlin Eudoxia (gest. 404) am Hof ein Bündnis mit mächtigen Fraktionen geschmiedet und sich zur Augusta ernennen lassen. Seit dem Tod der Helena hatte keine Frau den Titel einer Kaiserin innegehabt: Trotz des Protestgeschreis christlicher Traditionalisten, an ihrer Spitze der Erzbischof von Konstantinopel, Johannes Chrysostomus, machte Eudoxia mehr als deutlich, dass sie echte Autorität auszuüben gedenke, vor allem in Anbetracht der Versäumnisse ihres Gemahls beim Regierungsgeschäft. Eudoxia starb 404, aber ihre Leistung als Herrscherin ebnete ihrer Tochter Pulcheria den Weg, als tüchtige Regentin für ihren Bruder Theodosius II. (401–450) einzutreten, der bei seiner Inthronisierung 408 erst sieben Jahre alt war.

Dieses Mosaik aus dem sechsten Jahrhundert befindet sich in der Hagia Sophia in Instanbul. Dargestellt sind Kaiser Konstantin I. (rechts) und der byzantinische Herrscher Justinian I. Sie zeigen der Jungfrau Maria Modelle der Stadt Konstantinopel. Pulcheria förderte den Marienkult im Christentum.

Im Jahr 413, als Pulcheria 14 wurde und ehrgeizige Politiker sie als Heiratskandidatin zu betrachten begannen, traf sie eine Entscheidung, die ihr eine einzigartige Position in der kaiserlichen Gesellschaft sicherte. Sie lehnte alle Angebote des Prätorianerpräfekten Anthemius – eines wichtigen Verbündeten ihrer verstorbenen Mutter –, eine Ehe mit einem seiner Verwandten zu arrangieren, ab und weihte Gott öffentlich ihre Jungfräulichkeit. Zweifellos hatte Pulcherias tiefer Abscheu gegen Anthemius sie bei ihrem Entschluss geleitet.

Pulcheria führte dann im Palast ein zurückgezogenes Leben im Kreis ihrer jüngeren Geschwister, denen sie ein Vorbild war. Sie hatte eine Aura kaiserlicher Macht, die eindeutig mit der Kirche zusammenhing. Durch ihr öffentliches Bekenntnis zur Jungfräulichkeit und ihre weitgehend asketische Lebensweise förderte Pulcheria auch das zunehmende Interesse an der Jungfrau Maria. So begann der Kult um die Gottesmutter und der Einfluss der Marianischen Theologie. Zur gleichen Zeit jedoch ließ Pulcheria eher unerfreuliche Elemente in der frühchristlichen Kirche zu. Im Bestreben, die Gewalttätigkeit unter den Christen zu verhindern, lenkte sie auftretende Unduldsamkeit bewusst auf relativ wehrlose Sündenböcke. Juden wurden verfolgt und ihre Synagogen zerstört, während Heiden systematisch von Posten in der Verwaltung ausgeschlossen wurden. So machte sie ihre Stellung in Konstantinopel unangreifbar. Eine Lehre aus Eudoxias Konflikt mit Johannes Chrysostomus war, dass, wer immer die Leidenschaften der christlichen Fundamentalisten auszunutzen verstand, in der Hauptstadt enorme Macht ausüben würde. Am 4. Juli 414 wurde Pulcheria von Theodosius II. zur Kaiserin erhoben.

Noch bedeutsamer ist, dass das Bündnis, das Pulcheria zwischen kaiserlichem Amt und Kirche schmiedete, dazu beitrug, verschiedene Gruppen innerhalb der Bürokratie zu versöhnen. Germanische Generäle standen nun offen und ehrlich zu den traditionellen Aristokraten in der Verteidigung des Oströmischen Reiches. Die institutionalisierte Frömmigkeit des Regimes erwies sich deutlich im Jahr 415, als die mutmaßlichen Gebeine des ersten christlichen Märtyrers, St. Stephan, entdeckt wurden. Die sterblichen Überreste des Heiligen wurden mit großem Gepränge und Zeremonien von Jerusalem nach Konstantinopel überführt, bevor sie im Hause Pulcherias ihren Platz fanden. Obwohl die Verehrung von Reliquien bereits in der frühen Kirche bekannt war, stellte die stets bedeutende Verbindung zwischen politischer Macht und dem Besitz von Reliquien einen wichtigen und lukrativen Aspekt christlicher Frömmigkeit dar. Sie sollte schließlich in der Reformation ein wesentlicher Stein des Anstoßes werden. Die Zweideutigkeit des altlateinischen Begriffs für Reliquie *(inventio)* – Gefundenes oder Erfundenes – weist bereits auf den Kern der späteren Kritik hin.

Positiv war, dass die christliche Version des kaiserlichen Amtes, die in Ostrom Gestalt annahm, das Kaisertum wieder mit den zeitgemäßen gesellschaftlichen Werten in Übereinstimmung brachte. In den großen Konzilien, zu denen sich Bischöfe aus dem ganzen Imperium versammelten, wurde heftig über die Lehre disputiert. Auf diesen Synoden wurde mehr Griechisch als Latein gesprochen, ein wichtiges Zugeständnis seitens einer Verwaltung, deren offizielle Verlautbarungen noch in lateinischer Sprache erfolgten, obwohl nur noch wenige Menschen im Ostreich sich dieser Sprache im Alltag bedienten. Jetzt konnten die Menschen außerhalb der Macht aus-

Teil eines Mosaiks, das Jerusalem und das Heilige Land darstellt, in der Mitte die Heiliggrabkirche. Jerusalem wurde das Zentrum prunkvoller Zurschaustellung der Verehrung durch die Kaiserinnen Pulcheria und Eudoxia, besonders hinsichtlich christlicher Reliquien.

Dieses römische Basrelief aus dem 4. Jahrhundert zeigt die Heiligen Peter und Paul. Während sich im Ostimperium säkulare und spirituelle Autorität zunehmend stärker miteinander verbanden, wurde die kaiserliche Herrschaft allmählich mit der Führung der frühen christlichen Kirche durch die Apostel assoziiert.

übenden Bürokratie ihrem Kaiser begegnen und hören, wie er sich in ihrer Sprache zu ihren Werten bekannte. Auch wenn schwere Meinungsverschiedenheiten über das Wesen Gottes blieben und umstrittene Entscheidungen nicht einhellig akzeptiert wurden, stand außer Frage, dass die kaiserliche Regierung versuchte, auf die Sorgen der Untertanen einzugehen. Die Vorstellung, dass der Kaiser das Ideal der *virtus* verkörperte, war zur Zeit des Kaisers Augustus wesentlich gewesen, um den Sinn des Amtes zu definieren. Doch die Zeiten änderten sich und mit ihnen die Natur des Amtes, das nun mit neuen Inhalten gefüllt werden musste. Ein Kaiser, der mit den Aposteln auf einer Stufe stand, war weitaus zeitgemäßer als einer, dessen Handeln sich am Sittenkodex der Römischen Republik orientierte.

Das späte Weströmische Reich

Von 421 n.Chr. an musste Pulcheria die Öffentlichkeit mit ihrer Schwägerin Eudoxia teilen, die ihr ebenbürtig war, aber toleranter gegenüber unterschiedlichen Lehrmeinungen. Sie war zwar vor ihrer Heirat konvertiert, aber infolge ihre Herkunft aus einer heidnischen Familie konnte sie religiöse Eigenständigkeit eher akzeptieren. Als Theodosius' Gemahlin trat Eudoxia begeistert für das Christentum ein und wetteiferte mit Pulcheria um Beweise ihrer Frömmigkeit. Zum Beispiel wallfahrtete sie 438–439 nach Jerusalem und brachte von dort kostbare Reliquien mit. Die Boshaftigkeiten zwischen den beiden Frauen fanden kurze Zeit ihren Ausdruck ausschließlich in Streitgesprächen über Religion. Während das kaiserliche Amt nun von christlicher Frömmigkeit geprägt erschien, schloss die zeitgenössische Definition dieser Tugend nicht aus, dass ein Herrscher seine Machtgier befriedigte oder politische Gegner brutal behandelte. Als die Grenzen des Oströmischen Reiches erneut bedroht wurden, geriet Eudoxia unter Beschuss. Ihre Gegner bei Hofe hängten ihr 443 ein Verfahren wegen Ehebruchs an. Sie wurde ins Exil nach Jerusalem geschickt und lebte dort bis 460. Interessanterweise durfte sie ihre Insignien als Kaiserin behalten – vielleicht ein Zugeständnis, dass der Grund ihres Exils mehr mit Politik als mit Sex zu tun hatte.

Gerade als Eudoxias Aufstieg begann, kam Galla Placidia nach Konstantinopel. Die neue Herrscherin scheint in ihr ein nützliches Werkzeug zur Sicherung ihrer Vormachtstellung gesehen zu haben. Als Eudoxia 421 eine Tochter geboren hatte – um die Zeit war Galla aus Westrom geflohen –, war ihr der Titel einer Kaiserin zugestanden worden. Dieses Kind wurde nun mit Gallas fünfjährigem Sohn Valentinian III. verlobt – als symbolischer Ausdruck des Interesses, das Ostrom an der Nachfolge von Honorius hatte. Die Frage der Nachfolge stellte sich unmittelbar, denn Honorius starb noch vor Ende des Jahres 423. Daraufhin versuchten weströmische Beamte, ihre Unabhängigkeit geltend zu machen, indem sie einen Höfling namens

Johann zum Kaiser ausriefen. Es war eine schlechte Wahl. Die Westgoten bekannten sich in Treue zu ihrer früheren Königin und begannen, kaiserliches Territorium in Gallien anzugreifen, und Ostrom machte umfassende Pläne für eine Invasion im Westen. Das Ergebnis stand von vornherein fest. Johann wurde gefangen genommen, verstümmelt und im Circus von Aquileia hingerichtet.

Athaulf, der König der Westgoten von 410 bis 415, führte seine Anhänger im Frühjahr 412 aus Italien zuerst nach Gallien und dann nach Spanien. Bevor Athaulf 415 starb, war er kurze Zeit mit Galla Placidia, der Tochter von Kaiser Theodosius I., verheiratet. Sie gebar ihm einen Sohn, der das Kindesalter nicht überlebte.

Die Armeen aus dem Osten sollten den Westen nicht besetzen. Nach Johanns Tod musste Galla Westrom im Namen ihres Sohnes regieren. Hierzu hatte sie den Ehrgeiz der drei Generäle Flavius, Bonifatius und Aëtius zu lenken, die einst ihrem verstorbenen und unbeweinten Gatten Constantius gedient hatten. Im vergangenen Bürgerkrieg hatten diese Männer unterschiedliche Rollen gespielt. Flavius war aus dem Ruhestand zurückgerufen worden; Bonifatius, der in Afrika wie in einem virtuellen Fürstentum herrschte, hatte offen für die Invasoren Partei ergriffen; und der dritte, Aëtius (um 396–454), war gleich nach Johanns Tod an der Spitze einer Armee von Hunnen erschienen. Er sah keinen Grund, einen Toten zu verteidigen, zahlte die Hunnen aus und übernahm das Kommando über die Armee in Gallien. Da Aëtius einen großen Teil seiner Jugend als Geisel erst bei den Goten Alarichs und Athaulfs und dann bei Uldins Hunnen zugebracht hatte, verband er brennenden Ehrgeiz mit einer gründlichen Kenntnis des Volkes, mit dem er zu tun haben würde. Außerdem war er ein ausgesprochen begabter Offizier. Die Kaiserin aber wußte keine dieser Gaben zu würdigen, sondern sah in ihm das Bild von Constantius. Ihre Antipathie sollte sich verheerend auswirken. So kam es, dass Galla, als Aëtius 430 n.Chr. Flavius unter dem Verdacht der Verschwörung gefangen nahm, Bonifatius aus Afrika herbeirief, damit er Aëtius in die Schranken weise. Im Augenblick des Sieges starb Bonifatius, sein Schwiegersohn Sebastian übernahm die Herrschaft über Italien, während Aëtius Hilfe bei den Hunnen suchte. Mit einer Armee von Hunnen im Rücken kehrte Aëtius nach Italien zurück. Sebastian floh nach Konstantinopel, und Aëtius übernahm 435 unter dem Titel eines Patriziers die Kontrolle über das Weströmische Reich, gerade rechtzeitig, um mit dem Verlust Afrikas konfrontiert zu werden.

Galla hätte keine ungünstigere Zeit wählen können, um Bonifatius zurückzurufen. Nach Jahren des Krieges untereinander und gegen verschiedene römische Streitkräfte waren die Vandalen, Alanen und Sweben derart geschwächt, dass es einen der beiden Vandalenstämme praktisch nicht mehr gab und die Alanen gezwungen waren, sich mit den Vandalen zu einem neuen Volk zu verbinden. Geiserich (um 389–477), der Führer dieses neuen Bündnisses, war sich 429 klar, dass das von jahrelangen Scharmützeln verwüstete Spanien keine Zukunft bot. Er erkannte auch, dass es im westlichen Mittelmeerraum keine schlagkräftige römische Flotte gab, und schaffte seine Leute über die Straße von Gibraltar nach Afrika. Bonifatius' Bemühungen, den Widerstand zu organisieren, stockten wegen seines Engagements in Italien. Dies hatte zur Folge, dass die Vandalen nach und nach die westlichen Provinzen Afrikas besiedelten. Obgleich sie 435 aufgehalten wurden, als Aëtius die afrikanische Garnison mit Truppen aus Ostrom verstärkte, war diese Unterbrechung nur vorübergehend. Im Jahr 439 eroberte Geiserich Karthago. Zwar gelang es Aëtius wieder, mithilfe oströmischer Streitkräfte eine Flotte zur Invasion in Afrika zusammenzustellen, doch da erschienen die Hunnen unter neuer Führung und mit neuen Ambitionen und bedrohten die Grenze im Balkan. Die Hilfe aus dem Osten verpuffte, und Aëtius musste einem Vertrag zustimmen, in dem er das einzige Gebiet, aus dem Westrom die Ressourcen zum Unterhalt einer großen Armee bezog, der Kontrolle der Vandalen überließ. Um den Frieden zu sichern, zahlte Geiserich weiterhin in dem von ihm beherrschten Gebiet nominelle Steuern als Gegenleistung für die Verlobung von Valentinians kleiner Tochter mit seinem Sohn Hunnerich. Der scharfsinnige Geiserich wollte Sicherheit für sein Volk und hatte vielleicht erkannt, dass Athaulfs Erbe ein Thronanwärter sein könnte. Was einem Goten nützte, würde auch einem Vandalen nützen, mag er gedacht haben.

«Geiserich, der heute vor allem wegen der Plünderung Roms berühmt ist, war nicht sehr groß und hinkte infolge eines Sturzes vom Pferd. Er war ein gründlicher Denker, wortkarg, verachtete den Luxus, war grimmig im Zorn, profitgierig, geschickt im Verhandeln und säte gern Zwietracht, um Hass zu erzeugen.»

JORDANES, „Geschichte der Goten" 33, 168

VALENTINIAN III.

GEBOREN
2. Juli 418 n.Chr. in Ravenna

VATER
Constantius

MUTTER
Galla Placidia

EHE
Licinia Eudoxia

KINDER
Eudoxia

VORGÄNGER
Honorius

REGIERUNGSANTRITT
15. August 423

DYNASTIE
Theodosier

GESTORBEN
16. März 455

NACHFOLGER
Petronius Maximus

Die Geißel Gottes

Die neuen Feinde, die von 443 an zunehmend die Grenzen Ostroms bedrohten, waren die Hunnen. Seit ihrem Auftauchen als starke Streitmacht um 370 hatten die Hunnen aus den Balkanländern dem Reich öfter beigestanden als es angegriffen. Mit Ausnahme eines brutalen Überfalls 407 seitens Uldins hatten die Hunnenführer hohe Zahlungen des Reichs vorgezogen, um entweder auf ihrer Seite der Grenze den Frieden zu erhalten oder im Krisenfall nachhaltig Hilfe zu leisten. Dies änderte sich gründlich, kurz nachdem 434 die Brüder Attila (um 406–453) und Bleda (um 390–445) an die Macht kamen. Der dominante Attila war ein Mann, dessen Ehrgeiz so groß war wie sein Hang zu schonungsloser Grausamkeit. Anfangs verfolgte Attila die traditionelle Politik der Hunnen, große Söldnerheere aus-

Die Vernichtung des ersten Königreichs der Burgunder (eines ostgermanischen Stammes) 436 n.Chr. bei Worms am Rhein war so furchtbar, dass dieses Ereignis sich tief im Gedächtnis des Volkes einprägte. Es wurde Kern des berühmtesten mittelhochdeutschen Epos, des "Nibelungenliedes". Das Gemälde aus dem 19. Jahrhundert stellt den Tod des legendären Helden Siegfried dar, der vermutlich zur Zeit dieses Gemetzels am Hof von Burgund lebte.

zuheben, um die germanischen Feinde des Römischen Reiches zu überwältigen.

Attila erkannte aber sehr schnell, dass seine Streitkräfte dem moribunden Imperium weit überlegen waren. Seine gewandelte Politik gegenüber Rom wurde am deutlichsten in der Forderung, dass die Hunnen die Grenze kontrollieren sollten. Das Römische Reich hatte jahrhundertelang den Grenzverkehr geregelt und einen Sperrgürtel nördlich der Donau als Pufferzone gegen Eindringlinge angelegt. Von einer römischen Gesandtschaft zu Attila berichtet der Historiker Priscus von Panium 449, dass er und die anderen Gesandten durch eine menschenleere Zone südlich und nicht nördlich der Donau zogen und dafür fünf Tage brauchten. Es hätte keines stärkeren Beweises für die Umkehrung des Kräfteverhältnisses zwischen beiden Reichen bedurft. Der Hunnenbotschafter Eslas prahlte, dass Theodosius nun Attilas Untertan sei; zu der Zeit hatte sich der Jahrestribut, den das Reich an die Hunnen zahlen musste, von 350 Pfund Gold auf 2100 Pfund versechsfacht.

Diese Umkehr des Status entstand durch zwei schwere Einfälle in römisches Gebiet, der erste 441 und der zweite 447, bei denen die römischen Armeen unfähig gewesen waren, Attilas Armeen standzuhalten. Attila hatte bewiesen, dass er über die technischen Mittel verfügte, befestigte römische

Städte zu erobern – mit Rammböcken und rollenden Belagerungstürmen. Kein anderes Volk aus dem Norden hatte die Belagerungskunst, die bis dahin die Domäne von Römern und Persern war, zu solcher Vollendung entwickelt. Goten, Vandalen und andere Volksstämme verließen sich auf Dauerblockaden oder plötzliche Angriffe bei den seltenen Gelegenheiten, die Festungsmauern zu erstürmen, und das hatte dem Imperium ein hohes Maß an Sicherheit verschafft.

Attila gegenüber gab es keine derartige Sicherheit, denn er machte reichlich Gebrauch von Techniken, die seine Soldaten bei Belagerungen der Römer trainiert hatten. Die Folgen der Hunnenangriffe kann man heute noch an den schweren Zerstörungen bei archäologischen Ausgrabungen in Mitteleuropa besichtigen.

Niederlage auf den Katalaunischen Feldern

Auch als die Abordnung von Priscus zu dem großen Hunnen nach Norden unterwegs war, setzte Attila die „Weströmer" unter Druck. Der Hunnenherrscher beschuldigte sie, «gestohlene Schätze zu verbergen und den Dieb zu schützen» – mit anderen Worten, dass sie den Feinden der Hunnen Unterschlupf gewährten und ihnen beistanden. In der Vergangenheit waren derartige Anschuldigungen stets der Auftakt zu einem Angriff gewesen. Entsprechend ließ Attila 451 eine starke Armee vom Balkan auf Gallien los. Die Aussichten für Westrom waren trostlos. Geiserich hielt die Macht in Nordafrika, und die einzige Möglichkeit für Valentinian III., einer Armee beizustehen, war, die schwache Kontrolle über Gallien zu behalten, die aufzubauen Aëtius sich im vergangenen Jahrzehnt bemüht hatte. Doch Aëtius war ein geschickter Diplomat und ein guter Soldat. Da er erkannte, dass die Vorherrschaft der Hunnen unbedingt verhindert werden musste, schmiedete er ein Bündnis mit den Westgoten im Süden Frankreichs und mit anderen dortigen Stämmen.

Mitten im Sommer 451 fielen in der Ebene bei Châlons-sur-Marne, den Katalaunischen Feldern, die Armeen von Aëtius und Attila übereinander her.

Datierung des Untergangs von Westrom

Bedenkt man, dass es in dem Jahrzehnt vor der Absetzung von Romulus zwei lange Perioden gab, in denen Westrom keinen Kaiser hatte, dann ist die Bedeutung dieser Absetzung den Historikern, die zeitlich sehr nahe an diesen Ereignissen berichteten, entgangen.

Wir kennen Berichte von Malchus, der ausführlich die Zeit von 473–474 und bis 491 behandelte, und von Candidus über den Zeitraum zwischen 457 und 491 allerdings nur von späteren Zusammenfassungen, doch lassen beide Historiker anklingen, dass die Absetzung von Romulus auch nach 491 nicht als herausragendes Ereignis galt.

Erst Mitte des 6. Jahrhunderts markierte Romulus' Absetzung für den weströmischen Historiker Jordanes das Ende des Weströmischen Reiches. In seiner „Geschichte der Goten" beschreibt er das Ereignis wie folgt:

> *«Nicht lange nachdem Augustulus* [der „kleine Augustus"] *von seinem Vater Orestes in Ravenna zum Kaiser deklariert worden war, besetzte Odoakar, der König von Torcilingi, mit den Skiren, den Herulen und Hilfstruppen aus mehreren Völkern Italien, und nachdem er Orestes getötet hatte, stieß er dessen Sohn Augustulus vom Thron und verdammte ihn zum Exil in der luxuriösen Villa des Lucullus in Kampanien. Dies tat das Weströmische Reich, welches der erste der Kaiser, Oktavian, im 709. Jahr nach der Gründung Roms* [44 v.Chr.] *zu regieren begann, und ging mit diesem Augustulus unter im 522. Jahr der Herrschaft seiner Vorgänger, und von da an waren die Goten Herren über Rom und Italien.»*

Der christliche Autor Prosper von Aquitanien (um 390–455 n. Chr.) verbreitete die Legende, Papst Leo I. habe mithilfe der Heiligen Peter und Paul Attila überredet, Rom während seiner Invasion Italiens im Jahr 452 nicht zu plündern. Der italienische Maler Raffael hat diese Szene 1514 in einem Gemälde dargestellt. Der Historiker Jordanes führt im 6. Jahrhundert plausiblere Gründe für Attilas Entscheidung an – er sei womöglich durch einen hohen Tribut Leos oder aus logistischen Erwägungen umgestimmt worden. Attilas Armee war zudem durch Krankheiten geschwächt.

Hier focht die weströmische Armee ihre letzte große klassische Schlacht aus, und an jenem Tag spielten die Westgoten die entscheidende Rolle beim Sieg der Römer. Attila wurde zurückgetrieben und plante angeblich, sich zu töten, falls die Römer sein Lager am nächsten Tag überrollen würden. Doch dazu kam es nicht, denn Theoderich, der König der Goten, war in der Schlacht gefallen, und Aëtius wollte sein Glück nicht weiter versuchen. Attila zog sich auf den Balkan zurück.

Noch nie hatte Attila eine schwere Niederlage erlitten. Aëtius scheint den möglichen Schaden, den ein solcher Rückschlag für einen Herrscher bedeuten konnte, dessen unbegrenzte Macht allein von dem Glauben anderer an seine Unbesiegbarkeit abhing, nicht richtig eingeschätzt zu haben. Wenn Attila seine Macht behalten wollte, würde er nicht zu Hause bleiben und seine Wunden lecken. Er kehrte 452, als Aëtius noch in Gallien war, zurück und zog geradewegs nach Italien. Nach einer furchtbaren Belagerung wurde Aquileia zerstört, danach fiel Mailand.

Doch dann stockte Attilas Angriff. Er hatte nicht die logistische Unterstützung, um nach Rom zu ziehen, und in der Armee forderten Krankheiten ihre Opfer. Nachdem er eine Abordnung mit dem Bischof von Rom, jetzt eine führende Persönlichkeit der römischen Aristokratie, empfangen hatte, erklärte er sich zum Rückzug bereit. Ein paar Monate später war er tot. Es heißt, er habe bei seiner Hochzeit mit einer Frau namens Ilico zu reichlich dem Wein zugesprochen; dabei sei ihm ein Blutgefäß geplatzt und er sei erstickt. Das Königreich der Hunnen, das so stark von Attilas Autorität abhing, brach im Jahr darauf im Bürgerkrieg zusammen, als die von ihm in

Knechtschaft gehaltenen Germanenvölker sich gegen ihre Herren erhoben und sie in einer Schlacht auf dem Balkan besiegten. Die Hunnen zogen sich zurück und beschränkten sich auf ihre Rolle als gelegentliche Söldner in römischen Diensten.

Die letzte Generation von Weströmern

Während die großen Schlachten zwischen Attila und Westrom tobten, hatten sich die politischen Strukturen in beiden Reichen gründlich geändert. Theodosius II. starb im Juli 450 in Konstantinopel und Galla Placidia im selben Jahr in Rom. Theodosius hinterließ keinen Erben. Einhellig wurde ein General namens Marcian von den Generälen und vom Palast (Pulcheria war sogar bereit, ihn zu ehelichen, sofern er ihr Keuschheitsgelübde respektieren würde) zum Nachfolger bestimmt. Marcian war ein ganz anderer Herrscher als sein Vorgänger. Als Berufsoffizier machte er gemeinsame Sache mit anderen, die gegen die jährlichen Abgaben an Attila opponierten. Er widerrief die Zahlungen und begann, römisches Territorium von den Hunnen zurückzuverlangen, während Attila im Westen Krieg führte.

Valentinian III. war wütend, weil er nicht wegen Marcians Aktionen konsultiert worden war, aber es war nicht sein Territorium. Inzwischen hegte er zunehmend feindselige Gefühle gegen Aëtius, der sein Reich vor Attila gerettet hatte. Seine Antipathie wurde von Petronius Maximus genährt, dem damals mächtigsten Senator, und von Heracleius, dem Eunuchen und kaiserlichen *cubicularius*.

Am 21. September 454 traf sich Aëtius mit Valentinian im Beisein von Heracleius in Ravenna. Aëtius erwartete, dass bei der Zusammenkunft die gefährliche finanzielle Lage des Reiches zur Sprache käme. Stattdessen beschuldigte ihn Valentinian des Verrats, weil er Marcian erlaubt hatte, Ostrom zu übernehmen, und griff ihn mit einem Schwert an. Hier mischte sich Heracleius mit einem Fleischerbeil ein. Daraufhin begann Valentinian, Aëtius' Anhänger zu eliminieren, versäumte es jedoch, Maximus hinreichend für seine Dienste zu belohnen. Als Antwort dingte Maximus zwei Soldaten von Aëtius' Leibwache als Mörder. Diese töteten Valentinian am 21. März 455, und Maximus bestieg den Thron. Er zwang Valentinians Witwe Eudoxia, ihn zu heiraten, und gab Eudoxias Tochter gleichen Namens seinem Sohn zur Frau. Diese zweite Ehe war ein schrecklicher Fehler und der Hauptgrund, warum Maximus nur zwölf Wochen regierte.

MARCIAN

GEBOREN
um 390 n.Chr. in Thrakien

EHE
Pulcheria

VORGÄNGER
Theodosius II.

REGIERUNGSANTRITT
28. Juli 450

GESTORBEN
Januar 457

NACHFOLGER
Leo I.

«Als Attila auf einem Gemälde die römischen Kaiser auf goldenen Thronen sitzen und tote Barbaren ihnen zu Füßen liegen sah, befahl er einem Künstler, ihn auf einem Thron sitzend zu malen und die römischen Kaiser Säcke voll Gold von ihren Schultern zu seinen Füßen niederlegend.»

PRISCUS über die Eroberung Mailands durch Attila

Die jüngere Eudoxia war einst Geiserichs Sohn versprochen worden. Kaum hatte Geiserich von den Hochzeiten in Rom erfahren, da behauptete er, Eudoxia habe ihn zu Hilfe gerufen. Die Flotte der Vandalen segelte im Mai 455 von Karthago bis kurz vor Rom. Als Maximus zu fliehen versuchte, ermordete ihn der Mob. Zwei Wochen lang plünderten darauf die Vandalen Rom und richteten furchtbare Verwüstungen an.

«… wurde ein Römer berühmt, als er auf die Frage des Kaisers [Valentinian III.], ob er richtig oder falsch gehandelt habe, als er Aëtius tötete, antwortete, er wisse nicht, ob dies recht oder vielleicht unrecht gewesen sei, sondern er verstehe nur, dass er seine rechte Hand mit der linken abgehackt habe.»

PROCOPIUS, „Geschichte der Kriege", 3.4.28

Mit der Verwüstung Roms begann der letzte Akt des Zusammenbruchs des Weströmischen Reiches, ein Drama, das seinen Anfang genommen hatte, als Honorius Stilicho ermordete. In dem Machtvakuum nach dem Tod von Aëtius und Valentinian übernahm Ricimer (405–472), ein *magister militum* germanischer Herkunft, offiziell die Aufgabe des Königsmachers. In den kommenden 14 Jahren beherrschte er de facto Westrom und lenkte drei Marionettenkaiser. Seinen Erfolg verdankte Ricimer wohl seinem Talent, sich mit dem kaiserlichen Hof im Osten zu einigen, der zeitgleich ebenfalls von einem General germanischer Herkunft, Aspar (um 400–471), dominiert wurde. Aspar hatte bei der Ernennung Marcians zum Kaiser eine führende Rolle gespielt und nach Marcians Tod die Fäden gezogen, damit ein Offizier namens Leo aus der Südtürkei der Nachfolger wurde. Leo freilich hatte seinen eigenen Kopf und wollte einen Nachfolger eigener Wahl durchsetzen. Im Jahr 469 stürzte er Aspar und fünf Jahre später inthronisierte er Zeno, seinen bevorzugten Kandidaten.

DIE LETZTEN KAISER

Petronius Maximus (455 n.Chr.)

Avitus (455–456)

Majorian (457–461)

Libius Severus (461–465)

Anthemius (467–472)

Olybrius (472)

Glycerius (473–474)

Die Abtrennung des Westens

Als Zeno den Thron in Ostrom bestieg, wurde das Schicksal Westroms endgültig besiegelt, denn sogleich kam es zu einem Aufruhr, den ein General namens Basiliscus angezettelt hatte und der Zeno zwei Jahre lang ganz in Anspruch nahm. In dieser Zeit wurde immer deutlicher, dass das Amt des Kaisers auch noch den Rest an Bedeutung verlor, den es in der westlichen Politik gehabt hatte. Und als der burgundische General Gundobad ein fünfmonatiges Interregnum beendete, indem er einen Mann namens Glycerius überredete, Kaiser zu werden, meinte er, Rom verlassen zu müssen, weil ihm die Lage in Gallien wichtiger erschien.

Die Folge davon war, dass Glycerius sich einem Aufstand gegenübersah, den Julius Nepos, der Oberbefehlshaber der Balkanarmee, angezettelt hatte. Als Nepos erfuhr, dass Orest, der Befehlshaber der italischen Armee, seinen Griff nach der Macht nicht billigte, kehrte er zu seiner Basis in Illyricum zurück. In Italien nutzte Orest jedoch sogleich die unsichere Situation und setzte seinen Sohn Romulus Augustulus als Kaiser ein. Im Jahr darauf starb

Ricimers Kasperltheater

Kurz nachdem die Vandalen Rom geplündert hatten, ließ sich der Senator Flavius Avitus in Arles zum Kaiser proklamieren. Ricimer, *magister militum* in Italien, lehnte diesen Aufstieg ab, und als Avitus 456 in Italien einfiel, wurde seine Armee bei Placentia geschlagen. Avitus ergab sich, wurde Bischof von Placentia und starb kurz danach im Amt. Ricimer – wegen seiner germanischen Herkunft konnte er selbst nicht Kaiser werden – erhob einen Heermeister namens Majorian zum Kaiser. Als es Majorian nicht gelang, die Vandalen zu unterwerfen, deren Macht in Spanien wieder zugenommen hatte, ersetzte Ricimer ihn durch Libius Severus (461 n.Chr.). Der Kaiser Leo von Ostrom weigerte sich, Severus anzuerkennen. Dieser starb 465 unter dubiosen Umständen. Bis 467 war Rom kaiserlos, dann akzeptierte Ricimer den oströmischen General Anthemius als seinen Herrscher, ersetzte ihn aber 472 durch Olybrius. Ricimer starb am 18. August 472, Olybrius folgte ihm am 2. November desselben Jahres und hinterließ den burgundischen General Gundobad, der Ricimer beim Sturz von Anthemius geholfen hatte, als Königsmacher. Der einzige Kaiser, den dieser – am 3. März 473 – inthronisierte, war Glycerius.

Orest bei einer Meuterei unter General Odoaker (435–493), der Romulus besiegte und sodann Zeno informierte, dass ein Kaiser im Westen nicht mehr nötig sei. Zeitgleich empfing Zeno Botschafter von Nepos, die den Kaiser von Ostrom um seine Anerkennung baten. Zeno war dem Nepos gewogen, zumal er durch Heirat mit ihm verwandt war, aber in dieser Angelegenheit konnte er sich nicht engagieren.

Durch die Entscheidung, den Westen sich selbst zu überlassen, wurde Zeno zum ersten Herrscher in einer neuen römischen Welt, die langsam entstanden war und Rom nicht mehr brauchte. Das Römische Reich existierte nicht mehr, und als das Mittelalter heraufdämmerte, wurde die klassische Antike von einer neuen Ära abgelöst.

Romulus Augustulus übergibt Odoaker die kaiserlichen Insignien. Damit war der Untergang Westroms besiegelt. Der oströmische Kaiser Zeno hatte nicht die Macht zu intervenieren und musste Odoakar gegen Ende 476 als König von Italien anerkennen.

Didos Rache

Am Ende des vierten Gesanges von Vergils „Aeneis" verflucht Dido, die Königin von Karthago, den Äneas, als er davonsegelt, um Rom zu gründen. Dido ist schwanger von ihm, aber der trojanische Held verlässt sie dennoch. Die Götter haben ihm befohlen, seine eigene Stadt zu gründen, eine Stadt, die eines Tages die Welt beherrschen wird. Dido findet, die Verpflichtung auf eine unbekannte Zukunft dürfe nicht schwerer wiegen als die Verpflichtung auf die Gegenwart. Der Mann, von dem sie träumt, soll das ihr geschehene Unrecht rächen: der große Hannibal, der Ende des 3. Jahrhunderts v. Chr. in Italien einfiel und dessen vernichtende Siege über die Armeen Roms die alte römische Idee von der *virtus* neu beleben sollten. Eben die Fähigkeit, solche Niederlagen zu überleben, machte die Größe Roms aus.

Dido, die legendäre Königin von Karthago, mit ihrem Liebhaber, dem Trojaner Äneas. Als er sie verlässt, um Rom zu gründen, bricht ihr das Herz, und sie gibt sich den Tod. Sterbend sagt sie den ewigen

Diese enge Verknüpfung der Geschichte Roms und Karthagos hatte nicht Vergil erfunden. Sie war bereits das zentrale Thema des ersten bedeutenden Werks in lateinischer Sprache, nämlich Naevius' Dichtung über den 1. Punischen Krieg, der mehr als 20 Jahre im 3. Jahrhundert v. Chr. wütete. Eine klare historische Parallele besteht insofern, als am Anfang des unaufhaltsamen Niedergangs Rom von einem harten Schlag seitens derselben nordafrikanischen Stadt getroffen wurde. Als der Vandalenkönig Geiserich 455 von Karthago zur Stadt des Äneas die Segel setzte, hätte ihm Didos Geist gewiss „glückliche Reise" gewünscht.

Dennoch war das weströmische Territorium bei Geiserichs Landung in Italien größer als 264 v.Chr., zur Zeit der Kriegserklärung Roms gegen Karthago. Den früheren Krieg gewann Rom, weil es die Ressourcen Italiens sehr geschickt zu nutzen wusste. Im Laufe jener Auseinandersetzungen musste Italien weit mehr Opfer bringen als 370 n.Chr. im Krieg gegen die Goten oder zuvor in den blutigen Bürgerkriegen. Deswegen können Gebietsverluste allein nicht erklären, warum das römische Italien im 5. Jahrhundert nicht mehr imstande war, eine starke Armee zu seiner Verteidigung aufzustellen. Der Hauptunterschied zwischen 455 n.Chr. und 264 v.Chr. besteht nicht in der italischen Umgebung oder der Bevölkerungszahl, sondern vielmehr im grundlegenden Wandel der Beziehung zwischen Staat und Volk. Mitte des 3. Jahrhunderts v.Chr. bestanden die Streitkräfte zu Wasser und zu Lande aus Zivilisten, die von ihren Gehöften zum Dienst am Staat eingezogen wurden, während die Bürger im 5. Jahrhundert n.Chr. durch das kaiserliche Steuersystem an ihr Land gebunden waren. Die Römer und die römischen Bürger, aus denen sich die Armeen der Republik

rekrutierten, waren durch glühende Loyalität für ihre Gemeinden motiviert und erwarteten auch ihren Anteil an der Kriegsbeute. Das römische Volk stimmte für die Punischen Kriege, und wiederholte Niederlagen verstärkten nur seinen Siegeswillen.

Anders verhielt es sich mit den Bürgern im 5. Jahrhundert. Die hatten im Hinblick auf ihren Staat nichts zu sagen und keinen Grund, ihren Kaiser zu lieben oder die privaten Armeen, mit denen seine Generäle ihren Status bei Hofe aufrechterhielten. Ganz anders war auch die Haltung des Volkes in Ostrom. Die neue Definition des kaiserlichen Amtes, den religiösen Eifer der oströmischen Bevölkerung einzubeziehen, bedeutete, dass der Durchschnittsmensch ein viel stärkeres Gefühl der Treue für den Kaiser empfand als die Bürger Westroms. Auch wenn die religiösen Meinungen oft schwer zu kontrollieren und Anlass für unzählige theologische Kontroversen waren, die die Politiker des Ostreiches austrugen, dienten die Zusammenkünfte ausdrücklich dem Zweck, Glaubensfragen zu klären. Sie boten den Menschen ein gemeinsames Forum, ihre Bedenken vorzutragen. Ob absichtlich oder zufällig, die Verbindung kaiserlicher mit religiöser Ideologie verlieh der oströmischen Regierung einen Zusammenhalt, der in Westrom fehlte. Die Vorstellung, dass das Kaiserhaus die Gläubigen zu schützen habe, war ein Narrativum, das sich als so mächtig erwies wie der augusteische Diskurs der *virtus* oder Diokletians Diskurs des Sieges. Das völlige Unvermögen westlicher Regierungen von Honorius bis Valentinian hingegen, ihre Existenz überzeugend zu rechtfertigen, dazu die Bigotterie, Eifersucht und Narrheit, durch die sich die Taten dieser Herrscher oft auszeichneten, verdammten das Weströmische Reich zum Untergang.

Streit zwischen dem Volk des Äneas und ihrem eigenen voraus und beschwört Hannibal, den künftigen Führer Karthagos, mit den Worten: «Möge aus meinem Gebein sich einst ein Rächer erheben!»

Wenn aus der Geschichte der Cäsaren von Augustus bis Romulus eine Lehre zu ziehen ist, dann die, dass eine Regierung die kollektive moralische Weisheit der Gesellschaft repräsentieren muss. Pflicht einer Verwaltung ist es, nicht nur Gerechtigkeit und Frieden für ein Volk zu sichern, sondern auch diesem Volk einen gangbaren Weg zu eröffnen, dass es seine Stimme erheben kann. Eine Regierung, die sich den Realitäten der Welt ringsum entzieht oder schlicht banale „Wahrheiten“ verkündet, die im Volk keinen Widerhall finden, untergräbt letztlich nur das Fundament der Gesellschaft. Der Untergang Westroms war weniger die Folge der Invasion von Barbaren als vielmehr der misslungenen Integration der Neuankömmlinge. Das Nähren von Vorurteilen und Phantasien über die Natur der Welt waren damals wie heute ein Rezept für Unheil.

Glossar

Aerarium
Römischer Staatsschatz (Staatskasse), im Unterschied zum **Patrimonium,** dem Privatvermögen und Besitz des Herrschers.

Amphitheater
Ovale Arena mit ringsum ansteigenden Sitzreihen, in der öffentliche Kampfschauspiele wie etwa Gladiatorenkämpfe stattfanden.

Arianismus
Lehre des Arius von Alexandria im 3. und 4. Jahrhundert n. Chr., der zufolge Jesus mit Gott dem Vater nicht wesensgleich, sondern nur wesensähnlich ist. Auf dem ersten Ökumenischen Konzil von Nizäa wurde das Dogma verkündet, dass Gottvater und Gottsohn gleich, ewig und «von einer Substanz» seien, und somit der Arianismus zur Häresie erklärt.

Augustus
Kaiser(wörtlich „der Erhabene"). Der Ehrentitel wurde Oktavian vom **Senat** verliehen und von den späteren Kaisern übernommen. Unter der **Tetrarchie** galt der Titel für die beiden älteren Regenten (und **„Caesar"** für die beiden jüngeren).

Auxilia
Außerrömische Hilfstruppen zur Unterstützung der Legionäre der römischen Armee. Auxilia wurden aus dem gesamten Imperium herangezogen. Oft beherrschten sie besondere Kampftechniken als Reiter, Bogenschützen oder Katapult-Artilleristen.

Caesar (Cäsar)
Familienname Gaius Julius Cäsars und seines Adoptivsohns Oktavian (Augustus). Caesar wurde der Beiname aller römischen Kaiser. Ohne Verbindung mit dem Titel/ Namen **„Augustus"** bezeichnete er den designierten Erben. Diese Bedeutung wurde unter der **Tetrarchie** noch bekräftigt, als Caesar im Sinn von Kaiseranwärter der Titel der beiden jüngeren Mitregenten wurde.

Circus maximus
Große Rennbahn im alten Rom – 600 Meter lang, 150 Meter breit –, in der verschiedene reiterliche Veranstaltungen und Festspiele stattfanden, an erster Stelle die beliebten Wagenrennen, bei denen bis zu zwölf Wagen dicht nebeneinander durch die Arena rasten. Heute befindet sich dort eine öffentliche Parkanlage.

Colonia
Freie Stadt in der römischen Provinz. Militärischer Stützpunkt und wirtschaftliches Zentrum. Die Einwohner genossen volle Bürgerrechte und waren gegenüber Rom nicht tributpflichtig.

Cubicularius
Freigelassener, der die Stellung eines Leibdieners des Herrschers innehatte. Viele *cubicularii* hatten großen Einfluss auf ihre früheren Herren.

Dakien
Gebiet nördlich der Donau, das heute etwa Rumänien entspricht; wurde nach Trajans siegreichem Feldzug gegen die dortigen Stämme 106 n. Chr. römische Provinz. Nach 272 wurde Dakien den germanischen Stämmen überlassen.

Diktator
In der römischen Republik von den **Konsuln** zur Abwendung einer Krise für sechs Monate ernannter, mit absoluter Macht ausgestatteter Beamter. Als einzige römische Beamte wurden Diktatoren nicht gewählt.

Diözese
Im christianisierten Imperium Romanum eine Gruppe von Provinzen unter Aufsicht eines **Vicarius.**

Domus
Der Römische Haushalt. In der römischen Welt ist die *domus* ein Schlüsselbegriff der Idee von Stabilität und Treue. Die Fähigkeit des Hauptes der Familie (**Pater familias**), im häuslichen Bereich für Ruhe und Ordnung zu sorgen, wurde als Spiegel der weisen Verwaltung des Staatswesens durch den Kaiser betrachtet.

Donativum
Eine Zuwendung des Herrschers, meist als Geldgeschenk. Angehörige des Militärs, vor allem die **Prätorianergarde,** erwarteten größere Donativa bei einem Regierungsantritt oder anderen bedeutenden Ereignissen.

Equites
Angehörige des Ritterstandes, der zweiten Adelsschicht, vom Status her direkt nach dem Senat. Von Augustus an galten als Equites alle frei geborenen römischen Bürger, die ein Vermögen von mindestens 400 000 Sesterzen besaßen.

Foederati
oder Verbündete. „Barbaren" wie z.B. die **Goten,** die, nachdem sie im späten 4. Jahrhundert n. Chr. von den **Hunnen** vertrieben wurden, für die Zusicherung, in Zeiten der Not Rom militärisch zu unterstützen, im Imperium Romanum siedeln durften.

Forum
Marktplatz oder öffentlicher Raum in römischen Städten, z.B. Forum Romanum. Meist von Säulen umrahmt und von Tempeln und öffentlichen Gebäuden umgeben. Foren entsprachen der Agora in der griechischen Welt.

Franken
Bund germanischer Völker am Niederrhein. Die Franken treten im 3. Jahrhundert n. Chr. auf und siedeln in den folgenden Jahrhunderten in Nordgallien.

Freigelassene(r)
Ehemalige Sklaven. Sie blieben ihrem früheren Herrn durch Dienstleistungen verpflichtet und hatten oft Vertrauensstellungen inne. Im Haushalt des Herrschers nahmen sie viele bedeutende Aufgaben in jenen Bereichen der Regierung wahr, die mit der kaiserlichen *domus* zusammenhingen. Sie waren oft sehr einflussreich.

Frumentatio
Staatliche Getreideabgabe für spezielle arme Schichten.

Gladiator
Berufsmäßiger Kämpfer, meist Sklave (manchmal Freiwilliger), der bei öffentlichen Darbietungen im Kolosseum zu Rom und in anderen Amphitheatern auftrat. Gladiatoren waren an unterschiedlichen Waffen ausgebildet.

Goten
Ein germanisches Volk in Mitteleuropa. In den Jahren ihrer Kontakte mit Rom bildeten die Goten verschiedene Gruppen. Die bedeutendsten waren die Westgoten unter ihrem Führer Alarich im frühen 5. Jahrhundert n.Chr. und die Ostgoten, die Ende des 5. Jahrhunderts auf dem Balkan zusammenfanden.

Hunnen
Halb nomadisches Turkvolk, traten als Invasoren vom späten 4. Jahrhundert n.Chr. an in Europa in Erscheinung. Mitte des 5. Jahrhunderts verwüsteten sie unter Führung von Attila die Balkanländer und das westliche Imperium, doch ihr Reich brach nach Attilas Tod 453 zusammen.

Imperator
Ehrentitel, den das Heer einem militärischen Oberbefehlshaber zuerkannte. Der Titel bedeutet „siegreicher Feldherr" und wurde von den Nachfolgern des Augustus beansprucht, weil er den Oberbefehl über das Heer und das Recht auf den Triumph bedeutete.

Imperium
„Amtsgewalt", war einst den Königen der Stadt (Rom) und nach Ende ihrer Amtszeit hohen Beamten, vor allem den **Konsuln,** anvertraut.

Imperium maius
„Größere Amtsgewalt". Eine von zwei Schlüsselgewalten, die den Gesetzen zugrunde lagen (die andere war die *Tribunicia potestas*). *Imperium maius* war eine gewichtigere Gewalt als die anderer Beamter. Sie mussten den Befehlen des Inhabers des *Imperium maius* gehorchen.

Konsul
Höchster Beamter der römischen Republik. Vor der Zeit des Augustus wurden alljährlich zwei Konsuln gewählt (die Wahl weiterer Konsuln war möglich, wenn einer im Amt starb und ersetzt werden musste: *consul suffectus,* „nachgewählter" Konsul). Von Augustus an wurden meistens mehr als zwei Konsuln für ein Jahr gewählt, obwohl das Amt immer noch als Höhepunkt der Karriere eines Senators galt.

Legionär
Soldat des regulären römischen Heeres. Ursprünglich war die Legion mit circa 5000 Mann die größte militärische Einheit des Heeres und bestand aus zehn Kohorten, später wurde die Zahl auf 1000 bis 2000 reduziert. Legionäre waren Berufssoldaten einer gut ausgerüsteten schweren Infanterie.

Lex maiestatis
Im römischen Recht die Anklage wegen Hochverrats, eines Kapitalverbrechens.

Magister equitum
Reiteroberst. In der römischen Armee der Oberkommandierende der Reiterei an jeder Angriffslinie.

Magister militum
Militärischer Heeresmeister. Neue Kommandoebene über dem Oberst der Infanterie und der Reiterei. Im späten 4. Jahrhundert n.Chr. eingeführter Titel.

Magister peditum
Infanterieoberst. In der römischen Armee der Oberkommandierende der Infanterieeinheiten im Fronteinsatz.

Mithraskult
Mysterienkult des Sonnengottes Mithras. Entstand in den Ostprovinzen des Römischen Reiches, wurde im 2. und 3. Jahrhundert n.Chr. immer beliebter.

Municipium
Provinzialstadt mit (seit dem Latinerkrieg 340–338 v.Chr.) eigenen Gesetzen und eigener Verwaltung, deren Bewohner das römische Bürgerrecht besaßen. Vergleiche **Colonia.**

Neuplatonismus
Denkschule, deren Lehren auf den Schriften des griechischen Philosophen Platon und anderer Gelehrter des 4. Jahrhunderts v.Chr. beruhen. Begründer des Neuplatonismus war Plotin, der Mitte des 3. Jahrhunderts n.Chr. lehrte.

Optimates
„Die besten Männer". Adlige Männer, die das Erbe der Diktatur des Sulla in der Generation Caesars unterstützten. Mit anderen Worten, konservative Mitglieder und Interessenvertreter des römischen **Senats.** Gegner der *Populares,* die „für die Interessen des Volkes insgesamt eintraten".

Pantheon
Von Marcus Agrippa erbauter und von Kaiser Hadrian erneuerter Tempel für alle Götter, die vom römischen Staat verehrt wurden. Das Pantheon war rund angelegt und von einer großen Kuppel überwölbt. Später wurde der Begriff im übertragenen Sinn auf alle Götter in polytheistischen Religionen verwendet.

Parthien
Bezeichnung der Römer für das Gebiet vom Kaspischen Meer bis Mesopotamien (heute Irak), das von der iranischen Dynastie beherrscht wurde; ging dem **Sassaniden-Reich** im 3. Jahrhundert n.Chr. voraus.

Pater familias
Oberhaupt der römischen Familie **(domus)**; das römische Gesetz gab dem *Pater familias* die Gewalt über Leben und Tod *(Patria potestas)* der nahen Verwandten und der Sklaven.

Patrimonium
Das persönliche Vermögen des Kaisers an Grundbesitz und anderem Eigentum (überwiegend aus Beschlag-

nahmen und Nachlässen von Bürgern), das von einem Herrscher zum nächsten weitergegeben wurde.

Patrizier
Mitglied der herrschenden Elite Roms. Die Adelsfamilien, die die Patrizier stellten, führten ihre Abstammung auf die ersten Senatoren der Stadt zurück, die – so die Legende – von Romulus eingesetzt wurden.

Plebejer
Jeder römische Bürger, der kein **Patrizier** war. Das Volk von Rom bestand überwiegend aus Plebejern (kurz „Plebs" genannt).

Pontifex maximus
Der Hohepriester, Oberhaupt von Kultus und Religion in Rom. Von Julius Cäsar bis ins Jahr 382 n.Chr. waren die römischen Kaiser Inhaber dieses Amtes.

Prätor
Hoher römischer Beamter, später als *Consules* (Zurufer des Senats) dem **Konsul** nachgeordnet und zuständig für die städtische Gerichtsbarkeit.

Prätorianergarde
Eliteleibwache des Kaisers, erstmals unter Augustus in Erscheinung getreten. Gelangte unter dem Einfluss ihres Präfekten Aelius Sejanus zu Ansehen und unter Kaiser Tiberius zunehmend zu politischer Macht. Seit Diokletian schränkten die späteren Kaiser ihre Macht ein.

Princeps
„Der erste Mann im Staat". Vom 1. Jahrhundert n.Chr. an war dies die häufigste Bezeichnung für den Herrscher.

Punier, punisch
Bezeichnung für die Bewohner Karthagos in Nordafrika und ihre Sprache. Abgeleitet vom lateinischen *Poeni*, das Phönizier bedeutet. Letztere kamen vom östlichen Mittelmeergebiet bei den Häfen von Tyros und Sidon, dem ursprünglichen Herkunftsgebiet der Karthager.

Quästor
Unterste Stufe der höheren römischen Beamten. Die Quästoren waren vor allem zuständig für Staatsfinanzen und staatliche Bauvorhaben.

Saeculum
Menschenalter oder Jahrhundert. Zeitspanne, die theoretisch einem Menschenalter von 100 bis 110 Jahren entspricht. Das Ende eines Jahrhunderts wurde in Rom mit aufwendigen Spielen und Opfern gefeiert.

Sassaniden-Reich
Von der Dynastie der Sassaniden in Persien begründetes Reich, das 225 n.Chr. auf das Reich der **Parther** folgte und bis zur Unterwerfung durch arabische Muslime um 636 n.Chr. bestand.

Senat
Oberste Regierungsbehörde zur Zeit der Römischen Republik; dritte Macht in der Römischen Republik neben Volksversammlung und Magistraten. Die Mitglieder des Senats mussten sehr reich sein und normalerweise das Amt eines Volkstribuns ausgeübt haben.

Tetrarchie
„Viererherrschaft". Von späteren Historikern so bezeichnete Regierungsform, von Diokletian eingeführt. Die Regierungsverantwortung teilten sich zwei ältere und zwei jüngere Herrscher.

Tribun
Hauptvertreter der römischen **Plebejer**. Der „Rat der Plebs", der im 5. Jahrhundert v.Chr. in Rom eingeführt wurde, wählte jährlich zehn Tribune, die die Interessen der Plebs gegenüber den Patriziern vertraten. Die Befugnisse des Tribuns, die sogenannte *Tribunicia potestas*, waren ein wichtiger Teil der Staatsmacht in Rom.

Triumvirat
Dreimännerkollegium, allgemein jede Gruppe von drei Beamten. Der Begriff wurde auf die informelle politische Allianz zwischen Pompeius, Crassus und Cäsar in den 50er-Jahren v.Chr. angewandt, später auf das 43 v.Chr. eingesetzte Dreierkollegium, das „den Staat in Ordnung bringen sollte": Antonius, Oktavian und Lepidus.

Vestalin
Jungfräuliche Priesterin der Vesta, der römischen Schutzgöttin des häuslichen und staatlichen Herdfeuers. Im Tempel der Vesta auf dem Forum Romanum hüteten die Vestalinnen das ewige Licht, das die beständige Stärke des Staates symbolisierte.

Vicarius
Stellvertreter. Im frühen Imperium Romanum Bezeichnung für einen zum Statthalter einer Provinz ernannten Delegierten. Nach Diokletians Verwaltungsreform im 3. Jahrhundert n.Chr. Bezeichnung für einen Amtsinhaber, der verantwortlich war für die Verwaltung einer der drei **Diözesen** unter der Gerichtsbarkeit eines der vier Prätorianerkommandeure des Imperiums.

Villa
Die Gebäude eines römischen Landguts, das traditionell Wohnbereich, Vorratshäuser, Stallungen, Werkstätten, landwirtschaftliche Gebäude umfasste. Großartige Villen wurden zum bevorzugten Aufenthalt vieler römischer Kaiser, die die Staatsgeschäfte von dort aus führten, wenn sie nicht in der Hauptstadt weilten oder auf einem Feldzug waren.

Virtus
Die männliche Tugend des Dienstes am Staat. Die *virtus* wurde vielfach gepriesen als entscheidender römischer Charakterzug, der seit den frühen Tagen der Republik zum gesellschaftlichen Zusammenhalt beitrug.

Register

Kursiv gesetzte Seitenzahlen verweisen auf Abbildungen. Jahrezahlen in Klammern geben historische Ereignisse oder Regierungszeiten an.

Römische Kaiser – Regierungszeiten

JULISCH-CLAUDISCHES HAUS	
Augustus	27 v. Chr. bis 14 n. Chr.
Tiberius	14–37
Caligula	37–41
Claudius	41–54
Nero	54–68
VIERKAISERJAHR	
Galba	68–69
Otho	69
Vitellius	69
FLAVIER	
Vespasian	69–79
Titus	79–81
Domitian	81–96
ADOPTIVKAISER	
Nerva	96–98
Trajan	98–117
Hadrian	117–138
Antoninus Pius	138–161
Mark Aurel	161–180
Lucius Verus	161–169
Commodus	(177) 180–192
FÜNFKAISERJAHR	
Pertinax	193
Didius Iulianus	193
Pescennius Niger	193–194
Clodius Albinus	193–197
SEVERISCHE DYNASTIE	
Septimius Severus	193–211
Caracalla	(198) 211–217
Geta	(209) 211–212
Macrinus	217–218
Diadumenianus	218
Elagabalus	218–222
Severus Alexander	222–235
SOLDATENKAISER	
Maximinus Thrax	235–238
Gordian I.	238
Gordian II.	238
Pupienus	238
Balbinus	238
Gordian III.	238–244
Philippus Arabs	244–249
Decius	249–251
Trebonianus Gallus	251–253
Volusianus	251–253
Aemilianus	253
Valerian	253–260
Gallienus	253–268
Claudius II. Gothicus	268–270
Quintillus	270
Aurelian	270–275
Tacitus	275–276
Florianus	276
Probus	276–282
Carus	282–283
Carinus	283–285
Numerianus	283–284
GALLISCHE GEGENKAISER	
Postumus	260–269
Laelianus	269
Marius	269
Victorinus	269–271
Tetricus	271–274
PALMYRENISCHE GEGENKAISER	
Zenobia	270/271–272
Vaballathus	270/271–272
TETRARCHENZEIT	
Diokletian	284–305
Maximian	286–305
Galerius	305–311
Constantius I. Chlorus	305–306
Flavius Severus	306–307
Maxentius	306–312
Licinius	308–324
Maximinus Daia	310–313
KAISER VON KONSTANTIN BIS THEODOSIUS	
Konstantin I., der Große	306–337
Konstantin II.	337–340
Constantius II.	337–361
Constans	337–350
Julian Apostata	361–363
Jovian	363–364
Valentinian I.	364–375
Valens	364–378
Gratian	367–383
Valentinian II.	375–392
Theodosius I.	379–395
Arcadius	395–408
Theodosius II.	408–450
Marcian	450–457
Leo I.	457–474
WESTRÖMISCHE KAISER NACH DER REICHSTEILUNG	
Honorius	395–423
Constantius III.	421
Johannes	423–425
Valentinian III.	425–455
Petronius Maximus	455
Avitus	455–456
Majorian	457–461
Libius Severus	461–465
Interregnum	465–467
Anthemius	467–472
Olybrius	472
Glycerius	473–474
Julius Nepos	474–475/480
Romulus Augustus	475–476

Bildquellen

Shutterstock: 4 Lagui (oben), Jozef Sedmak (unten); 5 Ulrike Hammerich (oben), Lagui (unten); 6 Iofoto; 7 Javarman; 14–15 PipaWest; 67 Vladimir Korostyshevskiy; 88 Ian MacLellan; 70–71 Khirman Vladimir; 89 Darell J. Rohl; 130–131 Ronald Sumners; 145 Paul Picone; 193 Kenneth V. Pilon; 198–199 Iofoto. ▪ **Ancient Art & Architecture Collection Ltd.:** 21; 31; 56; 224 Ronald Sheridan. ▪ **David Potter:** 149; 166; 171; 187; 203; 205. ▪ **Martin Anderson:** 96. ▪ **Corbis:** 8 © Bettmann; 9 © Araldo de Luca/Corbis; 11 © Mimmo Jodice/Corbis; 12 © Arte & Immagini srl; 16 © Sandro Vannini; 17 © Gianni Dagli Orti; 18 © Bettmann; 20 © RogerWood; 23 © Araldo de Luca; 25 © Corbis; 27 © Archivo Iconografico, S.A.; 30 © Araldo de Luca; 32 © Sandro Vannini; 33 ©Werner Forman; 34 © Bettmann; 35 © Bettmann; 37 © Araldo de Luca/Corbis; 39 © Fine Art Photographic Library; 41 © Bettmann; 42 © Araldo de Luca/Corbis; 44 © Araldo de Luca; 45 © Araldo de Luca; 46 © Krause, Johansen/Archivo Iconografico, SA; 48 © Farrell Grehan; 49 © Burstein Collection; 50 © RogerWood; 51 © Vanni Archive; 52 © Archivo Iconografico, S.A.; 55 ©Werner Forman; 58 © Vanni Archive; 59 © Francis G.Mayer; 61 © Francis G. Mayer; 62 © Charles & Josette Lenars; 65 © Bettmann; 68 © Araldo de Luca/Corbis; 69 © Massimo Listri; 72 © Historical Picture Archive/ Philip de Bay; 74 © Stapleton Collection; 76 © Bettmann; 77 © Dave Bartruff; 78 © Archivo Iconografico, S.A.; 81 © Bettmann; 83 © Araldo de Luca; 84 © Karlheinz Oster/Zefa; 85 © Chris Hellier; 87 © Macduff Everton; 90 © Araldo de Luca; 91 © Massimo Listri; 93 © Annie Griffiths Belt; 95 © Bettmann/Corbis; 96 © Bettmann; 99 © Bettmann; 100 © Archivo Iconografico, S.A.; 101 © Michael Nicholson; 102 © Ruggero Vanni; 103 © Bettmann; 104 © Carl & Ann Purcell; 107 © Archivo Iconografico, S.A.; 108 © Francis G.Mayer; 109 © Lawrence Gresswell/Eye Ubiquitous; 110 © Brooklyn Museum; 111 © Araldo de Luca; 112–113 © Lindsay Hebberd; 114 © Stapleton Collection; 115 © Archivo Iconografico, S.A.; 116 © Araldo de Luca; 119 © Mimmo Jodice; 120 © RogerWood; 122 © Araldo de Luca; 123 © Mimmo Jodice; 124

Literaturhinweise

Allgemeine Literatur zum Thema „Römische Kaiserzeit“
Die große Chronik-Weltgeschichte. Von den Anfängen bis zur Gegenwart. Bd.5 Rom und der Hellenismus (323–27 v. Chr.) Chronik Verlag, Gütersloh/München 2008 ▪ Die große Chronik-Weltgeschichte. Von den Anfängen bis zur Gegenwart.Bd.6 Blüte und Krise des Römischen Kaiserreichs (27 v. Chr. – 313 n. Chr.) Chronik Verlag, Gütersloh/München 2008 Baker, Simon: Rom. Aufstieg und Untergang einer Weltmacht. Vorwort v. Mary Beard. Reclam Universal-Biblithek Nr.20160. BBC Originaltitel: Ancient Rome. Reclam Verlag, Ditzingen 2008 ▪ Bringmann, Klaus: Römische Geschichte. Von den Anfängen bis zur Spätantike. Beck'sche Reihe Bd.2012, Wissen, 10., durchges. Aufl. Verlag C. H. Beck, München 2008 ▪ Cassius Dio: Römische Geschichte, 5 Bde. Mit e. Einf. v. Hans J. Hillen. Übertr. v. Otto Veh. Bibliothek der Alten Welt. Artemis & Winkler, Düsseldorf 2007 ▪ Clauss, Manfred (Hrsg.): Die römischen Kaiser. 55 historische Portraits von Caesar bis Iustinian. 2., durchges. Aufl. Verlag C. H. Beck, München 2001 ▪ Gibbon, Edward: Verfall und Untergang des römischen Imperiums, 6 Bde. Bis zum Ende des Reiches im Westen. DTV Bd.59062. Deutscher Taschenbuch Verlag, München 2003 ▪ Gibbon, Edward: Verfall und Untergang des Römischen Reiches Hrsg. v. Dero A. Saunders. Die Andere Bibliothek Bd.29. ▪ Eichborn Verlag, Frankfurt/Main 2004 ▪ Hill, Duncan: Das antike Rom.Von der Republik zum Kaiserreich. Parragon Verlag, Köln 2008 ▪ Kienast, Dietmar: Römische Kaisertabelle. Grundzüge einer römischen Kaiserchronologie. 3. Aufl. ▪ Wissenschaftliche Buchgesellschaft, Darmstadt 2004 ▪ Sueton: Leben und Taten der römischen Kaiser. Einl. v. Werner Krenkel. Anaconda Verlag, Köln 2008 ▪ Sueton: Die römischen Kaiser. Übers. u. hrsg. v. Hans Martinet. Bibliothek der Alten Welt. Artemis & Winkler, Düsseldorf 2003 ▪ Vollkommer, Rainer: Das römische Weltreich.Theiss WissenKompakt. Konrad Theiss Verlag, Stuttgart 2008

Zu Teil I
Eck, Werner: Augustus und seine Zeit. Beck'sche Reihe Bd.2084, Wissen. 4., überarb. Aufl. Verlag C. H. Beck, München 2006 ▪ Elbern, Stephan: Caesar. Staatsmann – Feldherr – Schriftsteller. Verlag Philipp von Zabern, Mainz 2008 ▪ Herrmann, Horst: Nero. Eine Biographie. Aufbau Taschenbücher Bd.1777. Aufbau Taschenbuch Verlag, Berlin 2005 ▪ Millar, Fergus: Das Römische Reich und seine Nachbarn. Die Mittelmeerwelt im Altertum, Tl.4. Fischer Weltgeschichte Bd.8. Fischer Taschenbuch Verlag, Frankfurt/Main ▪ Obermeier, Siegfried: Caligula. Der grausame Gott. Roman. DTV Bd.20353. Deutscher Taschenbuch Verlag, München 2000 ▪ von Ranke-Graves, Robert: Ich, Claudius, Kaiser und Gott. Aus d. Engl. v. Hans Rothe. Originaltitel: I Claudius; Claudius the God. Neuausg. List Verlag, Berlin 2002 ▪ Syme, Ronald: Die Römische Revolution. Machtkämpfe im antiken Rom. Hrsg. v. Christoph Selzer u. Uwe Walter. Rev. Neuausg. 2001 Verlag Klett-Cotta, Stuttgart 2001 ▪ Waldherr, Gerhard H.: Nero: Eine Biografie. Verlag Pustet, Regensburg 2005 ▪ Will, Wolfgang: Veni, vidi, vici. Caesar und die Kunst der Selbstdarstellung. Geschichte erzählt, Bd.11. ▪ Primus Verlag, Darmstadt 2008 ▪ Winterling, Aloys: Caligula. Eine Biographie. Verlag Pantheon, München 2007 ▪ Yavetz, Zvi: Kaiser Augustus. Eine Biographie. ▪ Rowohlt Verlag, Reinbek 2009

Zu Teil II
Birley, Anthony R.: Hadrian. Der rastlose Kaiser. Zaberns Bildbände zur Archäologie. Verlag Philipp von Zabern, Mainz 2006 ▪ Fündling, Jörg: Marc Aurel. Kaiser und Philosoph. Gestalten der Antike. Primus Verlag, Darmstadt 2008 ▪ Groeling, Cindy: Marc Aurel. Abbild und Vorbild eines Herrscherideals. Ein Beitrag zur Rezeption der Antike. VDM Verlag Dr. Müller, Saarbrücken 2007 ▪ Marc Aurel: Selbstbetrachtungen. Übers. u. erl. v. Wilhelm Capelle. Überarb. u. neu eingel. v. Jörg Fündling. Kröners Taschenausgabe Bd.4. 13., überarb. Aufl. Alfred Kröner Verlag, Stuttgart 2008 ▪ Monti, Enrico: Marc Aurel. Kaiser aus Pflicht. Mit e. Geleitw. v. Ernst Vogt. Verlag Pustet, Regensburg 2000 ▪ Rosen, Klaus: Marc Aurel. rororo Monographien Nr.50539. 4. Aufl. Rowohlt Taschenbuch Verlag, Reinbek 2007. ▪ Sueton: Vespasian, Titus, Domitian. Latein.-Dtsch. Übers. u. hrsg. v. Hans Martinet. Reclam Universal-Bibliothek Nr.6694. Reclam Verlag, Ditzingen 2008

Zu Teil III
Demandt, Alexander u. a (Hrsg.): Diokletian und die Tetrarchie. Aspekte einer Zeitenwende. Verlag Walter de Gruyter, Berlin 2004 ▪ Piepenbrink, Karen: Konstantin der Große und seine Zeit. Wissenschaftliche Buchgesellschaft, Darmstadt 2007 ▪ Spielvogel, Jörg: Septimius Severus. Gestalten der Antike Wissenschaftliche Buchgesellschaft, Darmstadt 2006

Zu Teil IV
Barcelo, Pedro: Constantius II. und seine Zeit. Die Anfänge des Staatskirchentums. Verlag Klett-Cotta, Stuttgart 2004 ▪ Heather, Peter: Der Untergang des Römischen Weltreichs. Verlag Klett-Cotta, Stuttgart 2007 ▪ Janßen, Tido: Stilicho. Das weströmische Reich vom Tode des Theodosius bis zur Ermordung Stilichos (395–408). Tectum-Verlag 2004 ▪ Leppin, Hartmut: Theodosius der Große. Auf dem Weg zum christlichen Imperium. Gestalten der Antike. Primus Verlag, Darmstadt 2003 ▪ Ward-Perkins, Bryan: Der Untergang des Römischen Reiches und das Ende der Zivilisation. Konrad Theiss Verlag, Stuttgart 2007

Titel der englischen Originalausgabe:
Emperors of Rome

Autorisierte deutsche Ausgabe veröffentlicht von
NATIONAL GEOGRAPHIC DEUTSCHLAND (G+J/RBA GmbH & Co KG), Hamburg 2009.

Mitarbeiter der deutschen Ausgabe:
Übersetzung: Sylvia Höfer, Ulla Schuler
Lektorat: Frank Auerbach
Titelgestaltung: Büro Hamburg
Produktion: Verlagsservice Rau

Printed in Portugal
ISBN 978-3-86690-096-7